Erfindungsgemeinschaften

(Rechte und Pflichten des Miterfinders)

Von

DR. WOLFGANG LÜDECKE

Oberlandesgerichtsrat in Frankfurt a. M.

Berlin 1962

WALTER DE GRUYTER & CO.

vorm. G. J. Göschen'sche Verlagshandlung / J. Guttentag, Verlags-
buchhandlung / Georg Reimer / Karl J. Trübner / Veit & Comp.

Archiv-Nr. 2 739 62,1
Satz und Druck: Thormann & Goetsch · Berlin-Neukölln

INHALTSÜBERSICHT

LITERATUR- UND ABKÜRZUNGSVERZEICHNIS

AktG	= Aktiengesetz
Allfeld	= Das Urheberrecht an Werken der Literatur und Tonkunst (2. Aufl. 1928)
ArbEG	= Gesetz über Arbeitnehmererfindungen v. 25. 7. 1957
BAnz	= Bundesanzeiger
Baumbach-Lauterbach	= Kurzkommentar zur Zivilprozeßordnung (25. Aufl.)
BArbG	= Bundesarbeitsgericht
BB	= Der Betriebs-Berater (Zeitschrift)
Benkard	= Patentgesetz, Gebrauchsmustergesetz, Patentanwaltsgesetz (Kommentar 3. Aufl. 1954)
Bernhardt	= Lehrbuch des deutschen Patentrechts
BGB	= Bürgerliches Gesetzbuch
BGH	= Bundesgerichtshof
BGHZ	= Entscheidungen des Bundesgerichtshofs in Zivilsachen
Bl	= Blatt für Patent-, Muster- und Zeichenwesen
Blum-Pedrazzini	= Das schweizerische Patentrecht (Bern 1957 Bd. 1, 1959 Bd. 2)
Bolze	= Praxis des Reichsgerichts (Sammlung)
BS	= Beschwerdesenat (Patentamt, Patentgericht)
Busse	= Patentgesetz, Gebauchsmusterschutz (Kommentar 2. Aufl. 1956)
Chem.-Ing.-Techn.	= Chemie-Ingenieur-Technik (Zeitschrift)
Damme-Lutter	= Das deutsche Patentrecht (3. Aufl. 1925)
Deller	= Walker on Patents, Deller's Edition Vol. I (New York 1937)
DRAnz	= Deutscher Reichsanzeiger
DVO	= Durchführungsverordnung
Du Bois-Reymond	= Erfindung und Erfinder (1906)
GebrMG	= Gebrauchsmustergesetz
GenG	= Genossenschaftsgesetz (1. 5. 1889)
GmbHG	= Gesetz betr. die Gesellschaften mit beschränkter Haftung (20. 4. 1892)
GRUR	= Gewerblicher Rechtsschutz und Urheberrecht (Zeitschrift)
GRURInt	= GRUR, Auslands- und internationaler Teil
GWB	= Gesetz gegen Wettbewerbsbeschränkungen v. 27. 7. 1957
Heine-Rebitzki	= Arbeitnehmererfindungen (Kommentar 2. Aufl.)
Heine-Rebitzki Vergtg	= Die Vergütung für Erfindungen von Arbeitnehmern im privaten Dienst (1960)
HGB	= Handelsgesetzbuch
HRR	= Höchstrichterliche Rechtsprechung (Sammlung)
Hueck-Nipperdey	= Lehrbuch des Arbeitsrechts (6. Aufl.)

Isay	= Patentgesetz und Gebrauchsmusterschutzgesetz (Kommentar 6. Aufl. 1932)
JW	= Juristische Wochenschrift
Kassler-Koch	= Das österreichische Patentgesetz (Kommentar 1952)
Kent	= Das Patentgesetz vom 7. 4. 1891 (Kommentar 1906/7)
KG	= Kammergericht
Kisch Hdb.	= Handbuch des deutschen Patentrechts (1923)
Klauer-Möhring	= Patentgesetz (Kommentar 1937 mit GebrMG, kommentiert von Friedrich)
Kohler Hdb.	= Handbuch des deutschen Patentrechts in rechtsvergleichender Darstellung (1900)
Kohler Lehrb.	= Lehrbuch des Patentrechts (1908)
Krausse	= Patentgesetz (Kommentar 3. Aufl. 1944)
LAG	= Landesarbeitsgericht
LG	= Landgericht
Lieberknecht	= Patente, Lizenzverträge und Verbot von Wettbewerbsbeschränkungen (1953)
Lindenmaier	= Patentgesetz (4. Aufl. des Kommentars von Krausse u. Katluhn, 1958)
Lindenmaier-Lüdecke	= Arbeitnehmererfindungen (Kommentar 1961)
Lit.	= Literatur, Literaturangaben
Lüdecke-Fischer	= Lizenzverträge (1957)
LUG	= Gesetz über das Urheberrecht an Werken der Literatur und Tonkunst v. 19. 6. 1901
Lutter	= Patentgesetz und Gebrauchsmustergesetz (Kommentar 10. Aufl. 1936)
Michaelis	= Praktisches Handbuch des amerikanischen Patentrechts (2. Aufl. 1932)
Mitt.	= Mitteilungen der deutschen Patentanwälte
Möller	= Patentgesetz (Kommentar 1936)
MuW	= Markenschutz und Wettbewerb (Zeitschrift)
NJW	= Neue Juristische Wochenschrift
OLG	= Oberlandesgericht
PA	= Patentamt
Palandt	= Bürgerliches Gesetzbuch (Kommentar 18. Aufl. 1959)
PatG	= Patentgesetz
Pietzcker	= Patentgesetz (Kommentar 1. Teil, 1929)
PVÜ	= Pariser Verbandsübereinkunft zum Schutze des gewerbl. Eigentums v. 20. 3. 1883
RegEntw.	= Regierungsentwurf
Reichsbahn	= „Die Reichsbahn" (Zeitschrift)
Reimer	= Patentgesetz und Gebrauchsmustergesetz (Kommentar 2. Aufl. 1958)
Reimer-Schade-Schippel	= Das Recht der Arbeitnehmererfindung (Kommentar 3. Aufl. 1958)
Reimer-Schippel	= Die Vergütung von Arbeitnehmererfindungen
RG	= Reichsgericht
RGRKom.	= Kommentar zum BGB, von Reichsgerichtsräten (10. Aufl.)

RGSt	= Entscheidungen des Reichsgerichts in Strafsachen
RGZ	= Entscheidungen des Reichgerichts in Zivilsachen
Richtlinien	= Richtlinien für die Vergütung von Arbeitnehmererfindungen im privaten Dienst v. 20. 7. 1959 (BAnz Nr. 156, auch abgedr. GRUR 1959 S. 470)
Riemschneider-Barth	= Die Gefolgserfindung (2. Aufl. 1944)
Riezler	= Deutsches Urheber- und Erfinderrecht (1909)
Rspr.	= Rechtsprechung
Scher	= Handbuch des amerikanischen Patentgesetzes von 1952
Schiedsst.	= Schiedsstelle für Arbeitnehmererfindungen (beim Deutschen Patentamt)
Seligsohn	= Patentgesetz und Gebrauchsmustergesetz (Kommentar 7. Aufl. 1932)
Terrell	= Terrell and Shelley on the Law of Patents (9), London 1951
UrhR	= Urheberrecht
VO	= Verordnung
Volmer	= Arbeitnehmererfindungsgesetz (Kommentar 1958)
Witte	= Die Betriebserfindung (Diss. Erlangen 1957, vgl. auch GRUR 1958 S. 163)
WuW	= Wirtschaft und Wettbewerb (Zeitschrift)
Zeller	= Gebrauchsmustergesetz (Kommentar 2. Aufl. 1952)
Zeller Mitber.	= Die Mitberechtigung an der Erfindung (Dissertation Marburg 1923)
ZPO	= Zivilprozeßordnung

A. ERSCHEINUNGSFORMEN UND PROBLEME DER ERFINDUNGSGEMEINSCHAFTEN

I. Abgrenzung des Themas

Wenn eine Erfindung mehreren Personen „gemeinschaftlich" zusteht, so kann dies auf verschiedenen Ursachen beruhen. Die Ursache kann tatsächlicher oder rechtlicher Art sein. Tatsächlicher Art ist sie, wenn sich mehrere Personen zusammen technisch betätigt haben[1]) und das Ergebnis eine Erfindung ist; das kann sich z. B. jederzeit bei den heutzutage häufigen Work-teams der großen Betriebe ereignen. Dagegen beruht die „Gemeinschaftlichkeit" einer Erfindung auf rein rechtlichen Ursachen, wenn mehrere Personen Inhaber einer Erfindung sind, die sie von dem (einen) Erfinder zwecks gemeinsamer Auswertung erworben haben. Es ist ohne weiteres klar, daß das Problem der Miterfinderschaft nur in dem ersten (tatsächlichen), nicht aber in dem zweiten (rein rechtlichen) Fall auftritt, da im zweiten die bloßen „Auswerter" der von einem anderen gemachten Erfindung schlechterdings nicht behaupten können, Erfinder oder Miterfinder dessen zu sein, was sie auswerten. Durch den Untertitel „Rechte und Pflichten des Miterfinders" ist zum Ausdruck gebracht, daß sich die nachstehenden Ausführungen nur mit Miterfindern, also mit Personen befassen, bei denen auf Grund tatsächlicher Mitwirkung beim Zustandekommen der Erfindung die Frage, ob sie als Miterfinder gelten können, erörtert werden kann; das sind alle Fälle einer „nicht völlig ergebnislosen Mitarbeit"[2]).

Selbstverständlich gibt es Fälle, in denen sowohl tatsächliche wie rechtliche Gründe dazu beitragen, daß eine Erfindung mehreren Personen „gemeinschaftlich" ist, etwa wenn mehrere eine Gesellschaft zu dem Zweck gründen, durch gemeinschaftliche Arbeit eine technische Aufgabe erfinderisch zu lösen. Gelingt das Vorhaben, ist also das Ergebnis der Zusammenarbeit eine Erfindung, so wird die Frage, ob alle Gesellschafter auf Grund dessen, was sie zu der ihnen nach Gesellschaftsrecht „gemeinsam gehörenden" Erfindung technisch-erfinderisch beigetragen haben, Miterfinder sind, zu erörtern sein. Mit diesem Beispiel ist bereits der unten[3]) ausführlich zu behandelnde Unterschied zwischen Erfinderpersönlichkeitsrecht und Erfindervermögensrecht angedeutet.

Weiter ist klar, daß alle Fälle, in denen von vornherein Mit-

[1]) Darüber, daß die Bestätigung nicht gleichzeitig zu erfolgen braucht, sondern auch sukzessiv geschehen kann, vgl. unten S. 5 und 110.

[2]) Kohler Hdb. 247.

[3]) Vgl. unten S. 13.

erfinderschaft mehrerer gegeben sein kann, etwa infolge gemeinsamer Zusammenarbeit beim Erfinden, zu erörtern sein werden, und zwar ohne Rücksicht darauf, ob später der eine oder andere aus der „Gemeinschaft" ausscheidet oder ob noch weitere Personen, etwa zwecks Auswertung der Erfindung, der „Gemeinschaft" beitreten.

Anders in den Fällen, in denen unzweifelhaft nur eine Person allein die Erfindung gemacht hat. Diese Fälle scheiden, wie gesagt, für den Begriff der Miterfindung und somit für das hier zu behandelnde Thema der Erfindungsgemeinschaften aus. So der Fall[4]), daß die Firma A bei Durchführung eines staatlichen Auftrages die Firma B zu Entwicklungsarbeiten hinzuzieht und ein Arbeitnehmer der Firma B dabei eine Erfindung macht: das Verhältnis der beiden Firmen zueinander ist nicht im Rahmen der Erfindungsgemeinschaften zu erörtern, da hier unstreitig nur einer die Erfindung gemacht hat. Über die Fälle der „Erfindung im Rahmen eines Werkvertrags" wird an anderer Stelle näher zu sprechen sein[5]). Desgleichen haben hier die gewöhnlichen Fälle der sog. Auftragserfindung auszuscheiden, in denen A dem B den Auftrag „zum Erfinden" gibt und dem letzteren die gewünschte Erfindung gelingt: auch hier ist nur ein Erfinder, nämlich B, vorhanden, und die Rechtsbeziehungen zwischen A und B haben nichts mit Miterfinderschaft zu tun[6]).

Ebensowenig gehören Fälle der sog. Parallelerfindung hierher, d. h. Fälle, in denen zwei Personen unabhängig voneinander die gleiche Erfindung gemacht haben: hier lassen die Patentgesetze (vgl. § 3 Satz 3 PatG) mit Recht keine Gemeinschaft entstehen[7]), sondern lassen die Priorität der Schutzrechtsanmeldung entscheiden[8]).

So wirft auch der Umstand, daß der, welcher allein, d. h. ohne Mitwirkung anderer, eine Erfindung gemacht hat, einer Gesellschaft angehört, keine Probleme der Mit-Erfinderschaft auf, sondern vielleicht gesellschaftsrechtliche, hier nicht zu erörternde Fragen, die lediglich das Verhältnis des Alleinerfinders zu seinen Mitgesellschaften betreffen, z. B. die Frage, ob die Erfindung zum Gesellschaftsvermögen gehört oder doch in die Gesellschaft einzubringen ist[9]).

Gleiches gilt im Ergebnis — also mit der Folge, daß auftretende Rechts-

---

[4]) Beispiel von Zeller GRUR 41, 253/4.

[5]) Vgl. unten S. 5.

[6]) Vgl. über Auftragserfindung Lindenmaier S. 124 m. Zit. BGH 24. 6. 52 GRUR 53, 22, ferner Burlage MuW XVII, 40 ff., Schramm BB 1961, 105 ff.

[7]) Vgl. bereits Klostermann S. 76 oben; über Fälle nachträglicher „Verschmelzung" s. unten S. 8.

[8]) Entsprechend für Arbeitnehmererfindungen die Priorität der Erfindungsmeldung, wenn beide Arbeitnehmer im gleichen Betrieb beschäftigt sind, vgl. Riemschneider-Barth S. 100; Reimer-Schade-Schippel S. 78. Über Beweisfragen betr. die „betriebsinterne Priorität" s. Dörner GRUR 62, 169.

[9]) Vgl. darüber Seligsohn S. 114; Isay S. 134; Reimer S. 147/8; Lindenmaier S. 123/4; f. schweizer. Recht Blum-Pedrazzini Bd. I S. 307/8.

fragen nicht zu dem hier zu erörternden Thema gehören — von allen Fällen der Alleinerfindung eines Arbeitnehmers, mag auch der Betrieb, dem er angehört, mehrere Inhaber haben, denen die Erfindung, wenn sie ihr Inanspruchnahmerecht ausüben (§ 7 Abs. 1 ArbEG), „gemeinschaftlich" zufällt[10]). Überhaupt sind alle Fragen aus dem Recht der Arbeitnehmererfindungen, die nicht von einer möglichen Miterfinderschaft mehrerer ausgehen, hier nicht zu untersuchen, vielmehr muß insoweit auf die einschlägigen Kommentare verwiesen werden.

Alleinerfinderschaft wird auch nicht dadurch zur Miterfinderschaft, daß die Erfindung nachträglich mehrere Inhaber, Nutznießer usw. bekommt, indem etwa Lizenzen erteilt werden oder die Erfindung im Erbgang an eine Mehrheit von Miterben gelangt[11]) oder vom Erfinder in eine eheliche Gütergemeinschaft eingebracht wird[12]). Hierher, d. h. zu den nicht zu erörternden Fällen, gehört auch die teilweise Veräußerung der aus der Alleinerfindung fließenden Rechte — z. B. des für sie erwirkten Patents gemäß § 9 PatG — an einen anderen, der dadurch „Teilhaber" des Erfinders bzw. Patentinhabers wird. Es kann aber Miterfinderschaft vorliegen, wenn zwei Unternehmen eine Erfindung gemeinschaftlich ausbeuten und aus der so gegebenen Zusammenarbeit eine Verbesserungserfindung entsteht[13]). Dagegen liegt wiederum der Fall der Alleinerfindung ohne Miterfinderprobleme vor, wenn ein Erfinder einem Unternehmen den Auftrag zur Herstellung eines Modells der Erfindung gibt und ein Arbeitnehmer des Unternehmens dabei eine Verbesserungserfindung macht: der Arbeitnehmer ist allein „der" Erfinder der letzteren, und weder sein Verhältnis zum Dienstherrn noch dessen Verhältnis zum Auftraggeber haben etwas mit Miterfinderschaftsfragen zu tun[14]).

Der Umstand allein, daß die Vorschriften der Bruchteilsgemeinschaft (§§ 741 ff. BGB) oder der Gesellschaft (§§ 705 ff. BGB) auf ein Rechtsverhältnis anzuwenden sind, weil es sich um die gemeinsame Inhaberschaft an einer Erfindung oder einem Schutzrecht handelt, besagt noch nicht, daß die Rechtsgemeinschaft ihre Entstehung der Miterfinderschaft jener Personen verdankt. Allein die letzteren Fälle sind hier Gegenstand der Erörterungen. Daher ist vorliegend nicht der Fall zu behandeln, daß jemand, der aus der Erfindung (Alleinerfindung) eines anderen ohne dessen Einverständnis mittels eigener (allein-)erfinderischer Zutaten eine weitere Erfindung gemacht und letztere zum Patent angemeldet hat. Der Umstand, daß der von der widerrechtlichen Entnahme Betroffene über § 5 PatG in diesem Fall nicht die Übertragung der ganzen angemeldeten Erfindung einschließlich der Zu-

[10]) Vgl. für das frühere Recht Kisch Hdb. S. 74.

[11]) Kent Bd. I S. 532 Nr. 537; Riezler S. 62; Zeller Mitb. S. 9, 31 und 51; Kisch Hdb. S. 74 und GRUR 52, 267.

[12]) Kisch a. a. O.

[13]) Über die kartellrechtliche Beurteilung derartiger Fälle vgl. Ewald GRUR 51, 133 ff.

[14]) Fall von Zeller GRUR 41, 253.

taten des Anmelders fordern kann und folglich Rechtsgemeinschaftsprobleme auftreten[15]), macht die Beteiligten nicht zu Mit-Erfindern. Es fehlt insbesondere am „subjektiven Tatbestand" der Miterfinderschaft, von dem an anderer Stelle besonders zu handeln sein wird[16]).

Viele Beispiele, mit denen in der Literatur Gemeinschafts- und Gesellschaftsprobleme in Zusammenhang mit Erfindungen erörtert werden, lassen nicht oder nur ungenau erkennen, ob es sich um die Erfindung eines einzelnen oder mehrerer handelt. So, wenn erklärt wird, es entstehe „Mitinhaberschaft am Patent"[17]) oder eine „Patentgemeinschaft"[18]), wenn mehrere gemeinsam für eine Erfindung eine Patentanmeldung tätigen. Hier bleibt offen, ob die mehreren nur für das patentamtliche Verfahren zusammengetreten sind oder ob sie — was allein eine Miterfinderschaft in dem hier zu erörternden Sinne hätte begründen können — bereits beim Erfinden selbst zusammengewirkt haben.

II. Entstehungsgründe und Erscheinungsformen der Erfindungsgemeinschaften

Die von Calé[19]) im Jahre 1931 getroffene Feststellung, der Fall einer Beteiligung von mehr als zwei Personen an einem Patent sei so selten, daß er für eine grundsätzliche Betrachtung ausscheiden könne, trifft heute nicht mehr zu. Aus der Bastlerwerkstatt des Einzelerfinders ist das work-team, das Forschungs- und Entwicklungslaboratorium geworden, und nicht nur in Technik und Chemie werden fortlaufend „Gruppenerfindungen"[20]) geboren, sondern auch auf urheberrechtlichem Gebiet entstehen in zunehmendem Maß „Gruppenwerke", bei denen die persönliche Leistung des einzelnen „in der Gesamtleistung aufgeht"[21]). Und wenn speziell auf dem Gebiet der Atomforschung vereinbart worden ist (Art. 10 Euratomvertrag), daß die Euratomgemeinschaft durch ihr Exekutivorgan Firmen oder Forschungsinstituten in den Mitgliedstaaten oder in Drittstaaten vertragliche Forschungsaufträge erteilen kann, so ist das symptomatisch für das Umsichgreifen „gemeinschaftlicher" Entwicklungsarbeit — wo gemeinschaftlich gearbeitet wird, kann auch gemeinschaftlich erfunden werden. Eine Untersuchung der Entstehungsgründe und Erscheinungsformen von Erfindungsgemeinschaften dürfte daher in der Gegenwart von erheblichem Interesse sein. Nachstehend wird dazu zunächst eine Aufzählung gegeben, während die rechtliche Würdigung im einzelnen späteren Abschnitten vorbehalten bleibt.

---

[15]) Reimer PatG § 5 Anm. 5, Kleef GRUR 1939, 874.
[16]) Vgl. unten S. 43.
[17]) Kent Bd. I S. 532 Nr. 537.
[18]) Kisch Hdb. S. 142, Krausse S. 205 m. Zit. RG 17. 11. 23 Bl. 24, 147.
[19]) Calé GRUR 31, 94.
[20]) Volmer § 9 Anm. 38.
[21]) Runge GRUR 1956, 407.

1. Als Entstehungsgründe für Erfindungsgemeinschaften kommen die gemeinsame Tätigkeit mehrerer „beim Erfinden" und die Verschmelzung der Arbeitsergebnisse einzelner zu einer Gesamterfindung in Betracht, wogegen die Fälle, in denen eine von einem gemachte Erfindung durch mehrere Personen ausgebeutet (verwertet) wird, nach den eingangs[22]) getroffenen Feststellungen nicht zum Thema „Erfindungsgemeinschaften" gehören.

a) In der Regel entsteht eine Erfindungsgemeinschaft durch gemeinsame Tätigkeit mehrerer Personen, sei es, daß sie „für die Lösung einer technischen Aufgabe Beiträge von Erfindungshöhe[23]) machen"[24]), sei es, daß jeder etwas erfunden hat und sie nun in gemeinsamer Arbeit daraus eine erfinderische Kombination gestalten[25]) oder daß sonstwie etwas noch Unfertiges oder Unbrauchbares in gemeinsamer Tätigkeit zur fertigen und brauchbaren Erfindung ausgestaltet wird[26]). Die Frage, ob in diesen Fällen jeder der Beteiligten für sich den Ruf beanspruchen kann, „Miterfinder" zu sein, wird an späterer Stelle[27]) zu untersuchen sein.

Es bedarf keiner Erwähnung, daß vor allem die Entwicklungs- und Forschungsstätten gewerblicher Betriebe, in denen die oben erwähnten workteams gebildet und beauftragt werden, Geburtsstätten für Gemeinschaftserfindungen sind, so daß eine Mehrheit von Arbeitnehmern als „der Erfinder", jeder einzelne von ihnen also als Miterfinder in Betracht kommt. Handelt es sich — wie in der Regel — um eine gebundene Erfindung (Diensterfindung), die gemäß §§ 4 Abs. 2, 5 Abs. 1 ArbEG dem Arbeitgeber zu melden ist und gemäß §§ 6, 7 ArbEG im Falle der Inanspruchnahme auf diesen übergeht, so kann die zunächst bestehende Gemeinschaft „gebundener" Erfinder zu einer Gemeinschaft „freier" Erfinder werden, wenn der Arbeitgeber die Erfindung freigibt oder sie nur beschränkt oder nicht fristgemäß in Anspruch nimmt (§ 8 ArbEG)[28]).

Die Art und Weise, in der mehrere Personen am Zustandekommen einer Erfindung mitwirken können, ist in mannigfachen Variationen denkbar. So können die theoretische Konzeption und die praktische Ausführung verschiedenen Köpfen entsprungen sein, die einzelnen Elemente einer Kombination können von verschiedenen Mitarbeitern beigetragen sein, der eine kann von der Aufgabenstellung bis zur Lösung die erste, der andere die

---

[22]) Vgl. oben S. 1 ff.

[23]) Dieser Begriff wird unten bei B ausführlich zu behandeln sein.

[24]) Lindenmaier S. 108.

[25]) Dicke Mitt. 1937, 43.

[26]) Nach Michaelis S. 106 muß nicht nur bloße „co-operation", sondern „joint invention" vorliegen.

[27]) Vgl. unten S. 15 ff.

[28]) So schon zum fr. Recht Riemschneider-Barth S. 71, 82 und 84; vgl. zum ArbEG Volmer § 8 Anm. 24, Reimer-Schade-Schippel S. 90/1; f. d. Schweiz Blum-Pedrazzini Bd. I S. 311.

zweite Wegstrecke zurückgelegt haben usw.[29]). Die Bedeutung, welche der Art und dem Grad der Teilnahme des einzelnen am Zustandekommen der Erfindung rechtlich beizumessen ist, wird unten[30]) im einzelnen zu erörtern sein.

Scharf zu trennen sind die Fälle miterfinderischer Zusammenarbeit von denen der Erfindung durch den Werkunternehmer (oder seine Arbeitnehmer) im Rahmen eines W e r k v e r t r a g s (§§ 631 ff. BGB). So, wenn etwa der Eigentümer einer Maschine diese bei einem Handwerksbetrieb in Reparatur gibt und in letzterem anläßlich der Reparaturarbeiten eine Erfindung gemacht wird. Hier treten keine Miterfinderprobleme, sondern es tritt lediglich die Frage auf, ob die Erfindung auf den Besteller zu übertragen ist. Damit scheiden diese Fälle vorliegend aus der Betrachtung aus. Zu ihnen sei nur soviel bemerkt, daß die erwähnte Übertragungspflicht in aller Regel nicht angenommen werden kann, da die Erfindung entweder, weil nicht vorausgesehen, bereits nach allgemeinen Grundsätzen der Vertragsauslegung nicht zu dem vom Werkunternehmer „herzustellenden Werk" gerechnet werden kann oder doch nicht anzunehmen ist, daß sich der Unternehmer verpflichten wollte, Erfindungen zu machen[31]).

Oben ist bereits angedeutet[32]), daß die mehreren Mittätigen, damit an der fertigen Erfindung Miterfinderschaft angenommen werden kann, nicht gleichzeitig tätig zu werden brauchen, sondern daß es ausreicht, wenn sie sich nacheinander, also s u k z e s s i v e betätigen. Gerade wo Forschung und Entwicklung nebeneinander hergehen, wird oft „stufenmäßig"[33]) gearbeitet, ohne daß an jeder Stufe die gleichen Personen tätig teilnehmen, und auch sonst sind es nicht immer die gleichen, die vom ersten Gespräch bis zum fertigen Verfahren bzw. Modell mitwirken. Es gibt insbesondere Fälle, in denen der eine die erfinderische Idee „bis zur Durchbruchsstelle" entwickelt und dann der andere „den Durchbruch vollendet"[34]) oder in denen einer zur Durchführung eines noch unvollendeten Erfindungsgedankens einen anderen „als Miterfinder zuzieht"[35]). Die Hinzuziehung und zusätzlich-erfinderische Mitwirkung des zweiten kann unter Umständen erst nach Patentanmeldung dessen erfolgt sein, was der erste bereits entwickelt und formuliert hatte[36]).

---

[29]) Aufzählungen u. a. bei Kohler Hdb. S. 245/6, Kent Bd. I S. 163 Nr. 280, Riemschneider-Barth S. 68 ff.

[30]) Vgl. unten Teil B.

[31]) Vgl. den von Schramm BB 1961, 110 zit. Fall OLG München 6 U 687/59; zur Unmöglichkeit einer „Verpflichtung zum Erfinden" Gaul NJW 1961, 1509 (10) gegen Volmer BB 1960, 1334 Fußn. 21.

[32]) Vgl. auch oben S. 1 ff.

[33]) Blum-Pedrazzini Bd. I S. 299.

[34]) Kohler Hdb. 245/6.

[35]) So in dem vom RG GRUR 38, 256 aufgehobenen Urteil des OLG Düsseldorf v. 26. 10. 36, zit. auch von Spengler GRUR 38, 234; über sukzessive Zusammenarbeit auch Pietzcker S. 48 unten.

[36]) RG 10. 10. 39 GRUR 40, 339 (340) = Mitt. 40, 33.

Daß auch durch sukzessive erfolgende Tätigkeit am gleichen Erfindungsgegenstand Miterfindereigenschaft der Beteiligten entstehen kann, ist mit Recht von je anerkannt worden[37]). Es ist jedoch darauf zu achten, daß keine Verwechselung mit Fällen eintritt, in denen der zweite erst herangezogen wird, nachdem die Erfindung des ersten b e r e i t s f e r t i g w a r. Auszuscheiden haben also Fälle, in denen nur Alleinerfinderschaft vorliegen kann, weil z. B. der zweite zur fertigen Erfindung des ersten nur einen nichterfinderischen Unteranspruch beisteuert oder sie lediglich vom ersten Modell zur wettbewerbsfähigen Fabrikationsreife führt (ähnlich Spengler GRUR 31, 232) oder dem unbeholfenen Entwurf einer Patentanmeldung in entsprechender Rücksprache mit dem Erfinder eine verständliche Form gibt[38]) oder Versuche macht, die „bloß das Ziel verfolgen, für die bereits fertige Erfindung eine möglichst zweckmäßige Einzelausgestaltung zu finden“[39]).

Diese Einschränkung setzt jedoch voraus, daß man sich über die Frage klar ist, wann eine Erfindung als „f e r t i g“ zu bezeichnen ist. Das ist der Fall, wenn für die gestellte Aufgabe eine brauchbare Lösung gefunden ist, wobei „gefunden“ heißt: die Lösung muß so offenbart (mitgeteilt) sein, daß man weiß, was man zu tun hat (technische Lehre). Das ist erforderlich und genügend. Das Fertigsein der Erfindung setzt also nicht voraus, daß „sie schon einmal in die Tat umgesetzt und eine verkaufsreife Konstruktion festgelegt worden ist“, vielmehr genügt es, wenn die Lösung „mit solcher Bestimmtheit und Klarheit erkannt ist, daß ihre Ausführung im Bereiche des durchschnittlichen fachlichen Könnens liegt, mag auch das Festlegen einer verkaufsreifen Konstruktion noch ein Probieren von mehr oder minder langer Dauer erforderlich machen“[40]). Dieser richtige Grundgedanke kehrt in der Rechtsprechung ständig wieder, wenn auch nicht immer in der gleichen Formulierung. So ist ausgesprochen worden: „Eine fertige Erfindung ... liegt vor, wenn die Lösung der technischen Aufgabe derart gefunden ist, daß eine Patentanmeldung erfolgen und ein anderer Sachverständiger die Erfindung benutzen kann“[41]). Dies Benutzenkönnen sollte, als ein ohne erfinderisches Zutun mögliches K ö n n e n , in der Begriffsbestimmung nicht fehlen[42]), mag auch diese Voraussetzung als selbstverständlich anzusehen sein.

Über den Fall, daß zwei Personen ihre Erfindungsgedanken zu einer gemeinsamen Patentanmeldung „verschmelzen“, wird gleich unten zu sprechen sein.

---

[37]) Vgl. d. vorstehend Zit. sowie Kent Bd. I S. 163 Nr. 280, Beil Chem.-Ing.-Techn. 53, 633/4: „Mitgearbeitethaben an einem Abschnitt genügt“; vgl. zum Begriff der joint invention desgl. Michaelis S. 106 sowie Zeller Mitb. S. 53/4.

[38]) Bspl. von Volmer § 2 Anm. 7.

[39]) RG 10. 10. 39 GRUR 40, 339 (340).

[40]) RG 18. 12. 37 GRUR 38, 256 (261).

[41]) RG 25. 2. 33 GRUR 33, 483.

[42]) So in BArbG 1. 11. 56 GRUR 57, 338 = Bl. 57, 133 im Anschluß an RGZ 150, 95 (98) und BGH GRUR 51, 404 (407).

Es fragt sich aber weiter, ob, damit die sukzessive erfolgende Arbeit mehrerer an der Fertigstellung der gleichen Erfindung zur Entstehung einer Gemeinschaft von „Miterfindern“ führen kann, die Mitarbeit der später hinzutretenden Personen mit Wissen und Willen ihrer „Vorgänger“ erfolgt sein muß (Fälle, in denen die Mitarbeit der später Hinzutretenden auf Grund vertraglicher Abrede geschehen ist, können als unbedenklich außer Betracht bleiben[43]). Diese Frage kann erst behandelt werden[44]), nachdem der Begriff der Miterfinderschaft klargestellt ist[45]).

b) Der andere Fall, in dem eine Erfindungsgemeinschaft entstehen kann, ist der bereits erwähnte Fall der Verschmelzung. Hier haben mehrere unabhängig voneinander etwas erfunden und[46]) geben dies zu einer einheitlich gefaßten Erfindung — etwa durch Formulierung einer gemeinsamen Patentanmeldung mit, wie zu unterstellen ist, im Sinne des Patentgesetzes einheitlichem Gegenstand — zusammen[47]). „Es ist anerkannten Rechtes, daß eine nach §§ 741 ff. BGB zu beurteilende Erfindergemeinschaft entsteht, wenn mehrere eine Erfindung gemeinsam machen. Dasselbe muß auch dann gelten, wenn mehrere zwar dieselbe Erfindung unabhängig voneinander gemacht haben, dann aber ihre beiderseitigen Erfinderleistungen in gemeinsamer Überprüfung und gegenseitiger Billigung zu einer einheitlich geformten, in einer Patentanmeldung niedergelegten Fassung verschmelzen. Unter diesen Umständen kann es nicht darauf ankommen, wer der ältere Erfinder ist“[48]). Auf diese Fälle wird noch anderenorts[49]) in erfinderrechtlicher Hinsicht (Miterfinderschaft) und in vermögensrechtlicher Beziehung (Anteil an der Gemeinschaft) zurückzukommen sein. Hier genügt die Feststellung, daß die erwähnte Verschmelzung ein Entstehungsgrund für eine Erfindungsgemeinschaft sein kann[50]). Der rechtssystematische Grund ist ein dreifacher: Erstens der durch die Verschmelzungsabrede zum Ausdruck gelangte Vertragswille der Parteien, eine Gemeinschaft — über deren Rechtsnatur an

---

[43]) So der oben erwähnte Fall OLG Düsseldorf 26. 10. 36.

[44]) Vgl. unten S. 43; dort wird auch über den oben S. 3 a. E. erwähnten Fall zu sprechen sein, daß, nach widerrechtlicher Entnahme, der Entwender eine eigene Erfindung hinzufügt.

[45]) Das geschieht unten S. 21 ff.

[46]) Diese Voraussetzung fehlte in dem von Schade Mitt. 59, 256 mitgeteilten Fall, daß in einem Betrieb zwei Parallelerfindungen gemacht werden, von denen nur die eine dem Arbeitgeber gemeldet und von diesem zum Patent angemeldet wird: der Parallelerfinder, der keine Erfindungsmeldung abgegeben hat, kann später nicht fordern, als Miterfinder benannt zu werden.

[47]) Reimer S. 142; Tetzner S. 167/8; Lindenmaier S. 108; Blum-Pedrazzini Bd. I S. 311.

[48]) Leitsätze zu RG 17. 10. 38 JW 39, 239 Nr. 26; im Ergebnis ebenso RG 31. 1. 41 GRUR 41, 152 = MuW 41, 135 = Mitt. 41, 73.

[49]) Vgl. unten S. 16 ff., 49 ff.

[50]) Ein Beispiel der Verschmelzung von Parallelerfindungen im gleichen Betrieb s. bei Reichel GRUR 43, 11.

dieser Stelle noch nicht zu handeln ist — zu begründen (§ 305 BGB)[51]). Zweitens treten die beiden Personen nicht, nachdem nur eine von ihnen eine fertige Erfindung vorgelegt hat, zur bloßen wirtschaftlichen Auswertung zusammen[52]), sondern sie „bilden" gemeinsam[53]) erst das, was sie dann „ihre" Erfindung nennen. Drittens ist begrifflich nicht vorausgesetzt[54]), daß das, was der einzelne allein ersonnen hatte, bereits für sich allein in fertiger und brauchbarer Weise als schutzfähig hätte in den gewerblichen Verkehr eintreten können oder daß die von beiden zum Zwecke der Verschmelzung geleisteten Beiträge, nachdem die Verschmelzung stattgefunden hat, aus der so gebildeten Gesamterfindung wieder als selbständige Erfindungen herausgelöst werden könnten. Mit Recht hat Kohler[55]) dasjenige, was in der durch die Verschmelzung formulierten Erfindung „aufgegangen" ist, bloße „Erfindungsparzellen" genannt.

Der Fall der bloßen „Verschmelzung" ist übrigens von dem anderen, oben[56]) behandelten Fall der Entstehung einer Erfindungsgemeinschaft durch „gemeinschaftliche Tätigkeit" nicht immer klar abzugrenzen. Je unfertiger die Beiträge sind, je mehr Zusammenarbeit also bis zur endgültigen Fassung geleistet werden muß, desto weniger kann davon gesprochen werden, daß „lediglich" eine Verschmelzung stattgefunden habe, und desto mehr ist eben diese Zusammenarbeit als Entstehungsgrund der Erfindungsgemeinschaft anzusehen[57]).

2. Nun zu den Erscheinungsformen der Erfindungsgemeinschaft. Die dabei denkbaren — und sämtliche in der Praxis vorkommenden — Varianten haben ihren Grund in der Verschiedenheit der sozialen Stellung, in der sich die an der Erfindung Beteiligten befinden[58]). Es gibt bekanntlich freie Erfinder und Arbeitnehmererfinder, ja auch bei den letzteren sind sowohl gebundene wie freie Erfindungen möglich (§ 4 ArbEG). Da vorliegend

---

[51]) Diesen rechtsgeschäftlichen Entstehungsgrund hat wohl auch Spengler GRUR 31, 232 im Auge, wenn er erklärt, zwei, die eine gemeinsame Patentanmeldung „beschließen", müßten „als Miterfinder behandelt werden".

[52]) Diese Fälle sind hier nicht zu erörtern, vgl. oben S. 1 ff.

[53]) Daher stellt das unbefugte Zusammenwerfen mehrerer Erfindungen keinen Fall der „Verschmelzung" in dem oben erörterten Sinne dar, etwa wenn — wie bereits oben S. 3 und S. 8 erwähnt —, nach erfolgter widerrechtlicher Entnahme, der Entwender eine weitere, eigene Erfindung hinzufügt. S. über diesen Fall auch unten bei B II, 8.

[54]) Worauf bereits Kohler Hdb. S. 246/7 hingewiesen hat.

[55]) Kohler a. a. O.

[56]) Vgl. oben bei a.

[57]) Über d. Rspr. in den USA zur „Verschmelzung" vgl. Redies GRUR 37, 415.

[58]) Nicht zu erörtern sind Fälle, deren Besonderheit darin besteht, daß die Miterfinder verschiedenen Staaten angehören; bei solchen „internationalen" Erfindungsgemeinschaften können Probleme der Anwendung des „richtigen" (nationalen) Rechts entstehen, also Fragen des Territorialitätsprinzips und sonstige Fragen des sog. internationalen Privatrechts.

schlechthin „Gemeinschaften von Erfindern“ besprochen werden sollen, müssen, wenn die Darstellung vollständig sein will, alle zwischen den erwähnten Personen möglichen Paarungen behandelt werden. Daraus ergeben sich die nachstehend aufgeführten vier Varianten.

a) Als „freie“ Erfindungsgemeinschaften wird man die bezeichnen, die zwischen freien, unabhängigen Personen entstehen, also entweder zwischen mehreren Nichtarbeitnehmern oder unter solcher Beteiligung eines oder mehrerer Arbeitnehmer, für die diese Erfindung eine „freie“ im Sinne des ArbEG ist. Manche[59]) nennen Erfindungsgemeinschaften, bei denen die Beteiligten voneinander unabhängig sind, die „eigentlichen Erfindungsgemeinschaften. Oben[60]) wurde bereits erwähnt, daß eine zwischen Arbeitnehmern entstandene, also in der Regel „gebundene“ Gemeinschaft durch Freiwerden oder Freibleiben der Erfindung (von der Inanspruchnahme durch den Arbeitgeber, § 8 ArbEG) zur „freien“ Gemeinschaft werden kann.

b) „Arbeitnehmererfindungsgemeinschaften“ entstehen zwischen Arbeitnehmern des gleichen Betriebes, insbesondere durch Zusammenarbeit im Rahmen ihrer dienstlichen Tätigkeit. Sie sind regelmäßig[61]) „gebunden“ (Diensterfindung, § 4 Abs. 2 ArbEG) und die Folge der erwähnten, heutzutage häufigen „Gruppenarbeit“[62]). Die besonders gelagerten Fälle, in denen der Arbeitgeber selbst am Zustandekommen der Erfindung erfinderisch beteiligt ist, ergeben keine eigentliche Arbeitnehmererfindungsgemeinschaft — an der begrifflich nur Arbeitnehmer beteiligt sein können — und gehören daher einer der nachstehend behandelten Varianten, nämlich den „gemischten“ Erfindungsgemeinschaften an. Dort wird auch noch eine weitere „Mischung“, die ihren Ursprung innerhalb eines Betriebes hat, zu erwähnen sein.

In diesem Zusammenhang sei daran erinnert, daß der Begriff der sog. „Betriebserfindung“, die wegen angeblicher Unmöglichkeit, den oder die eigentlichen Erfinder unter den Arbeitnehmern des Betriebs zu ermitteln, ohne Notwendigkeit einer Inanspruchnahme und ohne Pflicht zur Erfindernennung dem Unternehmer gehörte, so daß für eine Gemeinschaft von „Arbeitnehmererfindern“ kein Raum blieb, vom Gesetz und auch ganz überwiegend in der Literatur fallen gelassen ist. Nach heutigem Recht und heute fast einhellig vertretener Auffassung stehen also hinter jeder in einem Betrieb, sei es auch innerhalb einer größeren Gruppe mit wechselnden Mitgliedern, gemachten Erfindung eine oder mehrere Persönlichkeiten, d. h. der oder die „Erfinder“, und wenn es deren bei der gleichen Erfindung mehrere gibt, kann — und wird in der Regel — eine Arbeitnehmererfindungsgemeinschaft entstehen[63]). Die Folgerungen, welche sich nach der weiter unten[64]) ver-

---

[59]) So Calé GRUR 31, 91.

[60]) Vgl. oben S. 5.

[61]) Aber nicht notwendig, vgl. unten S. 72.

[62]) Volmer § 9 Anm. 39: „Gruppenerfindung“.

[63]) Wenn hier und in den nächsten Abschnitten der Ausdruck „Gemeinschaft“

tretenen Auffassung vom Wesen der Miterfindereigenschaft für den Begriff der Betriebserfindung ergeben, werden an späterer Stelle[65]) darzulegen sein.

c) Vorstehend wurden Erfindungsgemeinschaften besprochen, die zwischen Arbeitnehmern des gleichen Betriebs (Unternehmens) entstehen. Die zunehmende Zusammenarbeit verschiedener Betriebe, wobei sich insbesondere solche benachbarter Arbeitsbereiche zusammentun, wie etwa eine chemische Fabrik und ein Apparatebaubetrieb oder ein Elektrounternehmen und eine metallverarbeitende Firma, bringt es mit sich, daß aus der gemeinschaftlichen Arbeit von Arbeitnehmern, die verschiedenen rechtlich selbständigen Betrieben angehören, Erfindungen hervorgehen[66]). Diese können mangels realer Teilbarkeit weder dem einen noch dem anderen Betrieb zugerechnet werden, so daß die zwischen allen beteiligten Arbeitnehmern bestehende Miterfinderschaft gleichsam eine rechtliche Brücke von Betrieb zu Betrieb bildet. Es liegt auf der Hand, daß diese besondere Erscheinungsform von Arbeitnehmererfindungsgemeinschaften besondere Rechtsfragen aufwirft, die im gegebenen Fall erkannt und beantwortet werden müssen. Man wird solche Erfindungsgemeinschaften, die durch die Tätigkeit der Arbeitnehmer verschiedener Betriebe entstehen, zweckmäßig „mehrbetriebliche Arbeitnehmererfindungsgemeinschaften" nennen. Mag der Ausdruck „mehrbetrieblich" auch keine erfreuliche Bereicherung des deutschen Sprachschatzes darstellen, so trifft er doch die Sache und soll daher angewendet werden[67]).

d) Die vierte Erscheinungsform der Erfindungsgemeinschaften verdient die Bezeichnung „gemischte Erfindungsgemeinschaft". Gemischt deswegen, weil ihr ein freier Erfinder (oder mehrere) und ein Arbeitnehmererfinder (oder mehrere) angehören. So ist es denkbar, daß der Arbeitgeber seinen mit Entwicklungsarbeiten betrauten Arbeitnehmer beauftragt, mit einem freiberuflich tätigen Fachmann zusammenzuarbeiten[68]) oder daß ein Arbeitnehmer von einem Außenstehenden, etwa einem Kunden des Unternehmens, erfinderische Anregungen erhält[69]). „Gemischt" im vorbezeichneten Sinne ist auch eine Erfindungsgemeinschaft, die zwischen Arbeitgeber und Arbeit-

---

verwendet wird, so soll damit nur die Verbundenheit mehrerer Personen zum Ausdruck kommen, ohne daß über die Rechtsnatur der Verbindung — Gesellschaft oder Gemeinschaft (§§ 705 ff. oder 741 ff. BGB) — etwas ausgesagt wird; über letztere wird in Teil D ausführlich zu sprechen sein.

[64]) Vgl. unten S. 21 ff.

[65]) S. unten S. 41 f.

[66]) Ein solcher Fall ist von der Schiedsstelle PA (1. 3. 61) in Bl. 1962, 17 behandelt. Weitere Fälle bei Schippel GRUR 62, 192.

[67]) In dem von Zeller GRUR 41, 252 erwähnten Beispiel „Arbeitnehmer verschiedener branchegleicher Betriebe" wird übrigens nicht klar, ob es sich möglicherweise um einen einzigen Arbeitnehmer handelt, der bei mehreren Betrieben in Diensten steht, also um einen Fall, der nicht im Rahmen von Erfindungsgemeinschaften zu behandeln ist.

[68]) Beispiel von Volmer § 6 Anm. 39.

[69]) Riemschneider-Barth S. 73/4 und 85/6; Lampert GRUR 52, 466.

nehmer entsteht, wenn sie gemeinsam erfinderisch tätig werden[70]). Zu den „freien" Erfindern gehören übrigens auch die Organe juristischer Personen, so daß eine von einem Vorstandsmitglied einer Aktiengesellschaft oder einem Geschäftsführer einer Gesellschaft mit beschränkter Haftung im Zusammenwirken mit einem Arbeitnehmer des Unternehmens gemachte Erfindung ebenfalls zu einer „gemischten" Erfindungsgemeinschaft führt[71]). Endlich entsteht eine „gemischte" Erfindungsgemeinschaft in den Fällen, in denen zwar sämtliche Miterfinder Arbeitnehmer sind, in der Regel des gleichen Betriebs (was aber begrifflich nicht notwendig ist), die Erfindung aber für die einen „gebunden", für die anderen von ihnen „frei" ist. Diese Fälle werden zwar nicht häufig sein[72]), kommen aber vor. So könnte beispielsweise eine Erfindung, die ein Dozent einer Technischen Hochschule zusammen mit dem Materialverwalter des Labors anläßlich der Reparatur eines schadhaft gewordenen Geräts macht, für den ersteren frei (§ 42 Abs. 1 ArbEG), für den letzteren gebunden sein (§ 4 Abs. 2 ArbEG).

3. Zusammengefaßt ergibt sich also, daß Erfindungsgemeinschaften in folgenden vier Erscheinungsformen auftreten:
a) als „freie" Erfindungsgemeinschaften,
b) als „Arbeitnehmererfindungsgemeinschaften",
c) als „mehrbetriebliche" Arbeitnehmererfindungsgemeinschaften,
d) als „gemischte" Erfindungsgemeinschaften.

Soweit nachstehend nichts anderes gesagt wird, ist zu unterstellen, daß Fragen der ersten Erscheinungsform, also der „freien" Erfindungsgemeinschaften, behandelt werden, die entweder nur bei dieser Erscheinungsform auftreten oder, wenn sie auch bei einer der drei anderen Erscheinungsformen entstehen, nicht abweichend zu beantworten sind.

III. Hauptprobleme der Erfindungsgemeinschaften

Die Bedeutung, welche einer Untersuchung der im Zusammenhang mit Erfindungsgemeinschaften auftretenden Fragen zukommt, wird am besten an einer Übersicht der Hauptprobleme deutlich, mit denen sich Rechtsprechung und Wissenschaft bei der Beurteilung derartiger Gemeinschaften befaßt haben und auch weiterhin befassen müssen. Es sind dies im wesentlichen folgende Fragen:

Welche der mehreren Beteiligten sind der oder die „Erfinder" oder doch „Miterfinder", haben also Anspruch darauf, im Falle der Patentanmeldung als Erfinder benannt zu werden (§ 36 PatG)? Und ist dieser Kreis bei freien Erfindungen identisch mit dem der „Mitberechtigten" an Erfindung und

---

[70]) Riemschneider-Barth S. 68/70; Volmer § 5 Anm. 23; Blum-Pedrazzini Bd. I S. 295.

[71]) Zutreffend Volmer § 5 Vorbem. 22.

[72]) Ebenso Riemschneider-Barth S. 122, Lindenmaier S. 115, Reimer-Schade-Schippel S. 91, Volmer § 18 Vorbem. 13.

Schutzrecht? Welche Quote steht dem einzelnen am Gemeinschaftsvermögen zu?

Wie und mit welchen Folgen vollziehen sich Erfindungsmeldung, Inanspruchnahme und Freigabe (§§ 5, 6, 8 ArbEG) bei Arbeitnehmererfindungsgemeinschaften? Wem und in welcher Höhe ist Vergütung zu zahlen? Und wie liegt dies alles bei „mehrbetrieblichen“[73]) Arbeitnehmererfindungsgemeinschaften?

Welche Rechtsnatur hat die „Gemeinschaft“: die einer Bruchteilsgemeinschaft im Sinne der §§ 741 ff. BGB oder die einer Gesellschaft gemäß §§ 705 ff. BGB[74])? Und welche Rechtsfolgen ergeben sich in dem einen oder anderen Fall für die Beteiligten im Innenverhältnis? Wie geschehen Auflösung und Auseinandersetzung? Können die in §§ 741 ff. BGB aufgestellten Rechtsnormen überhaupt auf Erfindungsgemeinschaften angewendet werden[75])?

Durch wen und wie ist ein Schutzrecht anzumelden? Welche Stellung haben die Beteiligten gegenüber dem Patentamt? Wie steht es mit der Verteidigung von Erfindung und Schutzrecht gegenüber Dritten: Wer darf die Erfindung benutzen und in welcher Weise? Wem fallen Verbesserungserfindungen zu? Durch wen und in welchem Umfang können Lizenzen erteilt werden?

Das dürften die Hauptfragen sein, zu denen eine Reihe weiterer Fragen hinzutritt. Die Einteilung der folgenden Abschnitte folgt der obenstehenden Aufzählung.

B. MITERFINDER UND MITGEMEINSCHAFTER

I. Erfinderpersönlichkeitsrecht und Erfindungsvermögensrecht

An der Spitze aller Überlegungen, die sich mit Rechtsfragen der Erfindungsgemeinschaften befassen, steht die außerordentlich wesentliche, leider in manchen Entscheidungen und Literaturstellen nicht eindeutig dargelegte[1]) Unterscheidung des durch das Erfundenhaben oder Mit-Erfundenhaben entstandenen P e r s ö n l i c h k e i t s r e c h t s von dem an der Erfindung und dem für diese erlangten Schutzrecht bestehenden V e r m ö g e n s r e c h t s. Ersteres drückt sich insbesondere in der sog. „Erfinderehre“ und dem aus dieser fließenden Anspruch auf Nennung als Erfinder im Falle der Schutzrechtserteilung (§ 36 PatG) aus, letzteres betrifft die Beziehung der Beteiligten zu Erfindung bzw. Schutzrecht als einem gewerblichen Wertobjekt. Dabei brauchen sich, wie folgendes Beispiel zeigt, bei den Beteiligten die

[73]) S. oben S. 11.

[74]) Busse S. 312 stellt der Bruchteilsgemeinschaft (§§ 741 ff. BGB) die „Gesellschaftsgemeinschaft“ gegenüber.

[75]) Was von vielen bezweifelt wird; so von Isay GRUR 24, 25, Tetzner S. 168 und Calé GRUR 31, 98 mit dem Postulat einer gesetzlichen Sonderregelung für Patentgemeinschaften.

[1]) So in RG 18. 12. 37 GRUR 38, 256, 16. 5. 39 MuW 39, 345; ferner Burlage MuW XVII, 40 ff.; Krausse S. 87; Zeller GRUR 42, 248.

erwähnten beiden Rechte keineswegs in dem Sinne zu decken, daß jeder nur entweder beide oder keins von beiden besitzen kann. Vielmehr können auch Personen vermögensrechtlich beteiligt sein, bei denen die Frage, ob sie miterfunden haben und folglich hier die Persönlichkeitsrechte eines Miterfinders besitzen, schlechterdings nicht auftritt. Wenn z. B. die Techniker A und B ihre halbfertige Erfindung in Ermangelung von Kapital weder vollenden noch sie später verwerten können, liegt es nahe, daß sie mit einem Geldgeber C und einem Fabrikanten D einen Vertrag schließen, wonach sie mit von C zur Verfügung gestelltem Geld und unter Inanspruchnahme der technischen Betriebsmittel von D die Erfindung vollenden wollen, die dann, wie schon jetzt vereinbart wird, allen vier Beteiligten gemeinsam gehört, der Einfachheit halber auf den Namen von D zum Patent angemeldet und unter Führung von D sowie persönlicher Mitarbeit von A und B ausgewertet werden soll, wozu ein bestimmter Verteilungsschlüssel für den erhofften Gewinn festgesetzt wird. Es ist evident, daß hier nicht allen Beteiligten in gleicher Weise ein Erfinderpersönlichkeitsrecht zusteht — so dürften C und D nicht verlangen, gegenüber dem Patentamt als Erfinder benannt zu werden —, während die Erfindung, sobald sie fertig ist, kraft der getroffenen Vereinbarung als gemeinschaftliches Vermögensobjekt aller zu gelten hat — insofern also unter Mitbeteiligung von C und D. Aus diesem Grund sind absichtlich die Ausdrücke Erfin*der*persönlichkeitsrecht und Erfin*dungs*vermögensrecht gewählt worden, damit durch den ersten Ausdruck das Höchstpersönliche, durch den zweiten das auch dem Nichterfinder Zugängliche betont wird. Die Inkongruenz von Persönlichkeits- und Vermögensrecht tritt noch stärker hervor, wenn man annimmt, es stelle sich später heraus, daß A geisteskrank war, und zwar schon zu der Zeit, als die Vereinbarung mit C und D geschlossen wurde. Ein Geisteskranker kann zwar Erfinder und folglich auch Miterfinder sein, da Erfinden keine rechtsgeschäftliche Tätigkeit ist[2]), aber seine bei dem Vertragsschluß mit C und D abgegebenen Willenserklärungen waren nichtig (§§ 104 Ziff. 2, 105 Abs. 1 BGB) und folglich ist es der ganze Vertrag, so daß auch die mit der Erfindung verknüpften Vermögensrechte bei A und B verblieben sind. Aus alledem erhellt, daß bei Erfin*dungs*gemeinschaften, weil eben nicht immer alle Beteiligten zugleich in Erfin*der*gemeinschaft stehen, die persönlichkeitsrechtliche Seite (Miterfinderschaft) und die vermögensrechtliche (Beteiligtsein an der Erfindungs- oder Schutzrechtsgemeinschaft) getrennt zu betrachten sind.

Aus dem Gesagten folgt ferner die für die rechtliche Würdigung der Erfindungsgemeinschaften bedeutsame Feststellung, daß auch jemand, dessen Beteiligung am Zustandekommen der Erfindung *nicht erfinderisch* war[3]), an der vermögensrechtlichen Seite der Angelegenheit „beteiligt" sein, insoweit also der „Gemeinschaft"[4]) angehören kann. Diese Erkenntnis ist nicht

[2]) Allgem. M., vgl. u. a. Kisch Hdb. S. 52, Tetzner S. 174 Fußn. 5; f. d. Schweiz Troller S. 29.

[3]) Über den hier anzuwendenden Begriff „erfinderisch" vgl. unten S. 15 ff.

[4]) Über deren Rechtsnatur wird S. 101 ff. im einzelnen zu sprechen sein.

neu. So ist entschieden worden[5]), daß, wenn der eine den erfinderischen Hauptanspruch geschaffen und der andere, den er dann zur Mitarbeit herangezogen hatte, einen nicht erfinderischen Unteranspruch beigesteuert hatte und daraus einvernehmlich eine einheitliche Patentanmeldung gemacht worden war, auch der letztere vermögensrechtlichen Anteil am Schutzrecht hat: er ist zwar nicht Miterfinder, aber Teilhaber[6]). Diese Erkenntnis spielt vor allem für „freie" Erfindungsgemeinschaften eine Rolle, während bei Arbeitnehmererfindungsgemeinschaften die vermögensrechtliche Gemeinschaft mit der — in der Regel unbeschränkten — Inanspruchnahme der Erfindung durch den Arbeitgeber endet (§ 7 Abs. 1 ArbEG)[7]). Stets jedoch wird die Frage, ob und in welchem Grad der einzelne am Zustandekommen der Erfindung schöpferisch beteiligt gewesen ist, bei der Berechnung der Höhe seines Anteils am Gemeinschaftsvermögen[8]) bzw., wenn er Arbeitnehmer ist, der Höhe seines Anspruchs auf Vergütung (§ 9 ArbEG) von Bedeutung sein[9]). Insoweit besteht also zwischen der Feststellung, ob und in welchem Maß jemand Miterfinder (Persönlichkeitsrecht) ist, und der anderen, welche Vermögensrechte ihm zustehen, eine Wechselwirkung[10]).

Als Ergebnis ist festzuhalten, daß, wenn eine Frage aus dem Recht der Erfindungsgemeinschaften beantwortet werden soll, zunächst eindeutig klargestellt werden muß, ob die betreffende Frage das Erfinderpersönlichkeitsrecht (Miterfinderschaft) oder das Erfindungsvermögensrecht (Teilhaberschaft) betrifft. Mit Recht ist diese Unterscheidung in einigen Entscheidungen und in der Literatur besonders beachtet worden[11]).

II. Miterfinder, Gehilfe, Anreger

Die Feststellung, welchen Personen innerhalb einer Erfindungsgemeinschaft ein Erfinderpersönlichkeitsrecht — das oben[12]) gegenüber dem sog. Erfindungsvermögensrecht abgegrenzt worden ist — zusteht, kann in Streitfällen nicht entbehrt werden. Sie hat, da es „nicht Sache des Patent-

---

[5]) RG 17. 9. 27 RGZ 118, 46 = Bl. 28, 37 = GRUR 28, 333 Nr. 4 = JW 28, 880.

[6]) Zutreffend Schnabel „Reichsbahn" 1935 S. 929 im Anschluß an d. zit. Entschdg. RGZ 118, 46; gleiches Ergebnis zum schweizer. Recht Blum-Pedrazzini Bd. I S. 307.

[7]) Riemschneider-Barth S. 71 und 83.

[8]) Vgl. darüber unten S. 62 ff.

[9]) Vgl. darüber unten S. 85 ff.

[10]) Über die Pflicht, dem Arbeitnehmererfinder zwar den Anteil des anderen an der Erfindung, nicht aber an der Vergütung bekanntzugeben — § 12 Abs. 2 ArbEG — s. unten S. 93 f.

[11]) RG 18. 12. 37 GRUR 38, 256 — aus dieser Entscheidung hat Spengler GRUR 38, 235 zutreffend entnommen, daß sie das Vermögensrecht an der Erfindung betrifft —; RG 17. 10. 38 JW 39, 239 Nr. 26; RG 10. 10. 39 GRUR 40, 339 (41) = HRR 1940 Nr. 82; Kohler Lehrb. S. 228, Isay S. 142, Spengler a. a. O. S. 231/2, Blum-Pedrazzini S. 307/8.

[12]) Vgl. soeben S. 13 f.

amtes ist, im Erteilungsverfahren zu bestimmen, wer von mehreren Mitanmeldern der Erfinder ist"[13]), erforderlichenfalls durch das Gericht zu erfolgen und kann, seitdem der früher für den Fall angeblicher Nichtfeststellbarkeit der Erfinder angenommene Begriff der Betriebserfindung nicht mehr angewandt wird[14]), nicht dahin lauten, daß eine natürliche Person als Erfinder nicht ermittelt werden könne. Aus diesen Gründen ist es unerläßlich, die Kriterien zu untersuchen, nach denen Lehre und Rechtsprechung die Frage entscheiden, welche der am Zustandekommen einer Erfindung beteiligten Personen den Titel des „Miterfinders" verdienen und folglich u. a. den bereits mehrfach erwähnten Anspruch auf Erfindernennung (§ 36 PatG) haben.

1. Erfindungshöhe und erfinderische Mitarbeit

Im Folgenden soll die Frage untersucht werden, welche Qualität der Beitrag des einzelnen zu dem, was schließlich dem Patentamt (oder zuvor, bei Arbeitnehmererfindungen, dem Arbeitgeber) als „die" Erfindung mitgeteilt wird, haben muß, damit er sich als „Miterfinder" bezeichnen darf. Handelt es sich um ein bloßes Kausalitätsproblem? Muß die Leistung des einzelnen als solche „erfinderisch" sein und, wenn dies zu fordern ist, in welchem Grad? Wird man den Begriff der anonymen „Betriebserfindung" wieder einführen müssen? Inwiefern ist der „Wille" der Beteiligten, Erfinder bzw. Miterfinder sein zu wollen, inwiefern ist überhaupt das „Bewußtsein", etwas Erfinderisches beigetragen zu haben, von Bedeutung? Kann man auf Miterfindereigenschaft „verzichten"? Bei der Erörterung dieser Fragen wird noch eine Reihe weiterer Probleme auftreten.

Auf die Bedeutung der Feststellung, daß jemand „Miterfinder" ist, wurde oben wiederholt hingewiesen. Hat jemand, der nicht selbst „schöpferisch"[15]) mitwirkte, keinen Anspruch, als Miterfinder benannt zu werden (§ 26 Abs. 6 PatG)? Und was bedeutet der Begriff des „Mitarbeiters", der gemäß § 5 Abs. 2 S. 3 ArbEG von dem, der eine Diensterfindung meldet, mit anzugeben ist, d. h. handelt es sich dabei um Miterfinderqualität oder nur um evtl. Beteiligung des Benannten an der Vergütung u. a. m.?[16]). Endlich sei darauf hingewiesen, daß erhebliche zivilrechtliche Folgen eintreten können, wenn jemand die Miterfinderschaft eines anderen, zu dem er bezüglich der Erfindung in Vertragsbeziehungen steht — etwa als Gesellschafter — ohne Grund bestreitet[17]).

2. Kausalitätsproblem oder Wertungsproblem?

Das Problem, unter welchen Voraussetzungen jemand, der zusammen mit anderen mittelbar oder unmittelbar am Zustandekommen einer Erfindung

---

[13]) So schon Kohler Lehrb. 94; vgl. dazu jetzt § 26 Absatz 6 Satz 3 PatG.

[14]) S. unten S. 41 f.

[15]) PA 17. 12. 42 Mitt. 43, 76.

[16]) Vgl. Reimer-Schade-Schippel S. 85; Heine-Rebitzki § 5 Anm. 6.

[17]) RG 10. 10. 39 GRUR 40, 339 (342) erörterte in solchem Zusammenhang ein Kündigungsrecht des Betroffenen aus wichtigem Grund gemäß § 723 BGB.

teilgenommen hat, als Miterfinder gelten darf, kann unter zwei verschiedenen Gesichtspunkten betrachtet werden: dem der Kausalität und dem der Wertung. Kommt es darauf an, daß der Beitrag des einzelnen „ursächlich" war und bejahendenfalls in welchem Sinne ursächlich? Oder ist darauf abzustellen, ob der Beitrag einen erfinderischen oder sonstigen Gehalt hatte und bejahendenfalls in welchem Grad? Oder müssen beide Gesichtspunkte als Voraussetzungen der Miterfindereigenschaft bezeichnet und folglich in jedem Einzelfall geprüft werden?

Mit der Erörterung der Kausalität allein, die von vielen[18]) stark in den Vordergrund gerückt worden ist, kann die Frage nach der Miterfindereigenschaft, wie sich zeigen wird, nicht befriedigend beantwortet werden. Dabei scheint man sich nicht einmal darüber einig zu sein, welcher Begriff der Kausalität zugrunde zu legen ist, ob der der conditio sine qua non oder der engere der adäquaten Ursächlichkeit, wonach als ursächlich nur solche Mitwirkung in Betracht kommt, die nach der Lebenserfahrung zum Zustandekommen der Erfindung wirksam beigetragen hat[19]). Die Mehrheit neigt offenbar dem adäquaten Kausalbegriff zu, wie beispeilsweise folgende Definitionen zeigen: der von dem Miterfinder geleistete Beitrag müsse „von nicht unerheblichem Einfluß auf die Lösung"[20]) gewesen sein, müsse sich beziehen auf einen „wesentlichen" Teil (der Schaffung der Voraussetzungen für die Anerkennung einer Erfindung im patentrechtlichen Sinne, ohne dessen Vorliegen die Erfindung nicht vollendet worden wäre)[21]), müsse „adäquat" gewesen sein[22]). Andere wiederum sprechen nur von „ursächlich", etwa mit dem Bemerken, die Tätigkeit des Beteiligten müsse zur Erfindung „beigetragen" haben[23]) oder die Leistungen der Beteiligten müßten im Sinne einer „Integration" gegenseitig aufeinander eingewirkt haben[24]) oder nur: die Tätigkeit müsse zur Entstehung des Erfindungsgedankens „beigetragen" haben[25]).

Allen diesen Zitaten ist etwas Selbstverständliches gemeinsam: als Miterfinder kommt nur in „Betracht" (womit allerdings noch nicht gesagt ist, ob er Miterfinder ist), wer mit-gewirkt hat, und zwar beim Zustandekommen der Erfindung selbst. Das bedeutet zugleich, da Erfinden eine Tätigkeit auf technischem Gebiet ist, daß er technisch mitgewirkt haben muß. Diese Erkenntnis ist wesentlicher als die oben erwähnte Frage nach dem anzuwendenden Kausalitätsbegriff. Es ist also nicht nötig, sich anstelle der conditio-sine-qua-non-Kausalität für die adäquate Kausalität

---

[18]) Vgl. insbesondere Spengler GRUR 38, 231.

[19]) So etwa wäre hier entsprechend dem im Zivilrecht anerkannten — vgl. RGR Kom. Vorbem. 3 vor § 249 BGB — Begriff des adäquaten Kausalzusammenhangs zu definieren.

[20]) Klauer-Möhring S. 126.

[21]) Beil Chem.-Ing.-Techn. 53, 634.

[22]) Spengler a. a. O.

[23]) Kent Bd. I S. 163 Nr. 280.

[24]) PA 5.BS 6. 8. 51 Bl. 51, 294 (6).

[25]) Scher S. 17.

zu entscheiden, um mit Spengler[26]) die Mutter, die dem späteren Erfinder das Leben geschenkt hat, und andere „entlegene Mitverursacher" aus dem in Betracht kommenden Kreis auszuscheiden[27]).

Im vorbezeichneten Sinne soll unter „technisch" keineswegs nur eine mechanische oder laborchemische Tätigkeit verstanden, sondern lediglich das Gebiet menschlichen Wirkens angegeben sein, auf dem sich die Mitwirkung des einzelnen abspielen muß, will er zum Miterfinder werden. Die „technische Mitwirkung" kann dabei — wie es in der Tat häufig ist — entweder in tatsächlicher Betätigung, etwa dem Bauen einer Maschine, also in einer Mit-Arbeit im wörtlichen Sinne[28]) bestehen oder in einem geistigen Mitwirken, d. h. in einer geistigen Leistung[29]), die in dem Beitrag oder Austausch von das Zustandekommen der Erfindung fördernden Gedanken[30]), insbesondere darin bestehen kann, auf Grund einer geistigen Konzeption planend und beratend mitzuwirken[31]).

Da die Mitwirkung, wie erwähnt, „zum" Erfinden geschehen sein muß, scheidet auch hier derjenige aus, der erst zu der bereits fertigen Erfindung hinzutritt. Das ist bereits oben[32]) näher dargelegt worden.

Das Mitgewirkthaben im vorstehend gekennzeichneten Sinn bringt den betreffenden Beteiligten in den Kreis der möglichen Miterfinder, ist also eine grundsätzliche und unerläßliche Voraussetzung der Miterfindereigenschaft, ohne daß damit zugleich gesagt ist, wer unter den vielen Personen, die hiernach möglicherweise am Zustandekommen der Erfindung „mitgewirkt" haben, „Erfinder" oder „Miterfinder" ist. Man kann zwar dem Dreher, der auf Anweisung des Laborleiters nach dessen Zeichnung ein Werkstück fertigt, nicht absprechen, daß er an der erfundenen Maschine, und zwar am ersten Modell einer solchen, technisch „mitgewirkt" hat, aber es hieße, wie zutreffend bemerkt worden ist[33]), den allgemeinen Sprachgebrauch vergewaltigen, wollte man derartige Mitwirkungen als mit-„erfinderisch" bezeichnen[34]). Dies ist also der Punkt, an dem die Untersuchung der Frage, wer Miterfinder ist, von der rein tatsächlichen Voraussetzung des technischen Mitgewirkthabens übergeht zur qualitativen Wertung, indem nicht mehr nur gefragt wird, „ob" der Betreffende (technisch) mitgewirkt hat, sondern die viel wesentlichere Frage gestellt wird, wie die von ihm entfaltete Tätigkeit, soll sie ihm den Ehrentitel eines Miterfinders eintragen, nach ihrem

---

[26]) Spengler a. a. O.

[27]) Möglicherweise hat Spengler a. a. O., indem auch er „technische" Mitwirkung fordert, eben dies als „adäquate" Kausalität bezeichnen wollen.

[28]) Kohler Hdb. S. 247.

[29]) Lindenmaier GRUR 53, 15.

[30]) Wirth GRUR 37, 408; LG Berlin 31. 10. 56 GRUR 58, 77.

[31]) Ähnlich für Miturheberrecht an einem Kunstwerk RG I. Strafsen. 1. 11. 35

[32]) S. oben S. 5 f.

[33]) Spengler a. a. O. S. 232/3.

[34]) Darauf, daß Ursächlichkeit allein nicht genügt, weist auch Lindenmaier S. 108 hin, ebenso Riemschneider-Barth S. 84, Blum-Pedrazzini Bd. 1 S. 311.

erfinderischen „Gehalt“ zu bewerten ist. Darüber wird unten ausführlich zu sprechen sein.

Diese Notwendigkeit, eine Wertung vorzunehmen, stellt, wie unten an vielen Beispielen klar werden wird, das eigentliche Kriterium dar, mit dem verhindert wird, daß Unbefugte im Kreis der Miterfinder verbleiben. Wie oben erwähnt wurde, hat Spengler die Mutter des Erfinders aus Kausalitätsgründen von diesem Kreis fernhalten wollen — selbst wenn er das nicht täte, müßte sie hier, wo die „Wertung“ der geleisteten Beiträge einsetzt, ausscheiden. Dies zeigt erneut, daß das reine Kausalitätsproblem erheblich hinter die Wertungsfrage zurücktritt.

Daß das Herausschälen des Beitrags des einzelnen, als unerläßliche Voraussetzung einer Wertung „seiner“ Leistung, nicht immer einfach, ja häufig sogar recht schwierig ist, erhellt angesichts der Vielzahl von Erörterungen, Planungen, Versuchen, Teilentwicklungen u. a. m., die in der modernen Industrie das Entstehen von Erfindungen einleiten und begleiten und in der Tat oft „die erfinderische Tätigkeit des einzelnen an Bedeutung stark zurücktreten lassen“[35]).

3. Wertung der Gesamtleistung

Der Begriff des Miterfinders setzt außer dem, was im vorigen Abschnitt behandelt worden ist, noch etwas weiteres voraus. Wie zum Subjekt ein Objekt, so gehört zum Mit-Erfinder begrifflich eine Erfindung, an deren Zustandekommen er teilhat. Es ist also vorauszusetzen, daß das Ergebnis der Mitwirkung aller eine „Erfindung“ ist. Auf diesen Begriff so, wie er hier zu definieren ist, muß kurz eingegangen werden, bevor die Wertung der Mitarbeit der einzelnen Teilnehmer vorgenommen wird.

Das Postulat, daß das Gesamtergebnis eine „Erfindung“ sein müsse, ist hier nur im Sinne der für Patentfähigkeit oder Gebrauchsmusterfähigkeit erforderlichen Erfindungshöhe zu verstehen. Für die hier anzustellende Untersuchung ist es also belanglos, ob das Gesamtergebnis der Zusammenarbeit den sonstigen Voraussetzungen der Patent- oder Gebrauchsmusterfähigkeit genügt, denn für den Begriff der Erfindung ist — anders für den der schutzfähigen Erfindung — lediglich, neben subjektiver (nicht auch objektiver)[36]) Neuheit, vorauszusetzen, daß das Auf-

[35]) Hinweis von Peters GRUR 1961, 516.

[36]) A. M. Lindenmaier S. 47, der objektive Neuheit für den Begriff „Erfindung“ verlangt; dem stimmen jedoch weder die von ihm a. a. O. zit. Damme-Lutter zu, die S. 164 die Neuheit nur „im Bereich des Patentgesetzes“ betrachten, noch Pietzcker, der § 2 Anm. 1 zu b die Frage offen läßt. Kohler Hdb. S. 178 weist ausdrücklich darauf hin, daß objektive Neuheit nicht für den Begriff der Erfindung, wohl aber für die Patenterlangung erforderlich ist. Diese Erkenntnis ist übrigens alt, vgl. Flögel, Einleitung in die Erfindungskunst (Breslau und Leipzig 1760; bibliophiler Neudruck bei Wilhelm Lampl-Wila-Verlag 1959) § 4 Ziff. 5: „Wer etwas Bekanntes erfindet, kann in Ansehung seiner Erkenntnis ein Erfinder sein, aber er ist es nicht in Ansehung anderer“ und § 7 Ziff. 8: „Man kann alte

finden des Ergebnisses einen „erfinderischen" Schritt darstellte. Ebenso, wie jemand etwas anderen bereits Bekanntes, das ihm unbekannt ist, von sich aus „erfinden" kann, wobei es allerdings fraglich ist, ob ihm irgendein Staat ein durchsetzbares Schutzrecht darauf zubilligen wird, bleibt der „Begriff" der Erfindung erhalten, auch wenn es an gewissen Voraussetzungen der Schutzfähigkeit fehlt, etwa weil das erfinderisch Gefundene ein Arzneimittel (§ 1 Absatz 2 Ziffer 1 PatG) oder nicht modellfähig (§ 1 GebrMG) ist usw.

Somit genügt hier folgende Feststellung: wo auch immer die Frage untersucht werden soll, ob jemand Miterfinder ist, muß vorausgesetzt und notfalls erwiesen werden, daß das Ergebnis der Mitwirkung aller Erfindungshöhe besitzt. Dabei ist, wie erwähnt, jene Erfindungshöhe gemeint, die von Lehre und Praxis für die Schutzfähigkeit gefordert wird. Dieser Begriff ist hier nicht zu erörtern, vielmehr muß insoweit auf die Kommentare verwiesen werden[37]). Es sei jedoch angemerkt, daß sich die Erfindungshöhe nicht mit mathematischen Maßen ermitteln läßt, sondern Gegenstand eines reinen Werturteils ist[38]). Dabei ist anerkannt, daß — schon im Hinblick auf den unleugbaren Zusammenhang von Fortschrittlichkeit und Erfindungshöhe[39]) — das Geschaffene mit dem ganzen bereits vorliegenden Stand der Technik in Vergleich zu setzen ist, und zwar mit dessen Gesamtbild[40]). Dabei wird allerdings nicht darauf abgestellt, ob der Erfinder dieses Gesamtbild gekannt hat. Vielmehr ist ein objektiver Maßstab anzulegen, also die objektive Leistung zu ermitteln und nach ihr die Erfindungshöhe zu würdigen[41]). Diese Erkenntnisse werden unten noch von Bedeutung sein.

Somit ergibt sich: die Frage nach dem Erfinder oder den Miterfindern kann erst gestellt werden, wenn feststeht — das ist bei den nachfolgenden Ausführungen unterstellt —, daß das Ergebnis ihres Wirkens eine „Erfindung", also eine technische Lehre von Erfindungshöhe als Voraussetzung der Schutzfähigkeit durch Patent oder Gebrauchsmuster[42]) ist, gemessen an ihrem objektiven Abstand vom Gesamtbild des Standes der Technik.

Erfindungen von neuem erfinden". Die meisten „erörtern" allerdings die Neuheit nur im Hinblick auf Patentfähigkeit, so Pietzcker a. a. O., Kisch Hdb. S. 76, Reimer § 2 Anm. 1 und a. m.

37) Vgl. statt vieler Lindenmaier § 1 Anm. 28, Reimer § 1 Anm. 31 ff.

38) Allgem. M., vgl. Reimer § 1 PatG Anm. 62, Tetzner § 1 Anm. 52 m. Rspr.; Klauer-Möhring § 1 Anm. 12.

39) Busse § 1 Anm. 3, Lindenmaier a. a. O., Tetzner a. a. O., Reimer § 1 Anm. 34.

40) Also nicht nur mit einzelnen vorbekannten Offenbarungen, sondern mit dem sich aus allem Vorbekannten ergebendem „Mosaik"; allgem. M., vgl. statt vieler Reimer § 1 PatG Anm. 62, Busse a. a. O.

41) Lindenmaier a. a. O.; h. M. seit Pietzcker, der diesen Standpunkt S. 48 ausführlich begründet hat.

42) Die Praxis stellt bei Gebrauchsmustern geringere Anforderungen an die Erfindungshöhe als bei Patenten, vgl. RG 20. 1. 39 GRUR 39, 838 (840); PA 1.BS 22. 10. 57 Bl. 58, 7 Strahlenmeßgerät.

4. Wertung des Einzelbeitrags

a) Bevor die Frage untersucht wird, welche Qualität das von dem einzelnen Beigetragene gehabt haben muß, um ihn Miterfinder nennen zu können, sei nochmals daran erinnert[43]), daß hier die (erfinder-) persönlichkeitsrechtliche, nicht die vermögensrechtliche Seite erörtert wird. Beide Seiten sind, worauf oben wiederholt hingewiesen worden ist, scharf zu trennen. Um dies zu erkennen, braucht man sich nur den Fall vorzustellen, daß ein Bankier zwei mittellosen Erfindern die zur Fertigstellung der Erfindung erforderlichen Geldmittel zur Verfügung stellt mit der Abrede, daß die Erfindung von vornherein allen dreien gemeinsam gehören, auf alle zum Patent angemeldet und von ihnen gemeinsam ausgewertet werden soll: hier ist jemand vermögensrechtlich an der Erfindung „beteiligt", der ganz offenbar nicht als „Miterfinder" in Betracht kommt. Kann man aber kraft Vereinbarung, wie im vorstehenden Fall, jemand als vermögensrechtlichen Gemeinschafter (Gesellschafter) aufnehmen, der erfindungstechnisch völlig untätig bleibt, so muß das erst recht möglich sein, wenn der Betreffende mitarbeitete, aber keinen „erfinderischen" (über diesen Begriff, wie er hier zu verstehen ist, wird gleich unten zu sprechen sein) Beitrag zum Ganzen leistete, indem er etwa einen nicht erfinderischen Unteranspruch beisteuerte[44]).

b) Hat der Beitrag des einzelnen zur Erfindung selbständige Erfindungshöhe in dem oben bei der Wertung der Gesamtleistung aller[45]) gekennzeichneten Sinne der „schutzfähigen" Erfindungshöhe, muß der Beitragende fraglos als Erfinder (Miterfinder) gelten[46]). Diese Fälle bedürfen daher keiner Erörterung. In der Praxis bestehen jedoch häufig gerade an der „selbständigen" Erfindungshöhe Zweifel, ja in vielen Fällen ist sie offenbar zu verneinen. Es ist dies meist in der Entwicklungsgeschichte der betreffenden Gemeinschaftserfindung[47]) begründet, zu der nacheinander der eine dies, der andere das an Bausteinen beiträgt, bis schließlich aus allem das Gesamtgebäude, „die" Erfindung, entstanden ist[48]). Zwar weist letztere, wie unterstellt werden muß[49]), Erfindungshöhe auf, und wenn sie von einer einzigen Person gemacht worden wäre, käme dieser zweifellos der Titel eines „Er-

---

[43]) Vgl. oben S. 13 f.

[44]) RG 17. 9. 27 RGZ 118, 46; 10. 10. 39 GRUR 40, 339 = Mitt. 40, 31; 7. 1. 44 GRUR 44, 80 (81 rechte Sp.); wenn Klauer-Möhring S. 126 die erstgenannte Entscheidung für „nicht unbedenklich" halten, so übersehen sie, daß das RG die vermögens-, nicht die erfinderrechtliche Seite im Auge hatte.

[45]) Vgl. oben S. 19 f.

[46]) Volmer NJW 54, 94/5.

[47]) Von Beil Chem.-Ing.-Techn. 53, 633 „Erfindungsgeschichte" genannt; vgl. wegen ihrer Bedeutung für die Erkenntnis der Miterfindereigenschaft d. niederländ. Entschdg. Octrooiraad 7. 4. 60 GRURInt 1962, 80.

[48]) Auch die Schiedsstelle des Patentamts geht hier regelmäßig von der „Erfindungsgeschichte" aus, vgl. Schade Mitt. 1959, 254.

[49]) Vgl. oben S. 19 f.

finders" zu. Müssen nun, wenn es sich um eine Gemeinschaftserfindung handelt, die einzelnen Erfindungsbeiträge[50]) ebenfalls volle „Erfindungshöhe" aufweisen, damit ihre Väter „Mit-Erfinder" genannt werden können? Dies ist eine der Kernfragen der Erfindungsgemeinschaft.

Viele fordern in der Tat, daß der Anteil des einzelnen erfinderisch sein müsse, ohne allerdings im einzelnen anzugeben, was unter diesem Wort hier verstanden sein soll[51]). So wird „Sicherheben über den Stand der Technik"[52]), ein „erfinderischer Anteil"[53]), eine Leistung von „gewissermaßen eigener Erfindungshöhe"[54]) oder ein „erfinderischer Beitrag"[55]) verlangt. Ähnliche Postulate finden sich in der Rechtsprechung. So heißt es, nur wer „erfinderisch tätig" gewesen sei, könne als Miterfinder gelten[56]), ja es sei zu fragen, ob der Betreffende, „wenn er das Patent nur mit seinen Gedanken angemeldet hätte, mit der Erteilung hätte rechnen können"[57]); es müsse sich um „erfinderische" Beiträge handeln[58]), „erfinderische" Gedanken müßten ausgetauscht worden sein[59]). Dies alles erinnert an die Rechtsprechung zum Urheberrecht, wo zwischen Tatsachenbericht und Phantasieerzeugnis unterschieden wird. So wird beispielsweise ein Urheberschutz dem, der die Fabel zum Drehbuch eines Filmes geliefert hat, nur zugebilligt, wenn die Fabel auf schöpferischer Tätigkeit beruht, nicht aber wenn sie nur in dem Berichten eines tatsächlichen Erlebnisses besteht[60]). Auf Entscheidungen, bei denen unklar geblieben ist, ob dort, wo die Frage nach der Erfindungshöhe der Teilbeiträge aufgeworfen wird, das Erfinderpersönlichkeitsrecht oder die Zugehörigkeit zu einer vermögensrechtlichen Gemeinschaft in Rede steht, soll hier nicht eingegangen werden[61]).

Diesen Stimmen, die verlangen, daß der Anteil des einzelnen, will er Mit-

---

[50]) Von Kohler Hdb. 246/7 „Erfindungsparzellen" genannt.

[51]) So daß zu vermuten ist, daß sie volle Erfindungshöhe verlangen, wie sie auch die Gesamterfindung, um schutzfähig zu sein, haben muß; nach RG 10. 10. 39 GRUR 40, 339 (340) braucht allerdings die Einzelleistung, wenn das Ganze nur geringe Erfindungshöhe hat, nur im gleichen bescheidenen Maß erfinderisch zu sein (womit daran, daß von der Einzelleistung verlangt wird, sie müsse als solche erfinderisch sein, im Prinzip nichts geändert wird).

[52]) Reichel GRUR 43, 13.

[53]) Lindenmaier S. 108.

[54]) Klauer-Möhring S. 126.

[55]) Riemschneider-Barth S. 82.

[56]) RG 10. 10. 39 GRUR 40, 339 = Mitt. 40, 31.

[57]) RG 31. 1. 41 GRUR 41, 152 in einem Fall, in dem die von dem einen bereits entworfene Patentanmeldung durch Zusammenarbeit mit einem anderen noch ergänzt und verbessert wurde.

[58]) RG 7. 1. 44 GRUR 40, 80 (81).

[59]) LG Berlin 3. 10. 56 GRUR 58, 77.

[60]) OLG München 24. 11. 55 GRUR 56, 432: wer nur einen vorgegebenen Stoff mitteilt, „erfindet" nicht.

[61]) So RG 16. 5. 39 MuW 39, 345 wohl vermögensrechtlich; nicht eindeutig Lindenmaier S. 108.

erfinder sein, erfinderisch ist — wobei, wie erwähnt, zu vermuten ist, daß sie Erfindungshöhe im Sinne von Patentfähigkeit fordern —, stehen andere gegenüber, die ausdrücklich erklären, für den Beitrag des einzelnen Miterfinders sei Erfindungshöhe im Sinne von Patentfähigkeit n i c h t erforderlich[62]).

Dieser Meinung ist zuzustimmen, will man für die weitaus häufigsten aller vorkommenden Fälle den Begriff des „Mit-Erfinders" überhaupt beibehalten. Mit Recht ist empfohlen worden[63]), eine Gleichung aufzustellen, bei der auf der einen Seite die fertige Erfindung steht, während auf der anderen die Beiträge der Mitwirkenden aufgezählt sind. Man kann dies etwa in der Weise tun, daß man für die Erfindung E, die aus der Zusammenarbeit von zwei Personen A und B entstanden ist, von denen A den Beitrag a und B den Beitrag b geleistet hat, die Gleichung $E = a + b$ aufstellt. E, nämlich „die" Erfindung, muß Erfindungshöhe (im Sinne der Patent- oder Gebrauchsmusterfähigkeit) haben. Bezeichnet man letztere mit e, setzt also $E = e$, so erhellt, soll $e = a + b$ eine Gleichung darstellen, daß den Anteilen a und b g e m e i n s a m die Erfindungshöhe e innewohnt, nicht aber jedem von ihnen. Wollte man letzteres verlangen, könnte sowohl A wie auch B nur dann Erfinder und könnten folglich beide nur dann Mit-Erfinder sein, wenn bereits der Beitrag eines jeden für sich allein, was die Erfindungshöhe anbelangt, eine schutzfähige Erfindung wäre, so daß sich für E der Wert 2 e ergeben müßte — Fälle, die selten vorkommen, während die Wirklichkeit in der Regel die ist, daß, nimmt man einen der Beiträge fort, weder dieser noch das Ganze (E) die für die Erteilung eines Schutzrechts notwendige Erfindungshöhe aufweist. Dies sind aber gerade die Fälle, bei denen die Frage nach der Miterfindereigenschaft problematisch wird.

c) Ergibt sich somit aus dem Begriff des M i t - Erfinders, daß sein Beitrag keine „volle" Erfindungshöhe im Sinne von Schutzfähigkeit zu haben braucht, so steht andererseits der gleiche Begriff, nämlich der des Mit - E r f i n d e r s , der Annahme entgegen, der Beitrag könne schlechthin „irgendwelcher" Art sein, so daß jedwede Wertung unterbleiben könne. Dem wurde bereits oben[64]) entgegengetreten. Will man nicht, im Widerspruch zu allem Sprachempfinden, Personen Mit-Erfinder nennen, die lediglich Kapital oder Arbeitsräume zur Verfügung gestellt oder völlig untergeordnete Hilfsverrichtungen geleistet haben, so kommt man nicht umhin, für das, was der einzelne beigetragen hat, eine gewisse M i n d e s t q u a l i t ä t zu verlangen. Oben[65]) ist darauf hingewiesen worden, daß es sich dabei nicht um eine Kausalitätsfrage, sondern um eine Wertung, also um die Feststellung des G e h a l t s handelt, den der betreffende Beitrag aufweist. (Diese Erkenntnis

---

[62]) Ausdrücklich Volmer § 4 Anm. 45/6; Reimer-Schade-Schippel S. 84 im Anschluß an Beil Chem.-Ing.-Techn. 53, 633/4; desgl. implicite Kisch Hdb. S. 74 zu 2, der jedoch offenbar die vermögensrechtliche Seite im Auge hat.

[63]) Beil a. a. O.

[64]) S. oben S. 16 ff.

[65]) S. oben a. a. O.

hindert selbstverständlich nicht, in der Praxis bei Ermittlung des Erfinders bzw. der Miterfinder solche Personen, die bei kausaler Betrachtung als Mitwirkende nicht in Betracht kommen, wie etwa den völlig erfolglos oder den erst nach fertiger Erfindung Tätigen, bereits „mangels Kausalität" auszuscheiden.)

Dies ist der Punkt, an dem in Rechtsprechung und Lehre der Ausdruck „schöpferisch" auftaucht, sei es für sich allein, sei es in Verbindung mit anderen Worten. Dabei wird das Eigenschaftswort „schöpferisch" entweder der entfalteten Tätigkeit oder dem Tätigkeitsergebnis beigelegt. So heißt es etwa, der Beteiligte müsse schöpferisch „mitgewirkt"[66]), er müsse die „Tätigkeit" einer schöpferischen Persönlichkeit entfaltet haben[67]), oder es wird gefordert, daß sein „Beitrag"[68]) oder sein „Anteil an der Erfindung"[69]) oder an der „Lösung"[70]) schöpferisch gewesen sein müsse.

Reimer[71]) hat, weil man gemeinhin geneigt ist, mit dem Begriff des Schöpfers und der Schöpfung etwas Exzeptionelles ganz besonderer Art zu verbinden, von der Verwendung des Ausdrucks „schöpferisch" bei Beurteilung der Erfindungshöhe abgeraten. Es ist jedoch in dem hier zu erörternden Zusammenhang nicht anzunehmen, daß die, welche in der soeben zitierten Weise fordern, der Beitrag des Miterfinders müsse „schöpferisch" gewesen sein, zum Ausdruck bringen wollen, nur eine erfinderische „Tat", eine außergewöhnliche oder gar geniale Leistung könne zum Miterfinder machen. Es soll vielmehr offenbar nur das „bloß Durchschnittliche" (und erst recht das Unterdurchschnittliche) unbeachtlich sein oder, mit anderen Worten, nur das „Qualifizierte"[72]) soll in Betracht kommen. Ferner kann angenommen werden, daß auch die, welche nur von „schöpferisch" ohne den Zusatz „erfinderisch" sprechen, einen erfinderisch-schöpferischen Beitrag verlangen. Soweit jedoch nachstehend davon gesprochen wird, der einzelne müsse „erfinderisch" beigetragen haben, soll damit lediglich das Gebiet angegeben sein, auf dem sein Denken bzw. Handeln stattgefunden haben muß. Ein „erfinderisch-schöpferischer" Beitrag ist daher ein solcher, der auf technischem Gebiet — im Gegensatz etwa zum literarischen oder musikalischen — „qualifiziert" ist. Nachstehend soll versucht werden, den hier in Betracht kommenden Begriff der Qualifikation näher zu bestimmen. Dabei muß zunächst das

---

[66]) Benkard § 3 Anm. 4, Riemschneider-Barth S. 84/5, beide m. Rspr.; Hueck-Nipperdey § 53 Anm. 15 S. 456; auch im Urheberrecht wird von schöpferischer Mit-Tätigkeit gesprochen, vgl. Allfeld § 6 LUG Anm. 2 und 5.

[67]) Riemschneider-Barth S. 68 ff.

[68]) Riemschneider-Barth S. 71/2; vgl. auch d. Zitate von Spengler GRUR 38, 233/4.

[69]) RG 18. 12. 37 GRUR 38, 256 (262); 10. 10. 39 GRUR 40, 339 (341); Tetzner 167 m. Rspr.; Dörner GRUR 62, 170.

[70]) Reimer-Schade-Schippel S. 137; Busse S. 133; bei Bernhardt S. 97 bleibt undeutlich, ob das Persönlichkeits- oder das Vermögensrecht gemeint ist.

[71]) Reimer S. 32.

[72]) Beil Chem.-Ing.-Techn. 53, 633 spricht von „qualifizierter" Mitarbeit.

Objekt ermittelt werden, um dessen Qualifikation es sich handelt, d. h. es muß festgestellt werden, ob es die Tätigkeit, nämlich das Mit-Wirken des einzelnen am Zustandekommen der Erfindung, oder ob es das Ergebnis dieser Tätigkeit ist, dem die Note „qualifiziert" beizulegen ist. Im Anschluß daran soll die Frage untersucht werden, ob die qualifizierenden Momente im Manuellen oder im Geistigen zu suchen sind. Schließlich wird der Versuch zu machen sein, den erforderlichen Grad der Qualifikation anhand von Beispielen zu bestimmen.

d) Da der Beitrag, den der einzelne zu der Erfindung geleistet hat, darauf untersucht werden muß, ob er „qualifiziert" ist (dieser für sich allein ziemlich farblose Ausdruck soll hier zunächst beibehalten und erst weiter unten näher bestimmt werden), tritt die Frage auf, an welcher Stelle die Qualifikation zu suchen ist: muß die von dem einzelnen entfaltete Tätigkeit oder muß ihr Ergebnis „qualifiziert" sein? Es ist nämlich nicht so, daß entweder beide qualifiziert sind oder keins von ihnen. Vielmehr gibt es, da aus großem Aufwand häufig nur ein geringes Ergebnis folgt (oft sogar nur die bekannte ridiculus mus des Horaz), Fälle, in denen die Note „qualifiziert" zwar der Tätigkeit, nicht aber ihrem Erfolg zukommt, wie umgekehrt eine nicht qualifizierte Tätigkeit überraschend zu einem besonderen Erfolg führen kann, beispielsweise bei der sog. Zufallserfindung[73]).

Wer die Qualifikation des Einzelbeitrags im Ergebnis, d. h. in dem sucht, was von dem einzelnen „im Effekt" zum Zustandekommen der Erfindung beigesteuert worden ist, stößt zunächst auf die Schwierigkeit, wenn nicht gar Unmöglichkeit, das Beigesteuerte nachträglich aus dem Ganzen herauszulösen und zu isolieren, um es für sich „bewerten" zu können[74]). Neben diesem praktischen Hemmnis bestehen aber auch — und darauf dürfte es entscheidend ankommen — rechtssystematische Bedenken dagegen, auf das Ergebnis anstatt auf die entfaltete Tätigkeit (die Frage, ob „Tätigkeit" hier geistig oder manuell zu verstehen ist, wird weiter unten erörtert) abzustellen. Oben[75]) ist darauf hingewiesen worden, daß, wo eine Wertung des Einzelbeitrags zur Erfindung vorgenommen wird, nicht die Frage der Erfindungshöhe des Ganzen im Sinne der Schutzfähigkeit zu erörtern ist. Die „patentfähige" Erfindungshöhe ist im Grunde ein Vergleich in objektiver Beziehung mit dem Gesamtstand der Technik, also eine technische Gradfrage[76]), während die Aufgabe, den Beitrag der einzelnen Mitarbeiter zu qualifizieren, nur aus der Erkenntnis des Wesens der von jedem einzelnen im gegebenen Fall erbrachten Leistung zu lösen ist. „Die Erfindung", nämlich das Gesamtergebnis aller Mitwirkenden, ist ja nicht von dem einzelnen allein geschaffen worden, und daher ist bei der Frage, ob er sich Mit-Erfinder

[73]) Aus letzterem Grund lehnt Spengler GRUR 38, 236 (linke Sp., unten) die Verwendung des Begriffs „schöpferisch" in diesem Zusammenhang ab.

[74]) Auf diese Schwierigkeit weist auch Witte S. 38/9 hin.

[75]) S. oben S. 21 f.

[76]) Vgl. auch Pietzcker S. 48: „Für die Patentwürdigkeit der fertigen Erfindung kommt es nicht auf die qualitative Art der Geistestätigkeit des Erfinders an."

nennen darf, lediglich zu betrachten, ob er mit-erfunden, also eine erfinderische oder, wie es vorliegend zunächst genannt sei, qualifizierte Tätigkeit ausgeübt hat. Schon der Ausdruck „Qualifizieren" deutet darauf hin, daß eine qualitative und nicht eine quantitative Prüfung einzusetzen hat. Es ist daher hier, bei Ermittlung einer evtl. Miterfindereigenschaft, nicht zu fragen, welche technische Bedeutung der von dem einzelnen beigesteuerte Teil im Rahmen des Ganzen gehabt hat, sondern auf welche Weise der einzelne dazu gelangt ist, seinen Teilvorschlag zu machen[77]).

Somit ergibt sich, daß in dem hier zu erörternden Zusammenhang nicht zu fragen ist, ob die Leistung des einzelnen „gewissermaßen eine eigene Erfindungshöhe" aufweist[78]), und daß es ferner für die hier vorzunehmende Qualifikation, wenn es sich um die Frage der Miterfinderschaft bei Arbeitnehmererfindungen handelt, nicht darauf ankommt, in welchem Verhältnis das Ergebnis der Mitarbeit eines Betriebsangehörigen zum inneren und äußeren Stand der Technik steht[79]). Der Ausdruck „qualifiziert", wie man ihn auch verstehen mag, meint also in diesem Zusammenhang nicht Leistungen von „selbständiger gesetzlicher Erfindungshöhe"[80]) und meint nicht das Leistungsergebnis, sondern die mitwirkende Tätigkeit des einzelnen[81]).

Daraus folgt etwas sehr Wesentliches. Stellt man nämlich bei der Qualifikation auf das Tun und nicht auf das Ergebnis ab, so löst sich ein Problem, das man als das „Schlußsteinproblem" bezeichnen kann, gleichsam von selbst. Man hat von jeher erkannt — und durch das Team-working der Neuzeit werden solche Fälle fast zur Regel —, daß das Gebäude einer Gemeinschaftserfindung aus ersten Anfängen, aus dem Zusammentragen kleiner Bauteile, aus dem Hochmauern von Wänden usw., immer unter Mitarbeit vieler, allmählich emporwächst, bis schließlich innerhalb der Mitarbeitergemeinschaft ein Stand der Technik geschaffen worden ist, nach dem der „fertigen" Erfindung nur noch ein letzter Endgedanke, das Tüpfelchen auf dem i, eben der Schlußstein des Gesamtgebäudes fehlt, und so wie bisher der eine dies, der andere jenes zum Bau beigetragen hat, wird es in der Regel

---

[77]) Das sind also im Grunde die gleichen Gedankengänge, wie sie im Urheberrecht anzustellen sind, wenn ein Werk die geistige Schöpfung mehrerer ist, vgl. Riezler S. 57/8.

[78]) Zutreffend Spengler GRUR 38, 234 unter Bezugnahme auf Klauer-Möhring § 3 Anm. 6.

[79]) Darauf stellen Blum-Pedrazzini Bd. 1 S. 299 ff. ab.

[80]) So wird der Ausdruck von Volmer NJW 54, 94/5 verwendet, wenngleich er a. a. O. auch ohne diese Voraussetzung, sofern nur das Gesamtergebnis aller eine patentfähige Erfindung ist, den in seinem Sinne nicht „qualifizierten" Mitarbeitern nicht schlechthin die Miterfindereigenschaft abspricht; wie oben Volmer § 4 Anm. 45/6.

[81]) Ebenso die meisten; vgl. Kohler Hdb. 247, Beil Chem.-Ing.-Techn. 53, 633/4, Tetzner S. 167, Witte S. 38/9 und wohl auch Krausse S. 87 sowie RG 16. 5. 39 MuW 39, 345.

e i n e r sein, der jenen letzten Stein einfügt[82]). Die Frage, ob der Schlußsteinsetzer, der Endlöser (oder wie man ihn sonst nennen mag) Alleinerfinder ist, tritt im Grunde für den, der mit der hier vertretenen Ansicht die Miterfindereigenschaft nur bei qualifizierter Mitwirkung gewährt, nicht auf, da die Qualifikation der Einzelleistungen nicht rückwirkend dadurch entfallen kann, daß die Leistung des einen die im Gesamtgedankengang letzte ist. Wer qualifiziert oder, wie manche sagen, „schöpferisch" mitwirkte, ist d a d u r c h zum Miterfinder geworden und bleibt es (andernfalls auch die weiter oben[83]) erwähnte „sukzessive" Miterfinderschaft, entgegen aller verständigen Anschauung, unmöglich sein würde). Das ist von vielen richtig erkannt worden[84]). Es ist also nicht erforderlich, das gleiche, allgemein gebilligte Ergebnis damit zu begründen, daß sich der Setzer des Schlußsteins, weil auf einem hohen „inneren von den Beteiligten gemeinsam geschaffenen Stand der Technik aufbauend, billigerweise im Verhältnis zu seinen Mitarbeitern nicht auf Erfindungshöhe berufen könne[85])." Nicht unerwähnt soll in diesem Zusammenhang der von Spengler[86]) angeführte rechtspolitische Grund sein, daß, wenn man den Schlußsteinsetzer zum Alleinerfinder machte, jeder Beteiligte, der einen nach seiner Meinung „entscheidenden" Gedanken gefaßt hat, diesen gegenüber seinen Mitarbeitern zurückhalten wird, um ihn gleichsam als letzten Trumpf auszuspielen und so die anderen als Erfinder auszuschalten. Endlich sei darauf hingewiesen, daß es Fälle gibt, in denen der „Schlußstein" nur das auf der Hand liegende Fazit aller bisherigen Leistungen ist, zu dessen Erkenntnis keine „qualifizierten" Überlegungen mehr nötig sind, so daß, wer in solchen Fällen ohne vorangegangene Mitarbeit lediglich das Fazit zieht, überhaupt nicht als Miterfinder, ja eigentlich nur nach als „Entdecker"[87]) gelten kann.

Die Qualifikation für die Einzelleistung folgt übrigens auch nicht daraus, daß das Gesamtergebnis, nämlich die Erfindung aller, „überraschend" ist[88]). Vielmehr können die Eigenschaften der Gesamterfindung lediglich gewisse Rückschlüsse (Indizien) für die Qualifizierung des vorangegangenen Tuns der

---

[82]) Der Fall ist nicht zu verwechseln mit dem ganz anderen Problem, ob, wenn eine Person Experimente anstellt und eine Erfindung macht, auch diejenigen Miterfinder sind, bei denen der Erfinder gewisse „Informationen" eingeholt hatte; vgl. auch unten bei e sowie Deller S. 402/3.

[83]) Vgl. oben S. 5 f.

[84]) So u. a. von Spengler GRUR 38, 236; Tetzner S. 187; Hueck-Nipperdey § 53 Anm. 15 S. 456.

[85]) Das meinen anscheinend Klauer-Möhring S. 126; eine Begründung des Standpunkts fehlt bei Deller S. 399 und fehlte letztlich auch in der vom RG 18. 12. 37 GRUR 38, 256 mißbilligten Entscheidung des OLG Düsseldorf; auch Möller § 3 Anm. 22 läßt eine eigentliche Begründung vermissen.

[86]) Spengler a. a. O.

[87]) Über den Unterschied von Erfindung und Entdeckung vgl. statt vieler Pietzcker S. 22, Lindenmaier § 1 Anm. 4.

[88]) So anscheinend Möller a. a. O.

einzelnen Mitwirkenden ermöglichen; darüber wird unten noch zu sprechen sein. Sofern in diesem Zusammenhang das Wort „überraschend" am Platz ist, mag es in bezug auf die von dem betreffenden Mitwirkenden an den Tag gelegten Fähigkeiten[89]) angewandt werden, nicht aber in bezug auf das gemeinschaftliche Werk, die Erfindung aller; für diese ist die Eigenschaft, „überraschend" zu sein, in anderer Richtung, nämlich bei der Frage der Patentfähigkeit, von Bedeutung. Aus den angeführten Gründen kann, wenn es sich um die Erfindung eines chemischen Analogieverfahrens handelt, der bekannte „Rückschluß" vom therapeutischen Effekt auf Erfindungshöhe[90]) zwar zur Patentfähigkeit des Verfahrens, nicht aber zur Begründung von Miterfinderqualität des Einzelbeitrags herangezogen werden.

Abschließend sei bemerkt, daß die Feststellung, jemand sei, zusammen mit einem anderen, Miterfinder, bei Diensterfindungen keineswegs zur Folge hat, daß beide Anspruch auf gleich hohe Vergütung haben. Für die Vergütungsfrage[91]) ist die Qualifikation der von dem einzelnen entfalteten Tätigkeit nur einer der Bewertungsgründe neben zahlreichen anderen.

e) In den vorstehenden Abschnitten wurde festgestellt, daß man zur Ermittlung der Mit-Erfinder die von dem einzelnen Mitwirkenden entfaltete Tätigkeit darauf zu untersuchen hat, ob sie das Werturteil, „qualifiziert" zu sein, verdient. Als nächste Frage drängt sich auf, was hier unter „Tätigkeit" verstanden sein soll. In aller Regel sind, um eine Erfindung zustandezubringen, Überlegungen und Handlungen nötig. Es muß eine Aufgabe gestellt und ein Lösungsweg projektiert werden, und im Anschluß an diese geistige Konzeption und neben weiteren Überlegungen einherlaufend müssen Versuche gemacht, Konstruktionen durchgeführt, Materialien geprüft, kurz: wichtige und weniger wichtige Arbeiten manueller Art durchgeführt werden. Dabei sind die Rollen regelmäßig ungleich verteilt, indem die einen die gedankliche, die anderen die manuelle Seite durchführen (das Wort „manuell" wird hier benutzt, um den Gegensatz zur reinen Geistesarbeit auszudrücken). Neben rein geistig Mitwirkenden gibt es solche, die nur manuelle Arbeit leisten, aber viele tun sowohl das eine wie das andere. Ja häufig trügt der Schein, da bei mancher Routinearbeit im Zuschauer lediglich der Eindruck manueller Tätigkeit entsteht, während in Wirklichkeit infolge der gleichzeitigen Gedankengänge, mit denen der Arbeitende sich selbst die Impulse für seine Verrichtungen gibt, vielleicht eine bedeutende Erfindung erkannt und verwirklicht wird. Wenn man beispielsweise einen Handwerker gehobener Art nimmt und seine Tätigkeit qualifizieren, d. h. bewerten will, kann im gegebenen Fall durchaus die Frage aufgeworfen werden, ob die Werte im Geistigen oder im Manuellen stecken. Liegt bei einem Schwachstrommechaniker, der durch eine von ihm ad hoc konzipierte, besondere Schaltmethode die Fehlerquelle einer umfangreichen Relaisanlage zu beseitigen be-

[89]) So Riemschneider-Barth S. 81/2.

[90]) Vgl. statt vieler Busse S. 89, Reimer § 9 Anm. 51.

[91]) S. über diese unten S. 83 ff.

müht ist, die „Qualifikation" der Tätigkeit in den mit Dutzenden von Formeln und Meßzahlen belasteten Gedankengängen oder in der Art, wie er die Drähte legt und zusammenknüpft? Als es — um auf ein anderes Gebiet überzugehen — Schmieden auf Grund der Anregungen von Volhard als erstem gelang, das „Panzerherz" eines Patienten aus seinen Verwachsungen herauszulösen, hat er dabei sicherlich nicht nur geschnitten, sondern auch gedacht, aber was von beidem hat diese Operation zu einer medizinischen „Tat" qualifiziert? Die gleiche Frage tritt bei allen auf, die an einer Erfindung „mitgearbeitet" haben.

Die Antwort wird sich am ehesten finden lassen, wenn man sich vor Augen hält, was es zu ermitteln gilt, nämlich: ob der Betreffende sich Mit - Erfinder nennen darf oder nicht. Wen aber nennt man, nach allgemeinem Sprachgebrauch, einen Erfinder? Das allein ist die Frage, die hier gestellt ist, und sie darf — woran nochmals erinnert sei — nicht verwechselt werden mit der ganz anderen Frage nach der Erfindungshöhe im Sinne der Patentfähigkeit der Erfindung selbst. Nicht nach dem Abstand eines Objekts von anderen, nämlich der neuen technischen Lehre von den bisher bekannten, sondern nach dem Kopf, aus dem sie entsprang, ist hier gefragt. Nicht das Ergebnis und dessen Patentfähigkeit, sondern seine Entstehung steht in Rede, und beides ist scharf voneinander zu trennen. „Wir verwenden den vorwissenschaftlichen Begriff der Erfindung in einem doppelten Sinn: einmal im Sinne des Erfindungsaktes, also in dynamischer Bedeutung, ferner im Sinne des Erzeugnisses dieses Aktes, der fertigen Erfindung, also in statischer Bedeutung. Das Patentgesetz befaßt sich nur mit der Erfindung im letzteren Sinne"[92]). Pietzcker[93]) sagt, anstelle von dynamisch, „genetisch" und erklärt: „Es ist klar, daß die genetische Betrachtungsweise für die Erörterung der Patentfähigkeit einer Erfindung, und zwar auch was die Erfindungshöhe angeht, nicht ausschlaggebend sein kann. Für die Patentfähigkeit ist maßgebend, wie die fertige Erfindung beschaffen ist, nicht wie sie entstanden ist."

Hier, wo nicht nach der Patentfähigkeit der Erfindung, sondern nach einer persönlichen Qualität ihrer Erschaffer gefragt wird, nämlich danach, wer von ihnen mit - erfindend tätig war, ist also allein auf das abzustellen, was man gemeinhin „Erfinden" nennt. In diesem Punkt besteht aber insoweit Einigkeit, daß erst der Gedanke und dann als dessen Folge die Ausführung kommt. „Zum Begriff der Erfindung gehört in erster Reihe, daß ein schöpferischer Gedanke vorliegt[94]), „die fertige Erfindung ist das Ergebnis eines geistigen Erlebnisvorganges, eines Denkaktes, und zwar die Vorstellung einer Regel menschlichen Handelns[95]), eine „zum technischen Ausdruck gebrachte Ideenschöpfung des Menschengeistes"[96]), eine „geistige Leistung, die den Rahmen des durchschnittlichen

[92]) Isay S. 42.
[93]) Pietzcker S. 23, vgl. auch S. 80 bei Anm. 64.
[94]) Pietzcker S. 22 oben.
[95]) Isay a. a. O.
[96]) Kohler Hdb. S. 83.

Fachkönnens überschreitet"[97]). Daraus folgt, daß das, was im Werdegang einer Erfindung die Qualität des Erfinderischen gibt, in der geistigen Konzeption und nicht in deren manueller Ausführung zu suchen ist.

Was hier für den Alleinerfinder gilt, muß aber auch für Miterfinder gelten. Mit Recht suchen daher viele — und wohl die meisten — die Qualifikation der Mitwirkung in deren g e i s t i g e m Gehalt. „Die Tätigkeit jedes Miterfinders muß . . . geistiger Natur sein"[98]), jeder muß an der „Gedankenleistung" der Entwicklung der Erfindung beteiligt sein[99]), „qualifizierte geistige Arbeit" eines jeden ist erforderlich[100]).

Diese Feststellung, wonach bei Untersuchung der Frage, wann die Mitwirkung des einzelnen am Zustandekommen der Gemeinschaftserfindung „qualifiziert" genannt werden kann mit der Folge, daß sie ihn zum „Miterfinder" gemacht hat, die g e i s t i g e Seite der Mitwirkung zu bewerten ist, macht allerdings nicht entbehrlich, daß der Betreffende wirklich mitg e w i r k t haben muß. Zwar kann der Beitrag bloßer Gedanken (ohne manuelle Mitwirkung) bereits zum Miterfinder — etwa im Sinne des Anspruchs auf Erfindernennung — machen[101]), aber es muß doch ein „Beitrag", ein Mitmachen, ein Sichbeteiligen gewesen sein. Derjenige, bei dem sich einer der Miterfinder lediglich Informationen holte, der bloße Gesprächspartner, wird nicht Miterfinder[102]). Allerdings ist dieser Satz mit Vorsicht aufzunehmen, da in jedem Fall genau geprüft werden muß, ob das betreffende Gespräch nicht doch eine geistige „Zusammenarbeit" darstellte, indem auf Seiten des Vaters der — wie unterstellt sei: „qualifizierten" — Gedanken eine Mitarbeit, eine Teilnahme am Gemeinschaftswerk vorgelegen hat. Die Grenze zwischen Miterfinder und bloßem Gesprächspartner kann hier nicht generell gezogen werden. Die Frage wird unten, wo vom „Anreger" der Erfindung gesprochen wird[103]), noch zu berühren sein.

Damit scheidet bereits hier[104]) die n u r h a n d w e r k l i c h e Mitwirkung aus. Sie macht, da sie nicht „geistiger Art" im Sinne der gedanklichen Mit-Konzeption einer Erfindung, keinesfalls aber qualifiziert-geistiger Art ist, nicht zum Miterfinder[105]).

---

[97]) Lindenmaier GRUR 53, 15.

[98]) Kent Bd. I S. 163 unter Berufung auf Kohler.

[99]) Volmer § 4 Anm. 45/6; auch Riemschneider-Barth S. 81/2 stellen im Grunde auf die geistige Seite der Mitwirkung ab. Das Spiegelbild der hier vertretenen Auffassung ist übrigens der sog. „Erfindungsbesitz" des Vorbenutzers gem. § 7 Abs. 1 PatG, der ebenfalls im Geistigen, nämlich der Erkenntnis des Ursachenzusammenhangs, seine Grundlage hat, vgl. Benkard § 3 Anm. 4.

[100]) Isay S. 136.

[101]) Ebenso LG Berlin 31. 10. 56 GRUR 58, 77.

[102]) Ebenso Deller S. 402/3.

[103]) Vgl. unten S. 37 f.

[104]) Vgl. dazu auch unten S. 39.

[105]) Isay S. 136 sagt „rein konstruktive Tätigkeit", Beil Chem.-Ing.-Techn. 53, 634 Ziff. 4 „nur Mitarbeiter" (gemeint ist: nicht qualifizierter Mitarbeiter); die

f) Nach der vorstehend gewonnenen Erkenntnis, daß es das geistige (gedankliche, kombinierende) Mittun ist, das „qualifiziert" sein muß, um den Mitwirkenden zum „Miterfinder" zu machen, ist nun die Frage zu untersuchen, was man hier unter dem Wort „q u a l i f i z i e r t" zu verstehen hat. Es handelt sich um eine Wertung. Dabei ist klar, daß nur etwas Überdurchschnittliches „qualifiziert" sein kann, aber offen ist noch, was dem Gebiet und dem Maß nach das „Durchschnittliche" ist, ü b e r dem das Qualifizierte gelegen sein muß.

Das „Gebiet" ist unschwer zu ermitteln, da einzig und allein von t e c h n i s c h e n Erfindungen die Rede ist (zu denen u. a. auch die chemischen gehören). Und was das „Maß" anbelangt, geht man nicht fehl, hier als Durchschnitt den im gewerblichen Rechtsschutz auch sonst maßgeblichen D u r c h s c h n i t t s f a c h m a n n zu nehmen, und zwar den Durchschnittsfachmann d i e s e s Gebiets. Qualifiziert sind also solche Gedankengänge, die man von einem Durchschnittsfachmann des betreffenden Gebiets gemeinhin nicht ohne weiteres erwartet. Damit ist in gewissem Sinne ein „absoluter" Maßstab gegeben. Es wäre dagegen nicht zu billigen, als „Durchschnitt" das von dem betreffenden Mitwirkenden bisher sonst an den Tag gelegte geistige Denkvermögen zugrunde zu legen. Jemand wird nicht schon dadurch zum Erfinder, daß er über sich selbst hinauswächst, sondern erst dadurch, daß er die Grenzen überschreitet, die erfahrungsgemäß der Masse der Fachleute des betreffenden Gebiets für ihr Erkenntnis- und sonstiges fachliches Denkvermögen gezogen sind. Und umgekehrt kann eine wissenschaftliche Koryphäe, vom hohen Kothurn herabsteigend, gelegentlich die Technik durch eine kleine Erfindung zu bereichern geruhen.

Somit ergibt sich, daß eine „qualifizierte" Mitwirkung, die den Mitwirkenden zum Miterfinder im persönlichkeitsrechtlichen Sinne macht, nur bei dem vorliegt, der a m Z u s t a n d e k o m m e n d e r E r f i n d u n g, nämlich bei der Aufgabenstellung oder der Lösung, d u r c h G e d a n k e n g ä n g e m i t g e w i r k t h a t, d i e d a s D u r c h s c h n i t t s k ö n n e n a u f d i e s e m G e b i e t ü b e r s t e i g e n. In dieser Begriffsbestimmung sind die drei Merkmale enthalten, die nach den oben gewonnenen Erkenntnissen Voraussetzung für Miterfindereigenschaft sind: die Tätigkeit (nicht das Ergebnis) wird bewertet[106]), und zwar ihre geistige (gedankliche), nicht die manuelle Seite[107]), und endlich kommt die Qualifikation zum Ausdruck. Selbstverständlich ist damit kein fester, ohne Nachdenken anwendbarer Gradmesser für alle vorkommenden Fälle gegeben, vielmehr ist jeder Fall anhand

---

seinerzeit von Du Bois-Reymond S. 162/3 vorgenommene Unterscheidung in Erfinder „erster" und „zweiter" Klasse hat sich als unfruchtbar erwiesen.

[106]) Daher sollte man hier stets prädikativ und nicht substantivisch definieren, also „an ... teilgenommen hat", „mitgewirkt hat" usw., da Hauptwörter wie „Erfindungsteil", „Teilerfolg" u. a. m. auf das Ergebnis anstatt auf die Tätigkeit hindeuten.

[107]) Darüber, daß eigene und nicht nur fremde Gedanken beigesteuert sein müssen, s. gleich unten S. 33 a. E.

dieser Grundregel gesondert zu untersuchen. Überall, wo ein Werturteil gefällt werden muß, ist leider eine „irrationale Komponente" im Spiel[108]), was jedoch nicht hindern sollte, wenigstens die tragenden Gesichtspunkte für die Wertung zu ermitteln[109]).

g) Bei der Untersuchung eines gegebenen Falles anhand der vorstehend aufgestellten Regel können als Indizien — aber nur als solche, nicht als Begriffsmerkmale — viele Umstände herangezogen werden, aus denen man auch andernorts, z. B. bei der hier nicht maßgeblichen Erfindungshöhe im Sinne von Patentfähigkeit, darauf schließt, daß sich die Gedankengänge des Erfinders über denen der Durchschnittsfachleute bewegt haben[110]). So kann beispielsweise ein erheblicher Abstand des Neuen vom bisherigen (äußeren) Stand der Technik die Vermutung begründen, daß, zumal wenn bereits seit langem ein Bedürfnis für diesen Fortschritt bestanden hatte, eine über dem Durchschnitt liegende Denkarbeit erforderlich war, um die neue Lehre zu geben, und zwar nicht nur bei einem Alleinerfinder zur Begründung patentfähiger Erfindungshöhe, sondern auch bei Miterfindern für die „Qualifizierung" ihrer geistigen Mitwirkung. Der Umstand, daß es sich bei der Frage nach der patentfähigen Erfindungshöhe einer Erfindung und der nach der Qualifizierung des Miterfindens um — wie oben wiederholt dargelegt worden ist — verschiedene, auseinanderzuhaltende Probleme handelt, schließt nicht aus, daß bei beiden stellenweise die gleichen Kriterien anwendbar sind. Darauf ist es zurückzuführen, daß man gelegentlich, wo über Miterfinderqualität gesprochen wird, auf Erkennungsmerkmale stößt, denen man auch bei Prüfung patentfähiger Erfindungshöhe zu begegnen pflegt, etwa: es handele sich um etwas „fortschrittlich und überraschend Neues"[111]), um ein „überraschendes Ergebnis"[112]) u. a. m.[113]).

Hierzu sei noch zweierlei angemerkt: Für die Qualifikation der geistigen Mitarbeit bei Arbeitnehmer-Gemeinschaftserfindungen ist die Frage, welchen Abstand die Gedankengänge eines Beteiligten vom „inneren" Stand der Technik des Betriebes hatten, kein Kriterium. Da nämlich in der Regel die Entwicklung des inneren Standes der Technik auf der Arbeit der gleichen Betriebsangehörigen beruhte, die an der gemeinschaftlichen Erfindung mitgewirkt haben, oder doch die unerläßliche Voraussetzung dafür war, daß die Erfindung gemacht werden konnte, ist lediglich zu fragen, wie groß der Kreis der als Miterfinder in Betracht kommenden Personen ist, während man,

---

[108]) Isay S. 41.

[109]) wogegen Isay a. a. O. eine Begriffsbestimmung der „Erfindung", eben wegen Vorhandenseins einer irrationalen Komponente, für unmöglich hält.

[110]) Über die Unbrauchbarkeit der Lehre vom sog. therapeutischen Effekt in diesem Zusammenhang bei chem. Verfahren s. soeben S. 28.

[111]) Möller § 3 Anm. 22.

[112]) Wirth GRUR 37, 408; Riemschneider-Barth S. 81/2 sprechen von „überraschender" Fähigkeit.

[113]) Wegen der in Rspr. u. Literatur aufgestellten Beweisanzeichen für patentfähige Erfindungshöhe (§ 1 PatG) ist auf die Kommentare zum PatG zu verweisen.

wenn es sich (wie hier stets unterstellt wird) um eine patentfähige Erfindung handelt, den „Erfindungscharaker" der Arbeiten der Betriebsangehörigen „nicht unter Hinweis auf den inneren Stand der Technik verneinen kann"[114]). Ferner muß in diesem Zusammenhang auf die Bemerkung von Volmer[115]) eingegangen werden, daß ein Mitarbeiter, der als Miterfinder im Sinne von § 3 PatG angesehen werden wolle, an der Konzeption desjenigen Teils der Erfindung geistig beteiligt sein müsse, der über dem Stand der äußeren Technik hinausgehe. Sofern man dem überhaupt zustimmt — was bedenklich erscheint, da eine qualifizierte, weil überdurchschnittliche Mitarbeit bereits in der gedanklichen Schaffung bloßer Voraussetzungen liegen kann —, dürfte es schwierig sein, den Teil, auf den es nach Volmer ankommt, zu isolieren und ihn dem Volmerschen Kausalitätsproblem gegenüberzustellen. Es ist vielmehr so[116]), daß bei gemeinschaftlichen Arbeitnehmererfindungen die gewohnte Dreiteilung in Aufgabe, Lösungsweg und Lösung, will man sie zur Beantwortung der Frage heranziehen, „woran" der einzelne „mitgewirkt" hat, oft versagt, was in der Regel daran liegt, daß keine sukzessive, sondern eine gleichzeitige Mitarbeit, eine „Zusammenarbeit" in Form gegenseitiger geistiger Integration[117]) stattgefunden hat, die kaum in selbständige Teilstücke zerlegt werden kann.

Ferner sei hier auf folgendes hingewiesen: Die „Qualifizierung" der gedanklichen Mitwirkung als „miterfinderisch" hängt n i c h t davon ab, daß der Betreffende die Qualifikation, das Erfinderisch-Sein seiner Mitwirkung e r k a n n t hatte. Die Leistung, nämlich d a ß er eine qualifizierte Denkarbeit beisteuerte, macht ihn zum Miterfinder, so daß es unerheblich ist, ob er sich bewußt war, hier „über dem Durchschnitt zu liegen". So wenig es also bei der Feststellung, das Ergebnis aller, nämlich „die" Erfindung, liege so weit über dem bisher bekannten Stand der Technik, daß ihr die zur Patentierung erforderliche Erfindungshöhe beigemessen werden müsse, darauf ankommt, ob sich die Gesamtheit der Erfinder eben dieser Erfindungshöhe, d. i. des Abstands vom Bekannten, bewußt gewesen ist[118]), so wenig ist das entsprechende Bewußtsein, „qualifiziert" zu denken, bei Feststellung der Miterfindereigenschaft von Bedeutung[119]).

In subjektiver Hinsicht ist noch anzumerken, daß die überdurchschnittlichen Gedanken, die der einzelne, will er „Miterfinder" sein, beigesteuert haben muß, e i g e n e Gedanken gewesen sein müssen. Dabei ist jedoch zu beachten, daß es ein e i g e n e r Gedanke ist, den Gedankengang eines anderen dort, wo ihn dieser für unfruchtbar hielt, entgegen diesem Vorurteil mit Erfolg anzuwenden. Desgleichen ist es ein e i g e n e r Gedanke, die von

---

114) So zutreffend Riemschneider-Barth S. 116; desgl. im Ergebnis Volmer § 4 Anm. 47.

115) Volmer NJW 54, 94 ff., zit. bei Volmer § 4 Anm. 46.

116) Ähnlich Reimer-Schade-Schippel S. 84.

117) Dieser Ausdruck findet sich auch in PA 5. BS 6. 8. 51 Bl. 51, 294 (296).

118) Wohl allg. M., vgl. statt vieler Pietzcker S. 48, Lindenmaier S. 60.

119) PA 6. 8. 51 Bl. 51, 294 (296).

einem anderen auf anderem Gebiet oder in anderem Zusammenhang entwickelten Gedankengänge bei der Lösung neuer Probleme zu benutzen.

h) Die oben[120]) entwickelte Begriffsbestimmung des Miterfinders im persönlichkeitsrechtlichen Sinne macht den Gebrauch gewisser Eigenschaftsworte entbehrlich, die sich in meist etwas unklarer Weise in Rechtsprechung und Lehre vorfinden. So erweckt, wer vom „Beitrag" des einzelnen verlangt, daß er „erfinderisch" ist[121]), den Eindruck, als müsse entgegen der hier vertretenen Auffassung nicht eine Wertung des geistigen Mitwirkens, sondern eine Beurteilung im Sinne patentfähiger Erfindungshöhe vorgenommen werden. Unklar bleibt die von manchen[122]) aufgestellte Forderung, die Leistung des einzelnen müsse zwar schöpferisch sein, brauche aber nicht schöpferisch-erfinderisch zu sein[123]), und ebenfalls nicht klar, ja nach der hier vertretenen Ansicht unrichtig, weil auf die Erfindungshöhe des Ergebnisses abstellend, ist der Satz, es genüge, daß die Einzelleistung „geringe Erfindungshöhe", wenn auch nichts „Schöpferisches" aufweise[124]). Wer zunächst negativ feststellt, daß der Ausdruck „schöpferisch" bei Bewertung der Einzelleistung verfehlt sei[125]), wird zwar nicht umhin können, anstatt dessen positive Eigenschaften anzuführen, welche nach seiner Meinung der Einzelleistung innewohnen müssen, jedoch ist dies nicht mit dem Eigenschaftswort „ursächlich"[126]) und noch weniger mit dem Begriff des „ebenbürtigen" Mitarbeiters zufriedenstellend getan[127]). Wenn endlich die „grundlegende Wertentscheidung" in der Trennung von Haupt- und Hilfstätigkeiten gesehen wird[128]), wobei nur die Ausübung einer Haupttätigkeit zum Miterfinder macht, bleibt das tertium comparationis offen, nämlich ob die von dem einzelnen entfaltete Tätigkeit mit dem, was gemeinhin auf dem betreffenden Fachgebiet Haupt- bzw. Hilfstätigkeit genannt wird, zu vergleichen ist oder ob die Einzelbeiträge gegeneinander abzuwägen und unter ihnen eine Gruppierung in Haupt- und Hilfsleistungen vorzunehmen ist; in jedem Fall erscheint aber dieses Kriterium weniger brauchbar als der auf den geistigen Gehalt des Beitrags abgestellte Begriff der überdurchschnittlichen Gedankengänge, wie er oben[129]) als entscheidend angenommen worden ist.

Unentbehrlich ist allerdings, bevor man es im gegebenen Fall unternimmt,

---

[120]) S. soeben S. 31.

[121]) RG 7. 1. 44 GRUR 44, 80 (81).

[122]) So Benkard § 3 Anm. 4.

[123]) Zumindest müßte bei solchen Bemerkungen eindeutig klargestellt sein, ob von der persönlichkeitsrechtlichen oder, wie wahrscheinlich a. a. O. bei Benkard, von der vermögensrechtlichen Seite gesprochen wird.

[124]) Reimer S. 142 m. Zit. Klauer-Möhring § 3 Anm. 6 u. Spengler GRUR 38, 236.

[125]) Spengler a. a. O.

[126]) Vgl. zum reinen Kausalitätsproblem oben B II, 2.

[127]) So Spengler a. a. O. S. 236/7.

[128]) So Blum-Pedrazzini Bd. 1 S. 311.

[129]) Oben S. 31.

die Qualität der Einzelleistungen zu ermitteln, den im Endergebnis, d. i. in der Gemeinschaftserfindung, enthaltenen Erfindungsgedanken zu ermitteln, da sich erst im Anschluß daran sagen läßt, welche Gedankengänge welches Beteiligten am Zustandekommen der Erfindung mitgewirkt haben, d. h. welcher Teil der geistigen Gesamtkonzeption und ihrer Durchführung von dem vorgeschlagen worden ist, der Miterfinder zu sein behauptet. Was also für die vermögensrechtliche Seite der Teilhaberschaft, wie sich von selbst versteht, unerläßlich ist, muß auch Ausgangspunkt der persönlichkeitsrechtlichen Beurteilung sein, andernfalls man abstrakt und „vom grünen Tisch" urteilen würde[130]). Bei Diensterfindungen von Arbeitnehmern kann die Vorschrift, daß bei der Erfindungsmeldung die Mitarbeiter und Art und Umfang ihrer Mitarbeit anzugeben sind (§ 5 Absatz 2 Satz 3 ArbEG), die notwendigen Ermittlungen in der Praxis erleichtern.

5. Fälle der Mitwirkung als „Miterfinder"

Die oben[131]) als maßgeblich erachtete, überdurchschnittliche gedankliche Mitwirkung am Zustandekommen der Erfindung kann, wenn man den Weg vom ersten Gedanken bis zum fertigen Erfindungsgegenstand verfolgt und die vielen Möglichkeiten der gedanklichen sowie manuellen Arbeitsteilung unter den Mitwirkenden bedenkt[132]), an den verschiedensten Stellen stattgefunden haben. Überall, wo etwas als Aufgabe zu konzipieren, als Lösungsweg zu projektieren und als Lösung zu erdenken war, kann vom einzelnen Teilnehmer überdurchschnittliche Gedankenarbeit geleistet worden sein.

In diesem Sinne kann daher bereits die Aufgabenstellung qualifiziert sein[133]). Miterfinder ist also nicht nur, wer an der „Lösung" Anteil hatte[134]). Dabei darf hier der Begriff der Aufgabenstellung nicht zu eng gefaßt werden. Sofern nämlich überdurchschnittliche Gedankengänge dazu vonnöten waren, können bereits die Vorstellung gewisser Anwendungsmöglichkeiten, ein prinzipielles Anders-als-bisher-Denken, ein Voraussehen dessen, was möglicherweise eintreten wird, wenn man in bestimmter Weise

---

130) Wie hier RG 18. 12. 37 GRUR 38, 256 (261/2); 14. 2. 40 GRUR 40, 270; 7. 1. 44 GRUR 44, 80 (81); Benkard § 3 Anm. 4; Lindenmaier S. 36; vgl. auch hier unten B IV, 2 bei dd sowie Beil Chem.-Ing.-Techn. 53, 633/4 über die Notwendigkeit, die betreffende „Erfindung und Erfindungsgeschichte" festzustellen.

131) S. oben S. 31.

132) Vgl. die subtilen Aufgliederungen bei Kohler Hdb. S. 245/6 und Kent Bd. I S. 163 Nr. 280.

133) Kent Bd. I S. 164 Nr. 283; Isay S. 136; Wirth GRUR 37, 408; Riemschneider-Barth S. 82; Beil Chem.-Ing.-Techn. 53, 633/4; für USA: Scher S. 17.

134) Reimer-Schade-Schippel S. 137 sprechen von „schöpferischem Anteil an der Lösung"; daß die Richtlinien für die Vergütung von Arbeitnehmererfindungen im privaten Dienst vom 20. 7. 1959 (GRUR 59, 470) bei Berechnung der Höhe der Vergütung u. a. in Ziff. 31 darauf abstellen, ob sich der Arbeitnehmer selbst die Aufgabe gestellt hat oder ob sie ihm vom Betrieb gestellt worden ist, hat mit dem hier zu erörternden Problem nichts zu tun.

verfährt usw. miterfinderisch genannt werden[135]). Allerdings ist Vorsicht geboten. Nicht jede „Anregung" macht zum Miterfinder. Darüber wird noch unten[136]) zu sprechen sein.

Daraus folgt, daß insbesondere der, welcher auf Grund von Gedankengängen, die dem Durchschnitt der Fachleute dieses Gebiets nicht nahegelegen hätten, den Lösungsweg angibt, Miterfinder ist, und zwar auch dann, wenn zur technischen Lösung selbst noch in gleichem Maße qualifizierte Gedankengänge eines anderen Mitwirkenden erforderlich waren. Damit ist zugleich gesagt, daß auch derjenige, der die im obenstehenden Sinne überdurchschnittlichen Vorschläge für die eigentliche Lösung der technischen Aufgabe macht, Miterfinder ist[137]). Dabei ist nicht einmal erforderlich, daß er manuell an der Konstruktion usw. mitarbeitet[138]). Mithin genügt es auch, um Miterfinder zu werden, mit Gedankengängen (Anweisungen) der vorstehend gekennzeichneten, überdurchschnittlichen Art „geplant" und die von anderen durchgeführten Versuche „geleitet und überwacht zu haben[139]). So kann im gegebenen Fall auch die Zusammenfassung der Ergebnisse eine qualifizierte Gedankenarbeit erfordert haben[140]). Daß auch die Kombination der von den anderen Beteiligten beigetragenen Elemente zum Miterfinder machen kann, falls sie Gedanken der hier in Rede stehenden Qualität erforderte, bedarf kaum einer Erwähnung[141]). Ist die Erfindung „fertig" und die Miterfindereigenschaft somit begründet, bleibt sie es, auch wenn sich der Miterfinder nicht an der Ausarbeitung der Patentschrift und an der Formulierung der Patentansprüche beteiligt, da diese Phase bereits jenseits der fertigen Erfindung liegt, wie umgekehrt die Abfassung der Pa-

---

[135]) Elster GRUR 30, 700 sprach von „geistiger Vorformung" der Erfindung; ähnlich wie oben wohl auch die Rspr. in USA, vgl. Deller Bd. I S. 400; Kent Bd. I S. 164 (Nr. 284) gibt zu, daß auch ein noch unklarer und dann von einem Mitarbeiter zum Modell entwickelter Gedanke den, der ihn äußerte, zum Miterfinder machen kann; über Überwindung von Vorurteilen s. schon oben S. 33 (unten); ferner RG 10. 10. 39 GRUR 40, 339 (340).

[136]) Vgl. unten S. 37 ff.

[137]) Isay S. 136; Benkard § 3 Anm. 4; Riemschneider-Barth S. 80. Zu beachten bleibt, daß das Auffinden der Lösung auf Grund überdurchschnittlicher Gedankengänge stattgefunden haben muß, also nicht lediglich erarbeitet sein darf; die Grenze ist flüssig, wo sich technisch Ausgebildete auf einem bestimmten Gebiet um das Auffinden von Neuerungen bemühen, vgl. Röpke GRUR 62, 128.

[138]) Benkard a. a. O.; es gilt hier dasselbe wie im Kunsturheberrecht, wo auch die „geistige Schau", ohne technische Mitarbeit an der Formgebung, zum Miturheber machen kann (vgl. RG 1. Strafsen. 1. 11. 35 GRUR 56, 446 (447).

[139]) Ebenso im Ergebnis Riemschneider-Barth S. 82 Anm. 26; Hueck-Nipperdey S. 456; Elster GRUR 30, 701 „geistig-mittätig formend"; für USA Deller Bd. I S. 402.

[140]) Riemschneider-Barth S. 82; Dicke Mitt. 37, 43; über die sog. „Verschmelzung" s. oben S. 8.

[141]) Kent Bd. I S. 163 Nr. 280, Kisch Hdb. S. 74, Dicke a. a. O., RG 7. 1. 44 GRUR 44, 80 (81).

tentschrift allein nicht zum Miterfinder macht. „Der Leiter der Patentabteilung, der die kümmerliche Beschreibung des Erfinders durch geschicktes Befragen vervollständigt und dadurch die Beschreibung allgemein verständlich macht“, ist nicht Miterfinder[142]). Folglich kommt es für die Miterfindereigenschaft auch nicht darauf an, ob der Beitrag des Miterfinders in der Patentschrift als Haupt- oder Unteranspruch erscheint, immer vorausgesetzt, daß der Betreffende Miterfinder in dem hier maßgeblichen Sinne und daß somit die doppelte Voraussetzung erfüllt ist: das Ergebnis muß eine patentfähige Erfindung und sein beigetragenes Gedankengut muß überdurchschnittlich gewesen sein. Fehlt die erste Voraussetzung, entfällt Erfinderschaft überhaupt und folglich Miterfinderschaft, worauf, wenn das Ergebnis lediglich ein Unteranspruch ohne selbständigen Schutz ist, in Rechtsprechung[143]) und Lehre[144]) wiederholt hingewiesen worden ist.

6. Mitwirkung ohne Miterfinderqualität

Die oben[145]) aufgestellte Begriffsbestimmung des Miterfinders bietet die Möglichkeit, gewisse „Teilnahmeformen“ am Zustandekommen einer Erfindung dahin zu kennzeichnen, daß sie allein nicht die Eigenschaft, Miterfinder zu sein, verleihen.

a) So wird der, von dem nur Anregungen gegeben oder Erfahrungen zur Verfügung gestellt worden sind, in der Regel nicht Miterfinder sein, weil es entweder — was möglicherweise bei bloßen Anregungen zutreffen kann — an einer „Mitwirkung“ am Zustandekommen der Erfindung fehlt oder weil — was sowohl bei bloßen Anregungen wie bei Erfahrungsmitteilungen der Fall sein kann — keine „überdurchschnittlichen Gedanken“ in bezug auf den späteren Erfindungsgegenstand beigesteuert worden sind. Alles dies ist jedoch Tatfrage[146]). Wo der Feststellung, daß die Mitteilung von Erfahrungen oder Anregungen allein nicht als mitwirkende Erfindungstätigkeit gewertet werden könne, mit Recht die Einschränkung hinzugefügt ist, daß dies „in der Regel“ so sei[147]), sollte beim Zitieren dieser Meinung die erwähnte Einschränkung nicht fortgelassen werden[148]). In Zweifelsfällen wird man den „anregenden“ Gedanken bzw. die zur Verfügung gestellte Erfahrung in erster Linie darauf untersuchen, ob sie geistiger Art und auf dem Gebiet, zu dem die spätere Erfindung gehört, überdurchschnittlich[149]) ist. Liegt alles nur im Handwerklichen und Durchschnittlichen, so scheidet es für

---

142) Volmer § 2 Anm. 8; vgl. ferner Spengler GRUR 38, 232.

143) Vgl. RG 17. 9. 27 RGZ 118, 46 = GRUR 27, 880 = JW 28, 333, kritisch beurteilt in RG 18. 12. 37 GRUR 38, 256 (262).

144) Reimer S. 142 m. weiteren Zit.; Spengler GRUR 38, 232.

145) Oben S. 31.

146) So schon Kent Bd. I S. 174 Nr. 313.

147) Klauer-Möhring § 3 Anm. 6.

148) So von Bernhardt S. 57.

149) Vgl. oben S. 31.

eine Miterfinderschaft dessen, der es kundgab, sowieso aus[150]). Häufig sind die Beiträge, im Hinblick auf die spätere Erfindung, noch völlig abstrakt oder unklar[151]); anders, wenn sie die Lösung der Erfindungsaufgabe schon teilweise enthalten[152]), also auf die Lösung „gestaltend" mit einwirken[153]). Auch stellt sich gelegentlich heraus, daß der, den die anderen als bloßen „Anreger" im Hintergrund lassen wollen — etwa weil er lediglich einen „sozialen Zweck" angedeutet habe[154]) —, die neue Aufgabe gestellt hatte und somit der eigentliche Initiator der Erfindung gewesen ist[155]), sei es bewußt oder unbewußt[156]), so daß er, wenn dieser geistige Beitrag überdurchschnittlicher Art gewesen ist, als Miterfinder nicht ausgeschlossen werden kann[157]). Das alles muß also im Einzelfall untersucht und dann entschieden werden, ob der Betreffende Miterfinder ist oder nicht; neben dem Miterfinderrecht ein besonderes Recht des „Anregers" zu schaffen, ist aus gutem Grund abgelehnt worden[158]). Auf die Frage, welche Bedeutung vom Arbeitgeber gegebene Anregungen im Rahmen der Arbeitnehmererfindungsgemeinschaften haben, wird noch an anderer Stelle[159]) einzugehen sein.

Wo weder Hilfe noch Anweisungen, sondern lediglich der Hinweis auf ein bestehendes Bedürfnis gegeben und gelegentlich Zwischenentwürfe zur Kenntnis genommen wurden — etwa seitens des Dienstvorgesetzten —, wird man in Ermangelung sonstiger Umstände nicht von Miterfinderschaft sprechen können[160]). Insbesondere ist zu beachten, daß das Aufmerksammachen auf ein Bedürfnis in der Regel noch keine Stellung einer technischen Aufgabe ist; erst mit letzterer beginnt aber begrifflich das Erfinden.

Stets zweifelhaft ist die Frage, ob man auch durch A b r a t e n („So ... geht es nicht", „diese ... Mittel eignen sich nicht" u. a. m.) zum Miterfinder werden kann. Daß ein solcher Hinweis den Tätigen Arbeit und Umwege ersparen, ja ihre Gedankengänge erheblich befruchten kann, ist möglich. Gleichwohl wird das Abraten, von seltenen Ausnahmen abgesehen, in Er-

---

[150]) Ebenso Tetzner S. 167 u. offenbar die Rspr. in USA; vgl. Deller S. 402/3.

[151]) Burlage MuW XVII, 40/1 m. Zit. RG bei Bolze Praxis des RG Bd. 23 Nr. 144.

[152]) Elster GRUR 30, 697/9; im Fall RGSt 27, 51, zit. von Burlage a. a. O., lag es anders, da der Anreger seinen Gedanken zugleich selbst praktische Versuche hinzugefügt hatte.

[153]) Spengler GRUR 38, 233.

[154]) Vgl. über diesen RG 14. 2. 40 GRUR 40, 270 (271/2).

[155]) S. darüber schon oben S. 35 f. sowie Spengler a. a. O.

[156]) Riemschneider-Barth S. 80.

[157]) Daher mahnte Kohler Hdb. 247 zur Vorsicht, den Geber von Ratschlägen, Anweisungen und Kautelen auszuschließen; auch darf übrigens die Frage der Miterfindereigenschaft nicht mit der nach der vermögensrechtlichen Beteiligung verwechselt werden, auf die sich möglicherweise die auf die Willensrichtung der Beteiligten abstellenden Ausführungen von Kent Bd. I S. 164/5 Nr. 282 beziehen.

[158]) Elster GRUR 30, 700/1.

[159]) S. unten S. 48.

[160]) Zutreffend Niederländ. Octrooiraad 7. 4. 60 GRURInt 1962, 80.

mangelung weiterer, am Zustandekommen der Erfindung mitwirkender Geistesbeiträge in aller Regel als eine Sonderform der bloßen Anregung, also als ein Beitrag ohne miterfinderische Qualität anzusehen sein.

b) Darauf, daß nicht Miterfinder ist, wer erst zur fertigen Erfindung hinzutritt, ist bereits oben bei der sogen. „sukzessiven" Mitwirkung gesprochen worden[161]). Gleiches gilt für den, der die fertige Erfindung lediglich erprobt, reif macht, die konzipierte Vorrichtung baut usw.[162]), da ein geistiger Beitrag zu dem bereits fertigen Erfindungsgedanken nicht mehr zu leisten ist. Ausprobieren und Polieren sein kein Erfinden mehr.

c) Aus der Begriffsbestimmung des Miterfinders[163]) folgt weiter, daß ungeistige Mitwirkung nicht zum Miterfinder macht. Aus diesem Grund scheiden der bloße Geldgeber und scheiden die, welche nur technische Hilfsmittel (Räumlichkeiten, Material, Maschinen, Geräte, Personal) zur Verfügung gestellt haben, für die erfinderpersönlichkeitsrechtliche Frage aus[164]).

d) Ebensowenig vermag geistig nicht qualifizierte Mitwirkung zum Miterfinder zu machen, da ihr — sofern sie nicht überhaupt nur manuelle Mitarbeit ist — das auf dem fraglichen Gebiet überdurchschnittliche Gedankengut fehlt[165]). Daher geben lediglich handwerkliche oder im allgemeinen Können liegende Konstruktionsmaßnahmen keine Miterfindereigenschaft. Diese Meinung wird so einhellig vertreten[166]), daß sie gelegentlich als negative Definition der Miterfindereigenschaft verwendet wird, wonach der nur handwerklich-konstruktiv Tätige nicht Miterfinder ist. Das ist jedoch lediglich eine Abgrenzung und keine umfassende Begriffsbestimmung. In diesem Zusammenhang sei darauf hingewiesen[167]), daß auch hier jeder Einzelfall näher untersucht werden muß, da die erwähnte Negation nur berechtigt ist, wo nur Handwerkliches, nur Konstruktives vorliegt, nicht aber dort, wo das In-die-Praxis-Umsetzen der konzipierten Gedanken eine geistige Leistung überdurchschnittlicher Art erforderte.

Aus den dargelegten Gründen scheidet also auch jeder „auf Anweisung handelnde Nichtdenker" aus, wobei unter einem Nichtdenker der verstanden sein soll, der keine eigenen, überdurchschnittlichen Gedanken beisteuert, sondern nur gleichsam das ausführende Organ des geistigen Vaters, seines Auftraggebers, ist. Auch dies entspricht der allgemeinen Meinung[168]), die

---

[161]) S. oben S. 5 ff.

[162]) Ebenso Spengler GRUR 38, 232; RG 14. 2. 40 GRUR 40, 270 (271/2); für USA Deller Bd. I S. 399.

[163]) S. oben S. 31.

[164]) Allg. M.; vgl. teils m. anderer Begrdg. Kent Bd. I S. 163 Nr. 280, Kisch Hdb. S. 74, Klauer-Möhring S. 126, Spengler GRUR 38, 232/3, Bernhardt 57.

[165]) S. oben S. 31.

[166]) Vgl. u. a. Krausse S. 87, Lutter S. 84, Beil Chem.-Ing.-Techn. 53, 633/4, Hueck-Nipperdey S. 456.

[167]) Ebenso Riemschneider-Barth S. 80.

[168]) S. schon Kohler Hdb. S. 247.

hier von „Erfindergehilfen“[169]), „unselbständigen Hilfspersonen“[170]), „auf Anweisung ohne eigenen erfinderischen Gehalt technisch Tätigen“[171]) und von „Routinearbeiten“[172]) spricht. Selbstverständlich bedarf auch hier jeder Einzelfall einer genauen Untersuchung in der Richtung, ob wirklich eine nur handwerkliche-konstruktive Mitwirkung stattgefunden hat[173]), während andererseits klar ist, daß die bloße Tatsache der „Mitarbeit“ nicht schlechthin zum Miterfinder macht. Die Wertung muß aber, wie erneut betont sei[174]), am Geistigen und nicht am Manuellen vorgenommen werden, so daß die Meinung, es komme darauf an, wer die „Hauptarbeit“ geleistet, die „Haupttätigkeit“ entfaltet habe[175]), kein geeignetes Kriterium für die Miterfinderschaftsfrage bringt, sondern das Ergebnis zur Voraussetzung macht (möglicherweise in dem hier vertretenen Sinne, nämlich wenn der Unterschied von Haupt- und Nebentätigkeit eine Wertung im Geistigen sein soll).

e) Endlich folgt aus der hier vertretenen Ansicht, daß sich die Miterfindereigenschaft nur aus einer „Bewertung“, also einem objektiv zu fällenden Werturteil, ableiten läßt, nicht jedoch einem Beteiligten seitens der anderen durch Vereinbarung „verliehen“ werden kann. Seine geistige Leistung und nicht der Wille seiner Mitarbeiter macht ihn — erfinderpersönlichkeitsrechtlich — zum Miterfinder. Eine weitere, aber nach anderen Gesichtspunkten[176]) zu beurteilende Frage ist die nach der vermögensrechtlichen Beteiligung an der entstehenden Erfindungsgemeinschaft[177]). Die Miterfinderschaft als unveräußerliches Persönlichkeitsrecht (§ 36 Abs. 1 Satz 5 PatG erklärt das Recht auf Erfindernennung für unverzichtbar) folgt einzig und allein aus der Tatsache[178]) des Miterfundenhabens, so daß niemand durch Vereinbarung „zum Erfinder werden“ kann[179]). Ein Beitrag, der in dem hier maßgeblichen Sinn[180]) nicht miterfinderisch ist, kann also nicht durch Abrede mit den anderen Beteiligten miterfinderisch „gemacht“ werden[181]), und ebensowenig kann man die Miterfinderschaft durch vorherige Abrede „verleihen“, indem etwa die Angehörigen einer Angestelltengruppe (z. B. eines Labors) ein für allemal vereinbaren, für alle aus dieser Gruppe heraus entstehenden

---

[169]) Bernhardt S. 57 m. Zit. Klauer-Möhring § 3 Anm. 6.

[170]) Riezler S. 56.

[171]) Klauer-Möhring S. 126.

[172]) Beil Chem.-Ing.-Techn. 53, 633/4.

[173]) Hinweis von Volmer § 4 Anm. 48.

[174]) Vgl. oben S. 28 f.

[175]) So Blum-Pedrazzini Bd. I S. 311.

[176]) Vgl. unten S. 56.

[177]) Vgl. dazu RG 10. 10. 39 GRUR 40, 339 (341).

[178]) Daher ist Erfinden kein Rechtsgeschäft, s. auch unten S. 43.

[179]) Zutreffend, mit weiteren Zit., insbesondere Spengler GRUR 38, 231/2 u. 235.

[180]) S. oben S. 31.

[181]) Ist es ein Verbesserungsvorschlag i. S. von § 3 ArbEG, so entsteht zwar keine Miterfinderschaft, aber — da die vermögensrechtliche Seite betreffend — ein Anspruch auf angemessene Vergütung gem. § 20 ArbEG; ebenso zum fr. Recht Riemschneider-Barth S. 85.

Erfindungen solle stets jeder von ihnen als Miterfinder benannt werden ohne Rücksicht darauf, ob und in welcher Weise er im konkreten Fall mitgewirkt hat[182]).

Diese Feststellung hat nichts mit der Frage zu tun, ob sich jemand, der Miterfinder ist, einem anderen gegenüber im gegebenen Fall auf diesen Umstand berufen darf. Hier wie sonst kann es nämlich Treu und Glauben zuwiderlaufen, daß man ein Recht, welches einem unzweifelhaft zusteht, gegenüber einem anderen ins Feld führt. So kommt es, daß die erfinderpersönlichkeitsrechtliche und die vermögensrechtliche Seite praktisch auseinanderfallen können, etwa weil von zwei Miterfindern der eine infolge gültiger vertraglicher Abreden gehindert ist, eine hälftige vermögensrechtliche Beteiligung an der Erfindung mit der Begründung geltend zu machen, daß er Mit-Erfinder sei. Wenn nämlich wirksam vereinbart war, daß die Rechte an der Erfindung und insbesondere das Recht zur Auswertung derselben allein dem anderen gehören sollen, hat das zwar wegen der Unverzichtbarkeit des Erfinderpersönlichkeitsrechts und hier im Zweifel auch mangels eines diesbezüglichen Verzichtwillens nicht gehindert, daß er Miterfinder geworden und geblieben ist und sich für alle Zeiten so nennen darf, aber dort, wo es sich um die wirtschaftliche (vermögensrechtliche) Seite handelt, darf er die Tatsache der Miterfinderschaft nicht als Begründung einer Mitbeteiligung anführen; die hier von vornherein getroffenen Abreden stellen ihn nicht anders, als wenn er nach Fertigstellung der Erfindung aus der vermögensrechtlichen Erfindergemeinschaft ausgeschieden wäre. Die Frage des „Verzichts" auf Miterfinderschaft wird unten[183]) auch noch in anderem Zusammenhang zu behandeln sein.

f) Miterfinder kann sein, wer eine bloße Entdeckung beisteuert. Das Problem bleibt Tatfrage. Im allgemeinen ist auch hier Entdecken kein Erfinden, aber der Vorschlag, das Entdeckte im Rahmen einer gestellten technischen Aufgabe als technisches Lösungsmittel anzuwenden, kann im gegebenen Fall so hinreichend überdurchschnittlich sein, daß er aus dem bloßen Erzähler oder Berichterstatter einen Miterfinder macht.

7. Folgerungen für den Begriff der „Betriebserfindung"

Entsteht in einem gewerblichen Betrieb eine Erfindung aus der Zusammenarbeit mehrerer, ohne daß eine klare Arbeitsteilung festgelegt und durchgeführt wird, wirkt also der eine hier, der andere dort mit, sei es einmalig und in offensichtlich besonderer Weise, sei es durch fortlaufendes Beteiligtsein bei der Planung, Leitung und gegenseitigen Integration, so bestehen viele Varianten möglicher Mitwirkung[184]). Die Schwierigkeit, später, näm-

[182]) Beispiel nach Beil Chem.-Ing.-Techn. 53, 633.

[183]) S. unten S. 48.

[184]) Vgl. die schon bei Kohler Hdb. 245/6 und Kent Bd. I S. 163 angeführten Mitwirkungsmöglichkeiten.

lich wenn die Erfindung fertig ist, rückblickend das, was der einzelne beigetragen hat, zu isolieren und gegenüber dem, was bereits vor seinem Dazutreten als „innerer" Stand der Technik im Betrieb vorhanden war, abzugrenzen, d. h. „den" oder „die" Erfinder zu ermitteln, haben viele für so unüberwindlich gehalten, daß sie — resignierend — von „anonymen" Erfindungen sprachen, „den Betrieb", selbst wenn er juristisch ein bloßes Denkgebilde, nämlich eine juristische Person, war[185]), als Erfinder ansahen und solchen Erfindungen die bereits oben[186]) erwähnte Bezeichnung „Betriebserfindung" gaben[187]).

Es leuchtet ein, daß die erwähnten Schwierigkeiten, eine oder mehrere „Miterfinder" zu ermitteln, desto größer sind, je mehr Voraussetzungen man hier für die Miterfindereigenschaft verlangt. Fordert man nämlich einen gleichsam in sich abgeschlossenen Anteil mit eigener Erfindungshöhe im patentfähigen Sinn, so sieht man sich in der Tat der Notwendigkeit gegenüber, diesen Teil zu isolieren und mit dem äußeren Stand der Technik zu vergleichen[188]). Nach dem hier vertretenen Standpunkt kommt es jedoch nicht auf das Ergebnis der von dem einzelnen geleisteten Mitwirkung, sondern auf die entfaltete geistige Tätigkeit an[189]) — womit sich für die erfinderpersönlichkeitsrechtliche Frage eine Isolierung seines „Beitrags" im Sinne eines technischen Ergebnisses erübrigt —, und die geistige Mitwirkung ist nicht im Sinne patentfähiger Erfindungshöhe, sondern im Verhältnis zum Durchschnittskönnen des Fachmanns des betreffenden Gebiets zu „bewerten"[190]) — womit eine Isolierung des Beitrags mit dem Ziel, ihn dem (äußeren) Stand der Technik gegenüberstellen zu können, entbehrlich wird.

Unentbehrlich bleibt allerdings zu ermitteln, was der einzelne an Gedankengut beigetragen hat. Der Meinung, daß manche Erfindungen sich in langen Jahren aus einem Betrieb heraus „ergeben" und daß oft nicht einmal zu ermitteln sei, wer bei den einzelnen „Schritten" oder „Stufen" mitgewirkt habe[191]), ist folgendes entgegenzuhalten: Wenngleich es oft sehr schwierig sein wird, unter den Leistungen der Beteiligten die eine oder andere als qualifiziert zu erkennen[192]), wird eine genauere historische Analyse in der Regel doch Punkte feststellen, in denen — vielleicht nicht überraschend, aber doch

---

185) So Blum-Pedrazzini Bd. I, S. 299 ff. unter Hinweis auf Art. 5 Schweiz. PatG.

186) S. oben S. 10.

187) Vgl., auch über die historische Entwicklung dieses Begriffs, u. a. Kisch Hdb. 74, Redies GRUR 37, 412; Riemschneider-Barth S. 81, Witte S. 38/9, Volmer S. 28, 122; Reimer-Schade-Schippel S. 73 ff., Beil Chem.-Ing.-Techn. 53, 633.

188) Das meint offenbar auch Spengler GRUR 38, 237 mit seiner Bemerkung, die Forderung, es müsse eine „schöpferische" Teilleistung vorliegen, habe notwendigerweise zum Begriff der Betriebserfindung geführt.

189) S. oben S. 25 ff.

190) S. oben S. 31.

191) Beil a. a. O., Blum-Pedrazzini a. a. O.

192) Ähnlich Riemschneider-Barth S. 155 Anm. 28, die im Anschluß an RG 27. 1. 37 GRUR 37, 545 von „schöpferisch" sprechen.

sichtlich fördernd — ein bestimmter Gedanke gewisse Vorurteile, Schwierigkeiten, Ratlosigkeit oder ähnliche Hemmnisse überwunden hat[193]). Ist aber erkannt, welcher Gedanke von überdurchschnittlicher Qualität den Arbeiten einen gewissen Schub nach vorn gegeben hat, und läßt sich in Ausnahmefällen nicht ermitteln, ob mehrere oder einer diesen Gedankenbeitrag, etwa in Form eines konkreten Vorschlags, geleistet hat, so sind eben alle, von denen nicht feststeht, daß sie nur ungeistig oder ohne überdurchschnittliche Mitwirkung beteiligt gewesen sein können, Miterfinder[194]), und der Arbeitgeber hat sie alle als Erfinder zu benennen[195]). Die Erfinderehre des Miterfinders dürfte im Verkehr geringer gelten als die des Alleinerfinders, und zwar um so geringer, je mehr andere Miterfinder benannt sind, so daß es höchst unbillig sein würde, solchen Personen, von denen die eine oder die andere oder alle zusammen einen wesentlichen Beitrag zur erfinderischen Lehre geleistet haben, die Miterfinderehre völlig zu versagen, nur weil sich nicht mehr feststellen läßt, welche der erwähnten Varianten zutrifft. Für die Zukunft ergibt sich allerdings der Rat, bei erfinderischen Gruppenarbeiten die einzelnen Phasen und die Mitwirkung der Beteiligten in den Betrieben in Tage- oder Arbeitsbüchern entsprechend festzuhalten.

Nach der hier vertretenen Ansicht, die für die Einzelleistung wesentlich weniger fordert als die Merkmale der Schutzfähigkeit in patent- oder gebrauchsmusterrechtlichem Sinne, ist es also nicht erforderlich, den vom Gesetzgeber seit dem Jahre 1936 abgelehnten Begriff der Betriebserfindung wieder einzuführen[196]).

8. Subjektiver Tatbestand der Miterfinderschaft

Oben[197]) ist dargelegt worden, daß die mehreren, am Zustandekommen einer Erfindung Beteiligten nicht gleichzeitig oder in laufender Zusammenarbeit tätig zu werden brauchen, sondern daß sie ihre Tätigkeit auch einer nach dem anderen, d. h. sukzessive entfalten können. Dazu tritt in subjektiver Hinsicht die Frage auf, ob bei den Teilnehmern ein Bewußtsein der Zusammenarbeit vorliegen muß oder ob Miterfinderschaft auch eintritt, wenn z. B. ein Unbefugter die noch unfertige Erfindung vollendet, indem er heimlich daran weiterarbeitet[198]).

---

[193]) Damit scheinen Riemschneider-Barth S. 81/2 übereinzustimmen, wenn sie vom Auftreten der gestaltenden, kombinierenden, schöpferischen Persönlichkeit sprechen.

[194]) Ebenso Beil a. a. O. S. 634.

[195]) Ebenso im Ergebnis PA 5.BS 6. 8. 51 Bl. 51, 294 (296).

[196]) Für Wiedereinführung Riemschneider GRUR 58, 433; wie oben ausdrücklich Volmer § 4 Anm. 46, der vom einzelnen Miterfinder lediglich eine erfinderische Leistung im „philosophischen", nicht aber im technischen Sinne fordert und aus diesem Grund den Begriff der Betriebserfindung ablehnt; gegen den Begriff „Betriebserfindung" auch Schramm BB 1961, 105.

[197]) S. oben S. 5 ff.

[198]) Spengler GRUR 38, 237 fügt dem als weiteres Beispiel hinzu: der Sohn vollendet die begonnenen Erfinderarbeiten seines verstorbenen Vaters.

Die Frage beantwortet sich aus dem, was man das „Miterfinderprivileg" nennen könnte: wie oben[199]) festgestellt worden ist, bedarf der Anteil des Miterfinders nicht als solcher einer schutzfähigen Erfindungshöhe, vielmehr genügt es, wenn der Miterfinder einen auf diesem Fachgebiet überdurchschnittlichen, geistigen Beitrag geleistet hat. Daraus könnte unter anderem gefolgert werden[200]), daß es nicht darauf ankommt, welcher der mehreren, überdurchschnittlich Mitwirkenden den letzten Gedanken beigesteuert, also gleichsam den „Schlußstein" des Gesamtgedankenganges gesetzt hat. Dies alles bedeutet, im Sinne des Anspruchs auf „Erfinderehre", daß die Ehre, als Miterfinder bezeichnet zu werden, weit weniger voraussetzt als die Ehre, Alleinerfinder genannt zu werden, nämlich alleiniger Schöpfer einer Lehre, die genügend Erfindungshöhe aufweist, um schutzfähig zu sein. Nur das „Aufgehen" der Gedankengänge aller im „gemeinsamen" Werk ist es, was es rechtfertigt, zur Begründung von Miterfinderschaft einen Bruchteil dessen genügen zu lassen, was vom Alleinerfinder gefordert wird. Miterfinder kann somit unter diesen geringeren Voraussetzungen nur werden, wer mit den anderen bewußt zusammenarbeitete[201]). Der „heimliche Vollender" in dem oben erwähnten Beispiel wird somit nicht zum Miterfinder.

Daraus ergibt sich unter anderem, daß auch der folgende, bereits mehrfach[202]) erwähnte Fall nicht zum Thema „Miterfinder" gehört: Nach erfolgter widerrechtlicher Entnahme der Erfindung im Sinne von § 4 Abs. 3 PatG fügt ihr der Entwender eine eigene Erfindung hinzu und meldet das ganze zum Patent an. Wenn der durch die Entnahme Betroffene gemäß § 5 PatG Übertragung des Anspruchs auf das Patent fordert, wird ihm — falls nicht ausnahmsweise insoweit klare und völlige Trennbarkeit der beiden Erfindungen auch im Wortlaut der Anmeldung vorliegt — mit Recht entgegenzuhalten sein, daß der Übertragungsanspruch einen Rechtsverlust ausgleichen soll, nicht aber zu einer Bereicherung führen darf. Man nimmt in solchen Fällen an, daß der Betroffene lediglich auf Einräumung einer Mitinhaberschaft zu einer bestimmten Quote klagen kann mit der Folge, daß zwischen ihm und dem Entwender eine Gemeinschaft, nämlich eine Rechtsgemeinschaft, entsteht[203]). Es ist dies aber keine Gemeinschaft von Miterfindern, da es für die beiden möglichen[204]) Entstehungsgründe einer Gemeinschaft von Miterfindern an der erforderlichen subjektiven Voraussetzung fehlt: die einheitliche Gesamt-Erfindung ist weder aus „bewußt" gemeinsamer Tätigkeit beider noch durch „einverständliche" Verschmelzung entstanden. Sie mögen Gemeinschaf-

[199]) S. oben S. 21 ff. A. M. offenbar Dörner GRUR 62, 170.

[200]) S. oben S. 25 f.

[201]) Ebenso im Ergebnis Spengler a. a. O.; vgl. auch schon Kohler Hdb. S. 246 und Zeller Mitber. S. 5.

[202]) Vgl. oben S. 1 ff., 5 ff., 8 f.

[203]) Vgl. Reimer § 5 PatG Anm. 5, Tetzner § 5 Anm. 6 zu c; Tetzner spricht ungenau von Miteigentum, Reimer dagegen, da das Objekt ein Recht ist, richtig von Mitberechtigung. Beide beziehen sich im übrigen auf Kleeff GRUR 39, 874.

[204]) Vgl. oben S. 5 ff.

ter geworden sein, nicht aber Miterfinder in dem hier maßgeblichen Sinne. Eher paßt auf sie die gleich unten zu erwähnende Bezeichnung der Teil- oder Nebenerfinder.

Zur subjektiven Seite der Miterfinderschaft ist ferner folgendes zu bemerken:

Anstelle der bewußten Zusammenarbeit genügt es — wie vorstehend erwähnt —, daß die einzelnen ihre Ergebnisse einverständlich zu einer gemeinsamen Erfindung verschmelzen. Es ist nämlich kein Grund ersichtlich, diese — oben[205]) dargelegte — Entstehungsmöglichkeit einer Miterfinderschaft hier auszuschließen. Auch entspricht es dem System unseres Rechts, daß das, was von den Beteiligten nachträglich übereinstimmend gebilligt wird, in der Regel dem gleichsteht, was von vornherein möglicherweise gewollt war. Die Beteiligten werden also zu Miterfindern „so, als hätten sie von Anbeginn zusammengearbeitet"[206]), und keiner von ihnen ist nun als Erfinder „älter" als der andere[207]). Zu beachten ist, daß das erwähnte Bewußtsein der Zusammenarbeit bzw. des Verschmelzens keinen rechtsgeschäftlichen Willen im Sinne von Geschäftsfähigkeit voraussetzt (§§ 104 ff. BGB), daß vielmehr ein natürlicher Wille, hier also das bloße einverständliche Bewußtsein dessen, was geschieht, genügt[208]). Dies folgt daraus, daß Erfinden kein Rechtsgeschäft ist[209]).

Endlich ist in diesem Zusammenhang erneut[210]) darauf hinzuweisen, daß weder bei allen Beteiligten noch auch nur bei einem von ihnen das Bewußtsein erforderlich ist, eine Erfindung zu machen. Miterfinderschaft ist also auch gegeben, wo lediglich bewußt zusammengearbeitet worden ist, sofern nur infolge von Vorschlägen mit überdurchschnittlicher Qualität das Gesamtergebnis eine Erfindung darstellt. Dabei braucht „die Erfindung" nur einen Teil dessen zu betreffen, was in gemeinsamer Arbeit geschaffen werden sollte. Nehmen sich also A, B und C vor, gemeinsam eine Nähmaschine zu bauen, und obliegt dabei B und C die Konstruktion der Kurbelscheibe, so sind, wenn sie dieser, damit sie zugleich als Schwungrad wirkt, eine besondere Größe geben und so in diesem Teil der Maschine etwas Erfinderisches schaffen[211]), nur sie und nicht auch A Miterfinder, denn an „der" Erfindung haben nur B und C gearbeitet, während die Tatsache, „im übrigen" an der Maschine mitgearbeitet zu haben, A nicht zum Miterfinder macht.

---

[205]) S. oben S. 8 f.

[206]) Kohler Hdb. S. 246; vgl. auch Tetzner S. 167.

[207]) RG 17. 10. 38 JW 39, 239 Nr. 26.

[208]) Ebenso Spengler a. a. O.: „natürlicher Willensentschluß zur Gemeinschaftsarbeit".

[209]) Zu letzterem vgl. u. a. Kisch Hdb. S. 52 bei C; Tetzner S. 174 Fußnote 5; für die Schweiz: Troller S. 29; über die entsprechende Behandlung der Frage im Urheberrecht — Miturheberschaft, Werkverbindung — s. Riedel GRUR 1960, 227.

[210]) Vgl. schon oben B II, 4 g.

[211]) Das Beispiel ist der im übrigen nicht einschlägigen Entscheidung RG 12. 6. 20 RGZ 99, 211 entnommen.

Aus alledem folgt, daß, wer ohne bewußte Zusammenarbeit zu der aus der Tätigkeit mehrerer Personen entstandenen Erfindung etwas beigetragen hat, nicht schon durch diese Tatsache zum Miterfinder wird. „Erfinderehre", und zwar im Sinne von Alleinerfinderschaft eines Teils, kommt ihm nur zu, wenn sein Beitrag als solcher, d. h. für sich allein betrachtet, eine schutzfähige Erfindung darstellt. Ist dasselbe zugleich bei dem Beitrag der Fall, den ein anderer geleistet hat, so ist auch dieser für seinen Beitrag Alleinerfinder. Aber anstatt von Miterfinderschaft wäre hier höchstens von Teilerfinderschaft oder, im Sinne der Lehre zur sogen. Mittäterschaft, von bloßer Neben-Erfinderschaft zu sprechen[212]).

Abgesehen vom Fall der erwähnten Verschmelzung, entsteht somit Miterfinderschaft weder dadurch, daß die unvollendete Erfindung des ersten ohne dessen Wissen und Willen von einem zweiten vollendet wird, noch in dem Fall, daß der erste bereits eine fertige Erfindung geschaffen und der zweite sie ohne Wissen und Willen des ersten in einer das Durchschnittskönnen der Fachleute dieses Gebiets übersteigenden Weise verbessert, noch endlich dadurch, daß der zweite die fertige Erfindung des ersten ohne dessen Einverständnis usurpiert, ihr eine eigene Erfindung hinzufügt und aus beidem eine erfinderische Kombination macht. Solche Fälle zu „lösen", muß den Vorschriften über die widerrechtliche Entnahme vorbehalten werden[213]).

Dies zur subjektiven Seite der Miterfinderschaft. Eine andere Frage ist die, ob zwischen den Beteiligten trotz fehlender Miterfinderschaft eine Gemeinschaft im vermögensrechtlichen Sinne[214]) begründet sein kann oder gar — wozu allerdings nicht nur ein natürlicher, sondern ein rechtsgeschäftlicher Wille erforderlich wäre — eine Gesellschaft gemäß §§ 705 ff. BGB. Darüber ist an anderer Stelle zu sprechen[215]).

9. Miterfinderschaft und Schutzrechtserteilung

Vergleicht man das, was die Miterfinder an Gedankengut zum Zustandekommen der Erfindung beigetragen haben, mit dem, was später zum Schutzrecht angemeldet wird, und letzteres wiederum mit dem erteilten Schutzrecht, so ergeben sich häufig, insbesondere zwischen Angemeldetem und Erteiltem, erhebliche Abweichungen, so daß es schwierig ist festzustellen, ob und gegebenenfalls an welcher Stelle die Patenterteilung das Gedankengut dieses oder jenes Beteiligten enthält — ein gegebener Anlaß zum Streit um Allein- und Miterfinderschaft. Die dazu in der Literatur[216]) gegebene Empfehlung, man sollte diese Fragen schon vor der Patentanmeldung, nämlich wenn die mit dem Erteilungsverfahren verbundene Ungewißheit den Beteiligten das Gefühl einer „Schicksalsgemeinschaft" gebe und daher ihren „verstän-

---

212) Vgl. über Nebeneinander- anstatt Miteinanderhandeln RGRKom. § 830 BGB Anm. 1 und 2.

213) Das erwähnt auch Spengler a. a. O.

214) Vgl. oben S. 13 ff.

215) S. unten S. 105 ff.

216) Zeller GRUR 42, 247/8.

digen Vertragswillen fördere", vertraglich regeln, ist zur Lösung des Problems, wer Miterfinder ist, nach der hier vertretenen Auffassung nicht brauchbar, weil niemand, der an der fertigen Erfindung nicht miterfinderisch beteiligt ist, durch Vereinbarung zum Miterfinder „gemacht werden" kann[217]). Da Miterfinderschaft durch Beitragen überdurchschnittlicher Gedanken zum Zustandekommen der Erfindung begründet wird[218]), ergeben sich — immer die soeben erwähnte Qualifikation der Mitwirkung des betreffenden Beteiligten vorausgesetzt — folgende beiden Möglichkeiten:

a) Im Erteilungsverfahren wird der Teil, zu dem er etwas beigetragen hat, überhaupt als nicht schutzfähig ausgeschieden. Dann ist er nicht „Miterfinder" dessen, was als geschützt übrigbleibt, weil Miterfinder nur sein kann, wer zu etwas Erfinderisch-Schutzfähigem beigetragen hat.

b) Wenn dagegen das, wozu er beigetragen hat, geschützt wird, ist und bleibt er Miterfinder, auch wenn seinem eigenen Beitrag als solchem ein selbständiger Schutz versagt wird. So beispielsweise, wenn sein Beitrag nur als ein für sich nicht geschütztes Element einer schutzfähigen Kombination erscheint. Ein Satz wie: „Nur solche Mitarbeit ist miterfinderisch, die einen Unteranspruch mit selbständigen Erfindungsgedanken ergibt", besteht nicht[219]).

Gleiches, wie vorstehend im Vergleich von Angemeldetem und Erteiltem, gilt entsprechend im Vergleich von Beitrag (Gedankengut) und Angemeldetem. Beschließen also die Beteiligten eine bestimmte Fassung der Patentanmeldung, bei der das Gedankengut des einen nur als Unteranspruch erscheint, und geschieht dementsprechend die Patenterteilung, so verliert er dadurch, sofern es sich um ein Mitwirken am Zustandekommen der Erfindung durch Beisteuerung von überdurchschnittlichem Gedankengut gehandelt hat, nicht seine Qualifikation als Miterfinder[220]).

10. Der Arbeitgeber als Miterfinder

Im Falle der Arbeitnehmererfindungsgemeinschaft wird in manchen Fällen vom Arbeitgeber geltend gemacht, daß er (zumindest) Miterfinder sei. Die Arbeitnehmer pflegen entgegenzuhalten, die Tätigkeit der „Chefs" habe sich darin erschöpft, sie zu beauftragen, und alles weitere und folglich „die Erfindung" sei allein ihr Werk gewesen.

Das Problem löst sich entsprechend der hier vertretenen Begriffsbestimmung des Miterfinders als eines Beteiligten, der am Zustandekommen der Erfindung durch Gedankengänge mitgewirkt hat, die das Können des Durchschnittsfachmannes dieses Gebiets übersteigen[221]). Somit macht die Tatsache,

---

[217]) S. oben S. 40.

[218]) Vgl. oben S. 31.

[219]) A. M. Dörner GRUR 1962, 170, der dies fälschlich aus RG 18. 12. 37 GRUR 1938, 262 herauslesen will; dort findet sich jedoch nur ein Hinweis auf die verschiedenen Arten von Unteransprüchen ohne abschließende Stellungnahme.

[220]) Vgl. bereits oben S. 35 f.

[221]) Vgl. oben S. 31.

den Arbeitnehmer mit gewissen Arbeiten beauftragt zu haben, den Arbeitgeber nicht schlechthin — falls das Ergebnis der Arbeiten eine schutzfähige Erfindung ist — zum Miterfinder[222]), vielmehr ist der Inhalt des „Auftrags" im einzelnen darauf zu untersuchen, ob er bereits in dem oben gekennzeichneten Sinne „miterfinderisch" gewesen ist. In diesem Zusammenhang kann also auf das verwiesen werden, was bereits an anderer Stelle zur Qualifikation von Aufgabenstellung, Anregung, Planung, Arbeitsleistung, Zusammenfassung von Ergebnissen u. a. m. ausgeführt worden ist[222a]). Ist solche Qualifikation zu finden, der Arbeitgeber also nicht nur einfacher „Gehilfe"[223]), so ist er — insbesondere wenn er „die grundlegende Idee gehabt und die Forschungsarbeit organisiert und geleitet hat"[224]) — Miterfinder, ja möglicherweise sogar Alleinerfinder[224a]). Es handelt sich also um eine Tatfrage[225]), die anhand der hier für maßgeblich gehaltenen Begriffsmerkmale zu entscheiden ist.

11. Verzicht auf Miterfinderschaft?

„Niemand kann Erfinder gegen seinen Willen werden! Das heißt, wer sich eines schöpferischen Gedankens in einer Weise entäußert, die zu erkennen gibt, daß er sich nicht mit der erfinderischen Endlösung identifizieren will, ist nicht als Miturheber der Erfindung anzusprechen." Diesen Worten von Spengler[226]) kann nach der hier vertretenen Auffassung im praktischen Ergebnis, aber nicht in der zitierten Formulierung zugestimmt werden. Zum Miterfinder wird man nämlich durch die Tätigkeit, die man entfaltet und die im Beisteuern von Gedanken[227]) besteht, und die bloße Erklärung[228]), man „verzichte" auf Miterfinderschaft, kann jene Tatsache nicht ausräumen. Vielmehr liegt es so, daß derjenige, der einen Willen gemäß dem obenstehenden Zitat kundgegeben hat, sich mit dieser Kundgabe und folglich mit Treu und Glauben (§ 242 BGB) in Widerspruch setzen würde, wollte er Miterfinderrechte „in Anspruch nehmen". Anders ausgedrückt: er ist und bleibt zwar Miterfinder, nur ist er, wenn er dies gegenüber den anderen Beteiligten geltend macht, dem begründeten Einwand ausgesetzt, daß sein Verhalten gegen Treu und Glauben verstoße. Auf Fälle dieser Art ist bereits an anderer Stelle[229]) hingewiesen worden.

---

[222]) So schon Kent Bd. I S. 164 Nr. 285.
[222a]) Vgl. oben S. 35 ff.
[223]) Blum-Pedrazzini Bd. I S. 295.
[224]) Hueck-Nipperdey S. 456.
[224a]) In diesem Sinne auch Riemschneider-Barth S. 81/2.
[225]) Ebenso Volmer § 4 Anm. 48 sowie Terrell S. 28—31.
[226]) Spengler GRUR 38, 237 a. E.
[227]) Vgl. oben S. 28 ff.
[228]) Für die doch wohl, entgegen Spengler a. a. O., rechtsgeschäftlicher Wille erforderlich wäre.
[229]) Vgl. oben S. 40 f.

III. Erfinderbenennung

1. Der Anspruch auf Benennung als Miterfinder

Wer Erfinder ist, hat Anspruch darauf, vom Patentanmelder als Erfinder benannt (§ 26 Abs. 6 PatG), bei der Bekanntmachung der Anmeldung vom Patentamt als Erfinder genannt und als solcher in die Patentrolle eingetragen zu werden (§ 36 Abs. 1 PatG). Es ist also zu unterscheiden: die Pflicht des Anmelders zur „Benennung" des Erfinders und die vom Patentamt demgemäß vorzunehmende „Nennung" des ihm benannten Erfinders; das erste ist die Voraussetzung für das zweite.

a) Der Anspruch, als Erfinder benannt zu werden, ist unstreitig ein Ausfluß des Erfinderpersönlichkeitsrechts[230]), steht also nicht nur einem Alleinerfinder, sondern auch dem Miterfinder zu[231]). Dies gilt folgerichtig auch dort, wo der Beitrag des Miterfinders keine selbständige, schutzfähige Erfindungshöhe aufweist, sondern wo nur die überdurchschnittliche Mitarbeit am Erfindungsgedanken zum Miterfinder machte[232]). Miterfinder zu sein, ist also eine — zur Zeit der Patentanmeldung bereits längst geschaffene — Tatsache, und diese ist nun einmal hinzunehmen und „entfällt" nicht rückwirkend dadurch, daß der betreffende Miterfinder stirbt. Demnach kann der Auffassung[233]), nach dem Tode eines Miterfinders seien nur die überlebenden Miterfinder vom Patentamt zu nennen (wo es einer ist, allerdings mit dem Zusatz „als Miterfinder"), nicht gefolgt werden. Desgleichen wird die Tatsache der Miterfinderschaft nicht dadurch „beseitigt", daß das zwischen den Parteien bestehende vermögensrechtliche Verhältnis (Gemeinschaft, Gesellschaft) aufgehoben oder mit einem von ihnen beendet wird[234]). Daraus folgt: veräußert ein Miterfinder seine „vermögensrechtliche Position", d. h. den Anteil an der Erfindung, so liegt darin im Zweifel kein Verzicht, als Miterfinder benannt zu werden; daher braucht in solchen Fällen die Frage, ob ein derartiger Verzicht rechtswirksam wäre[235]) oder wenigstens dem Benennungsverlangen als exceptio entgegengehalten werden könnte, nicht erörtert zu werden.

In diesem Zusammenhang sei darauf hingewiesen, daß § 36 Abs. 1 Satz 3 PatG, wonach die Nennung des Erfinders (nach außen) durch das Patentamt auf Antrag unterbleibt, den Anmelder nicht von der in § 26 Abs. 6 PatG normierten Notwendigkeit entbindet, den Erfinder (intern) gegenüber dem Patentamt zu benennen[236]).

---

[230]) S. über dieses oben S. 13 ff.

[231]) Lutter S. 367/8; Lindenmaier S. 431/2.

[232]) S. oben S. 21 ff., 43: „Miterfinderprivileg"; wie hier im Ergebnis auch Volmer NJW 54, 94/5 zur „3. Gruppe".

[233]) Lutter S. 368.

[234]) Wie hier: Blum-Pedrazzini Bd. I S. 313.

[235]) Vgl. § 36 Abs. 1 Satz 5 PatG sowie darüber hinaus Klauer-Möhring S. 401.

[236]) Andernfalls er Gefahr läuft, daß die Anmeldung zurückgewiesen wird, s. Busse § 26 Anm. 13 a. E.

b) Die Nennung als Miterfinder ist aber nicht nur[237]) eine „ideelle Anerkennung" der Miterfinderschaft, nicht nur eine „platonische Befriedigung des Erfinderstolzes"[238]), sondern von praktischer und wirtschaftlicher Bedeutung, da der Genannte auf diese Weise in die Lage gesetzt wird, „seine schöpferischen Fähigkeiten durch Hinweis auf eigene Konstruktionen nachzuweisen"[239]). In dieser Erkenntnis liegt aber nicht nur eine weitere Begründung des Anspruchs auf Erfindernennung, sondern wird dem Anspruch zugleich eine Grenze gezogen: wer bereits genannt worden ist, hat keinen Anspruch, nochmals genannt zu werden. Hat also einer der Beteiligten zu der Gemeinschaftserfindung eine eigene frühere, selbständig angemeldete und bereits mit seiner Nennung als Erfinder bekanntgemachte Erfindung beigesteuert, so hat er nicht schon wegen dieses Beitrags einen Anspruch, als Miterfinder der Gemeinschaftserfindung genannt zu werden, sondern kann letzteres nur fordern, wenn er über den Beitrag hinaus eine Tätigkeit entfaltet hat, die ihn an der (insoweit von seiner eigenen Erfindung abhängigen) Gemeinschaftserfindung zum Miterfinder machte[240]).

c) Das Gesetz verpflichtet den Anmelder, „den oder die" Erfinder zu benennen (§ 26 Abs. 6 PatG). Falls der Anmelder kein Miterfinder ist — so wenn eine Diensterfindung durch den Arbeitgeber angemeldet wird oder wenn die freien Miterfinder ihre Erfindung vor der Patentanmeldung an den späteren Anmelder veräußert hatten —, hat also jeder Miterfinder einen doppelten Anspruch: einmal gegen den Anmelder, daß dieser der Benennungspflicht aus § 26 Abs. 6 PatG nachkommt, und zweitens gegen die anderen Miterfinder auf Feststellung seiner Miterfinderschaft. Eine Feststellungsklage der letztgenannten Art pflegt allerdings bei freien Erfindungen[241]) in der Regel wegen der vermögensrechtlichen Beteiligung an der Erfindung geführt und daher auf Feststellung der Mitberechtigung als Folge der Miterfinderschaft gerichtet zu werden[242]). Es kommen in solchem Zusammenhang auch Leistungsklagen vor, so nach Abschluß des Patenterteilungsverfahrens die gegen den Patentinhaber gerichtete Klage, dem Patentamt gegenüber die Zustimmung zu einer Berichtigung der Erfindernennung zugunsten des Klägers zu erklären[243]). Dabei kann sich für einen vorsätzlich oder fahrlässig nicht Benannten gegebenenfalls ein Schadensersatzanspruch ergeben, da die Vorschriften über die Erfindernennung unbedenklich als zugunsten des Erfinders (Miterfinders) ergangene Schutzvorschriften im Sinne

---

[237]) Zutreffend Loh GRUR 48, 233.

[238]) Zutreffend Spengler GRUR 38, 231.

[239]) Loh a. a. O., ähnlich Spengler a. a. O.

[240]) Der gleiche Gedanke findet sich bei Lindenmaier S. 432, oben.

[241]) S. oben S. 10.

[242]) So im Fall RG 30. 4. 27 RGZ 117, 47; vgl. auch Benkard § 3 Anm. 4, Tetzner S. 167.

[243]) Vgl. LG Hamburg 31. 10. 56 GRUR 58, 77.

von § 823 Abs. 2 BGB angesehen werden können[244]). Man wird jedoch in solchen Fällen auch § 254 BGB zu beachten haben, der Schadensersatzansprüche ganz oder teilweise ausschließt, sofern der Miterfinder selbst seine Nichtnennung schuldhaft mitverursacht hat. Daß grundloses Bestreiten der Miterfinderschaft, wenn zwischen den Beteiligten ein Gesellschaftsverhältnis besteht, einen wichtigen Grund zur Kündigung (§ 723 BGB) geben kann, liegt auf der Hand[245]).

d) Wie die Benennung der Erfinder durch den Anmelder gegenüber dem Patentamt zu erfolgen hat, ist hier nicht darzustellen[246]). Dabei kann es fraglich sein, ob das Patentamt, wenn von zwei Miterfindern der eine beantragt, nach außen, nämlich bei der Bekanntmachung der Patentanmeldung und in der Patentrolle sowie auf der Patentschrift, nicht genannt zu werden (§ 36 Abs. 1 S. 2 PatG), den danach allein zu Nennenden als „Erfinder" oder als „Miterfinder" zu bezeichnen hat. Geht man davon aus, daß niemand mehr an Erfinderehre verdient als ihm zukommt, wird man denen zustimmen[247]), die dem Ausdruck „Miterfinder" den Vorzug geben.

Zur Miterfinderbenennung und -nennung (§§ 26 Abs. 6, 36 Abs. 1 PatG) ist weiter der Vorschlag gemacht worden[248]), in den Fällen, die eine klare Sonderung der von den einzelnen geleisteten Beiträge zulassen, auch die Erfinderangaben entsprechend zu begrenzen, zumal während des Erteilungsverfahrens noch nicht feststeht, welche Teile (Patentansprüche) letztlich zur Erteilung gelangen und wo sie sich dann als Haupt- oder Unteranspruch, ja möglicherweise als Nebenanspruch[249]) wiederfinden. Danach soll sich beispielsweise die Formulierung ergeben: „Als Erfinder sind genannt worden: X zu den Ansprüchen 1 und 3, Y zu den Ansprüchen 2, 3 und 4." Dieser Vorschlag ist zwar, will man dem einzelnen Miterfinder nur das ihm Gebührende an persönlicher Ehre und wissenschaftlichem Ruhm geben, ein Postulat der Gerechtigkeit und verdient es, befürwortet zu werden. Aber die Fälle, in denen sich ohne Streit zwischen den Beteiligten eine eindeutige Trennung wie in dem genannten Beispiel ermöglichen läßt, dürften in der Praxis selten sein.

2. Besonderheiten bei Arbeitnehmererfindungen

Für die Arbeitnehmererfindungen und die oben[250]) erwähnten „gemischten" Erfindungsgemeinschaften sollen nachstehend noch einige Besonderhei-

---

[244]) Bei Zeller GRUR 51, 53 (linke Spalte) wird nicht klar, ob er hier nur § 826 BGB — der Vorsatz erfordert — oder auch § 823 Abs. 2 BGB — wonach Fahrlässigkeit genügt — anwenden will.

[245]) Vgl. RG 10. 10. 39 GRUR 39, 339 (342).

[246]) Vgl. die Bestimmungen über die Nennung des Erfinders vom 16. 10. 1954 BAnz. Nr. 217, die an die Stelle der Bestimmungen vom 1. 10. 1949 getreten sind.

[247]) So Lutter S. 368.

[248]) Loh GRUR 48, 234 im Anschluß an Lampert.

[249]) S. über diesen Begriff Lindenmaier § 13 Anm. 11.

[250]) Oben S. 11.

ten zum Problem der Erfinderbenennung angeführt werden, während im übrigen für sie das gilt, was bereits vorstehend dargelegt worden ist.

a) Auch Arbeitnehmererfinder haben Anspruch darauf, daß die Tatsache ihrer Erfinderschaft festgestellt und festgehalten wird. Das hat, lange vor einer gesetzlichen Regelung solcher Erfindungen, schon Kohler zu den — wie er es nannte — „im Namen eines anderen gemachten" Erfindungen, den sog. Etablissementserfindungen, gelehrt[251]). Dies gilt, seitdem der Begriff der anonymen „Betriebserfindung"[252]) nicht mehr angewendet wird mit der Folge, daß weder der „Betrieb" noch eine „juristische" Person[254]) als Erfinder benannt werden kann, auch nach außen, d. h. (auf dem Weg über das Patenterteilungsverfahren) in Richtung auf die Allgemeinheit. Der Umstand, daß das Gesetz die Inanspruchnahme von Diensterfindungen und somit deren Übergang auf den Arbeitgeber ermöglicht (§§ 6, 7 ArbEG), beläßt also dem Arbeitnehmererfinder, wie schon nach der dem ArbEG vorangegangenen Regelung, den Anspruch, als Erfinder „anerkannt und belohnt zu werden"[255]). Die Erfinderehre als Persönlichkeitsrecht[256]) bleibt ihm also trotz der Inanspruchnahme seiner Erfindung. Heute wie vordem — aber nicht vor dem Jahre 1936[257]) — kann er, erforderlichenfalls im Wege der Klage, vom Arbeitgeber und von seinen Miterfindern fordern, daß er als Miterfinder anerkannt und gegenüber dem Patentamt benannt wird[258]).

b) Die andere Frage, wer seine Benennung als Miterfinder beanspruchen kann, ist kurz dahin zu beantworten: den Anspruch hat, wer „Miterfinder" ist. Wann letzteres angenommen werden kann, ist oben[259]) ausführlich dargelegt worden. Dort ist auch — was hier nochmals betont sei — ausgeführt worden, daß niemand durch bloße Vereinbarung das Persönlichkeitsrecht, Miterfinder zu sein, erwerben kann[260]), etwa indem[261]) in einem Betrieb vereinbart wird, alle Angehörigen des Labors stets als Miterfinder zu be-

---

[251]) Kohler Lehrb. S. 228; unklar bleibt dort, ob Kohler auf die von mehreren „geistigen Arbeitern des Unternehmens" gemachten Erfindungen die gleichen Grundsätze für die Feststellung der Erfinderschaft angewendet wissen wollte wie bei den durch einen einzelnen Arbeiter gemachten; er verstand wahrscheinlich, wie a. a. O. die Verweisung auf S. 90 zeigt, unter den von mehreren gemachten, als „eigentliche" Etablissementserfindungen bezeichneten Erfindungen nur solche, bei denen, wie er meinte, bestimmte Erfinder nicht zu ermitteln waren, also das, was später ohne Pflicht zur Erfinderbenennung und Vergütung „Betriebserfindung" genannt worden ist, vgl. Riemschneider-Barth S. 81.

[252]) S. darüber oben S. 41 f.

[253]) PA 5. BS 6. 8. 51 Bl. 51, 294 = GRUR 51, 577.

[254]) Dersin GRUR 51, 481.

[255]) Riemschneider-Barth S. 81.

[256]) Vgl. oben S. 13 ff.

[257]) Vgl. Beil Chem.-Ing.-Techn. 53, 533.

[258]) So auch zum Recht vor dem ArbEG, vgl. Riemschneider-Barth S. 83.

[259]) S. oben S. 15 ff.

[260]) S. oben S. 40.

[261]) Beispiel von Beil Chem.-Ing.-Techn. 53, 633.

nennen, gleich ob der Betreffende im gegebenen Fall an der Erfindung mitgearbeitet hat oder nicht. Andererseits kommt es, wenn der Betreffende in einer Weise am Zustandekommen der Erfindung mitgewirkt hat, die ihm Miterfinderqualität verlieh, für den Anspruch auf Erfindernennung nicht darauf an, ob seine Mitwirkung bei der Aufgabenstellung oder beim Auffinden der Lösung stattfand und an welcher Stelle des Weges vom ersten bis zum letzten Gedanken er mitgewirkt hat und ob sein Beitrag größer oder kleiner war als der der anderen Miterfinder — in jedem Fall haben alle als Miterfinder Beteiligten Anspruch, als Erfinder benannt zu werden[262]). Anders bei der — nicht hierher gehörenden — Parallelerfindung im gleichen Betrieb: sollte es vorkommen, daß durch verschiedene Personengruppen des gleichen Betriebs unabhängig voneinander die gleiche Erfindung gemacht wird, so besteht zwar innerhalb jeder Gruppe, aber nicht zwischen den Gruppen eine Erfindergemeinschaft, und für den Arbeitgeber gelten nur die Angehörigen derjenigen Gruppe als Erfinder, die ihm als erste die Erfindung meldet[263]). Diese Folgerung beruht auf dem gleichen Rechtsgedanken wie das in § 3 Satz 3 PatG normierte „Anmeldeprinzip“ bei voneinander unabhängigen Parallelerfindungen[264]).

c) Die bereits oben[265]) aufgeworfene Frage, ob die mehreren Miterfinder in gegenständlich begrenzter Weise als Erfinder benannt werden können, etwa A zum Anspruch 1, B zu 2 und 3, C zu 1 und 3 usw., wird insbesondere bei Arbeitnehmererfindungen von Bedeutung, da hier, neben der Erfinderehre des einzelnen nach außen, auch das „Prestige im Betrieb“ eine Rolle spielt, wodurch der Grundsatz, keinem mehr an Ehre zuteil werden zu lassen, als ihm gebührt, eine zusätzliche Bedeutung erhält. Die Unmöglichkeit genauer gegenständlicher Aufteilung der Erfindungsbeiträge wird der praktischen Lösung der Frage in der Regel entgegenstehen. Im übrigen ist dies Problem hier nicht anders zu behandeln als bei „freien“ oder „gemischten“ Erfindungsgemeinschaften[266]).

Eine andere Frage ist die, ob bei der Aufzählung der (ohne gegenständliche Beschränkung benannten) Miterfinder eine bestimmte Reihenfolge eingehalten werden soll. Zutreffend ist bemerkt worden[267]), daß es keine

---

[262]) Ebenso Beil a. a. O. und wohl auch Spengler, wenn er GRUR 38, 237 von „ebenbürtiger“ Mitarbeit spricht, sowie die soeben zit. Entscheidung PA 5. BS 6. 8. 51, in der die erfolgte „Integration“ zur Begründung dafür genommen worden ist, daß alle als Erfinder zu benennen sind.

[263]) Ebenso für den Fall von Parallelerfindungen durch zwei Einzelpersonen im gleichen Betrieb Reichel GRUR 43, 11/2 m. d. Hinweis, daß es sich um „Offenbarung“ der Erfdg. handeln muß; Redies GRUR 37, 416; Dörner GRUR 62, 170; Reimer-Schade-Schippel S. 78 m. Zit. Riemschneider-Barth S. 100.

[264]) Ebenso die von Schade Mitt. 59, 256 mitgeteilte Entschdg. 34/58 der Schiedsstelle für Arbeitnehmererfindungen.

[265]) S. vorstehend S. 51.

[266]) S. über diesen Begriff oben S. 11.

[267]) So von Beil Chem.-Ing.-Techn. 53, 633.

Rechts-, sondern eine Taktfrage sei, den Leiter des Labors vor seinen Mitarbeitern zu nennen, den Miterfinder mit größerer Erfindungsleistung vor dem mit kleinerer, bei gleichen Leistungen alle in alphabetischer Reihenfolge usw. — also zwar kein Rechtsproblem, aber eine für das „Betriebsklima" unter Umständen bedeutungsvolle Frage.

d) Abschließend sei bemerkt, daß die in §§ 28 ff. ArbEG zum Zweck gütlicher Einigung zwischen Arbeitgeber und -nehmer vorgesehene Schiedsstelle nicht zu der Frage angerufen werden kann, ob die Erfinderbenennung, welche der Arbeitgeber als Anmelder gemäß § 26 Abs. 6 PatG vorgenommen hat, richtig oder falsch war. Diese Frage ist nämlich kein Streitfall aus dem ArbEG — allein für solche Fälle ist die Schiedsstelle gemäß § 28 zuständig —, sondern aus dem Patentgesetz, so daß der Betroffene erforderlichenfalls das ordentliche Gericht anrufen muß[268]).

3. Beweislast, Beweis

Sucht, wer Mitarbeiter zu sein behauptet, sein Recht auf dem Prozeßwege, sei es als Klage auf Feststellung seiner Miterfinderschaft[269]), sei es als Unterlassungsklage gegen den, der sein Erfinderrecht bestreitet oder sich zu Unrecht eines eigenen Erfinderrechts berühmt[270]), so trifft ihn, wenn seine Erfinderschaft vom Gegner bestritten wird, die Beweislast dafür, daß er miterfinderisch — in dem hier gekennzeichneten Sinn[271]) — am Zustandekommen der Erfindung mitgewirkt hat[272]). Daß dieser Beweis häufig auf beträchtliche Schwierigkeiten stößt[273]), ergibt sich aus der Natur der Sache. Dabei ist der Umstand, daß jemand von seinem Arbeitgeber als Erfinder benannt worden ist, in einem zukünftigen Erfinderstreit vor dem ordentlichen Gericht möglicherweise ein Indiz, aber kein Beweis für Erfinderschaft oder gar Alleinerfinderschaft[274]).

Das Klagebegehren kann jedoch auch umgekehrt dahin gehen, daß der klagende Miterfinder einem der außer ihm als Miterfinder Benannten die Miterfinderschaft bestreitet. Soll er dann, entgegen dem Grundsatz „negativa non sunt probanda", beweisen müssen, daß jener andere keine Mitarbeit von Miterfinderqualität geleistet hat? Dazu ist die Besonderheit des jeweils gegebenen Falles genau zu beachten. Wenn unstreitig feststeht, was der Beklagte zur Erfindung beigetragen hat, handelt es sich nicht mehr um

[268]) Schade GRUR 58, 526; über die Beweisführung zur „firmeninternen Priorität" zwischen Arbeitnehmern vgl. Dörner GRUR 62, 169 ff.

[269]) Erwähnung einer Feststellungsklage auf Erfinderschaft als Inzidentklage gemäß § 280 ZPO: RG 18. 12. 37 GRUR 38, 256 (258).

[270]) Spengler GRUR 38, 231.

[271]) S. oben S. 31.

[272]) In den USA muß jeder Miterfinder den — unserem Recht unbekannten — Erfindereid leisten, s. Scher S. 17/18 mit § 116 USA PatG.

[273]) Ebenso Spengler a. a. O. S. 237.

[274]) Ebenso Redies GRUR 37, 416.

den Beweis von Tatsachen, sondern um eine bloße Wertung (Qualifikation). Steht aber der Gegenstand des Beitrags nicht fest und trägt der Beklagte keine Tatsachen vor, aus denen sein „Beitrag" ermittelt werden kann, so dürfte anzunehmen sein, daß die Benennung des Beklagten als „Miterfinder" auf völlig vager Grundlage erfolgt war. Nach den Regeln über die Vermutung des ersten Anscheins ist also der Kläger in solchem Fall von vornherein im Recht, d. h. der Beklagte muß die Tatsachen, aus denen er seine „Miterfinderschaft" ableitet, vortragen, und alsdann hat das Gericht, erforderlichenfalls mit Hilfe eines Sachverständigen, die erwähnte „Wertung" vorzunehmen. Der Entscheidung LG Hamburg 31. 10. 56 GRUR 58, 77, die dem als Alleinerfinder auftretenden Kläger den „Beweis" für Nicht-Miterfinderschaft des Beklagten aufbürdete, kann also in der Formulierung nicht gefolgt werden. Die Entscheidung wäre, voraussichtlich mit dem gleichen Ergebnis, besser damit begründet worden, daß der Kläger eine gegen ihn sprechende „Vermutung" zu widerlegen hatte, weil nämlich der Beklagte als technisches Vorstandsmitglied und Leiter der betreffenden Forschungsgruppe die Vermutung schöpferischer Mitwirkung für sich hatte; eine Vermutung kann jedoch bereits durch Urwahrscheinlichmachen, braucht also nicht durch Beweis, d. h. durch „Überzeugen" vom Gegenteil, ausgeräumt zu werden.

Da es für den Anspruch, als Miterfinder benannt zu werden, nur darauf ankommt, ob die Mitarbeit des Betreffenden überhaupt Miterfinderqualität hatte, nicht aber, wenn letztere gegeben ist, darauf, ob der Beitrag der anderen wertvoller war oder nicht, so sind alle, bei denen die erwähnte Miterfinderqualität feststeht, als Miterfinder zu benennen[275]). Ein Beweis in der Richtung, wie sich die Beiträge der einzelnen, miterfinderisch Beteiligten wertmäßig zueinander verhalten — was in vermögensrechtlicher Hinsicht, nämlich für den Anteil an dem „Wirtschaftsobjekt Erfindung" oder bei Arbeitnehmererfindungen für die Höhe der Vergütung von Wichtigkeit wird —, ist für die Frage, wer Erfinder oder Miterfinder im persönlichkeitsrechtlichen Sinne[276]) ist, nicht zu erheben, es sei denn er dient der Feststellung, ob die Mitwirkung eines Beteiligten überhaupt miterfinderische und nicht vielleicht nur handwerklich-unqualifizierte Bedeutung gehabt hat. Man kann dies auch so ausdrücken, daß eine Quotelung in Erfindungsanteile (Bruchteile) zwar bei einer Betrachtung der Erfindungsgemeinschaft unter vermögensrechtlichen Gesichtspunkten, nicht aber bei der persönlichkeitsrechtlichen Frage, welche Personen Miterfindereigenschaften haben, stattfinden darf. Miterfindereigenschaft als Persönlichkeitsrecht hat man oder man hat sie nicht, man kann sie aber nicht zu zwei Dritteln oder zu drei Achteln haben, während sich bei der Berechnung vermögensrechtlicher Anteile sehr wohl solche Bruchteile ergeben können.

---

[275]) Ebenso Beil Chem.-Ing.-Techn. 53, 634.

[276]) Vgl. oben S. 13 f.

IV. Die Mitgemeinschafter und ihre Anteile

Während oben, bei Behandlung der Frage, wer sich Mit-Erfinder nennen darf, die „persönliche" Seite der Mitwirkung am Zustandekommen einer Erfindung und, als Ausfluß des Persönlichkeitsrechts, der Anspruch auf Erfindernennung behandelt worden ist, soll nunmehr die vermögensrechtliche Stellung der Beteiligten zu dem ermittelt werden, was sie als Objekt des Rechtsverkehrs geschaffen haben: wem „gehört" also die Erfindung als ausbeutbares und veräußerliches Vermögensrecht, wer ist also vermögensrechtlich an dem „beteiligt", was in § 9 PatG (und entsprechend in § 13 GebrMG für Gebrauchsmuster) als Recht auf das Patent, als Anspruch auf Erteilung des Patents und als Recht aus dem Patent bezeichnet und für vererblich und beschränkt oder unbeschränkt übertragbar erklärt ist, und wie hoch ist der „Anteil" des einzelnen, insbesondere sein Anteil an dem aus der Verwertung gezogenen Gewinn?

Diese vermögensrechtlichen[277]) Fragen gehören dem bürgerlichen Recht an[278]), und für dieses ist vor allem der Wille der Beteiligten von Bedeutung, der, wenn keine ausdrücklichen Abreden vorliegen, durch Auslegung ermittelt werden muß. Damit ist bereits angedeutet, daß sich das Ergebnis aus dem jeweils zu beurteilenden Fall ergibt. Gleichwohl soll versucht werden, gewisse Grundregeln für die Beurteilung der aufgeworfenen Fragen aufzustellen und insbesondere die Reihenfolge anzugeben, in der bei der rechtlichen Würdigung die notwendigen Überlegungen auszustellen sind.

Bei diesen Betrachtungen kann die Rechtsnatur der betreffenden Erfindungsgemeinschaft (Gemeinschaft nach §§ 741 ff. BGB? Gesellschaft nach §§ 705 ff. BGB?) zunächst dahingestellt bleiben[279]). Es interessiert also einstweilen nur die Frage, ob der Betreffende der — wie auch immer gearteten — Vermögensgemeinschaft angehört, sowie die anschließend zu behandelnde Frage, wie er an ihr beteiligt ist, d. h. mit welchem Anteil am gemeinschaftlichen Vermögen und am Gewinn.

1. Erfindung und Schutzrecht als Vermögensobjekte

Vorstehend ist erwähnt worden, daß nunmehr die vermögensrechtliche Seite der Erfindungsgemeinschaften zu besprechen ist. Die Erfindung ist dabei also nicht als geistiges Kind schöpferischer Väter, d. h. in urheberpersönlichkeitsrechtlicher Betrachtung, sondern als veräußerlicher und wirtschaftlich nutzbarer Bestandteil der Technik im Miteigentum (nach Bruchteilen oder zur gesamten Hand) mehrerer „Teilhaber" einzusetzen. Das Vermögensrecht an der Erfindung ist, wie in Literatur und Rechtsprechung[280]) anerkannt ist, absolut, wirkt also gegen jedermann. Zum eigentlichen „Mono-

[277]) Über die Unterscheidung von Persönlichkeits- und Vermögensrecht s. oben S. 13 f.

[278]) Darauf hat Kent Bd. I S. 29 Nr. 15 mit Recht hingewiesen.

[279]) S. über diesen Unterschied unten S. 101 ff.

[280]) Vgl. statt vieler Lindenmaier S. 49.

pol", nämlich zum Ausschlußrecht im Sinne von § 6 PatG (§ 5 Abs. 1 GebrMG), wird die Erfindung allerdings erst, wenn auf sie ein Schutzrecht erteilt wird. Die Mitinhaberschaft an der Erfindung erstreckt sich von selbst auf alle weiteren Rechte, die aus ihr folgen (so das Recht auf das Schutzrecht) und mittels ihrer erzielt werden (so das aus der gemeinsamen Schutzrechtsanmeldung resultierende Recht auf Erteilung eines Schutzrechts sowie das Recht aus dem Schutzrecht selbst), vgl. die entsprechende Ausdrucksweise für diese Rechte in §§ 9 PatG, 13 GebrMG. Ist das Schutzrecht erteilt, so ist das Vermögensrecht an der Erfindung in ihm verkörpert, also als solches untergegangen[281]). Gehörte die Erfindung allen gemeinsam, so gehört ihnen jetzt das Patent. Dieser Normalfall, in dem auf die gemeinsame Erfindung ein gemeinsames Schutzrecht erzielt wird, soll nachstehend als gegeben unterstellt werden[282]).

2. Die Zugehörigkeit zur Gemeinschaft

a) Aus der erwähnten, vermögensrechtlichen Natur der Gemeinschaftszugehörigkeit folgt zunächst zweierlei. Erstens können in die Gemeinschaft von vornherein oder durch spätere Abreden auch Teilhaber aufgenommen sein, die nicht Miterfinder sind, also beispielsweise als bloße Geldgeber[283]) hinzutreten[284]). Und wie die Mitgliedschaft durch entsprechende Abreden erwerbbar ist, so kann sie auch durch Rechtsgeschäft ausgeschlossen oder wieder aufgehoben werden — im Gegensatz zur Miterfindereigenschaft, auf die, da sie persönlichkeitsrechtlich ist, nach der hier vertretenen Ansicht[285]) nicht wirksam verzichtet werden kann. Wer also mit einem anderen — wie es vor der Gesetzgebung über die Arbeitnehmererfindungen häufig geschehen ist — vertraglich vereinbart, daß eine von ihm gemachte Erfindung von vornherein dem anderen gehören soll, steht später nicht anders als der, der eine Erfindung gemacht und sie dann veräußert hat: er ist und bleibt zwar (persönlichkeitsrechtlich) Erfinder, ist aber (vermögensrechtlich) nicht Inhaber der Erfindung. In gleicher Weise ist es möglich, daß ein Miterfinder nicht der (vermögensrechtlichen) Erfindungsgemeinschaft angehört, also zwar Miterfindereigenschaft und kraft dieser Anspruch auf Anerkennung seiner Miterfinderehre, jedoch keinen Anteil an der Gemeinschaft und deren Vermögen hat.

b) Bei der Frage nach dem Erwerb der Zugehörigkeit (Mitgliedschaft) zur vermögensrechtlichen Erfindungsgemeinschaft ergibt sich in der Regel die Vermutung, daß, wer Miterfinder wurde, damit einverständlicher-

---

[281]) RG 25. 2. 33 GRUR 33, 483 (484); 18. 12. 37 GRUR 38, 256 (258); 10. 10. 39 GRUR 40, 339 (341).

[282]) Über den Fall, daß ein Teilhaber die Erfindung auf seinen Namen zum Patent anmeldet, s. unten S. 157 ff.

[283]) Vgl. dagegen zur persönlichkeitsrechtlichen Seite die Ausführungen oben S. 39 über die nur „ungeistig" Mitwirkenden.

[284]) Ebenso (f. d. Schweiz) Blum-Pedrazzini Bd. I S. 307.

[285]) Vgl. oben S. 48.

maßen auch an dem entstehenden Vermögensobjekt beteiligt sein sollte. Steht also seine Miterfinderschaft fest, so wird, wer ihm gleichwohl die Zugehörigkeit zur (vermögensrechtlichen) Erfindungsgemeinschaft bestreitet, besondere Umstände darlegen müssen, aus denen gefolgert werden kann, daß — etwa durch ausdrückliche Vereinbarung — der Erwerb der Mitgliedschaft von vornherein ausgeschlossen oder die Zugehörigkeit zur Gemeinschaft wieder aufgehoben worden ist. Jeder Miterfinder ist also im Zweifel auch Mitgemeinschafter.

Umgekehrt besteht eine Vermutung, daß, wer nicht Miterfinder ist, nicht der an der Erfindung bestehenden (vermögensrechtlichen) Gemeinschaft angehört. Nach der Erfahrung des Lebens kann nämlich nicht angenommen werden, daß die Miterfinder, sofern nicht anderweitige Abreden getroffen sind, auch Personen ohne Miterfinderqualität an den Früchten ihrer Arbeit beteiligen wollten. Wer also, ohne Miterfinder zu sein, seine Zugehörigkeit zur Erfindungsgemeinschaft, d. h. seine Beteiligung am gemeinschaftlichen Vermögen behauptet, hat die besonderen Umstände (Abreden) darzutun, aus denen seine Mitgliedschaft folgt.

Von diesen Fragen der Behauptungs- und Beweislast abgesehen, ergibt sich für die Zugehörigkeit zur Erfindungsgemeinschaft folgendes: Wie erwähnt, tritt hier, wo die vermögensrechtliche Seite behandelt wird, zu den beiden oben bei Behandlung der Frage, wann eine Erfindung von mehreren „gemeinsam geschaffen" worden ist[286]) erwähnten Entstehungsgründen (gemeinsame Tätigkeit und Verschmelzung) ein weiterer hinzu, nämlich die vertragliche Abrede, mit der sogar Geldgeber, erst nach Fertigstellung der Erfindung hinzutretende Personen, unqualifizierte Mitarbeiter usw. an der Erfindung als Vermögensobjekt „beteiligt" werden können. In der Praxis wird man den letztgenannten Entstehungsgrund für die Zugehörigkeit zur Erfindungsgemeinschaft, entsprechend dem das bürgerliche Recht beherrschenden Grundsatz der Vertragsfreiheit[287]), vor den anderen zu betrachten haben[288]).

aa) Daß die vermögensrechtliche Zugehörigkeit zur Erfindungsgemeinschaft durch vertragliche Abrede begründet werden kann, ist in der Rechtsprechung von jeher anerkannt[289]). Ferner ist anerkannt[290]), daß in erster Linie, d. h. bevor nach anderen Auslegungsmöglichkeiten zu suchen ist, der Vertragswille der Beteiligten entscheidet.

Hierbei darf jedoch nicht übersehen werden, daß, wo nur vertragliche Abrede die Zugehörigkeit zur Gemeinschaft bzw. Gesellschaft begründet haben kann, also andere Entstehungsgründe für die Mitgliedschaft ausscheiden — so bei Nicht-Miterfindern wie z. B. dem bloßen Geldgeber —, rechtsgeschäftlicher Wille, also insbesondere volle Geschäftsfä-

---

[286]) Vgl. oben S. 5 f.

[287]) RGRKom. § 104 BGB Vorbem. 3.

[288]) Ebenso RG 10. 10. 39 GRUR 40, 339 (340).

[289]) Vgl. die Zit. bei Spengler GRUR 38, 234 ff.

[290]) RG 10. 10. 39 a. a. O.

higkeit (§§ 104 ff. BGB) der Vertragspartner zu fordern ist. Zur Aufnahme solcher Mitglieder genügt also nicht der „natürliche" Wille, wie er oben für die bewußte Zusammenarbeit zur Begründung von Mit-Erfinderschaft als ausreichend angesehen worden ist[291]). Das gilt insbesondere dort, wo eine Gesellschaft im Sinne der §§ 705 ff. BGB angenommen werden soll[292]). Der Umstand, daß in vielen Fällen die vertraglichen Abreden schon vor Fertigstellung der Erfindung, ja womöglich vor Inangriffnahme der erfinderischen Arbeit getroffen werden, wobei man dann später beschließen will, welche konkrete Rechtsform der Gemeinschaft (Gesellschaft) gegeben werden soll, falls die Erfindung gelingt und sich als verwertbar erweist, steht der Wirksamkeit der Abreden — etwa aus dem Bedenken ungenügender Bestimmbarkeit des Vereinbarten — in der Regel nicht entgegen, da aus den im Voraus getroffenen Abreden hervorgeht, was in den Hauptpunkten gewollt ist, nämlich „daß" und „woran" die Vertragschließenden „beteiligt" sein wollen[293]).

bb) Die Verschmelzung von Erfindungsteilen zu einer gemeinschaftlichen Erfindung, oben[294]) als Entstehungsgrund der Miterfinderschaft als einer persönlichen Eigenschaft erwähnt, macht die Beteiligten im Zweifel, also in Ermangelung anderer Abreden, zu „Beteiligten" auch an der entstehenden Vermögensgemeinschaft. Das folgt aus der oben getroffenen Feststellung[295]): wer Miterfinder ist, ist in der Regel auch Mitglied der Vermögensgemeinschaft. Dabei ist bei der „Verschmelzung" sowohl für die persönlichkeitsrechtliche wie für die vermögensrechtliche Seite, falls letztere nicht in der Gründung einer regelrechten Gesellschaft besteht, „natürlicher" Wille ausreichend, Geschäftsfähigkeit also nicht zu fordern[296]). Das einverständliche Zusammenlegen zur gemeinschaftlichen Erfindung wirkt, wie seit Kohler allgemein angenommen wird, ex tunc „so, als hätten sie von Anbeginn zusammengearbeitet"[297]). Folglich kann zwischen den Verschmelzenden die Frage, wer der „ältere" Erfinder ist, nicht mehr aufgeworfen werden[298]).

cc) Entsteht die Erfindung durch bewußte Zusammenarbeit mehrerer Personen[299]), so sind diese, wenn die sonstigen Voraussetzungen „miterfinderischer" Betätigung vorliegen[300]), nicht nur (persönlichkeitsrecht-

---

291) Vgl. oben S. 43.

292) Wann dies der Fall ist, vgl. unten S. 106; über die Unwirksamkeit der mit nicht geschäftsfähigen Personen getroffenen, gesellschaftsrechtlichen Abreden s. RGRKom. § 705 BGB Anm. 2.

293) RG 30. 11. 32 RGZ 139, 52; ferner RGRKom. a. a. O., am Ende.

294) Vgl. oben S. 8.

295) S. soeben bei b (S. 57/8).

296) Vgl. zum Persönlichkeitsrecht schon oben S. 43.

297) Kohler Hdb. S. 246.

298) Vgl. Reimer S. 142, Tetzner S. 167/8, beide m. Zit. RG 17. 10. 38 JW 39, 239 Nr. 26; RG 31. 1. 41 GRUR 41, 152.

299) S. über diesen Entstehungsgrund oben S. 5 f., S. 43.

300) S. oben S. 21 ff.

lich) Miterfinder, sondern mangels gegenteiliger Abreden zugleich (vermögensrechtlich) Mit-Gemeinschafter, und zwar ab ovo, d. h. die Erfindung entsteht von vornherein als „gemeinschaftliches“ Vermögensobjekt. Das ist von jeher anerkannt gewesen[301]). Auch hier entsteht die „Gemeinschaft“ — sofern nicht eine regelrechte Gesellschaft (§§ 705 ff. BGB) geschaffen werden sollte, was nur durch Rechtsgeschäft geschehen kann[302] — kraft „natürlichen“ Willens der Beteiligten[303]), wogegen Abreden, nach denen jemand trotz (persönlichkeitsrechtlicher) Miterfindereigenschaft n i c h t (vermögensrechtlich) Mitgemeinschafter sein soll, rechtsgeschäftlichen Willen, also Geschäftsfähigkeit erfordern.

Die an anderer Stelle[304]) getroffene Feststellung, daß es für den Erwerb der Miterfindereigenschaft durch bewußte Zusammenarbeit nicht darauf ankommt, ob die Beteiligten gleichzeitig oder nacheinander (sukzessive) tätig werden, gilt, wie nicht näher angeführt zu werden braucht, auch zur vermögensrechtlichen Seite.

dd) Recht schwierig ist die Frage zu beantworten, ob, wenn sich mehrere zum Erfinden zusammentun, auch diejenigen, deren Mitarbeit sich später als „unqualifiziert“ herausstellt, so daß sie nach der hier vertretenen Ansicht[305]) n i c h t Miterfinder (persönlichkeitsrechtliche Seite) sind, an der an der Erfindung entstandenen Vermögensgemeinschaft beteiligt sind. Man wird ihnen diese Beteiligung nicht schlechthin versagen können, sondern muß auf den Einzelfall abstellen. Dabei wird man, um entbehrliche Erörterungen zu vermeiden, nacheinander folgende Fragen aufwerfen:

Zunächst muß der Ausgangspunkt der Untersuchung klargestellt werden, nämlich daß der Betreffende nur Mit-Arbeiter gewesen, nicht aber zum Mit-Erfinder geworden ist. Um dies erkennen zu können, muß deutlich sein, worin die Erfindung besteht, d. h. es ist aus Aufgabe und Lösung der Erfindungsgedanke zu ermitteln und, wenn dies geschehen ist, muß festgestellt werden, wobei und in welcher Weise der Betreffende anteilig mitgewirkt hat. N a c h[306]) diesen Feststellungen kann dann gegebenenfalls der Schluß gezogen werden, daß die Vorschläge, die der Betreffende gemacht hat, überhaupt keine ursächliche Bedeutung für das Zustandekommen der Erfindung hatten oder, soweit dies doch der Fall gewesen ist, daß ihnen nicht jener „Wert“ (Qualifikation) beizumessen ist, den sie nach der hier[307]) vertretenen

[301]) Vgl. Kohler Hdb. S. 245 ff., 493, Riezler S. 56, Kisch S. 74, Krausse S. 87, Reimer S. 143, Benkard § 3 Anm. 4, Bernhardt S. 57; RG 17. 9. 27 RGZ 118, 46 = Bl. 28, 37 = JW 28, 333; 18. 12. 37 GRUR 38, 256 (258); 16. 5. 39 MuW 39, 245 = Mitt. 39, 198; 10. 10. 39 GRUR 40, 339 (440) = HRR 1940 Nr. 82.

[302]) RG 18. 12. 37 a. a. O.

[303]) Vgl. ebenso zur persönlichkeitsrechtlichen Seite oben S. 43.

[304]) Vgl. oben S. 5 ff.

[305]) S. im einzelnen oben B II, 4.

[306]) S. oben S. 21 ff. und insbesd. RG 18. 12. 37 GRUR 38, 256 sowie, m. weiteren Zit., Benkard § 3 Anm. 4.

[307]) Vgl. oben S. 34/5.

Auffassung haben müßten, um Miterfindereigenschaft annehmen zu können.

Ist auf diese Weise festgestellt, daß Miterfinderschaft und folglich die durch diese gegebene Vermutung[308]) der vermögensrechtlichen Beteiligung an der Erfindungsgemeinschaft entfallen, es sich also um einen bloßen Mit-Arbeiter handelt, von dem in der Regel nicht anzunehmen ist, daß ihm eine vermögensrechtliche Beteiligung eingeräumt sein soll, können nur b e - s o n d e r e U m s t ä n d e den Schluß rechtfertigen, daß er, obgleich (persönlichkeitsrechtlich) nicht Mit-Erfinder, doch (vermögensrechtlich) Mit-Gemeinschafter sei. Dabei ist nach ausdrücklichen oder aus den Umständen zu entnehmenden Abreden zu suchen, die dahin gehen müßten, daß auch denjenigen Mitarbeitern, die wider Erwarten nicht zu Mit-Erfindern werden sollten, im Hinblick auf ihre tatsächliche Mitwirkung jedenfalls ein vermögensrechtlicher Anteil an „der Erfindung", der die Erfindung auswertenden „Gemeinschaft" oder „Gesellschaft"[309]) usw. zustehen solle. D i e s und nichts anderes müßte als Wille der Beteiligten festgestellt werden. Allgemeine Erwägungen oder Pläne, in welcher Weise man, falls die Zusammenarbeit zu einer Erfindung führt, mit letzterer verfahren will, werden nur insoweit als Indizien Verwendung finden können, wie sie wirtschaftlicher (vermögensrechtlicher) Art sind und alle Mitarbeitenden schon wegen der Tatsache ihrer Mitarbeit einbeziehen. So ist z. B. die bei Beginn der gemeinsamen Arbeit getroffene Abrede, daß, falls aus der Zusammenarbeit eine Erfindung hervorgeht, diese „auf gemeinsamen Namen zum Patent angemeldet" werden soll, für sich allein keine hinreichende[310]) Stütze für die Annahme, der Wille der Beteiligten sei dahin gegangen, auch diejenigen, deren Mitwirkung lediglich ein Mit-Arbeiten, aber kein Mit-Erfinden ist, an der Erfindung vermögensrechtlich zu beteiligen. In solchen Fällen bleibt es, so bedauerlich dies für die sein mag, die sich an der Zusammenarbeit in der Hoffnung beteiligt hatten, Beiträge von Miterfinderqualität leisten zu können, bei der der Lebenserfahrung entsprechenden Vermutung: wer Miterfinder ist, wird auch Mitgemeinschafter, und wer nicht Miterfinder ist, ist an der Gemeinschaft nicht beteiligt. Diese Vermutung wird, mangels ausdrücklicher gegenteiliger Abreden, zur Gewißheit bei solchen Mitwirkenden, die von vornherein nur „unqualifiziert", also handwerklich mitarbeiten sollten. Solchen Personen ist die Beteiligung an der Erfindung als Vermögensobjekt nur zugänglich, wenn sie wider Erwarten „mit-erfinderisch" mitwirken und sich auf diese Weise aus eigener Kraft vom Boden bloßer Mit-Arbeiter auf die höhere Ebene der Mit-Erfinder erheben[311]), auf der die Vermutung gilt, daß Mit-Erfinder auch Mit-Gemeinschafter sind. In der Tat zeigt die Erfahrung nur allzu häufig, daß, wenn sich mehrere zu gemeinsamer Arbeit zusammentun, ihre Leistungen nicht den Erwartungen entsprechen, indem die einen weni-

[308]) S. soeben S. 57/8.

[309]) Blum-Pedrazzini Bd. I S. 307.

[310]) Ungenau daher Zeller GRUR 42, 248.

[311]) Und somit „ebenbürtig" werden, RG 18. 12. 37 GRUR 38, 256.

ger, die anderen mehr leisten, als man vorausgesehen hatte, und es entspricht der Billigkeit und daher in der Regel dem Willen der Beteiligten, daß sich dies nicht nur auf dem durch Parteiabreden nicht zu verändernden Gebiet der persönlichen Erfinderehre (Miterfindereigenschaft), sondern in Ermangelung anderweitiger Abreden auch auf vermögensrechtlichem Gebiet (Mitgemeinschafter) widerspiegeln soll.

3. Die Höhe der Anteile an der Gemeinschaft

a) Die Beantwortung der in den vorangegangenen Abschnitten behandelten Fragen, wer sich (persönlichkeitsrechtlich) „Miterfinder" nennen darf und wer am Vermögen der Erfindungsgemeinschaft beteiligt, also „Mitgemeinschafter" ist, läßt die Frage offen, wie hoch der Anteil des einzelnen Mitgemeinschafters ist — eine vermögensrechtliche Frage, vor deren Behandlung an sich geklärt werden muß, „woran" der Anteil, dessen Quantität bestimmt werden soll, eigentlich besteht und was das Wesen des „Anteils" selbst ist. Auf die beiden letztgenannten Punkte, die noch an anderer Stelle von Bedeutung werden[312]), braucht jedoch hier, bei der „rechnerischen"[313]) Ermittelung der Anteilshöhe, nicht näher eingegangen zu werden. Vorliegend ist nämlich allein die ziffernmäßige Quote festzustellen, wobei es späterer Erörterung vorbehalten bleiben kann, ob der Dividend rechtlich das Vermögen einer Bruchteils- oder das einer Gesamthandsgemeinschaft ist. Von diesen wird erstere im Gesetz „Gemeinschaft" (§§ 741 ff. BGB), letztere „Gesellschaft" (§§ 705 ff. BGB) genannt, wobei jedoch die hier interessierende Frage bei beiden im Zweifel in gleicher Weise zu beantworten ist, nämlich — worauf noch unten zurückzukommen sein wird — dahin, daß die Anteile am Vermögen bzw. an Gewinn und Verlust bei allen gleich sind (§§ 722 Abs. 1, 742 BGB)[314]).

Die nachstehenden Erörterungen können sich daher auf die Frage beschränken, ob es Fälle gibt, in denen anstelle der vermuteten Gleichheit Ungleichheit besteht. Vorangeschickt sei lediglich der Hinweis, daß man sich den „Anteil" und seine „Höhe" nicht gegenständlich, sondern ideell vorzustellen hat. Wenn also drei Personen „anteilsmäßig" an dem Vermögensobjekt „Erfindung" beteiligt sind, bedeutet dies eine rechnerische Beteiligung am Wert des Ganzen, nicht dagegen eine reale Zerstückelung der Erfindung[315]), und zwar auch dann nicht, wenn der Beitrag eines Teilhabers seinen Niederschlag erschöpfend in einem Unteranspruch gefunden haben sollte. Ein Patent ist nicht „nach Ansprüchen teilbar"[316]). Daß die Frage nach der „Höhe" der Anteile, wo es sich um Arbeitnehmererfindungen handelt, auch bei der Bestimmung der Höhe des sich für den einzelnen nach Inanspruch-

---

312) Vgl. unten S. 116 ff.

313) RGRKom. § 718 BGB Anm. 1, § 741 BGB Anm. 1.

314) Gleicher Hinweis Kent Bd. I S. 164 Nr. 286, ferner RG 18. 12. 37 GRUR 38, 256 (262 a. E.).

315) Zutreffend Reimer S. 143.

316) RG 17. 9. 27 RGZ 118, 46.

nahme der Erfindung durch den Arbeitgeber ergebenden Vergütungsanspruchs von Bedeutung werden kann[317]) und daß sich auch die Verteilung von Nutzungen, Lasten und Kosten im Zweifel nach den Anteilsquoten richtet[318]), sei hier zunächst nur am Rande bemerkt. Auch bei Auseinandersetzung der Gemeinschaft bzw. Gesellschaft wird, wenn „das Vermögen" verteilt werden soll, die Höhe der „Anteile" der einzelnen von Bedeutung[319]).

b) Geht man entsprechend der gesetzlichen Regelung (§§ 722 Abs. 1, 742 BGB)[320]), davon aus, daß die Höhe der Anteile im Zweifel für alle Beteiligten gleich ist — die oben untersuchte „Zugehörigkeit" zur Erfindungsgemeinschaft[321]) wird hier unterstellt —, so hat man es nicht mit einer ein für allemal feststehenden Regelung zu tun, sondern, wie mit den Worten „im Zweifel" (§ 741 BGB; entsprechend § 722 Abs. 1 BGB: „Sind die Anteile ... nicht bestimmt, so ...") zum Ausdruck kommt, mit einer widerlegbaren Vermutung. Auf diesen sehr wesentlichen Umstand, die Widerlegbarkeit, wird von je ausdrücklich hingewiesen[322]). Dabei ist es jedoch im Streitfall nicht Sache des Patentamts, die „Anteile" zu ermitteln oder festzusetzen[323]), vielmehr müssen die Gerichte zur Entscheidung angerufen werden[324]).

c) Abweichungen von dem erwähnten Gleichheitsgrundsatz können sich in erster Linie aus anderweitiger Vereinbarung ergeben (so wörtlich § 722 Abs. 1 BGB und § 742 mit den Worten „im Zweifel"). Sowohl „freie" wie Arbeitnehmererfinder (bei diesen ist aber § 22 ArbEG zu beachten) können solche Vereinbarung über die Höhe ihrer Quoten (Anteile) treffen[325]). Bedenken gegen die Zulässigkeit solcher Abreden bestehen um so weniger, als es sich nicht um die Regelung einer persönlichkeitsrechtlichen Frage, sondern allein um vermögensrechtliche Beziehungen handelt. Dazu ist empfohlen worden[326]), die Vereinbarung schon vor der Patenterteilung zu treffen, da das Erteilte häufig vom Angemeldeten abweichen wird und „die bis dahin bestehende Ungewißheit verständigen Vertragswillen fördert". Jedoch kann man auch dem gegenteiligen Wunsch, die Regelung erst vorzunehmen, wenn Schutzgegenstand und -umfang als wesentliche Faktoren für die Bewertung des Patents feststehen, das Verständnis nicht versagen.

---

317) Riemschneider-Barth S. 170; vgl. im einzelnen unten S. 85 ff.

318) RGRKom. § 748 BGB Anm. 1; Seligsohn S. 93; Reimer S. 143.

319) RG 17. 9. 27 a. a. O.

320) Entspr. für die Schweiz vgl. Blum-Pedrazzini Bd. II, S. 308.

321) S. oben S. 57 ff.

322) Kohler Hdb. S. 494, Kent Bd. I S. 532/3 Nr. 538, Klauer-Möhring S. 127, Benkard § 3 Anm. 4 m. Rspr., Bernhardt S. 59, RGRKom. § 742 BGB.

323) Zutreffend schon Kohler Lehrb. S. 94.

324) Kent Bd. I S. 533 Nr. 539; die Eintragung von Bruchteilen in die Patentrolle könnte, soweit man sie mit Reimer S. 648 für zulässig hält, stets nur deklaratorische Bedeutung haben.

325) BGH 2. 12. 60 GRUR 1961, 338 (9).

326) Zeller GRUR 42, 247/8.

Vertragliche Regelung — zu der ein rechtsgeschäftlicher[327]) Wille erforderlich ist — geht den in den §§ 722, 742 BGB aufgestellten Vermutungen *vor*[328]). Sie bindet auch die Rechtsnachfolger der Beteiligten[329]).

d) Da das Gesetz nichts anderes bestimmt, kann die vertragliche Abrede, welche die Anteilshöhe abweichend vom Gleichheitsgrundsatz bestimmt, auch durch „*schlüssiges*" Verhalten (aus dem die anderen Beteiligten auf das Vorliegen eines bestimmten Willens schließen können) erfolgen oder mittels *Auslegung* aus den gegebenen Umständen zu folgern sein. Immer ist es aber das Vorliegen eines bestimmten Willens[330]), der ermittelt werden muß, eines „Einverständnisses, daß es so ... rechtens sein soll", und weil, wo jemand *unter* der gesetzlich vermuteten Anteilshöhe beteiligt sein soll, sein Einverständnis keineswegs vermutet werden kann, ist bei der Auslegung — die ja im Falle des Verlassens des Gleichheitsgrundsatzes stets dem einen das nehmen muß, was dem anderen gegeben wird — große Vorsicht am Platze. Und noch eins: bevor man sich Gedanken über die verschiedene Höhe (Größe) der einzelnen Anteile macht, muß feststehen, daß die Beteiligten *überhaupt* von dem Grundsatz der Gleichheit der Anteile abweichen wollten.

aa) An anderer Stelle[331]) ist die Tatsache erwähnt worden, daß die anteiligen Leistungen der Miterfinder objektiv, d. h. im Hinblick auf ihre Bedeutung für den Erfindungsgedanken (insbesondere für die Lösung der gestellten Aufgabe), verschieden große Bedeutung haben können, indem der eine den „wichtigsten" Stein, oder den „Schlußstein", der andere zwar ebenfalls unentbehrliche, aber weniger wesentliche Steine in das Mosaik des Ganzen einfügte. Neben der Bedeutung der Beiträge für den Erfindungsgedanken steht ihre wirtschaftliche Tragweite: so kann die Leistung eines Beteiligten zwar besonders bedeutsam für die erfinderische Lösung gewesen sein, aber an wirtschaftlicher Bedeutung hinter dem von einem anderen Beteiligten beigetragenen Gedanken zurückstehen, weil letzterer beispielsweise die Massenfabrikation der erfundenen Sache, oder eine besonders rohstoffsparende Anwendung des erfundenen Verfahrens ermöglicht.

Solche Fälle werfen, wenn ausdrückliche Vereinbarungen fehlen, die Frage auf, ob zu vermuten ist, der Wille der Beteiligten sei stillschweigend dahin gegangen, daß jeder in dem Maße an der Erfindung als Vermögensobjekt beteiligt sein soll, wie es der erfinderischen oder der wirtschaftlichen „Bedeu-

---

[327]) Nicht nur ein sogen. „natürlicher", vgl. oben S. 43.

[328]) RG 10. 10. 39 GRUR 40, 339 = Mitt. 40, 32; 31. 1. 41 GRUR 41, 152; Lindenmaier S. 109.

[329]) Kohler Hdb. S. 495.

[330]) Dies wird in RG 17. 9. 27 RGZ 118, 46, wo wiederholt die gemeinsame „Tätigkeit" der Parteien betont wird, nicht ganz klar und hat bei Calé GRUR 31, 93 die resignierende Feststellung ausgelöst, § 742 BGB „sichere" nach der Rspr. des RG auch bei noch so geringfügiger Mitwirkung an der Erfindung gleiche Beteiligung.

[331]) Vgl. oben S. 21 ff.

tung“ des von ihm geleisteten Beitrags entspricht. Eine solche, den erwähnten Gleichheitsgrundsatz durch ein Verhältnismäßigkeitsprinzip ersetzende, stillschweigende Willensübereinstimmung könnte insbesondere schon vor oder bei Beginn der Zusammenarbeit bzw. im Falle sukzessiver Mitwirkung[332]) beim Hinzutreten jedes nachfolgenden Mitarbeiters vorgelegen haben und würde dann automatisch zu einer quantitativen Verschiedenheit der vermögensrechtlich-rechnerischen Anteile führen.

Man begegnet allerorten der Ansicht, daß — weil der Gleichheitsgrundsatz für die Anteilshöhe nur „im Zweifel“ gelte — die Anteile verschieden seien, wenn „das erfinderische Verdienst“[333]), „das Verdienst“[334]), „das Maß der schöpferischen Mitarbeit“[335]), „der Umfang der Mitarbeit“[336]), „die erfinderische Leistung“[337]), „das Maß der Beteiligung an der Erfindung“[338]), „der Anteil am Erfindungsgedanken“[339]) u. a. m. verschieden groß ist. Dabei zeigen nicht alle der vorstehend zitierten Ausdrücke eindeutig, ob die Bewertung nach quantitativen oder qualitativen Gesichtspunkten zu erfolgen hat.

Würde man dem ohne Einschränkung folgen, hieße das, entgegen dem Gesetz (§§ 722, 742 BGB) und in der Regel entgegen dem Parteiwillen, nicht die Gleichheit, sondern die Verschiedenheit der Anteilsgrößen zum Grundsatz zu machen. Diffizile, kaum[340]) für alle Beteiligten billig zu lösende Streitigkeiten würden an der Tagesordnung sein, wogegen doch offenbar gerade der Umstand, daß die „Bemessung“ der Beiträge Schwierigkeiten bereitet, der im Gesetz aufgestellten Gleichheitsvermutung ihre Bedeutung im Sinne angemessenen Rechtsfriedens gibt[341]). Hält man sich dies vor Augen, so gelangt man zu dem richtigen Ergebnis, daß im Zweifel, also grundsätzlich, die Gleichheitsvermutung gilt, die in Ausnahmefällen widerlegt werden kann, nicht dagegen zu dem Schluß[342]), die Gleichheitsvermutung gelte nur „im Zweifel“, d. h. wenn nicht festgestellt werden kann, daß die von den einzelnen erbrachten Leistungen ungleich sind. Somit ist von der Gleichheit als Grundsatz auszugehen, und wer behauptet, dies entspreche im gegebenen Fall nicht dem nach Treu und Glauben zu ermittelnden (§ 157 BGB) Willen der Beteiligten, muß die Umstände dartun, aus denen dies geschlossen werden soll. Der Hinweis allein, daß die Leistungen (Beiträge) der Beteiligten von ungleicher, sei es quantitativer, sei es qualitativer Bedeutung seien, genügt nicht.

---

332) S. über diese oben S. 6 f.
333) Reimer S. 143.
334) Bernhardt S. 95.
335) RG 10. 10. 39 Mitt. 40, 32.
336) Benkard § 3 Anm. 4.
337) Tetzner S. 167.
338) Kent Bd. I S. 532/3 Nr. 538.
339) Klauer-Möhring S. 127.
340) Auch nicht gemäß dem Vorschlag von Kent a. a. O. durch Richterspruch.
341) Darauf weist auch Schnabel Reichsbahn 1935, 929 hin.
342) So die Formulierung bei Benkard § 3 Anm. 4.

Mit Recht wird daher von manchen[343]) die Einschränkung gemacht, daß nur eine e r h e b l i c h e Verschiedenheit der Leistungen zur Verschiedenheit der Anteile führt. Das muß beachtet und darf nicht etwa in: „nicht unerhebliche" (Verschiedenheit) abgeschwächt werden.

bb) Damit ist jedoch die andere Frage nicht geklärt — und ohne solche Klärung bleibt die ganze Erörterung ohne praktisches Ergebnis —, nach welchen Gesichtspunkten festgestellt werden soll, ob und in welchem Grad der Beitrag eines Beteiligten „wertvoll" ist oder nicht. Wertvoll für den Erfindungsgedanken, also als technischer Vorschlag? Wertvoll für die praktische Anwendbarkeit bzw. Verwertbarkeit der Erfindung, also in fabrikatorischer und wirtschaftlicher Hinsicht? Ließe man das erstere entscheiden, so würde der größte (vermögensrechtliche) Anteil an der Erfindung demjenigen zuzusprechen sein, der zum Erfindungsgedanken das beigetragen hat, was den erfinderischen „Sprung" über den äußeren Stand der Technik hinaus darstellte, und man käme zu dem Ergebnis, daß, wer den „Schlußstein" des erfinderischen Gedankengangs setzt, zwar den anderen Beteiligten nicht die (persönlichkeitsrechtliche) Eigenschaft als Mit-Erfinder nimmt[344]), aber in vermögensrechtlicher Beziehung den Löwenanteil erhält. Nach der zweiten Betrachtungsweise könnte es gerade umgekehrt liegen, indem ein Beteiligter, der zwar nicht in erfinderischer Beziehung „entscheidend" — wenngleich so „qualifiziert"[345]), daß er sich Mit-Erfinder nennen darf — mitgearbeitet, aber den die gewinnbringende fabrikatorische Auswertung ermöglichenden Vorschlag beigesteuert hat, eine hohe Beteiligung an der Erfindung als Vermögensobjekt beansprucht.

Eine Treu und Glauben (§ 157 BGB) entsprechende Lösung der Frage nach dem zu vermutenden Parteiwillen kann sich nur ergeben, wenn man erkennt und berücksichtigt, daß sich die beiden vorstehend dargelegten Standpunkte gegenseitig bedingen. Wäre nämlich der für den Erfindungsgedanken entscheidende Vorschlag nicht gemacht worden, würde die Grundlage der ganzen Überlegungen nicht vorhanden sein, und hätte nicht ein anderer den vorteilhaften Weg für die Anwendung oder Verwertung nachgewiesen, würde die Erfindung praktisch ohne größere Bedeutung sein. Gerade weil sich Theorie und Praxis ergänzen müssen, wenn das Ergebnis die Technik „bereichern" soll, pflegen sich Work-teams von entsprechender personeller Zusammensetzung zu bilden. Es ist also davon auszugehen, daß für die vermögensrechtliche „Bewertung" der Beiträge b e i d e Gesichtspunkte von Bedeutung sind. Daher ist der eine wie der andere zu berücksichtigen, also zu ermitteln, was von den einzelnen sowohl zum Erfindungsgedanken als solchem wie zur Anwendung der Erfindung in der technisch-wirtschaftlichen Praxis beigetragen worden ist. Beides sind Wertfaktoren, die man bei Bemessung der Anteilshöhen einzusetzen hat. In diesem Sinne mag der Satz

---

[343]) Klauer-Möhring a. a. O., Tetzner a. a. O.

[344]) S. oben S. 25 f.

[345]) S. oben S. 31.

gemeint und zu billigen sein, auf den man gelegentlich in der Rechtsprechung und in den Kommentaren trifft, daß bei Bewertung der (vermögensrechtlichen) Anteilshöhe auch „nichterfinderische" Beiträge berücksichtigt werden können[346]), womit an solche zu denken ist, die für sich gegenüber dem äußeren Stand der Technik keine Erfindungshöhe aufweisen — was nach der hier vertretenen Auffassung von „Miterfinderprivileg" nicht Voraussetzung der (persönlichkeitsrechtlichen) Miterfindereigenschaft ist[347]) —, aber der praktischen Anwendung der Erfindung dienen.

Abschließend sei nochmals in Erinnerung gebracht, daß nur erhebliche Wertunterschiede (im vorbezeichneten Sinne) dazu berechtigen, die Gleichheitsvermutung als widerlegt anzusehen, so daß „im Zweifel" der Theoretiker und der Praktiker gleiche vermögensrechtliche Anteile an der Erfindungsgemeinschaft haben. Darüber, ob insoweit bei Arbeitnehmererfindungen eine Besonderheit besteht, wird gleich unten[348]) zu sprechen sein.

Hier muß noch eine weitere Einschränkung gemacht werden, und zwar für Erfindungsgemeinschaften, die durch einverständliche Verschmelzung der Arbeiten mehrerer zu einer „gemeinsamen" Erfindung entstehen[349]). Wenn mehrere Personen zusammenarbeiten, um eine Erfindung zu machen — oder ohne erfinderische Absicht, aber mit der Folge, daß das Ergebnis ihrer Zusammenarbeit eine Erfindung ist —, können sie nicht mit Sicherheit voraussehen, ob ihr Zusammenwirken zu einer schutzfähigen Erfindung führen wird. In dem erwähnten Falle der „Verschmelzung" liegt es häufig insofern anders, als sie in dem Bewußtsein erfolgt, daß die Kombination oder sonstige Zusammenfügung der bisherigen Einzelarbeitsergebnisse eine schutzfähige Erfindung darstellt, mag auch, wie bei allen vermeintlichen Erfindungen, die Erteilungsbehörde hierzu das letzte Wort haben. Die Verschmelzenden gehen also davon aus, bei dem, was durch die Verschmelzung entsteht, „Miterfinder" einer „gemeinsamen" Erfindung zu sein, wovon ersteres die persönlichkeitsrechtliche, letzteres die vermögensrechtliche Gemeinsamkeit betrifft. Gibt man in solcher Weise das Eigene mit dem Fremden zusammen, wird der andere in Ermangelung eines Vorbehalts annehmen (und nach Treu und Glauben annehmen dürfen), daß er und seine Leistung als „ebenbürtig"[350]) angesehen werden. Im Falle der Verschmelzung geht also der Parteiwille „im Zweifel" dahin, die beiderseitigen Leistungen und folglich die vermögensrechtlichen Anteile an der Erfindung

[346]) RG 10. 10. 39 GRUR 40, 339; 7. 1. 44 GRUR 44, 80, Lindenmaier S. 109, Benkard § 3 Anm. 4, Tetzner S. 168.

[347]) Vgl. oben S. 31 u. 43.

[348]) Vgl. gleich unten bei e.

[349]) Vgl. oben S. 8 ff., S. 43.

[350]) Das Wort „ebenbürtig" findet sich in der Entschdg. RG 18. 12. 37 GRUR 38, 256 — Leitsatz 3 u. S. 259 l. Sp. —, wo allerdings festgestellt worden ist, daß der zwischen den Parteien geschlossene Vertrag nicht im Sinne einer „Zulassung des Beklagten zu ebenbürtiger Mitarbeit an einer unfertigen Erfindung des Klägers", also nicht als Zulassung zu sukzessiver Miterfinderschaft ausgelegt werden konnte.

als gleichwertig zu betrachten[351]). Wer etwas anderes behauptet, muß daher das Vorliegen entsprechender Vorbehalte oder Sonderabreden dartun.

Abschließend sei bemerkt, daß der Wille der Beteiligten, vom Grundsatz der Gleichheit (der vermögensrechtlichen Anteile) abzugeben, nicht ohne weiteres daraus entnommen werden kann, daß sie durch besondere Vereinbarung die Nutzungen und Lasten ungleich auf sich verteilt haben. Der Schluß, daß damit auch der Vermögensanteil „entsprechend" groß sein sollte, ist nämlich nicht zwingend, ja nicht einmal wahrscheinlich[352]).

e) Zu den Arbeitnehmererfindungsgemeinschaften ergibt sich für die Höhe der vermögensrechtlichen Anteile der beteiligten Arbeitnehmer — etwa wenn eine Inanspruchnahme durch den Arbeitgeber nicht erfolgt oder dieser die Erfindung nach der Inanspruchnahme wieder freigibt, § 8 Abs. 1 ArbEG — nichts Besonderes. Dieser Hinweis erscheint geboten, da der Gedanke aufkommen könnte, es entspreche dem Willen von Arbeitnehmererfindern, den Anteil eines jeden an der freigewordenen Diensterfindung so zu berechnen, wie im Falle der Inanspruchnahme der einem jeden zukommende Anteil an der vom Arbeitgeber zu zahlenden Vergütung berechnet würde, denn in den Vergütungsquoten „spiegele sich das erfinderische Verdienst eines jeden wider". Letzteres ist jedoch nicht richtig, und damit fällt diese ganze Argumentation in sich zusammen. Die Festsetzung der Vergütungsanteile[353]) berücksichtigt nämlich nicht nur den Anteil des einzelnen an Aufgabenstellung und Lösung, sondern auch eine weitere, innerbetriebliche Tatsache — die im Verhältnis jedes Beteiligten zum Betrieb, nicht aber zwischen ihnen von Bedeutung ist: seine Aufgaben und Stellung im Betrieb (vgl. die Ziffern 33 bis 36 der Richtlinien für die Vergütung von Arbeitnehmererfindungen im privaten Dienst vom 20. 7. 1959)[354]). So kann beispielsweise der Leiter der Forschungsabteilung in der Regel nur einen geringen Vergütungsanteil erwarten, weil sein Leistungsanteil im Hinblick auf seinen umfassenden Einblick in den inneren Stand der Technik und die in seiner Stellung und der Höhe seines Arbeitsentgelts zum Ausdruck kommende Leistungserwartung keine hohe Sondervergütung rechtfertigen. Soll daraus sein stillschweigendes Einverständnis gefolgert werden, im Falle des Freiwerdens der Erfindung an dieser nur mit der gleichen geringen Quote beteiligt zu sein? Ein solcher Schluß würde aller Lebenserfahrung widersprechen. Viel eher dürfte anzunehmen sein, daß alle beteiligten Arbeitnehmer-Miterfinder in dem Bewußtsein handeln, für den Fall der Freigabe der Erfindung in jeder Hinsicht so zu stehen wie freie Erfinder, also ohne alle Reminiszenzen aus dem ArbEG und seinen Ergänzungen. Somit ist auch für die Höhe der Anteile an einer freigewordenen Diensterfindung vom Gleichheitsgrundsatz (§§ 722, 742 BGB) auszugehen ohne

[351]) RG 31. 1. 41 GRUR 41, 152.

[352]) Ebenso im Ergebnis RGRKom. § 742 BGB.

[353]) Vgl. dazu unten S. 85 ff.

[354]) Abgedruckt u. a. GRUR 1959, 470.

Rücksicht darauf, wie im Falle der Inanspruchnahme der Erfindung durch den Arbeitgeber die Vergütung aufzuteilen sein würde[355]). Wer einen anderen Willen der Beteiligten behauptet, muß also besondere Umstände vortragen, die seine Behauptung rechtfertigen.

4. Die Gewinnanteile

Das Vermögen der Erfindungsgemeinschaft pflegt, gleich ob es sich um eine Gemeinschaft im Sinne der §§ 741 ff. BGB oder um eine Gesellschaft im Sinne der §§ 705 ff. BGB handelt, zunächst in der Erfindung (als Vermögensobjekt) zu bestehen, sich aber in der Folgezeit durch die aus der gewerblichen Verwertung der Erfindung erzielten Einnahmen usw. zu mehren. Auch der Gewinn wird „Vermögen“[356]). Das gilt insbesondere, wenn die Erfindung durch Lizenzgewährung ausgewertet wird, von den Lizenzeinnahmen, die als (rechtliche) „Früchte“ dem Gemeinschaftsvermögen bzw. Gesellschaftsvermögen zufließen[357]).

Die Frage, wie hoch der „Anteil“ des einzelnen Beteiligten am „Gewinn“, also sein Anspruch auf einen Teil des Gewinns ist, dürfte in aller Regel identisch sein mit der im vorigen Abschnitt behandelten Frage nach der Höhe (Quote) seines „Vermögens“-Anteils. Beide Quoten stimmen also im Zweifel überein, so daß z. B. jemand, der am Gemeinschaftsvermögen mit einem Drittel beteiligt ist, Anspruch darauf hat, von evtl. Lizenzeinnahmen, d. h. dem (netto) verbleibenden Überschuß solcher Einnahmen über die Ausgaben[358]), ein Drittel zu erhalten[359]). Ja die regelmäßig gegebene Identität von Vermögens- und Gewinnquote kann, wenn ein Teilhaber seine „Ansprüche aus dem Schutzrecht“ an einen Außenstehenden abtritt, die Auslegungsfrage aufwerfen, ob er seinen Anteil am Schutzrecht oder nur seinen Anspruch auf einen seiner Quote entsprechenden Teil der Lizenzeinnahmen abtreten wollte[360]). Wenn Kisch[361]) bemerkt, der Gewinnanteil des einzelnen könne höher sein als sein Anteil am Vermögen, falls er nämlich, damit der Gewinn erzielt werde, Arbeit geleistet habe, so ist dies nicht geeignet, den Grundsatz der Identität von Vermögens- und Gewinnquote zu erschüttern,

---

[355]) Ebenso wohl Volmer § 9 Anm. 40; die Gleichstellung der Höhe des gegenüber dem Unternehmer bestehenden Vergütungsanspruchs mit der Bemessung der Anteile der „Gefolgschaftsmitglieder“ zueinander bei Riemschneider-Barth S. 170 scheint sich nur auf die Quotelung der Gesamtvergütung, nicht der Erfindung als Vermögensobjekt zu beziehen.

[356]) § 718 Abs. 2 BGB f. d. Gesellschaft; f. d. Gemeinschaft vgl. § 743 Abs. 1 BGB sowie Kisch Hdb. S. 142.

[357]) RG 3. 10. 36 Mitt. 36, 361 = JW 37, 28; Benkard § 3 Anm. 4; Tetzner S. 168; Calé GRUR 31, 94.

[358]) Kisch GRUR 52, 269.

[359]) Kohler Hdb. S. 494; Kent Bd. I S. 533 Nr. 539; Isay S. 358; Reimer S. 143; Benkard a. a. O., Kisch a. a. O.

[360]) Fall RG 25. 4. 43 Mitt. 38, 275 (277).

[361]) Kisch a. a. O.

da das, was der Betreffende wegen der geleisteten Arbeit über seine Quote hinaus erhält, einen eigenen Gegenwert in der Arbeitsleistung findet, also kein bloßer Gewinn-Anteil ist. Andererseits ist es weder bei der sogen. Gemeinschaft gemäß §§ 741 ff. BGB (vgl. § 745 Abs. 3 Satz 2 BGB) noch bei der Gesellschaft gemäß §§ 705 ff. BGB zulässig, den Gewinnanteil des einzelnen gegen seinen Willen, etwa durch Mehrheitsbeschluß, zu mindern[362]) oder ihn gar bei der Gesellschaft, auch mit Einverständnis des Betreffenden, völlig auszuschließen[363]).

Als logische Folge des Grundsatzes, daß die Quote am Vermögen mit der Gewinnquote übereinstimmt, ergibt sich auf der Passivseite, daß jeder auch an Verlust und Lasten in der gleichen Höhe mitzutragen hat[364]).

Von den oben aufgezeigten Grenzen abgesehen, steht allerdings — was jedoch im Einzelfall behauptet und notfalls bewiesen werden müßte — abweichender vertraglicher Festsetzung der Gewinnanteile nichts entgegen.

Es sei noch angemerkt, daß der Anspruch auf Ausschüttung eines der Quote entsprechenden Gewinnanteils schon während des Bestehens der Gesellschaft (§§ 705 ff. BGB) gegeben ist, also nicht etwa nur zugleich mit ihrer Auflösung und Auseinandersetzung geltend gemacht werden kann[365]); der Anspruch ist auf andere übertragbar (§ 717 Satz 2 BGB).

5. Der Vergütungsanspruch der Arbeitnehmererfinder

Der Anspruch, den jeder Miterfinder einer in Anspruch genommenen Diensterfindung gegen den Arbeitgeber auf angemessene Vergütung hat (§ 9 ArbEG), ist vorstehend wiederholt in verschiedenem Zusammenhang berührt worden[366]). Auch dieser Anspruch gehört zu den sich ergebenden vermögensrechtlichen Ansprüchen, so daß er hier im Anschluß an die Erörterung der Vermögens- und Gewinnanteile der an der Erfindungsgemeinschaft Beteiligten behandelt werden könnte. Es erscheint jedoch zweckmäßiger, die hierzu bei den Erfindungsgemeinschaften verschiedener Art[367]), an denen Arbeit-

---

[362]) Kohler a. a. O., Kisch a. a. O.; Gramm bei Palandt § 722 Anm. 1 c; das ist nicht zu verwechseln mit dem — zulässigen — Beschluß, die Art der Nutzung so zu ändern, daß die Einnahmen daraus geringer werden: hier wird nicht die rechnerische Quote des einzelnen, sondern die Gesamteinnahme aller verringert, vgl. RGRKom. § 745 Anm. 4.

[363]) Sogen. societas leonina, vgl. Gramm a. a. O. § 705 Anm. 4 b, RGRKom. § 722 BGB Anm. 1.

[364]) RGRKom. § 722 BGB Anm. 1, § 743 BGB Anm. 3.

[365]) Vgl. insbesd. RGRKom. § 719 BGB Anm. 4; vgl. dagegen zur Gemeinschaft i. S. der §§ 741 ff. BGB: RGRKom. § 749 Anm. 1.

[366]) Insbesondere hinsichtlich der Frage, ob die Anteile an der freigewordenen Diensterfindung denen entsprechen, die an der Vergütung für die in Anspruch genommene Erfindung bestehen würden, s. oben S. 68.

[367]) Vgl. oben S. 10 f.

nehmer als Miterfinder beteiligt sind, auftretenden Fragen im Rahmen des besonderen Abschnitts über Arbeitnehmererfindungsgemeinschaften zu besprechen[368]).

C. ARBEITNEHMER ALS MITERFINDER

I. Vorbemerkungen

Die nachstehenden Ausführungen über Arbeitnehmer als Miterfinder haben nicht zum Ziel, Fragen des Rechts der Arbeitnehmererfindungen zu erörtern, die ohne Rücksicht darauf auftreten, ob die Erfindung von einer oder von mehreren Personen gemacht worden ist. Vielmehr sind nur die Probleme darzustellen, die ihren Grund in dem Umstand haben, daß der betreffende Arbeitnehmer, neben anderen Arbeitnehmern oder freien Erfindern[1]), Mit-Erfinder ist[2]).

Unter den Begriffen „Arbeitnehmererfindung" und „Diensterfindung" sind nachstehend nur Erfindungen im Sinne des Gesetzes über Arbeitnehmererfindungen vom 25. 7. 1957 (ArbEG) zu verstehen. Soweit der frühere Begriff der Betriebserfindung[3]) oder besondere Eigentümlichkeiten der sogen. Gefolgschaftserfindung gemeint sind, wird ausdrücklich darauf hingewiesen werden.

Da hier die Rechtsstellung von Arbeitnehmern zu erörtern ist, scheiden auch Erfindungen „selbständiger Forschungsgemeinschaften und Arbeitskreise, bei denen jeder der Beteiligten Gewinn und Verlust trägt", aus der Betrachtung aus. Die Angehörigen solcher „freien" Gremien werden nicht als Arbeitnehmer, sondern als Unternehmer tätig[4]).

Bei Erfindungsgemeinschaften, an denen sowohl Arbeitnehmer wie freie Personen als Miterfinder beteiligt sind und die oben[5]) als „gemischte" Erfindungsgemeinschaften bezeichnet worden sind, tritt allgemein die Frage auf, in welchem Umfang die in § 22 ArbEG normierte Unabdingbarkeit gilt. Die genannte Vorschrift erklärt, daß die Vorschriften des Gesetzes — bis zur Meldung bzw. Mitteilung — nicht zuungunsten des Arbeitnehmers abbedungen werden können. Da es sich, wie die Gesetzesmaterialien ergeben[6]), um eine Schutzvorschrift zugunsten des Arbeitnehmers handelt, gilt

[368]) S. nachstehend S. 83 ff.

[1]) Vgl. zu den möglichen Erscheinungsformen der Erfindungsgemeinschaften oben S. 9 ff.

[2]) Alle auf Alleinerfinderschaft zurückzuführenden Erfindungen scheiden, auch wenn sie mehreren Personen „gehören" sollten — z. B. durch Einbringung in eine Gesellschaft, durch Inanspruchnahme seitens der mehreren Inhaber des betr. Betriebs u. a. m. — bereits nach der oben S. 1 ff. vorgenommenen Abgrenzung des Themas aus.

[3]) S. über diese oben S. 41 f.

[4]) Ebenso Riemschneider-Barth S. 69.

[5]) Vgl. oben S. 11.

[6]) Amtl. Begrdg. zu § 21 des RegEntw., jetzt § 22; Bl. 57, 240.

die Unabdingbarkeit nur im Verhältnis des Arbeitgebers zu ihm, nicht zu einem „freien" Dritten, der nicht Arbeitnehmer ist, wie ja überhaupt, auch wenn die Anregung zur Erfindung von dem Außenstehenden kam, zwischen diesem und dem Unternehmer das ArbEG nicht zur Anwendung gelangt[7]). Wenn also beispielsweise Arbeitgeber und Arbeitnehmer bei Abschluß des Anstellungsvertrags vereinbart haben, daß der Arbeitnehmer für jede vom Arbeitgeber in Anspruch genommene Diensterfindung pauschal 100,— DM als Vergütung erhalten solle, so kann, falls der Arbeitnehmer später zusammen mit einem „Freien" eine Erfindung unter maßgeblicher Verwendung von Erfahrungen des Betriebs macht (§ 4 Abs. 2 Ziff. 2 ArbEG) und der Arbeitgeber den Arbeitnehmeranteil daran — worüber später[8]) zu sprechen sein wird — in Anspruch nimmt, die gemäß § 22 Satz 1 ArbEG gegebene Unwirksamkeit der Vergütungsvereinbarung, wenn der nach dem Gesetz zu errechnende Vergütungsanspruch höher als 100,— DM ist, zwar von dem Arbeitnehmer, nicht aber von dem Dritten („Freien") geltend gemacht werden. Gleiches gilt von anderen, den Arbeitnehmer gegenüber den gesetzlichen Vorschriften benachteiligenden Abreden wie z. B. der Ausdehnung des Kreises der Erfindungen, die vom Arbeitgeber in Anspruch genommen werden können, der Verlängerung der Inanspruchnahmefrist gegenüber § 6 Absatz 2 Satz 2 ArbEG u. a. m. Inwieweit sich gegebenenfalls daraus, daß die betreffende Abrede unwirksam ist, rechtliche Weiterungen im Verhältnis des Arbeitnehmererfinders zu seinem „freien" Miterfinder (Innenverhältnis) ergeben, ist an dieser Stelle nicht zu untersuchen. Im übrigen darf nicht übersehen werden, daß n a c h erfolgter Meldung bzw. Mitteilung mit dem Arbeitgeber auch Abreden zuungunsten des Arbeitnehmers getroffen werden können, allerdings nur bis zu der Grenze, jenseits derer sie „in erheblichem Maße unbillig" sind, §§ 22 Satz 2, 23 ArbEG.

Die Vorfrage des ganzen Abschnitts, wann jemand als Miterfinder (hier also: als Arbeitnehmermiterfinder) anzusehen ist, wurde bereits an anderer Stelle ausführlich behandelt[9]). Die nächste Frage, ob der betreffende Miterfinder „Arbeitnehmer" ist, also zum Kreis derjenigen Personen gehört, auf deren erfinderische Tätigkeit das ArbEG anzuwenden ist, gehört dem allgemeinen Arbeitnehmererfindungsrecht an und ist daher im Rahmen dieses Buches nicht zu erörtern.

Das I n n e n v e r h ä l t n i s, welches bei Arbeitnehmererfindungsgemeinschaften zwischen den Miterfindern besteht, wird an späterer Stelle[10]) zu untersuchen sein.

II. Meldepflicht

1. Die Einhaltung der Vorschriften über die P f l i c h t zur unverzüglichen Meldung der Diensterfindung an den Arbeitgeber (§ 5 ArbEG) ist für

---

[7]) Ebenso bereits Riemschneider-Barth S. 85/6.

[8]) Vgl. unten S. 75.

[9]) Vgl. oben Teil B (S. 13 ff.).

[10]) Vgl. unten S. 111 ff.

die Rechte des Arbeitnehmererfinders, vor allem für seinen Vergütungsanspruch, von wesentlicher Bedeutung. So wird z. B. der Standpunkt vertreten, daß, wenn an zwei Stellen des gleichen Betriebs unabhängig voneinander die gleiche Erfindung gemacht (Parallelerfindung im Betrieb), aber dem Arbeitgeber nur von einer Stelle gemeldet wird, die andere später nicht als Miterfinder auftreten kann[11]). In einer anderen Sache ist ein Arbeitnehmer, der nur einen Teil der Erfindung gemeldet und nach erfolgter Freigabe die ganze Erfindung zum Patent angemeldet hatte, für verpflichtet gehalten worden, das ganze Patent auf den Unternehmer zu übertragen[12]).

Der Pflicht, Diensterfindungen zu melden, entspricht bei freien Erfindungen mehrerer Arbeitnehmer die Pflicht zur unverzüglichen schriftlichen „Mitteilung" an den Arbeitgeber (§ 18 ArbEG)[13]). Nach aller Lebenserfahrung dürfte es jedoch selten vorkommen[14]), daß, wenn sämtliche Miterfinder Arbeitnehmer des gleichen Betriebs sind, die Erfindung für die einen eine gebundene, für die anderen eine freie im Sinne von § 4 ArbEG ist. Die gleiche, für Gebundenheit sprechende Vermutung dürfte in der Regel bestehen, wenn die Erfindung von Arbeitnehmern verschiedener Betriebe gemeinsam gemacht worden ist, ein Fall, der oben[15]) als „mehrbetriebliche" Arbeitnehmererfindungsgemeinschaft bezeichnet worden ist.

2. Was die Person des Meldepflichtigen anbelangt, kommen zwar nur die Miterfinder selbst (nicht etwa auch deren Erben)[16]) und von diesen nur die Arbeitnehmer (nicht auch „freie" Personen)[17]) in Betracht, aber von ihnen ist jeder für die Erfüllung der Meldepflicht verantwortlich[18]).

Die Erfüllung dieser, jeden Arbeitnehmer-Miterfinder[19]) treffenden Pflicht kann auf zweierlei Weise geschehen. Entweder gibt jeder für sich die Meldung ab — die Zulässigkeit dieses Verfahrens folgt jetzt durch Gegenschluß aus § 5 Abs. 1 Satz 2 ArbEG, war aber auch im früheren Recht anerkannt[20]) — oder alle geben entsprechend der vorgenannten Gesetzesstelle eine gemeinsame Meldung ab. Dabei ist jedoch auf zweierlei zu achten: einmal darauf, daß jeder an der Gemeinschaftsmeldung mitwirken muß, weil seine bloße „Erwähnung" durch die anderen seine Meldepflicht nicht erfüllt[21]), und zum anderen, daß jeder der in § 5 Abs. 1 Satz 1 ArbEG vorgeschriebe-

[11]) Schiedsstelle f. ArbNErfindungen 34/58, mitgeteilt von Schade Mitt. 59, 256.

[12]) OLG Düsseldorf 8. 11. 57 GRUR 58, 436.

[13]) Vgl. Volmer 11 vor § 18.

[14]) Ebenso Riemschneider-Barth S. 122.

[15]) Vgl. oben S. 11.

[16]) Ebenso Volmer § 5 Anm. 8.

[17]) Ebenso Heine-Rebitzki § 5 Anm. 2.

[18]) Riemschneider-Barth S. 83.

[19]) Auch im Fall der sogen. „gemischten" Erfindungsgemeinschaft; s. über diesen Begriff oben S. 11.

[20]) Vgl. Riemschneider-Barth S. 83.

[21]) Ebenso Volmer § 5 Anm. 68, Heine-Rebitzki § 5 Anm. 2; zum fr. Recht desgl. Riemschneider-Barth S. 107.

nen Schriftform genügen, also gemäß § 126 BGB seine eigenhändige Unterschrift auf der gemeinsamen Erklärung abgeben muß[22]).

Für die bei „freien" Erfindungen bestehende Mitteilungspflicht (§ 18 ArbEG) gelten übrigens die gleichen, vorstehend zur Meldepflicht dargelegten Grundsätze[23]).

3. Aus dem vorstehend erwähnten Umstand, daß jeder einzelne Miterfinder für seine Person zur Erfindungsmeldung verpflichtet ist, ergeben sich gewisse Folgerungen für die Bestimmung des Zeitpunktes, in dem die unverzügliche (§ 5 Abs. 1 Satz 1 ArbEG) Meldepflicht entsteht. Letzterer tritt bei einem Alleinerfinder ein, wenn die Erfindung „fertig" ist[24]). Über diesen Begriff ist bereits an anderer Stelle gesprochen worden[25]). Nun ist es bei Miterfindern, insbesondere wenn diese sukzessive tätig werden[26]), denkbar, daß das, was der einzelne zur Gesamterfindung beiträgt, bereits für sich allein eine in sich abgeschlossene, fertige Erfindung darstellt. In solchem Fall entsteht, und zwar nur für den betreffenden Erfinder, hinsichtlich seiner Erfindung die Meldepflicht, da der Arbeitgeber Anspruch darauf hat, von allen durch einen seiner Arbeitnehmer gemachten Erfindungen unverzüglich Kenntnis zu erhalten ohne Rücksicht darauf, ob der Erfinder beabsichtigt, die Erfindung Bestandteil einer weiteren, umfassenderen Erfindung werden zu lassen. Der gegenteilige Standpunkt würde im Ergebnis dazu führen, den Zeitpunkt der Erfindungsmeldung in das Belieben des Arbeitnehmers zu stellen, indem dieser fortgesetzt darauf hinweisen könnte, die „große" Erfindung, die er zusammen mit anderen plane und in der seine Erfindung aufgehen solle, sei noch nicht fertig.

4. Zum Inhalt der Erfindungsmeldung — der im übrigen für den Miterfinder kein anderer ist als für einen Alleinerfinder — ist § 5 Absatz 2 Satz 3 ArbEG zu beachten, wonach „die Mitarbeiter sowie Art und Umfang ihrer Mitarbeit" angegeben werden sollen sowie hervorgehoben werden soll, „was der meldende Arbeitnehmer als seinen eigenen Anteil ansieht". Dabei umfaßt der Begriff „Mitarbeiter" nicht nur die Miterfinder, sondern auch sonstige Mittätige ohne Miterfinderqualität und ohne Rücksicht darauf, ob sie ebenfalls Arbeitnehmer oder „freier" Mitarbeiter sind[27]). Dazu ist, wenn die Erfindungsmeldung von allen Miterfindern gemeinsam gemacht wird[28]), dem einzelnen Miterfinder zu empfehlen, darauf zu achten, daß er als Mit-Erfinder und nicht nur als Mit-Arbeiter bezeichnet wird[29]).

Auf die Frage, wie das in der oben erwähnten Gesetzesstelle enthaltene

---

22) Hinweis von Reimer-Schade-Schippel S. 84.

23) Ebenso Reimer-Schade-Schippel S. 186; wegen der „Priorität der Erstmeldung" bei Parallelerfindungen im gleichen Betrieb s. oben S. 53.

24) Allgem. M., vgl. statt vieler Volmer § 5 Anm. 11 ff.

25) Vgl. oben S. 7.

26) Vgl. oben S. 6/7.

27) Heine-Rebitzki § 5 Anm. 6, Volmer § 5 Anm. 43.

28) Vgl. darüber vorstehend unter 2.

29) Ebenso Reimer-Schade-Schippel S. 84.

Gebot zu verstehen ist, „hervorzuheben, was der meldende Arbeitnehmer als seinen eigenen Anteil ansieht", wird an späterer Stelle[30]) eingegangen werden.

III. Inanspruchnahme der Erfindung

1. Gemäß § 6 ArbEG kann der Arbeitgeber eine Diensterfindung unbeschränkt oder beschränkt in Anspruch nehmen. Im ersteren Fall gehen alle Rechte an der Erfindung auf ihn über, § 7 Abs. 1 ArbEG. Den Miterfindern, die seine Arbeitnehmer sind, verbleiben damit keine Vermögensrechte an der Erfindung, so daß auch keine vermögensrechtliche Gemeinschaft mehr unter ihnen besteht[31]). Geblieben ist ihnen lediglich die persönlichkeitsrechtliche Stellung des Miterfinders[32]), insbesondere der Anspruch auf Benennung als Erfinder[33]).

Die Frage, wie sich die Bruchteilsrechte der Miterfinder zum Inanspruchnahmerecht des Arbeitgebers verhalten, wird gleich unten zu besprechen sein[34]). Für alle Arbeitnehmer-Miterfinder gilt selbstverständlich im Falle unbeschränkter Inanspruchnahme, daß Verfügungen, die sie vorher über ihren Vermögensanteil an der Erfindung getroffen haben, dem Arbeitgeber gegenüber unwirksam sind, soweit seine Rechte beeinträchtigt werden, § 7 Abs. 3 ArbEG[35]).

2. Der Fall, daß alle Miterfinder Arbeitnehmer des gleichen Betriebs sind, so daß eine Diensterfindung[36]) allen gegenüber vom Arbeitgeber in Anspruch genommen werden kann, bietet zur personellen Seite des Inanspruchnahmerechts keine Schwierigkeiten. Anders, wenn „freie" Personen als Miterfinder beteiligt sind, so daß eine „gemischte" Erfindergemeinschaft vorliegt[37]). So, wenn der Arbeitgeber eine Arbeitsgemeinschaft aus einigen seiner Arbeitnehmer und einem freiberuflichen Ingenieur oder einem Hochschullehrer bildet[38]). Auch ein Vorstandsmitglied der juristischen Person, die ihre Arbeitnehmer mit der Lösung einer Aufgabe beauftragt hat, würde, wenn er Miterfinder wird, „freier" Miterfinder sein; dasselbe gilt für den Geschäftsführer einer Gesellschaft mit beschränkter Haftung[39]).

---

[30]) Vgl. unten S. 83 ff.

[31]) Riemschneider-Barth S. 83; Reimer-Schade-Schippel S. 137 m. Rspr.

[32]) Zutreffend LAG Braunschweig NJW 55, 994.

[33]) S. darüber oben S. 51 ff.

[34]) Vgl. unten unter 3.

[35]) Ebenso, ohne die Einschränkung „soweit ...", schon § 4 Abs. 2 S. 3 der DVO v. 20. 3. 1943 zur VO üb. d. Behandlg. v. Erfdgn. v. Gefolgschaftsmitgliedern v. 12. 7. 1942.

[36]) Die in der Regel für alle „Diensterfindung" und nur selten für den einen oder anderen „frei" sein wird, s. oben S. 72.

[37]) Vgl. über diesen Begriff oben S. 11.

[38]) Beispiel von Volmer § 6 Anm. 39; für Hochschullehrer beachte § 42 ArbEG.

[39]) Volmer § 5 Anm. 22 weist mit Recht darauf hin, daß die steuerliche Behandlung solcher Erfinder mit der hier erörterten Frage nichts zu tun hat.

Gegenüber Erfindern, die nicht Arbeitnehmer sind, gibt es kein Inanspruchnahmerecht des Arbeitgebers, und zwar auch dann nicht, wenn sie mit Arbeitnehmern in Erfindergemeinschaft stehen[40]). Das gilt auch, wenn für die Erfindung — was die Regel sein wird — Erfahrungen des Betriebs oder gar Betriebsgeheimnisse mit verwertet worden sind[41]). Dem Arbeitgeber bleibt daher nur der Weg, mit dem „Freien" zu einem vertraglichen Übereinkommen zu gelangen, durch das dessen Bruchteil auf ihn übertragen wird, und es bestehen, da im Rahmen der Gesetze Vertragsfreiheit gilt, keine Bedenken, solche Abreden schon bei Beauftragung des Freien in der Weise zu treffen, daß der Übergang sich automatisch mit Fertigstellung der Erfindung vollziehen soll oder daß dem Arbeitgeber auch dem Freien gegenüber ein Inanspruchnahmerecht in gleicher Weise wie gegenüber seinen Arbeitnehmern zustehen soll. Die Inanspruchnahme wird in letzterem Fall also nicht auf Grund Gesetzes, sondern kraft Vertrages wirksam[42]).

In diesem Zusammenhang tritt die Frage auf, wie sich das Rechtsverhältnis des Arbeitgebers zu dem Freien gestaltet, wenn sich dieser mit dem Arbeitnehmer in der Absicht zusammengetan hat, das volle Inanspruchnahmerecht des Arbeitgebers zu vereiteln (Kollusion). Der Arbeitgeber kann in solchem Fall über § 826 BGB Schadenersatz verlangen und folglich gemäß § 249 BGB von den Beteiligten fordern, so gestellt zu werden, als habe das Kolludieren nicht stattgefunden, der Arbeitnehmer also die Erfindung allein oder zusammen mit einem anderen Arbeitnehmer des gleichen Betriebs gemacht, so daß der Arbeitgeber in der Lage wäre, die Erfindung vollständig in Anspruch zu nehmen. Daraus ergibt sich gegen den Freien ein Anspruch des Arbeitgebers auf Überlassung des dem Freien gehörenden Vermögensanteils an der Erfindung[43]). Der Meinung anderer[44]), die den Freien im gegebenen Fall für verpflichtet halten, sich wie ein Arbeitnehmer behandeln zu lassen, so daß der Arbeitgeber ihm gegenüber ein Inanspruchnahmerecht mit entsprechender Vergütungspflicht hat, kann nicht gefolgt werden, da dem Gesetzeszweck des § 249 BGB durch einen schuldrechtlichen Übertragungsanspruch genügt wird, während die Inanspruchnahme, als ein dem Recht der Diensterfindungen eigentümliches Gestaltungsrecht, gegenüber einer außerhalb dieses Rechtskreises stehenden Person mangels einer dahingehenden ausdrücklichen Vereinbarung weder unmittelbar noch analog anwendbar erscheint.

Erklärt der Arbeitgeber im Falle der „gemischten" Erfindungsgemein-

---

[40]) Allg. M., vgl. Riemschneider-Barth S. 85/6, Heine-Rebitzki § 6 Anm. 2, Lindenmaier S. 115, Volmer § 5 Anm. 2 und § 6 Anm. 39/40.

[41]) Riemschneider-Barth S. 86.

[42]) Ebenso Volmer § 6 Anm. 39/40; daß bei derartigen Absprachen zugleich eine Vereinbarung über die dem Freien zuzubilligende Vergütung getroffen werden sollte, versteht sich von selbst.

[43]) Ebenso Lindenmaier S. 115, auch zum Folgenden.

[44]) So Riemschneider-Barth S. 86.

schaft die Inanspruchnahme der Erfindung gegenüber dem Arbeitnehmer, so tritt er anstelle des letzteren in eine Rechtsgemeinschaft mit dem Freien[45]).

Im Falle, daß die mehreren Arbeitnehmer verschiedenen Betrieben angehören, also einzeln oder gruppenweise verschiedenen Arbeitgebern gegenüberstehen, d. h. bei den sogen. „mehrbetrieblichen" Arbeitnehmererfindungsgemeinschaften[46]), steht jedem Arbeitgeber ein Inanspruchnahmerecht nur gegenüber den Angehörigen seines Unternehmens, nicht dagegen gegenüber denen des anderen Unternehmens zu. Übt er sein Inanspruchnahmerecht aus, so tritt er in Rechtsgemeinschaft mit dem Arbeitgeber des anderen Unternehmens, falls dieser seinerseits gegenüber seinen Arbeitnehmern die Inanspruchnahme erklärt hat, oder mit den Arbeitnehmern des anderen Unternehmens, wenn diesen die Erfindung von ihrem Arbeitgeber freigegeben worden ist, sie also selbst zu „Freien" geworden sind. So auch, wo man das Zusammenwirken der beiden Unternehmer als (interne) Gesellschaft auffassen muß. Nur wenn sie auch nach außen als „ein" Unternehmen erscheinen, ist nicht jeder von ihnen, sondern das aus ihrem Zusammenschluß entstandene Gebilde als „der" Arbeitgeber sämtlicher Arbeitnehmer anzusehen, die am Zustandekommen der Erfindung beteiligt sind[46a]).

Dasselbe hat im Ergebnis zu gelten, wenn die Erfindung anläßlich von „für" einen anderen auszuführenden Auftragsarbeiten gemacht worden ist. Die von einem Arbeitnehmer gemachte Erfindung kann nur im Verhältnis zu seinem Arbeitgeber „Diensterfindung" sein. Nur letzterem stehen also die Rechte aus dem ArbEG zu, nicht dem außenstehenden Auftraggeber, der ja den Auftrag „dem Betrieb", also dem Arbeitgeber, und nicht dessen Arbeitnehmern erteilte. Dies hat nichts mit Sonderleistungs- und Monopolprinzip[47]) als Rechtfertigung der Erfindervergütung zu tun[48]), sondern beantwortet sich aus der — neben der patentrechtlichen — arbeitsrechtlichen Grundlage des ArbEG[49]) dahin, daß nur im Verhältnis Arbeitgeber-Arbeitnehmer, nicht aber im Verhältnis Arbeitnehmer-Dritter eine Diensterfindung und somit die Anwendbarkeit des ArbEG vorliegt[50]).

3. Vorstehend ist dargelegt worden, welche Miterfinder dem Inanspruchnahmerecht eines Arbeitgebers ausgesetzt sind. Dem ist hinzuzufügen, daß der Arbeitgeber, wenn ihm mehrere solche Personen gegenüberstehen, jedem gegenüber die Inanspruchnahme erklären muß, damit dessen Vermögensanteil gemäß § 7 ArbEG auf ihn übergeht oder — bei beschränkter Inanspruchnahme — ein Benutzungsrecht entsteht. Von jedem miterfindenden Arbeitnehmer, der die Erfindungsmeldung abgibt, wird mit der Meldung eine

[45]) Allgem. M., vgl. Lindenmaier a. a. O., Reimer-Schade-Schippel S. 90/1, Riemschneider-Barth a. a. O.

[46]) Vgl. oben S. 11.

[46a]) Ebenso Schippel GRUR 62, 192.

[47]) Volmer Einl. Ziff. 77.

[48]) So Schade GRUR 1958, 525/6, der das Problem für ungelöst hält.

[49]) Amtl. Begrdg. Bl. 1957 S. 224 bei A I.

[50]) Ebenso im Ergebnis Schippel a. a. O.

seinen Vermögensanteil betreffende Inanspruchnahmefrist (§ 6 Abs. 2 Satz 2 ArbEG) in Lauf gesetzt; wird sie versäumt, so wird sein Anteil „frei" (§ 8 Abs. 1 Ziff. 3 ArbEG). Die gegenüber einem Miterfinder erklärte Inanspruchnahme wirkt nicht gegen die anderen[51]). Sind an der Erfindung auch „freie" Personen oder solche, die nicht Arbeitnehmer des die Inanspruchnahme erklärenden Arbeitgebers sind, beteiligt, so ist ihnen gegenüber eine Inanspruchnahmeerklärung nicht erforderlich, ja sie wäre rechtlich bedeutungslos[52]).

4. Es ist rechtlich möglich, daß der Arbeitgeber die von mehreren seiner Arbeitnehmer gemachte Diensterfindung gegenüber dem einen in Anspruch nimmt, gegenüber dem anderen nicht. Das folgt aus der erwähnten „Aufspaltung"[53]) des Anwartschaftsrechts des Arbeitgebers enstprechend den „Bruchteilen" der einzelnen Arbeitnehmer-Miterfinder und aus der Unabhängigkeit der Beziehung jedes Arbeitnehmers zum Arbeitgeber gegenüber den entsprechenden Beziehungen der anderen Miterfinder. Die gegenüber allen Arbeitnehmererfindern erklärte Inanspruchnahme läßt also nicht die Erfindung als ein „Ganzes", sondern nur alle Anteile der einzelnen und als deren „Summe" die ganze Erfindung auf den Arbeitgeber übergehen, woraus sich andererseits die Selbständigkeit der Vergütungsansprüche der einzelnen Miterfinder ergibt[54]).

Der Arbeitgeber, der gegenüber einem Arbeitnehmer-Miterfinder die Inanspruchnahme erklärt und somit dessen Vermögensanteil an der Erfindung erwirbt, tritt gleichzeitig mit dem anderen, dessen Bruchteil er nicht in Anspruch nimmt (oder später wieder freigibt), in Rechtsgemeinschaft so, wie wenn die Erfindung von vornherein von dem erstgenannten Arbeitnehmer mit einem außenstehenden „Freien" gemacht worden wäre. Ob sich die Herbeiführung dieser Situation angesichts der rechtlich unterschiedlichen Behandlung zweier Arbeitnehmer des gleichen Betriebs allerdings empfiehlt, dürfte sehr zweifelhaft sein[55]).

Das betrieblich Unorganische der vorerwähnten Spaltung in Inanspruchnahme und Nichtinanspruchnahme ließ Reimer[56]) den Satz aufstellen, ein Arbeitnehmer müsse mit Rücksicht auf die durch das Arbeitsverhältnis begründete Treupflicht, wenn gegenüber den anderen Arbeitnehmern, nicht jedoch ihm gegenüber die Inanspruchnahme erklärt ist, vor eigener Verwertung seines Erfindungsanteils den Arbeitgeber fragen, ob die Inanspruch-

---

[51]) Vgl. zu allem Riemschneider-Barth S. 83, Volmer § 6 Anm. 36, Reimer-Schade-Schippel S. 90/1.

[52]) Ebenso Lindenmaier S. 115.

[53]) Ausdruck bei Volmer Vorbem. § 5 zu 1.

[54]) Ähnlich Riemschneider-Barth S. 170.

[55]) Lindenmaier S. 115 steht auf dem Standpunkt, die Inanspruchnahmeerklärung sei nur gegenüber allen Miterfindern gleichmäßig „positiv oder negativ" möglich; er gibt jedoch dafür keine Begründung.

[56]) Reimer Das Recht der Arbeitnehmererfindung 2. Aufl. S. 24.

nahme nur versehentlich unterblieben sei. Dies dürfte, worauf andere[57]) mit Recht hinweisen, Tatfrage sein.

Kann jedoch dem Arbeitgeber — was allerdings schwierig sein dürfte — nachgewiesen werden, daß er selbst an der Erfindung kein Interesse hat und die Inanspruchnahme gegenüber dem einen Arbeitnehmer nur erklärte, um den anderen die freie Verwertung der Erfindung zu unterbinden, so wird es Treu und Glauben widersprechen, wenn er sich dem Verlangen derer, gegenüber denen er die Inanspruchnahme nicht erklärt hat, den in Anspruch genommenen Teil ebenfalls freizugeben oder auch ihnen gegenüber die Inanspruchnahme zu erklären, widersetzt. Kann er keine anderweitigen, berechtigten Interessen anführen, so wird er sich in vollem Umfang entweder für Inanspruchnahme oder für Freigabe entscheiden müssen[58]).

5. Das erwähnte Gespaltensein des Inanspruchnahmerechts gegenüber den miterfindenden Arbeitnehmern wirft weiter die Frage auf, wie sich die Rechtslage gestaltet, wenn ein Arbeitnehmer erst nachträglich in Erscheinung tritt. Dabei sind zwei Fälle zu unterscheiden.

In dem einen ist von je bekannt, daß noch ein weiterer als die bisher bekannten Arbeitnehmer (Melder der Diensterfindung) als Miterfinder beteiligt sein muß, jedoch steht — etwa weil mehrere Betriebsangehörige dafür in Betracht kommen — seine Person nicht fest. Hier kann die Inanspruchnahme gegenüber dem „unbekannten Miterfinder", da sie als empfangsbedürftige Willenserkärung (vgl. § 7 ArbEG sowie § 130 Abs. 1 Satz 1 BGB), um wirksam zu werden, dem abwesenden und dazu im vorliegenden Fall persönlich nicht bekannten Erklärungsgegner gemäß § 130 Absatz 1 Satz 1 BGB „zugehen" müßte[59]), hinsichtlich des dem Unbekannten zustehenden Bruchteils an der Erfindung als Vermögensobjekt nicht wirksam erklärt werden. Andererseits ließe sich keine Begründung im Rechtssystem dafür finden, die gegenüber allen anderen, bekannten Miterfindern abgegebene Inanspruchnahmeerklärung automatisch auf den Bruchteil des unbekannten Beteiligten mitzuerstrecken. Es wird in solchem Fall für möglich angesehen[60]), für den Unbekannten einen Pfleger bestellen zu lassen, was gemäß § 1913 BGB zu geschehen hätte, falls man annimmt, es werde dadurch, daß auf diese Weise dem Arbeitgeber die Inanspruchnahme ermöglicht und als Gegenwirkung ein Vergütungsanspruch des Unbekannten gegen ihn ausgelöst wird (§§ 9, 10 ArbEG), in einer Angelegenheit des Unbekannten ein

---

[57]) So Volmer § 6 Anm. 37.

[58]) Wie hier auch Volmer a. a. O.

[59]) Die Wirksamkeit der Inanspruchnahme hängt übrigens nicht davon ab, ob der betreffende Erfinder oder Miterfinder die Erfindung dem Arbeitgeber ordnungsgemäß gemeldet hatte; letzteres ist vielmehr lediglich für das Ingangsetzen der Inanspruchnahmefrist von Bedeutung, nach deren fruchtlosem Ablauf die Erfindung frei werden würde, vgl. die Amtl. Begrdg. zu § 5 ArbEG sowie statt vieler Reimer-Schade-Schippel § 5 Anm. 2.

[60]) So Volmer § 6 Anm. 36, der allerdings von Abwesenheitspflegschaft spricht.

Fürsorgebedürfnis erfüllt[61]). Letzteres dürfte, wenn es sich einwandfrei auch bei dem Unbekannten um eine Diensterfindung handelt und gegenüber allen anderen Miterfindern wirksam die Inanspruchnahme erklärt worden ist, in der Regel zu bejahen sein. Diese Möglichkeit einer rechtlichen Lösung scheint übrigens denen zu entgehen, die noch heute den Begriff der „Betriebserfindung" als einer „Erfindung unbekannter Personen" für unentbehrlich halten[62]). Der Arbeitgeber kann nach Bestellung des Pflegers diesem gegenüber die Inanspruchnahme wirksam erklären, §§ 1793, 1915 BGB.

Wie aber, wenn man zunächst angenommen hatte, nur die bekanntgewordenen Arbeitnehmer seien „die" Erfinder, und später stellt sich heraus, daß noch ein anderer, den man zunächst lediglich für einen völlig unqualifizierten Mitarbeiter oder bloßen Anreger[63]) gehalten hatte, Miterfinderqualität und somit von Haus aus einen (ideellen) Bruchteil an der Erfindung als Vermögensobjekt besitzt? Auch hier bietet das ArbEG, ja das gesamte Rechtssystem trotz gegenteiliger Stimmen[64]) nicht die Möglichkeit, die Wirkung der gegenüber den bisher bekannten Erfindern erklärten Inanspruchnahme als automatisch auf den Bruchteil des nachträglich auftauchenden Miterfinders miterstreckt anzusehen, vielmehr ist zu fordern, daß sie dem letzteren gegenüber, zumal er bislang mangels Meldung eine Inanspruchnahmefrist nicht in Lauf gesetzt hatte, noch formgerecht erklärt wird[65]).

6. Inhaltlich kann die Inanspruchnahme in der Theorie gegenüber dem einen Arbeitnehmer-Miterfinder unbeschränkt, gegenüber dem anderen beschränkt erfolgen (vgl. dazu §§ 6, 7 ArbEG). Es wird jedoch mit Recht darauf hingewiesen[66]), daß dies praktisch in seinen Folgerungen sehr schwer durchzuführen sein dürfte. Eine derartige, inhaltlich unterschiedliche Inanspruchnahme wird sich daher kaum jemals ereignen.

In diesem Zusammenhang sei noch darauf hingewiesen, daß der Arbeitgeber zwar die ideellen Bruchteile der Arbeitnehmer-Miterfinder an deren gemeinschaftlichem Vermögen, nämlich an der Erfindung als einer Einheit, in Anspruch nehmen kann, nicht dagegen reale Teile der Erfindung, etwa „das, was der Miterfinder N beigetragen hat". Der Arbeitgeber ist also nicht in der Lage, durch Inanspruchnahme von Teilen der Erfindung letztere in Erfindungsteile aufzuspalten[67]).

---

[61]) Vgl. im übrigen die Kommentare zu § 1913 BGB.

[62]) Über Betriebserfindung s. oben S. 41 ff.

[63]) Vgl. oben S. 37 ff.

[64]) So Riemschneider-Barth S. 122 und Reimer-Schade-Schippel in der 2. Aufl. S. 24.

[65]) Ebenso Lindenmaier S. 115 und in Anschluß an ihn Reimer-Schade-Schippel 3. Aufl. S. 90.

[66]) So von Reimer-Schade-Schippel S. 91.

[67]) Wie oben, jedoch ohne Begründung, Lindenmaier S. 116; ebenso Reimer-Schade-Schippel S. 90, da dies im Gesetz „nicht vorgesehen" sei.

IV. Schutzrechtsanmeldung, Erfindernennung

Die Frage, ob die in § 13 ArbEG vorgeschriebene Pflicht des Arbeitgebers, gemeldete Diensterfindungen zur Erteilung eines Schutzrechts anzumelden, bei Arbeitnehmer-Miterfindern besondere Probleme aufwirft, wird an späterer Stelle[68]) zu behandeln sein.

Über den Anspruch jedes Miterfinder, gegenüber dem Patentamt als Erfinder benannt zu werden, ist bereits oben[69]) gesprochen worden.

V. Freigabe der Erfindung

Gibt der Arbeitgeber die Diensterfindung gemäß § 8 Abs. 1 Ziff. 1 ArbEG frei, so lebt, wenn dies gegenüber allen miterfindenden Arbeitnehmern geschieht, die f r ü h e r e vermögensrechtliche Gemeinschaft unter ihnen wieder auf[70]), nur daß sie jetzt als „freie" Miterfinder anzusehen sind[71]). Hatten s i e seinerzeit — was auch unter Arbeitnehmermiterfindern zulässig ist[72]) — ihre Quoten (Anteile) an der Erfindung durch Vereinbarung festgestellt, dürfte im Zweifel anzunehmen sein, daß dies auch für die nunmehr freigewordene Erfindung gelten soll. Dagegen ist, wie an anderer Stelle dargelegt wurde[73]), nicht der Wille anzunehmen, an der freigewordenen Erfindung Anteile entsprechend dem Verhältnis der vom A r b e i t g e b e r festgesetzten Vergütungshöhe zu haben.

Die E r k l ä r u n g der Freigabe muß, gleich ob sie vor oder nach Inanspruchnahme erfolgt, gegenüber jedem einzelnen Arbeitnehmer-Miterfinder geschehen. Wird sie lediglich gegenüber einem von ihnen erklärt, wirkt sie nur dann zugunsten der anderen, wenn der Erklärungsempfänger von den anderen ermächtigt ist, die Erklärung auch für sie entgegenzunehmen[74]), oder falls er vom Arbeitgeber beauftragt wird, als dessen Bote eine gleiche Erklärung den anderen zu übermitteln, und den Auftrag ausführt. Andernfalls, wenn also nur ihm gegenüber die Freigabe wirksam erklärt worden ist, hat der Arbeitgeber — vor Inanspruchnahme — nur ihm gegenüber das Inanspruchnahmerecht verloren, und wenn die Inanspruchnahme bereits erfolgt war, geht der Vermögensbruchteil d i e s e s Arbeitnehmers wieder auf diesen über. Ob und wann allerdings diejenigen, deren Bruchteile nicht freigegeben worden sind, „aus dem Grundsatz der arbeitsrechtlichen Gleichbe-

---

68) Vgl. unten S. 166/7.

69) Vgl. oben S. 49 ff., insbesd. S. 51 ff.

70) Ebenso Volmer § 8 Anm. 24; in diesem Sinne ist auch bei Lindenmaier-Lüdecke § 5 Anm. 2 die Bemerkung zu verstehen, daß unter den Arbeitnehmer-Miterfindern infolge der Freigabe eine neue Gemeinschaft entsteht.

71) Darauf haben schon Riemschneider-Barth S. 84 hingewiesen; zum Recht der Schweiz s. Blum-Pedrazzini Bd. I S. 311.

72) BGH 2. 12. 60 GRUR 1961, 338 (9).

73) Vgl. oben S. 68.

74) Ebenso Volmer § 8 Anm. 22 mit dem zutreffenden Bemerken, daß dies selten vorkommen wird.

handlung"[75]) einen Anspruch darauf haben, daß der Arbeitgeber auch ihre Bruchteile freigibt, und ob das „insbesondere"[76]) der Fall ist, wenn der Arbeitgeber bewußt den einen gegenüber den anderen, die er nach wie vor an eigener Verwertung hindert, bevorzugen wollte, hängt vom jeweils gegebenen Fall ab; einem solchen Anspruch können nicht nur besondere Gegebenheiten des betreffenden Betriebs oder eigentümliche Verhältnisse bei dem nunmehr „Freien", sondern auch getroffene Sonderabreden entgegenstehen.

Darüber, daß sich die Wirkung der Freigabeerklärung im Ergebnis nur auf den Teil der Erfindung erstreckt, von dem der Arbeitnehmer durch die Meldung Kenntnis erhalten hatte, ist bereits an anderer Stelle[77]) gesprochen worden.

Für die Frage, ob eine vom Arbeitgeber gegenüber seinem Arbeitnehmer erfolgte Freigabe wirksam erklärt ist, spielt es keine Rolle, ob der Arbeitgeber einem Dritten gegenüber schuldrechtlich verpflichtet ist, die Diensterfindung in Anspruch zu nehmen. Letzteres ist z. B. der Fall, wenn er an einem Patent Lizenz erteilt und sich dem Lizenznehmer gegenüber verpflichtet hat, an der Verbesserung der Erfindung weiterzuarbeiten und ihm Verbesserungserfindungen zur Benutzung zu überlassen (wobei im Hinblick auf § 20 Abs. 2 Ziff. 3 GWB die Gegenseitigkeit solcher Abreden nicht außer acht gelassen werden darf), und dann im Betrieb des Lizenzgebers eine Verbesserungserfindung als Diensterfindung gemacht und gemeldet wird: der Lizenznehmer kann verlangen, daß der Lizenzgeber letztere in Anspruch nimmt[78]). Erklärt der Lizenzgeber seinen Arbeitnehmern gleichwohl die Freigabe der Erfindung, so wird diese frei ohne Rücksicht darauf, ob er sich seinem Lizenznehmer gegenüber schadensersatzpflichtig macht.

Gibt bei den sog. mehrbetrieblichen[79]) Arbeitnehmererfindungsgemeinschaften der eine Arbeitgeber die Erfindung frei, der andere nimmt sie in Anspruch — was sich bei jedem auf die Bruchteile „seiner" Arbeitnehmer beschränkt —, so besteht die Vermögensgemeinschaft zwischen den „freigewordenen" Arbeitnehmern des einen Betriebs und dem Arbeitgeber des anderen Betriebs, also insgesamt nur zwischen „Freien", wobei der eine, im Zweifel hälftige Bruchteil dem letzteren gehört, während sich der andere unter die mehreren freigewordenen Arbeitnehmererfinder in entsprechend kleinen Bruchteilen aufteilt. Geben beide Arbeitgeber die Erfindung frei, so besteht eine „freie" Gemeinschaft zwischen allen beteiligten Arbeitnehmern beider Betriebe. Nehmen beide Arbeitgeber die Erfindung — d. h. jeder alle Bruchteile seiner Arbeitnehmer — in Anspruch, so entsteht eine — selbstverständlich „freie" — Gemeinschaft zwischen ihnen beiden. Was auch immer in solchen Fällen an Vergütungsansprüchen entsteht, richtet sich je-

[75]) So Volmer § 8 Anm. 23.

[76]) Volmer a. a. O.

[77]) Vgl. oben S. 73; OLG Düsseldorf 8. 11. 57 GRUR 58, 436.

[78]) Vgl. den Verf. in Lüdecke-Fischer C 131 S. 326.

[79]) S. darüber oben S. 11.

weils nur für jeden einzelnen Arbeitnehmer gegen „seinen" Arbeitgeber[80]).

Bei „gemischten"[81]) Erfindungsgemeinschaften, an denen also außer Arbeitnehmern von vornherein auch „freie" Personen beteiligt sind, steht jeder Arbeitnehmer, dessen Bruchteil von seinem Arbeitgeber nicht in Anspruch genommen oder wieder freigegeben wird, mit den Arbeitnehmern, die in gleicher Lage sind, sowie mit dem Arbeitgeber, soweit dieser gegenüber anderen Arbeitnehmer-Miterfindern die Inanspruchnahme erklärt hat, und mit dem freien Dritten in Rechtsgemeinschaft.

VI. Anspruch des Miterfinders auf Vergütung

1. Vorbemerkung

Nachstehend ist die Vergütungsfrage bei Arbeitnehmererfindungen nicht allgemein zu besprechen — dazu sei auf die Kommentare zum ArbEG verwiesen —, sondern nur insoweit, als es sich um eine Mehrheit von Erfindern handelt — ein Fall, der auch vom Gesetz in einigen Punkten berücksichtigt worden ist (vgl. § 12 Abs. 2 und 5 ArbEG).

Auch ist hier nicht die Frage zu erörtern, wer unter mehreren am Zustandekommen einer Erfindung unmittelbar oder mittelbar beteiligten Personen „Erfinder" oder „Miterfinder" ist — diese bereits an anderer Stelle ausführlich untersuchte Eigenschaft[82]) wird im folgenden bei jedem Beteiligten vorausgesetzt. Dies kann um so unbedenklicher geschehen, als gemäß § 20 Abs. 1 ArbEG die für Diensterfindungen geltenden Vorschriften sinngemäß auf bloße Verbesserungsvorschläge anzuwenden sind, die dem Arbeitgeber eine ähnliche Vorzugsstellung wie ein gewerbliches Schutzrecht gewähren und[83]) von ihm verwertet werden. Die seinerzeit von Riemschneider-Barth[84]) in diesem Zusammenhang ausgesprochene Hoffnung: „Die kluge und gerechte Einsicht des Unternehmers wird hier eine vernünftige und billige Regelung finden und zur Gepflogenheit des Betriebs werden lassen" scheint inzwischen in der Praxis weitgehend verwirklicht zu sein.

Maßgeblich ist also hier, bei der Frage nach Höhe und Festsetzung der Arbeitnehmervergütungen im Falle gemeinsamer Diensterfindungen, nicht das „Ausmaß der schöpferischen Leistung" des einzelnen Arbeitnehmers — dieser Ausdruck gehört dem früheren Recht an, vgl. § 5 Abs. 1 Satz 2 DVO v. 20. 3. 1943 —, sondern die Stellung des Arbeitnehmers im Betrieb und vor allem der Anteil des Betriebs am Zustandekommen der Erfindung (§ 9 Abs. 2 ArbEG). Mit diesen Momenten wird also auf den einzelnen Ar-

---

80) Anders möglicherweise, wenn zwischen den Arbeitgebern von vornherein ad hoc eine besondere Gesellschaft nach innen und außen vereinbart worden war, vgl. unten S. 91/2.

81) S. oben S. 11.

82) Vgl. oben S. 15 ff.

83) Zutreffender Hinweis von Heine-Rebitzki § 12 Anm. 2, vgl. § 9 Abs. 1 ArbEG am Ende.

84) Riemschneider-Barth S. 85.

beitnehmer hinsichtlich der diesem zu zahlenden Vergütung abgestellt — eine Erkenntnis, die nachstehend von entscheidender Bedeutung sein wird. Es liegt auf der Hand, daß die erwähnten, für die Bemessung der Vergütung bedeutungsvollen sog. „Anteilsfaktoren" — ein aus dem Begriff „Leistungsfaktor" hervorgegangener, nunmehr in die Richtlinien für die Vergütung von Arbeitnehmererfindungen im privaten Dienst v. 20. 7. 1959 übergegangener Begriff (vgl. dort Ziff. 30) — bei jedem Arbeitnehmer verschieden sind. Man braucht nur die Ziffern 31 bis 33 der Richtlinien — die nachstehend kurz „Richtlinien" genannt werden — zu betrachten, um zu erkennen, daß die Anteilsfaktoren für jeden einzelnen Miterfinder völlig andere als bei den übrigen Miterfindern sein können, ja in der Regel sein werden. Auf diesen Umstand wird nachstehend noch wiederholt hinzuweisen sein.

2. Der Anspruch auf Vergütung

Aus dem vorstehend erwähnten Umstand, daß die Verhältnisse des einzelnen Arbeitnehmers für die Bemessung des ihm gemäß § 9 ArbEG im Falle unbeschränkter Inanspruchnahme gegen den Arbeitgeber zustehenden Vergütungsanspruchs maßgeblich sind, ergibt sich — wirtschaftlich — die Folge, daß jedem Miterfinder ein eigener Vergütungsanspruch zusteht. Dasselbe folgt — rechtlich — aus der oben[85]) getroffenen Feststellung, daß der Arbeitnehmer nicht die Inanspruchnahme „der" allen Miterfindern gemeinsamen Erfindung, sondern nur gegenüber jedem einzelnen die Inanspruchnahme von dessen Anteil an der Erfindungsgemeinschaft erklären kann[86]). Und da der Vergütungsanspruch erst durch die (unbeschränkte) Inanspruchnahme entsteht[87]), geht die Ansicht[88]) fehl, daß der Anspruch zunächst allen Miterfindern „gemeinschaftlich erwachsen" sei und dann nach erfolgter Inanspruchnahme — durch welche die Rechtsgemeinschaft der Miterfinder beendet wird — jedem Miterfinder allein „anteilsmäßig" zustehe. Vielmehr entsteht ein Vergütungsanspruch erst infolge der Inanspruchnahme, und zwar bei Miterfindern von vornherein in Gestalt mehrerer selbständiger Ansprüche der einzelnen Miterfinder[89]).

Durch späteres Ausscheiden eines Arbeitnehmer-Miterfinders aus dem Betrieb wird sein Vergütungsanspruch im Grunde und in der Höhe nicht berührt, vgl. § 26 ArbEG. Dieser Umstand berechtigt den Arbeitgeber also weder zu Einstellung noch zur Minderung der Vergütungszahlungen[90]). In solchem Fall kann sich daher höchstens der Modus der Vergütung ändern, wenn der bisherige nicht mehr anwendbar ist. So etwa[91]), wenn die Vergütung in Form einer Gehaltserhöhung gewährt wurde: sie wird nunmehr

---

[85]) Vgl. oben S. 77/8.

[86]) Zutreffend bereits Riemschneider-Barth S. 170.

[87]) Reimer-Schade-Schippel § 9 Anm. 8.

[88]) So Reimer-Schade-Schippel § 12 Anm. 9.

[89]) BGH 2. 12. 60 GRUR 61, 338 (9).

[90]) Schiedsstelle Az. ArbErf 26/58, mitgeteilt von Schade Mitt. 59, 27.

[91]) Beispiel von Reimer-Schade-Schippel § 12 Anm. 30.

— billigerweise unter Berücksichtigung der veränderten steuerlichen Belastung beider Parteien hinsichtlich dieser Zahlungen — in eine selbständige Barzahlung überzuführen sein.

3. Die Höhe der Vergütung

a) Gemäß § 9 ArbEG ist dem Arbeitnehmererfinder[92]) eine „angemessene" Vergütung zu gewähren. Da die Angemessenheit, wie oben dargelegt worden ist, auch von Faktoren abhängt, die sich aus den persönlichen Verhältnissen des einzelnen Arbeitnehmers ergeben, lassen sich für die Bemessung keine festen Normen, sondern nur gewisse Grundsätze in Gestalt von „Richtlinien" aufstellen. Letzteres ist seinerzeit (10. 10. 1944, DR-Anzeiger Nr. 271 v. 5. 12. 44) zum Recht der sog. „Gefolgschaftserfindung" geschehen, durch andauernde Übung in der Praxis ausgefeilt und nunmehr auf Grund von § 11 ArbEG zum geltenden Recht wiederholt worden. Diese Richtlinien vom 20. 7. 1959[93]) sind anerkanntermaßen[94]) — gleich den früheren Richtlinien vom 10. 10. 1944 — keine rechtsverbindlichen Normen, sondern stellen lediglich gewisse Grundgedanken heraus, geben Anhaltspunkte und machen Vorschläge. Dem entspricht die Fassung des § 12 ArbEG, der als ersten Weg den der freien Vereinbarung zwischen Arbeitgeber und Arbeitnehmer vorschreibt und die Möglichkeit einseitiger Festsetzung der Vergütung durch den Arbeitgeber erst nach Scheitern der gütlichen Verhandlungen eröffnet. Im folgenden werden die Grundgedanken der erwähnten Richtlinien, entsprechend allgemeiner Übung in der Praxis, zugrunde gelegt.

b) Nach § 9 Abs. 2 ArbEG und demgemäß nach Ziff. 2 der Richtlinien vom 20. 7. 1959 ist bei Bemessung der Vergütung zunächst ein Faktor zugrundezulegen, der unabhängig von den persönlichen Verhältnissen des einzelnen Arbeitnehmers ist und folglich auch bei Diensterfindungen, die von mehreren Arbeitnehmern gemacht worden sind, als Grundlage zu dienen hat. Dieser Faktor, im Gesetz „wirtschaftliche Verwertbarkeit" der Erfindung genannt, ist in den Richtlinien als „Erfindungswert" bezeichnet[95]). Da auch ein „freier" Erfinder in der Praxis keine diesen Wert übersteigende Vergütung — beispielsweise beim Verkauf der Erfindung — beanspruchen könnte, stellt der Erfindungswert die obere Grenze dessen dar, was vom Arbeitgeber insgesamt an Vergütung für eine Diensterfindung zu zahlen ist (der Ausdruck „zahlen" sei hier entsprechend der meist üblichen Form der Vergütungsgewährung angewendet, womit zugleich die nicht in Gestalt der Barzahlung erfolgenden Vergütungen umfaßt sein sollen). Jeder Miterfinder erhält nur einen Teil dieses Wertes, und es läßt sich

---

[92]) Über die Vergütungsansprüche im öffentl. Dienst und von Beamten und Soldaten s. unten S. 101.

[93]) BAnz. Nr. 156 v. 18. 8. 1959, abgedr. auch Bl. 59, 300 sowie Nachtrag zu Reimer-Schade-Schippel.

[94]) Vgl. d. Zit. bei Reimer-Schade-Schippel S. 434 bei 6.

[95]) Über die Identität der beiden Begriffe vgl. Reimer-Schade-Schippel S. 437 bei 2.

der Satz aufstellen, daß, will man die Grenze der Angemessenheit nicht zu Lasten des Arbeitgebers überschreiten, die Summe der an die Miterfinder zu zahlenden Vergütungen den Erfindungswert nicht übersteigen darf[96]).

Ein derartiges, unbilliges Ergebnis wird durch zwei weitere Bewertungsvorgänge vermieden. Einmal dadurch, daß keiner der Miterfinder Alleinerfinder ist, also für die Berechnung des Vergütungsanspruchs des einzelnen nicht der gesamte Wert der Erfindung, sondern nur ein dem Beitrag des einzelnen Miterfinders entsprechender Anteil am Erfindungswert zugrunde gelegt werden kann. Dieser Anteil ist also eine Quote des Erfindungswertes. Es kann sein, daß sich die Miterfinder bereits untereinander über ihre Quoten geeinigt haben, was gemäß § 5 Abs. 2 Satz 3 ArbEG für zulässig zu halten ist[97]). Fehlt es daran, so muß man allerdings für die Berechnung wissen — daher hat der Miterfinder dies bei der Erfindungsmeldung anzugeben (§ 5 Abs. 2 Satz 2 ArbEG, am Ende) —, in welchem Maß der einzelne Miterfinder am Zustandekommen der Erfindung mitgewirkt hat. Letzteres, nämlich der Erfindungsanteil, bestimmt den Anteil am Erfindungswert. In der Praxis wird man folglich beide Begriffe weitgehend gleichsetzen.

Dieser Umstand, wonach für die Berechnung des Vergütungsanspruchs jedes Miterfinders dessen Erfindungsanteil als Ausgangspunkt zu nehmen ist, darf selbstverständlich nicht zu dem Fehler verleiten, den für den einzelnen Miterfinder ermittelten technischen Beitrag nunmehr als solchen zum Objekt der Vergütung zu machen, ihn also bei diesem Arbeitnehmer als „dessen“ Diensterfindung anzusehen[98]). Dieses Verfahren wäre erstens unvereinbar mit dem oben[99]) aufgestellten Begriff des Miterfinders, dessen Beitrag ja als solcher keine in sich abgeschlossene Erfindung im Sinne der §§ 1, 2 PatG zu sein braucht, und würde zweitens übersehen, daß alles, was für die Festsetzung der angemessenen Vergütung an Faktoren eingesetzt wird, eben nur als Berechnungsfaktor dient, nämlich zur Ermittlung der Quote, die beim Zustandekommen der Erfindung als technischer Beitrag in Erscheinung tritt und sich dementsprechend bei der Quotelung des Erfindungswertes auswirkt. Nicht das Verhältnis des technischen Beitrags des einzelnen zum Stand der Technik, sondern seine Bedeutung im Rahmen des Gesamterfindungswertes ist hier entscheidend. Von letzterem ist daher auszugehen und zu fragen, welche Bedeutung der Beitrag jedes Miterfinders für die Schaffung dieses Wertes gehabt hat. Nicht das Erfin-

---

[96]) Aus diesem Grund macht, wie Reimer-Schade-Schippel § 12 Anm. 24 zutreffend erwähnen, der Widerspruch eines Miterfinders wegen unrichtiger Festsetzung seines Erfindungsanteils die Vergütungsfestsetzung für alle unverbindlich, § 12 Abs. 5 ArbEG.

[97]) Vgl. BGH 2.12.60 GRUR 1961, 338 (9); auszugsw. abgedr. Bl. 1962, 18.

[98]) Diese Fälle sind nicht zu verwechseln mit: Erfindung durch Arbeitnehmer A, später Verbesserungserfindung dazu durch Arbeitnehmer B. Hier liegen zwei Erfindungen vor. Über die Vergütungshöhe, wenn beide zusammen einem Dritten in Lizenz gegeben werden, vgl. Lindenmaier-Lüdecke Richtl. 14 Anm. 14.

[99]) Vgl. oben S. 21 ff.

derpersönlichkeitsrecht oder die Überdurchschnittlichkeit des Erfindungsbeitrags im Verhältnis zum Können eines Durchschnittsfachmanns, sondern das, was der Arbeitgeber als mit Ausschluß anderer verwertbare technische Lehre erhielt, ist Gegenstand der Vergütungsberechnung. In Ziff. 6 der Richtlinien vom 20. 7. 1959 sind die wesentlichen Faktoren, die diesen Wert bilden, aufgeführt, so daß bei der Ermittlung des Erfindungsanteils des einzelnen geprüft werden kann, in welchem Maß der Erfindung durch seinen Beitrag Merkmale, Verwendungsmöglichkeiten usw. gegeben worden sind, die bei Bestimmung ihres wirtschaftlichen Wertes ins Gewicht fallen. Die Gedanken, welche zu speziellen technischen Merkmalen führen, die als solche die Erfindung vom Stand der Technik abheben, brauchen nicht zugleich die zu sein, welche ihr die wesentlichsten Momente wirtschaftlicher Verwertbarkeit verleihen. Diese Erkenntnis, nach der sowohl die technische wie die wirtschaftliche Bedeutung des von jedem geleisteten Beitrags von Bedeutung ist, führt zu der ersten Ursache einer unterschiedlichen Vergütungshöhe für Miterfinder. Wenn dazu bemerkt worden ist[100]), daß im Zweifel zu gleichen Teilen aufzuteilen sei, so gilt dies eben nur „im Zweifel“[101]).

In diesem Zusammenhang sei erwähnt, daß kein Anspruch des Arbeitnehmermiterfinders besteht, der Arbeitgeber möge seinen Erfindungsanteil unabhängig von der Vergütungsfrage festsetzen, etwa „zunächst den Anteil, später die Vergütung“. Die Bestimmung des Anteils ist nämlich nur als Begründung für die Vergütungsfestsetzung, nicht aber von dieser losgelöst erforderlich und ist demgemäß den Beteiligten zusammen mit der Gesamthöhe der Vergütung bekanntzugeben, § 12 Abs. 1 Satz 2 ArbEG; letzteres hat übrigens nicht nur im Fall der gütlichen Einigung (Vergütungsfeststellung aus § 12 Abs. 1 ArbEG), sondern auch bei einseitiger Vergütungsfestsetzung durch den Arbeitgeber gemäß § 12 Abs. 3 ArbEG zu geschehen, wie § 12 Abs. 5 Satz 1 zeigt[102]).

c) Der so ermittelte Erfindungsanteil des einzelnen Miterfinders ermäßigt sich nunmehr um den sog. Anteilsfaktor, d. h. es ist gemäß § 9 Abs. 2 ArbEG nach Ziff. 2 Satz 4 der Richtlinien vom 20. 7. 1959 zu verfahren: „Da es sich hier ... nicht um eine freie Erfindung handelt, sondern um eine Erfindung, die entweder aus der dem Arbeitnehmer im Betrieb obliegenden Tätigkeit entstanden ist oder maßgeblich auf Erfahrungen oder Arbeiten des Betriebs beruht (vgl. § 4 Abs. 2 ArbEG), ist ein Abzug zu machen, der den Aufgaben und der Stellung des Arbeitnehmers im Betrieb sowie dem Anteil des Betriebs am Zustandekommen der Diensterfindung entspricht.“

Damit wird die Vergütungsberechnung weiter, und zwar hier aus persönlichen Gründen, verschieden. Der oben vorgenommenen Quotelung in Erfindungsanteile entspricht also keineswegs ein gleiches Verhältnis der Ver-

[100]) So Volmer § 9 Anm. 40.
[101]) Ebenso BGH 2. 12. 60 a. a. O.
[102]) Ebenso BGH 2. 12. 60 a. a. O.

gütungshöhen. Hat man beispielsweise ermittelt, daß von zwei Miterfindern, deren Erfindungsanteile gleich hoch sind, der eine als Mechaniker auf einem hohen inneren Stand der Technik aufbaute, wogegen der andere als Chemiker keine Vorarbeiten im Betrieb zur Verfügung hatte, ist der „Anteil des Betriebs“ und folglich der Abzug von der Vergütung bei dem ersteren wesentlich größer als bei dem zweiten[103]). Desgleichen würde sich ein unterschiedlicher Anteilfaktor ergeben, wenn sich der eine die Aufgabe selbst gestellt hatte, während dem anderen, als er hinzutrat, die Aufgabe und möglicherweise schon der vermutete Lösungsweg mitgeteilt wurden; nach Ziff. 31 der Richtlinien vom 20. 7. 1959 kann man sich hierzu unschwer verschiedenartige Beispiele bilden. Andere Beispiele finden sich in den Kommentaren, wobei vor allem die verschiedene Stellung der Beteiligten im Betrieb (Ziff. 33—36 der Richtlinien vom 20. 7. 1959) angeführt wird[104]). In diesem Zusammenhang sei erwähnt, daß, wenn als Arbeitnehmer der Vorgesetzte und sein Untergebener die Erfindung gemeinschaftlich machen, die Mitarbeit des Vorgesetzten an der Erfindung für den Untergebenen keine Mitwirkung „des Betriebs“ an der Lösung der Aufgabe ist[105]). Der davon zu unterscheidende Fall, daß der Arbeitgeber, also eine „freie“ Person, an der Erfindung mitwirkt, wird zur Vergütungsfrage weiter unten[106]) zu besprechen sein.

d) Für den Gedankengang, mit dem die für den einzelnen Miterfinder „angemessene“ Vergütung (§ 9 Abs. 1 ArbEG) zu ermitteln ist, hat man sich vor Augen zu halten, daß es neben Faktoren, die für alle Miterfinder die gleichen sind (Gesamt-Erfindungswert), solche gibt, die je nach der Leistung des einzelnen (Erfindungsanteil) und seiner Stellung im Betrieb und dem Anteil des Betriebs am Zustandekommen der Erfindung (Anteilsfaktor) verschieden sind. Was jeden zum Miterfinder machte, nämlich seine qualifizierte Sonderleistung[107]), und womit jeder den Anspruch auf Erfindernennung erwarb[108]), ist zwar eine der bei Berechnung der Höhe seines Vergütungsanspruchs maßgeblichen Größen. Daneben kommt es aber für den Arbeitgeber vor allem auf die Wertfaktoren und dann für beide Teile auf die Anteilsfaktoren an, und diese führen, obgleich jeder nach der herrschenden Praxis ohne Einschränkung[109]) als Miterfinder benannt wird, zu unterschiedlicher Vergütung[110]).

Da der Begriff „Anteil“ relativ, nämlich auf eine übergeordnete Größe bezogen ist, gebietet es die Logik, zunächst den Erfindungswert und dann die

103) Vgl. Ziff. 32 der Richtlinien vom 20. 7. 1959; Riemschneider-Barth S. 116.

104) Vgl. Reimer-Schade-Schippel § 12 Anm. 12 im Anschluß an Reimer-Schippel S. 136; Heine-Rebitzki § 12 Anm. 3.

105) Zutreffender Hinweis von Volmer § 9 Anm. 42; hier wird es allerdings schwierige Grenzfälle geben.

106) Vgl. unten bei S. 92.

107) Vgl. oben S. 31.

108) Vgl. oben S. 51 ff.

109) S. jedoch oben S. 53/4.

110) Ebenso Beil Chem.-Ing.-Techn. 53, 633/4.

Anteilsfaktoren zu betrachten[111]). Das entspricht nicht nur Ziff. 2 der Richtlinien vom 20. 7. 1959, sondern auch allgemeiner Übung in der Praxis[112]). Zunächst ist also der Gesamt-Erfindungswert, dann der Anteil des einzelnen an ihm und schließlich „sein" Anteilsfaktor zu ermitteln. Dementsprechend sind hier die vorangegangenen Erörterungen aufgebaut worden.

Dieser Gedankengang wird bei sukzessiver[113]) Miterfinderschaft von besonderer Bedeutung, da in solchen Fällen die Feststellung der Erfindungsanteile oft schwierig ist. Man wird gut tun, zunächst die technische Entstehungsgeschichte der Erfindung in die einzelnen Stufen zu zerlegen, von der ersten Konzeption bis zum Auffinden des „Schlußsteins" für die Lösung[114]), dann den Wertanteil jeder Stufe am Gesamtwert der Erfindung zu ermitteln; diesen wird man auf die in der betreffenden Stufe beteiligten Personen aufteilen und schließlich die sich für jeden ergebenden Anteile zusammenrechnen. So ist es beispielsweise denkbar, daß nacheinander die Arbeitnehmer A, B und C mitgewirkt haben und im Rahmen des Gesamterfindungswerts von 100 % für den ersten Abschnitt, an dem A und B mit gleichwertigen Leistungen beteiligt waren, 20 % anzunehmen sind, für den allein von B gefundenen Gedanken des zweiten Abschnitts 30 % und für den entscheidenden dritten und letzten Abschnitt, an dem A und C gleichwertig mitgewirkt haben, 50 %. Als Erfindungsanteile ergeben sich in diesem Fall für A (10 + 25 =) 35 %, für B (10 + 30 =) 40 % und für C 25 %. Anschließend ist für jeden der sog. Anteilsfaktor als Abzug einzusetzen (Ziff. 30—36 der Richtlinien vom 20. 7. 1959).

Über die Bekanntgabe des für ihn errechneten Erfindungsanteils an jeden Miterfinder gemäß § 12 Abs. 2 Satz 2 ArbEG wird noch unten[115]) zu sprechen sein.

Mit Recht ist bemerkt worden[116]), daß die Ermittelung und Bewertung der Erfindungsanteile desto schwieriger ist, je „gemeinschaftlicher" die Beteiligten gearbeitet haben, je länger die Entwicklungsarbeiten gedauert haben und je mehr Zeit inzwischen verstrichen ist. Daher ist zu empfehlen, alle Arbeiten und ihre Ergebnisse in Werktagebüchern o. ä. festzuhalten und vor allem bei der Erfindungsmeldung gemäß § 5 Abs. 2 Satz 2 ArbEG darauf hinzuwirken, daß jeder Miterfinder seinen Beitrag möglichst genau fixiert. Die in Bezug genommene Gesetzesstelle will die tatsächliche Aufklärung ermöglichen und verpflichtet in erster Linie die Arbeitnehmer, während es

---

[111]) Dies ist, worauf Reimer-Schade-Schippel S. 437 zu 4 hinweisen, einer der Gründe, aus denen in den Richtlinien vom 20. 7. 1959 der Erfindungswert, im Gegensatz zu den Richtlinien von 1944, vor den Anteilsfaktoren behandelt wird.

[112]) Vgl. Volmer § 9 Anm. 42, Reimer-Schade-Schippel § 12 Anm. 12 a. E. im Anschluß an Reimer-Schade-Schippel S. 135/6, Heine-Rebitzki § 12 Anm. 3.

[113]) Vgl. über diesen Begriff oben S. 6 f.

[114]) S. darüber oben S. 26/7.

[115]) Vgl. unten S. 93 f.

[116]) Riemschneider-Barth S. 61, 81 und 170.

dann Sache des Arbeitgebers ist, die „wertmäßigen" Schlüsse zu ziehen[117]).

e) In diesem Zusammenhang tritt die Frage auf, ob, wenn der Arbeitgeber die Diensterfindung nicht in Anspruch nimmt oder sonst freigibt, so daß zwischen den mehreren Arbeitnehmern eine „freie" Erfindungsgemeinschaft besteht, Anteile der einzelnen Miterfinder in den gleichen Quoten gegeben sind, wie es dem Verhältnis der vom Arbeitgeber ermittelten Quoten entspricht. Die Frage wird nur von Bedeutung, wo die Miterfinder nicht unter sich eine Vereinbarung über die Größe ihrer Anteile (Quoten) getroffen hatten — was gemäß § 5 Abs. 2 Satz 3 ArbEG als zulässig angesehen werden muß[118]) —, da in solchem Fall anzunehmen ist, daß diese Einigung bei Freiwerden der Diensterfindung Geltung behalten soll[119]). Fehlt es an solcher Abrede, so ist zu unterscheiden zwischen Erfindungsanteil und Vergütungshöhe. Letztere wird unter anderem durch die persönliche Stellung des Arbeitnehmers zum Betrieb beeinflußt, also durch Umstände, die im Verhältnis der Arbeitnehmer-Miterfinder untereinander keine Bedeutung haben. Es dürfte daher kaum dem Willen der Miterfinder entsprechen, daß beispielsweise der miterfindende Laborleiter, dessen Vergütungsanspruch infolge des durch seine Stellung im Betrieb großen Anteilsfaktors[120]) sehr gering sein kann im Verhältnis zum Vergütungsanspruch des miterfindenden Laborgehilfen, bei Freibleiben oder Freiwerden der Erfindung den gleichen geringen Anteil an dieser haben soll. Was für das gemeinsam geschaffene Werk (Erfindung) zutrifft, gilt nämlich nicht in gleichem Maßstab für die unter Hinzunahme weiterer, persönlich unterschiedlicher Umstände (Anteilsfaktor) gezogenen Folgerungen (Vergütungshöhe) und umgekehrt. Das ist bereits oben in anderem Zusammenhang festgestellt worden[121]). Eine andere Frage ist die, ob der Wille der Arbeitnehmer-Miterfinder im Zweifel dahin geht, daß bei „freier" Erfindung ihre Anteile in den gleichen Quoten bestehen sollen, wie sie nach Arbeitnehmererfindungsgrundsätzen als Erfindungsanteile ermittelt worden sind bzw. zu ermitteln gewesen wären. Das wird, da hier auf den Anteil an der Erfindung, nicht auf die Vergütungsansprüche abgestellt ist, angenommen werden können.

4. „Mehrbetriebliche" Gemeinschaften

Gehören die als Miterfinder beteiligten Arbeitnehmer verschiedenen Betrieben an, so daß der Erfindergesamtheit mehrere Arbeitgeber gegenüberstehen — „mehrbetriebliche" Arbeitnehmererfindungsgemein-

---

117) Zutreffend Volmer § 5 Anm. 43; der Satz, daß ohne Kenntnis der Einzelbeiträge die ganze Frage der Miterfinderschaft nicht richtig beurteilt werden kann, findet sich bereits in der Entscheidung RG 18. 12. 37 GRUR 38, 256 (262).

118) BGH 2. 12. 60 GRUR 61, 338 (9).

119) Vgl. dazu auch oben S. 81 f.

120) Für den u. a. auch die Höhe des Arbeitsentgelts von Bedeutung ist, vgl. Ziff. 33 der Richtlinien.

121) Vgl. oben S. 68/9, gegen Riemschneider-Barth S. 170.

schaft[122]) —, müssen die Erfindungsanteile, da man die Erfindung als solche nicht spalten kann, durch die gleiche historische Methode ermittelt werden, die in der oben[123]) dargelegten Weise anzuwenden ist, wenn alle Arbeitnehmer dem gleichen Betrieb angehören. Für jeden Arbeitgeber stellen dann die „seinen" Arbeitnehmern zustehenden Erfindungsanteile das dar, was er als Diensterfindung in Anspruch nehmen kann[124]), und ihre Summe ergibt „den" Erfindungswert, für den er seinen Arbeitnehmern Vergütungen zu zahlen hat. Für jeden Arbeitnehmer ist dessen Anteilsfaktor[125]) in Abzug zu bringen.

Eine andere Frage ist die, ob für die Berechnung der Höhe des Vergütungsanspruchs, der dem Arbeitnehmer des Betriebs A gegen „seinen" Arbeitgeber zusteht, auch der Nutzen zu berücksichtigen ist, den der Arbeitgeber des dem Betrieb B angehörenden Miterfinders aus der in Anspruch genommenen Erfindung zu ziehen vermag. Dies wirft als Voraussetzung die schwierige Frage auf, ob jeder der beiden Arbeitgeber, die infolge der von jedem gegenüber „seinem" Arbeitnehmer erklärten[126]) Inanspruchnahme Mitinhaber der Erfindung geworden sind, ein von der Zustimmung des anderen unabhängiges Benutzungsrecht hat[127]). Über diese Frage wird an anderer Stelle[128]) ausführlich zu sprechen sein. Wird sie verneint, gibt es also nur ein beiden Arbeitgebern gemeinsames Benutzungs- und Verwertungsrecht, so gibt es im Grunde nur „einen" Erfindungswert und „einen" Nutzen und dieser ist zugunsten beider Arbeitnehmererfinder in Rechnung zu stellen.

Wie aber, wenn die beiden Arbeitgeber, als sie aus ihren Arbeitnehmern eine Arbeitsgemeinschaft bildeten, unter sich gesellschaftsrechtliche Bindungen eingegangen waren?

Beispielsweise im Sinne einer ad hoc vereinbarten Gesellschaft bürgerlichen Rechts im Innen- und A u ß e n verhältnis? Für diesen Fall wird man Schippel[129]) zustimmen können, der hier — wenn auch nicht mit diesen Worten — unter den Arbeitnehmern keine mehrbetriebliche, sondern eine einbetriebliche Erfindungsgemeinschaft entstehen läßt, da sie gleichsam Arbeitnehmer „der Gesellschaft" sind mit der Folge, daß die Arbeitgeber (Gesellschafter) nur gemeinsam das Inanspruchnahmerecht und die Vergütungspflicht haben.

---

[122]) S. über diesen Begriff oben S. 11.

[123]) Vgl. soeben S. 88 f.

[124]) Vgl. oben S. 75 f.

[125]) S. über diesen soeben S. 87/8.

[126]) Vgl. oben S. 75 f.

[127]) Bejaht im Vorschlag der Schiedsstelle PA 1. 3. 61 Bl. 1962, 17 mit Rücksicht auf die in jenem Fall völlige Verschiedenheit der Branchen der beiden Betriebe mit der Folge, daß die eingangs gestellte Frage der Mitberücksichtigung der für den „anderen" Arbeitgeber bestehenden Verwertungsmöglichkeiten bei der Vergütungsfestsetzung verneint wurde.

[128]) Vgl. unten Teil G (S. 198 ff.).

[129]) Schippel GRUR 62, 192.

Anders, wenn lediglich I n n e n abreden getroffen worden sind, die Schippel[130]) als „Innengesellschaft" bezeichnet und bei der er — ob mit Recht, mag dahinstehen — in jedem Fall als gegeben unterstellt, daß die Gesellschafter Abreden getroffen haben „über die Verteilung des Gewinns, der in Verfolgung der gemeinsamen Aufgabe erzielt wird". Hier sollen „diese Vereinbarungen die Grundlage für die Berechnung der Erfindervergütungen bilden". Dem wird jedoch nicht zu folgen sein. Es kann unmöglich den Arbeitgebern überlassen sein, indem sie unter sich beliebig die Nutzungsquoten bestimmen, damit gleichzeitig über die Vergütungsanteile oder auch nur die Vergütungshöhe ihrer Arbeitnehmer zu befinden. Sie stehen insoweit nicht über dem Gesetz (ArbEG).

5. „G e m i s c h t e" G e m e i n s c h a f t e n

Bei den sog. „gemischten" Arbeitnehmererfindungsgemeinschaften[131]), wo neben Arbeitnehmern, für die das Ergebnis der Zusammenarbeit „Diensterfindung" ist, auch freie Personen mitgewirkt haben, kommen Inanspruchnahmerecht und Vergütungspflicht selbstverständlich nur gegenüber den beteiligten Arbeitnehmern in Betracht. Hier sind zunächst — wie stets — die Erfindungsanteile aller Beteiligten o h n e Rücksicht darauf zu ermitteln, ob es sich um gebundene oder freie Miterfinder handelt. Erst im Anschluß hieran ist bei jedem Miterfinder, der Arbeitnehmer ist, dessen Anteilsfaktor zu kürzen (Ziff. 30—36 der Richtlinien vom 20. 7. 1959). Dabei ist, falls der „freie" Miterfinder zugleich der A r b e i t g e b e r ist, zu beachten, daß — ähnlich wie in dem oben[132]) besprochenen Fall der Mitarbeit des Vorgesetzten (vorgesetzten Arbeitnehmers) — das von diesem beigetragene Gedankengut nicht doppelt eingesetzt werden darf: das Ergebnis seines geistigen Beitrags verkörpert sich für ihn als „freien" Miterfinder in seinem „freien" Erfindungsanteil und seinem von vorn bestehenden Mit-Recht auf ein Patent (§ 3 Satz 2 PatG; für Gebrauchsmuster vgl. § 5 Abs. 4 GebrMG), und man würde ihn unbillig bereichern, wollte man bei Errechnung der an die Miterfinder, die seine Arbeitnehmer sind, zu zahlenden Vergütung den gleichen geistigen Beitrag als „Hilfe" des Arbeitgebers, also als einen die Vergütungshöhe mindernden Anteilsfaktor einsetzen[133]).

6. B e s c h r ä n k t e I n a n s p r u c h n a h m e

Im Falle der beschränkten Inanspruchnahme der Diensterfindung durch den Arbeitgeber entsteht zwar ein Vergütungsanspruch erst, wenn der Arbeitgeber die Erfindung in Benutzung nimmt. Jedoch ändert sich, wenn dies geschieht, an den für die Ermittelung der Vergütungshöhe maßgeblichen Grundsätzen nichts (§ 10 Abs. 1 ArbEG).

---

[130]) Schippel a. a. O.

[131]) Vgl. oben S. 11.

[132]) Vgl. soeben S. 87/8.

[133]) Ebenso, wohl mit der gleichen Begründung, Volmer § 9 Anm. 44.

7. Verjährung, Verwirkung

Bei Miterfindern gilt zur Frage der Verjährung und Verwirkung des Vergütungsanspuchs — wozu im übrigen auf die Kommentare zum ArbEG verwiesen werden muß[134]) —, daß stets nur das Verhältnis des einzelnen Arbeitnehmer-Miterfinders zum Arbeitgeber entscheidet. Allein die mit ihm getroffene Vereinbarung bzw. die ihm gegenüber erfolgte Festsetzung über die Art der Vergütung (vgl. § 12 ArbEG) ist also maßgebend dafür, ob die kurzen Verjährungsfristen aus §§ 196, 197 BGB einsetzen, und sein Verhalten ist allein entscheidend für die Unterbrechung der Verjährung (§§ 208 ff. BGB), für den Eintritt von Verwirkung usw. Dies folgt aus der Selbständigkeit der einzelnen Vergütungsansprüche[135]).

8. Feststellung (Festsetzung) der Vergütung

Im Anschluß an die vorstehend erörterten Fragen, wer im Falle der Miterfinderschaft Gläubiger des Vergütungsanspruchs ist und nach welchen Gesichtspunkten die Höhe der Vergütung zu bestimmen ist, muß — ebenfalls auf die Fälle der Arbeitnehmererfindungsgemeinschaften beschränkt — über das Verfahren gesprochen werden, mit dem die Art und die Höhe der Vergütung in angemessener Frist nach Inanspruchnahme der Diensterfindung festzulegen sind (§ 12 ArbEG).

a) Da hierbei zunächst der Grundsatz der Vertragsfreiheit herrscht, nach erfolgter Inanspruchnahme sogar unbeschränkt (§ 22 Satz 2 ArbEG), liegt es auch ohne die im Gesetz (§ 12 Abs. 1 ArbEG) gegebene Vorschrift nahe, daß sich Arbeitgeber und Arbeitnehmer zunächst gütlich um eine Einigung bemühen. Dies bezeichnet das Gesetz im Anschluß an frühere Vorschriften (§ 5 Abs. 2 und 3 der DVO v. 20. 3. 1943) als „Feststellung" der Vergütung im Gegensatz zu der nach Scheitern der gütlichen Verhandlungen einseitig durch den Arbeitgeber erfolgenden „Festsetzung" gemäß § 12 Abs. 3 ArbEG. Der Arbeitgeber darf es also nicht einfach den Miterfindern überlassen, sich über die Anteile an der Erfindung und über die Aufteilung der Summe, die er ihnen als Gesamtvergütung nennt, untereinander zu einigen[136]).

Diese Verhandlungen können zwar gleichzeitig mit allen Miterfindern geführt werden[137]), jedoch sind die daraus resultierenden Vereinbarungen, da es sich nicht um „einen" Anspruch „aller" Miterfinder, sondern um Einzelansprüche handelt[138]), mit jedem einzelnen Miterfinder zu treffen[139]).

---

[134]) Vgl. Volmer § 9 Anm. 50/1, § 12 Anm. 13 und 86/7; Reimer-Schade-Schippel § 9 Anm. 13 u. 17, § 23 Anm. 13; Heine-Rebitzki § 23 Anm. 6.

[135]) S. oben S. 84; für eine Anwendung von § 429 Abs. 2 i. Vbdg. m. § 425 Abs. 2 BGB ist daher kein Raum.

[136]) Ebenso Reimer-Schade-Schippel § 12 Anm. 10, Volmer § 12 Anm. 45 mit dem zutreffenden Bemerken, daß es erst recht unzulässig ist, einfach den Betrag der Gesamtvergütung zugunsten aller Miterfinder beim Amtsgericht zu hinterlegen.

[137]) Ebenso Volmer § 12 Anm. 45.

[138]) Vgl. oben S. 84.

[139]) Ebenso Volmer a. a. O., Reimer-Schade-Schippel § 12 Anm. 9; desgl. zum fr. Recht Riemschneider-Barth S. 83 und 170.

Jeder Miterfinder, mit dem eine Abrede über die Art und Höhe der ihm zustehenden Vergütung getroffen wird, scheidet damit aus den weiteren Verhandlungen aus[140]).

Dabei hat der Arbeitgeber gemäß § 12 Abs. 2 Satz 2 ArbEG den Beteiligten die Gesamthöhe der Vergütung bekanntzugeben — hierzu erübrigt sich ein Kommentar — sowie „die Anteile der einzelnen Erfinder an der Diensterfindung". Letzteres bezieht sich nur auf den Anteil an der Erfindung, nicht jedoch auf die Höhe der den anderen Beteiligten zustehenden Vergütung. Der einzelne Miterfinder erfährt daher nur die Erfindungs-Anteile[141]), also z. B. bei drei Miterfindern, daß sich für einen „Miterfinderschaft zur Hälfte" und für die anderen „zu je einem Viertel" ergeben hat, während ihm nicht bekanntgegeben wird, welche Geldbeträge sich für die anderen je nach den bei jedem von ihnen in Abzug zu bringenden Anteilsfaktoren[142]) ergeben. Diese Auslegung der erwähnten Gesetzesstelle folgt nicht so sehr aus dem, was die Amtliche Begründung[143]) angibt[144]), nach der den Beteiligten Gelegenheit gegeben werden soll, sich davon zu überzeugen, daß die Festsetzung der „Anteile an der Diensterfindung" (nicht: die Höhe der Vergütungen) in gerechter Weise vorgenommen worden ist, als vielmehr aus der Berücksichtigung von innerbetrieblichen Gründen, nämlich aus dem für ordentlich geleitete Betriebe selbstverständlichen Lohnzahlungsgeheimnis[145]). Mathematisch ist allerdings nicht auszuschließen, daß sich bei nur zwei Miterfindern jeder aus den drei ihm bekannten Größen (Gesamtvergütung, Erfindungsanteile und Höhe der eigenen Vergütung) die Höhe der dem anderen gewährten Vergütung errechnet[146]), eine Möglichkeit, die bei drei und mehr Beteiligten nicht besteht[147]).

Auf die Bekanntgabe der Gesamthöhe der Vergütung und der Erfindungsanteile hat jeder Miterfinder einen gesetzlichen Anspruch (§ 12 Abs. 2 Satz 2 ArbEG). Daraus folgt, daß ihm diese Größen in jedem Fall bekanntzugeben sind, auch dann also, wenn der eine oder andere Miterfinder pauschal abgefunden wird (so daß sein Vergütungsanspruch nicht „errechnet" zu werden braucht) oder noch an weiteren Erfindungen eines Erfindungskomplexes beteiligt ist (so daß die Bezugsgrößen der Vergütungsvereinbarungen verschieden sind). In solchen Fällen bleibt die erwähnte Gesetzesstelle anwendbar, die bekanntzugebenden Größen sind also hypothetisch zu errechnen[148]).

Die Bekanntgabe gemäß § 12 Abs. 2 Satz 2 ArbEG braucht zwar nicht

---

140) Volmer § 12 Anm. 46.
141) S. über diese oben S. 85 f.
142) Vgl. oben S. 87/8.
143) Amtl. Begrdg. zu § 11 des Entwurfs, jetzt § 12 ArbEG.
144) So Reimer-Schade-Schippel § 12 Anm. 12.
145) Zutreffend Volmer § 12 Anm. 44.
146) Heine-Rebitzki § 12 Anm. 4.
147) Ebenso Volmer a. a. O.
148) Heine-Rebitzki a. a. O.

unabhängig von der Vergütungsfrage, nämlich losgelöst von der Angabe der Gesamtvergütungshöhe zu geschehen[149]), jedoch hat sie, wenn sie den oben erwähnten Zweck erfüllen soll, vor Abschluß der mit dem Miterfinder zu treffenden Vereinbarung zu erfolgen[150]). Dabei ist weder Schriftform vorgeschrieben noch ist erforderlich, sie in die Vereinbarung aufzunehmen[151]).

b) Scheitern die gütlichen Verhandlungen, so hat der Arbeitgeber die Vergütung „durch eine begründete schriftliche Erklärung an den Arbeitnehmer festzusetzen" (§ 12 Abs. 3 ArbEG). Bei Miterfindern bietet der Wortlaut des Gesetzes: „Kommt eine Vereinbarung ... in angemessener Frist nach der Inanspruchnahme ... nicht zustande, so ..." dem Arbeitgeber die Möglichkeit, von der einseitigen Festsetzungsbefugnis nicht nur im Falle des Scheiterns eingeleiteter Verhandlungen, sondern auch dann Gebrauch zu machen, wenn der betreffende Miterfinder inzwischen aus dem Betrieb ausgeschieden und — etwa im Ausland — schwer erreichbar ist. Wollte man abwarten, bis er wieder „verhandlungsfähig" wird, würde die Vergütungsregelung unbillig lange ohne Abschluß bleiben.

Ebenso wie die oben erörterte gütliche Vereinbarung, muß auch die einseitige Vergütungsfestsetzung jedem einzelnen Miterfinder gegenüber erfolgen, mit dem eine gütliche Einigung nicht zustandegekommen ist. Dies entspricht der persönlichen Natur der Vergütungsansprüche[152]) und folgt auch aus dem Zusammenhang der in § 12 ArbEG enthaltenen Bestimmungen. § 12 ArbEG erwähnt zwar die Worte „für jeden gesondert" nur bei der vereinbarungsgemäßen Feststellung und nicht bei der einseitigen Festsetzung der Vergütung, aber bei letzterer (Abs. 3) wird, obgleich vorher (Absatz 2) von mehreren Beteiligten gesprochen wurde, stets nur „der" Arbeitnehmer in der Einzahl erwähnt, woraus sich ergibt, daß hier nur Einzel-Festsetzungen in Betracht kommen.

c) Einer besonderen Erörterung bedarf bei Miterfindern das in § 12 Abs. 4 und 5 ArbEG gegebene Widerspruchsrecht, das, wo es begründet angewandt wird, die Festsetzung der Vergütung unverbindlich bleiben läßt und zur Neufestsetzung durch den Arbeitgeber führt, gegen die unter Umständen erneuter Widerspruch zulässig ist.

Auch hier handelt es sich, von dem gleich unten zu besprechenden Widerspruch wegen unrichtiger Festsetzung des Erfindungsanteils abgesehen, um die Frage, ob die vom Arbeitgeber gegenüber dem Widersprechenden ausgesprochene Festsetzung der Vergütung in Kraft tritt. Die mit den anderen Miterfindern getroffenen Vereinbarungen oder ihnen gegenüber erfolgten Festsetzungen werden also von dem Widerspruch nicht berührt. Ein Widerspruch, der die vom Arbeitgeber zu Lasten des Widersprechenden eingesetzten Anteilsfaktoren (Stellung im Betrieb, Gehaltshöhe usw., vgl.

---

149) Vgl. oben S. 85 ff.

150) Ebenso Volmer § 12 Anm. 43, desgl. dem Sinne nach Reimer-Schade-Schippel § 12 Anm. 11.

151) Zutreffend Reimer-Schade-Schippel a. a. O.

152) Vgl. oben S. 84.

Ziff. 30 ff. der Richtlinien vom 20. 7. 1959) kritisiert, wirkt sozusagen, gleich den Anteilsfaktoren selbst, nur „höchstpersönlich" zugunsten des widersprechenden Arbeitnehmers, und lediglich zwischen ihm und dem Arbeitgeber kommt erforderlichenfalls die Einschaltung der Schiedsstelle gemäß § 28 ArbEG in Betracht[153]).

Anders, wo der Widerspruch an Grundlagen rüttelt, die allen Miterfindern gemeinsam sind. Das ist der Fall, wenn der Widersprechende behauptet, sein Erfindungsanteil sei nicht richtig bewertet, d. h. die ihm an der Erfindung zugemessene Quote — etwa Miterfinder zu 1/3 — sei höher — etwa: Miterfinder zu 1/2 —, als sie der Arbeitgeber festgesetzt habe. Zur einseitigen Festsetzung der Quoten ist der Arbeitgeber befugt, wenn es an einer Einigung der Miterfinder über ihre Anteile fehlt[154]). Mit seinem Widerspruch wendet sich der einzelne gegen eine vor Einsetzung der (persönlichen) Anteilsfaktoren angenommenen Rechnungsgröße. Würde der Widerspruch auch in diesem Fall die den anderen Miterfindern vertraglich[155]) oder durch einseitige Festsetzung zugebilligte Vergütung unberührt lassen, so würde, falls der Widerspruch zu einer Erhöhung des Erfindungsanteils des Widersprechenden führt, der Gesamtwert der Erfindung nunmehr höher anzunehmen sein, als ihn der Arbeitgeber angenommen hatte. Damit wäre der Zweck des Feststellungs- und Festsetzungsverfahrens, die vom Arbeitgeber auf der Grundlage des Erfindungswertes ermittelte Gesamtvergütung unter entsprechenden Abschlägen bei den einzelnen Miterfindern mittels der für jeden in Betracht kommenden Anteilsfaktoren angemessen zu verteilen, weit überschritten. Mit Recht ist bemerkt worden[156]), daß der Arbeitgeber billigerweise im Festsetzungsverfahren nicht gezwungen werden kann, eine höhere als die von ihm für angemessen gehaltene Gesamtvergütung zu zahlen. Demgemäß bestimmt § 12 Abs. 5 ArbEG, daß, wenn einer der an der Diensterfindung Beteiligten der Festsetzung mit der Begründung widerspricht, sein Anteil an der Diensterfindung sei unrichtig festgestellt, die Festsetzung für alle Beteiligten nicht verbindlich wird und der Arbeitgeber berechtigt ist, die Vergütung für alle neu festzusetzen[157]), wobei er selbstverständlich auch die Gesamthöhe der Vergütung ändern kann[158]). Sofern auf diese Weise vertragliche Vergütungsvereinbarungen zwischen dem Arbeitgeber und den anderen Miterfindern „nicht verbindlich werden", beschränkt also das Gesetz, wie Volmer[159]) richtig bemerkt, die Vertragsautonomie.

---

153) Ebenso Heine-Rebitzki § 12 Anm. 6.

154) BGH 2. 12. 60 GRUR 1961, 318 (9).

155) Diese Fälle sind, wie Volmer § 12 Anm. 48 richtig bemerkt, in den an sich auf (einseitige) Festsetzungen beschränkten Wortlaut des § 12 Abs. 5 ArbEG einzubeziehen.

156) Reimer-Schade-Schippel § 12 Anm. 24.

157) Mit der Folge, daß gegen die Neufestsetzung wiederum der Widerspruch möglich ist; zutreffend Volmer § 12 Anm. 48.

158) Ebenso Reimer-Schade-Schippel a. a. O.

159) Volmer a. a. O.

d) Für die hier zu besprechenden Fälle, nämlich Arbeitnehmererfindungsgemeinschaften, sei noch auf § 23 ArbEG eingegangen, der bestimmt, daß Vereinbarungen und Vergütungsfestsetzungen unwirksam sind, soweit sie in erheblichem Maße unbillig sind. Hier kann jeder Miterfinder nur vortragen, daß im Verhältnis zu ihm eine solche Unbilligkeit vorliege, und es ist seine Sache, die Unbilligkeit und die sich daraus ergebende Unwirksamkeit geltend zu machen; unterläßt er letzteres, kann sich ein Dritter nicht auf die Unwirksamkeit berufen. Es handelt sich also, wie der Zweck der Vorschrift zeigt, um eine relative, grundsätzlich nur zwischen den beiden Partnern gegebene Unwirksamkeit, die nicht schlechthin gegen jedermann wirkt[160]). Dies schließt allerdings Fälle nicht aus, in denen der Vereinbarung oder Vergütungsfestsetzung über die in § 23 ArbEG erwähnte „erhebliche Unbilligkeit" hinaus ein Gesetzes- oder Sittenverstoß im Sinne der §§ 134, 138 BGB mit der Folge absoluter Nichtigkeit innewohnt.

e) Das Gesetz gibt in § 12 Abs. 6 ArbEG sowohl dem Arbeitgeber wie dem Arbeitnehmer, falls sich Umstände, die für die Feststellung oder Festsetzung der Vergütung maßgebend waren, wesentlich ändern, einen Anspruch auf Neuregelung der Vergütung[161]). Für den Inhalt dieser Vorschrift und das Verfahren sei auf die Kommentare zum ArbEG verwiesen, wobei drei Punkte von besonderer Bedeutung sind: es müssen sich wesentliche Tatsachen geändert haben, etwa die seinerzeit angenommene Verwertbarkeit der Erfindung, d. h. eine Neuregelung der Vergütung kann nicht schon deshalb gefordert werden, weil der eine oder andere Partner die unverändert gebliebenen Umstände heute anders bewertet; es muß sich ferner um Umstände handeln, die für die Festsetzung bzw. Feststellung der Vergütung maßgebend waren, so daß ein späteres Ausscheiden des Arbeitnehmers aus dem Betrieb ohne Bedeutung ist, es sei denn, daß ihm die Vergütung in Form einer Gehaltserhöhung gewährt worden war und er nunmehr einen anderen Vergütungsmodus fordern kann; drittens eröffnet § 12 Abs. 6 ArbEG nur einen neuen Weg zu gütlicher Einigung, nicht aber zu erneuter einseitiger Festsetzung durch den Arbeitgeber[162]).

In diesem Zusammenhang sei der Fall des nachträglichen Auftauchens eines (weiteren) Miterfinders erwähnt[163]). Ein Beispiel dazu ist unschwer zu finden. So kann der Umstand, daß der Miterfinder unbekannt geblieben ist, auf Mängel der Erfindungsmeldung oder

---

[160]) Wie hier Volmer § 23 Anm. 17, Heine-Rebitzki § 23 Anm. 4; a. M. Reimer-Schade-Schippel § 23 Anm. 6, die § 23 ArbEG ohne nähere Begründung einem (absoluten) gesetzlichen Verbot i. S. von § 134 BGB gleichsetzen.

[161]) Von Heine GRUR 62, 325 „Revisions-Klausel" genannt.

[162]) Vgl. zu allem Reimer-Schade-Schippel § 12 Anm. 25 ff., insbesd. Anm. 30/1; Volmer § 12 Anm. 68 ff.; insbesd. 72 und 77; Heine-Rebitzki § 12 Anm. 7.

[163]) Nachstehend handelt es sich um echte, jedoch anfangs nicht erkannte Miterfinderschaft, nicht dagegen um das oben S. 7 erörterte Problem der Miterfinderschaft nach fertiger Erfindung oder die oben S. 43 ff. besprochene Frage der nicht einverständlichen Beisteuerung einer eigenen Erfindung.

darauf zurückzuführen sein, daß man zunächst nur eine Mitwirkung ohne jede Miterfinderqualität[164]) angenommen hatte, während sich später herausstellt, daß gerade der von diesem Beteiligten geleistete Beitrag für den Erfindungsgedanken bedeutungsvoll gewesen ist. Im ersteren Fall war — jedenfalls dem Arbeitgeber — überhaupt unbekannt, daß außer den „Gemeldeten" noch eine weitere Person am Zustandekommen der Erfindung mitgewirkt hatte, im zweiten war die Person bekannt, man hatte sie aber nicht als Mit-„Erfinder" angesehen. Beide Fälle gehören zu § 12 Abs. 6 ArbEG, denn weder handelt es sich darum, daß bei unverändert gebliebenen Umständen lediglich eine möglicherweise unrichtige oder unbillige „Bewertung" stattgefunden hatte — daß Fehlbewertungen nicht unter die genannte Gesetzesstelle fallen, ist oben erwähnt worden —, noch sind überhaupt die maßgeblichen Umstände unverändert geblieben. Vielmehr haben sich die Verhältnisse, auf denen die Feststellung oder Festsetzung der Vergütung aufbaute, völlig verändert, indem an die Stelle der bisher angenommenen Arbeitnehmererfindungsgemeinschaft eine andere, erweiterte, getreten ist. Diese Feststellung dürfte jedenfalls in dem ersten der beiden genannten Fälle zutreffen, in dem der „Neue" von je als Mitwirkender bekannt, aber nicht als Mit-„Erfinder" qualifiziert worden war: hier hat sich der Umstand, daß er nur ohne Miterfinderqualität mitgewirkt hatte und folglich an der Erfindung nicht beteiligt war, d. h. keinen Erfindungsanteil erworben hatte, dahin geändert, daß man ihm heute einen solchen Anteil zuspricht.

Ebenso ist der andere Fall zu beurteilen, in dem nachträglich eine Person, von der der Arbeitgeber bislang nicht gewußt hatte, daß sie überhaupt am Zustandekommen der Erfindung mitgewirkt hatte, als Miterfinder auftaucht. Man wird vielleicht hiergegen einwenden, daß die Feststellung, jene Person sei Miterfinder gewesen, lediglich deklaratorisch sei, also nur das bestätige, was von jeher „schon so" gewesen sei (da er ja nicht erst jetzt zum Miterfinder wird, sondern es von Anfang an gewesen ist). Dem ist jedoch folgendes entgegenzuhalten: Mit Recht wird § 12 Abs. 6 ArbEG als ein Anwendungsfall der Lehre von der Veränderung der Geschäftsgrundlage (clausula rebus sic stantibus) angesehen[165]). Diese Lehre setzt aber nicht unbedingt voraus, daß sich n e u e Tatsachen ereignen, sondern nur, daß der s e i n e r z e i t z u g r u n d e g e l e g t e Sachverhalt der Wirklichkeit nicht entspricht (vgl. den Wortlaut des § 779 BGB, der einen klassischen Fall des Wegfalls der Geschäftsgrundlage regelt). So ist es hier. War also inzwischen die Vergütung für die Personen, welche man bisher als die alleinigen Miterfinder angesehen hatte, festgestellt oder festgesetzt, so liegt nunmehr ein Fall des § 12 Abs. 6 ArbEG vor, d. h. der Arbeitgeber kann angesichts des Umstandes, daß auch dem nachträglich aufgetretenen Miterfinder ein Vergütungsanspruch zusteht, von allen bisher Beteiligten die Einwilligung in eine andere Regelung der Vergütung verlangen[166]).

---

[164]) S. oben S. 37 ff.

[165]) Vgl. Reimer-Schade-Schippel § 12 Anm. 25; Volmer § 12 Anm. 68.

[166]) Ebenso Riemschneider-Barth S. 171 im Hinblick auf die frühere, § 12 Abs. 6

Zu alledem soll nicht unerwähnt bleiben, daß § 12 Abs. 6 ArbEG eine Anfechtung wegen Irrtums oder wegen arglistiger Täuschung (§§ 119, 123 BGB), falls die Voraussetzungen des Anfechtungsrechts gegeben sind, nicht ausschließt[167]). Dabei ist vor allem an Fälle zu denken, in denen sich die zur Zeit der Feststellung oder Festsetzung der Vergütung bestehenden Umstände n i c h t geändert haben. Bei den soeben behandelten Fällen des nachträglichen Auftretens eines Miterfinders stellt der Umstand, daß man ihn bisher nicht oder nicht als Miterfinder gekannt hatte, als solcher — nach der hier vertretenen Ansicht — keinen zur Anfechtung berechtigenden Irrtum dar.

f) Was den Anspruch des Arbeitnehmer-Miterfinders gegen den Arbeitgeber auf R e c h n u n g s l e g u n g anbelangt, der sich nach zutreffender Ansicht aus Treu und Glauben (§ 242 BGB) als Nebenpflicht zur Vergütungspflicht ergibt, so steht dieser jedem Miterfinder persönlich zu. Er kann also, unabhängig von den anderen, diesen Anspruch aus eigenem Recht geltend machen.

g) Sind nicht sämtliche Miterfinder Arbeitnehmer des gleichen Unternehmens, sondern gehören sie verschiedenen Unternehmern an — sog. „m e h r b e t r i e b l i c h e" Arbeitnehmererfindungsgemeinschaft[168]) — oder handelt es sich um Miterfinderschaft von Arbeitnehmern und „freien" Personen — sog. „g e m i s c h t e" Erfindungsgemeinschaft[169]) —, bestehen Ansprüche auf Erfindervergütung nach dem ArbEG stets nur zwischen jedem einzelnen Arbeitnehmer und „seinem" Arbeitgeber. Gegen letzteren können also Angehörige eines anderen Unternehmens oder „freie" Personen weder einen Anspruch auf Mitteilung der Gesamthöhe der von ihm festgesetzten Vergütung erheben noch von ihm Auskunft darüber verlangen, welche Erfindungsanteile er für seine Betriebsangehörigen festgesetzt hat. Die Frage, inwieweit außenstehende Miterfinder, zu denen der Arbeitgeber durch die Inanspruchnahme der Diensterfindung in Rechtsgemeinschaft tritt[170]), aus gemeinschaftsrechtlichen Gesichtspunkten einen solchen Auskunftsanspruch haben, ist damit zwar nicht zugleich entschieden, dürfte jedoch im Zweifel zu verneinen sein, da der Arbeitgeber ihnen die internen Verhältnisse seines Unternehmens nicht bekanntzugeben braucht.

In Ermangelung besonderer Umstände kann übrigens nicht angenommen werden, daß bei „gemischten" Erfindungsgemeinschaften der „freie" Miterfin-

---

ArbEG dem Zweck nach entsprechende, wenn auch anders gefaßte Vorschrift § 5 Abs. 5 DVO v. 20. 3. 1943; hinzugefügt ist der Hinweis, daß der Arbeitgeber u. U. mit Schadensersatzansprüchen wegen schuldhafter Nichtmeldung aufrechnen könne — ein Fall, der allerdings selten und nach Grund und Höhe schwer darzulegen sein dürfte; über die Frage des Aufrechnungsverbots wegen Pfändungsschutzes vgl. Volmer § 12 Anm. 85 b/c.

[167]) Volmer § 12 Anm. 76; Heine-Rebitzki a. a. O.; Reimer-Schade-Schippel § 12 Anm. 33.

[168]) S. oben S. 11.

[169]) S. oben S. 11.

[170]) Vgl. oben S. 75 f.

der dem Arbeitnehmererfinder stillschweigend Vollmacht erteilt habe, mit dem Arbeitgeber eine angemessene Vergütung für die ganze Erfindung auszuhandeln und ihm von dieser „etwas abzugeben". Ein so weitgehender rechtsgeschäftlicher Wille, der übrigens nur bei besonderem Vertrauen vorzuliegen pflegt, kann nicht ohne konkrete Anhaltspunkte unterstellt werden.

VII. Rechtsstreitigkeiten, Schiedsverfahren

Gemäß §§ 28, 29 ArbEG kann in allen Streitfällen zwischen Arbeitgeber und Arbeitnehmer auf Grund dieses Gesetzes jederzeit die beim Patentamt errichtete Schiedsstelle angerufen werden. Dazu sei für Miterfinder einer Diensterfindung folgendes bemerkt:

Zur Anrufung der Schiedsstelle berechtigt ist jeder Arbeitnehmer, also von den am Zustandekommen der Erfindung beteiligten Arbeitnehmern des gleichen Betriebs jeder einzelne oder alle gemeinsam, wie umgekehrt der Arbeitgeber gegenüber einem oder allen die Schiedsstelle anrufen kann; auch bestehen angesichts von § 33 Abs. 2 ArbEG keine Bedenken, daß die Schiedsstelle bei der gleichen Erfindung die von einzelnen Arbeitnehmern eingeleiteten Verfahren miteinander verbindet, wenn in ihnen nicht nur höchstpersönliche Umstände (etwa Anteilsfaktoren wie die Stellung des Antragstellers im Betrieb u. a. m.), sondern solche zur Erörterung gestellt werden, die alle angehen[171]). Dagegen ist die Schiedsstelle nicht zuständig für die Schlichtung von Streitigkeiten unter mehreren Arbeitnehmern, etwa um die Frage der Miterfinderschaft[172]), und ferner nicht bei Streitigkeiten mit Außenstehenden, die nicht Arbeitnehmer oder nicht Arbeitnehmer des Betriebs dieses Arbeitgebers[173]) sind, da es sich auch hier nicht um bloß betriebsinterne Fragen handelt[174]).

Dagegen kann der Antrag auf Erweiterung der Besetzung der Schiedsstelle (§ 32 ArbEG) von jedem der mehreren, am Verfahren beteiligten Arbeitnehmer gestellt werden, da jedem von ihnen der Anspruch auf erweiterte Besetzung zusteht.

---

171) Ähnlich Volmer § 33 Anm. 27/8.

172) Ebenso bereits zur DVO v. 20. 3. 43 Riemschneider-Barth S. 233 Anm. 1; vgl. ferner Schade GRUR 58, 527 linke Sp.

173) Dieser Fall kann bei den sogen. „mehrbetrieblichen" Arbeitnehmererfindungsgemeinschaften eintreten, s. oben S. 11.

174) Vgl. Schiedsstelle PA 1. 3. 61 Bl. 62, 17; ebenso grundsätzlich Volmer § 33 Anm. 29/30, der jedoch einige nicht unbedenkliche Ausnahmen zuläßt, so u. a. die Hauptintervention (§ 64 ZPO) eines freien Erfinders vor der Schiedsstelle gegenüber beiden Streitteilen. Die Schiedsstelle ist aber weder ein Schiedsgericht noch eine mit Entscheidungsbefugnis in der Sache selbst ausgestattete Vorstufe des ordentlichen Gerichts, sondern eine im Interesse des inneren Arbeitsfriedens errichtete Schlichtungsstelle; wegen weiterer Einzelheiten kann auf Lindenmaier-Lüdecke § 28 verwiesen werden.

VIII. Öffentlicher Dienst, Beamte, Soldaten

Bei Erfindern, die im öffentlichen Dienst (im Sinne von § 40 ArbEG) beschäftigt oder Beamte oder Soldaten sind, gelten gemäß §§ 40 ff. ArbEG einige Besonderheiten, auf die hier nicht einzugehen ist. Bei Miterfindern ist zu beachten, daß diese Bestimmungen stets nur das Verhältnis desjenigen Miterfinders berühren, der im öffentlichen Dienst steht oder Beamter oder Soldat ist. Gehören der Erfindungsgemeinschaft Personen an, denen diese Eigenschaft fehlt, bleiben für sie die §§ 40 ff. ArbEG außer Betracht.

Die wiederholt erwähnten „Richtlinien für die Vergütung von Arbeitnehmererfindungen im privaten Dienst" vom 20. 7. 1959 beziehen sich ausdrücklich (vgl. auch den ersten Satz der Richtlinien) nur auf den privaten Dienst, also nicht auf Erfindungen von Angehörigen der oben erwähnten Berufsgruppen. Für letztere soll sich das Bundesarbeitsministerium den Erlaß von Richtlinien vorbehalten haben (vgl. die allgem. gehaltene Ermächtigung in § 11 ArbEG), jedoch war von je ohne rechtliche Bedenken anzunehmen, daß auch hier einstweilen die Grundgedanken der Richtlinien vom 20. 7. 1959 entsprechend angewendet werden, soweit dies nicht in Widerspruch zu den Sonderbestimmungen der §§ 40—42 ArbEG geschieht[175]). Inzwischen ist der Erlaß des Bundesministers für Arbeit und Sozialordnung vom 1. 12. 1960[176]), ergangen, welcher die entsprechende Anwendung der Vergütungsrichtlinien auf Erfindungen von Arbeitnehmer im öffentlichen Dienst, Beamte und Soldaten empfiehlt.

D. INNENVERHÄLTNIS DER BETEILIGTEN

I. Vorbemerkungen (Gesellschaft und Gemeinschaft)

1. Die rechtlichen Beziehungen der mehreren Miterfinder untereinander ergeben sich, auch wenn sie zu Mitanmeldern geworden sind, nicht aus dem Patent- oder Gebrauchsmustergesetz, sondern aus den allgemeinen Vorschriften und Auslegungsregeln des bürgerlichen Rechts[1]). Somit bieten sich in erster Linie die Vorschriften über die Gesellschaft (§§ 705 ff. BGB) und über die Gemeinschaft (§§ 741 ff. BGB) an.

Bevor dies im einzelnen untersucht wird, sei in Erinnerung gebracht, daß, wie einleitend bemerkt worden ist[2]), hier nur solche Gemeinschaften bzw. Gesellschaften erörtert werden, die aus Miterfinderschaft entstanden sind, nicht also solche, bei denen die von einem allein gemachte Erfindung nachträglich, etwa durch Einbringung in eine bürgerlichrechtliche oder handelsrechtliche Gesellschaft[3]), durch Überlassung eines bruchteilsmäßigen Anteils[4]) u. a. m. mehrere Mitberechtigte erhält, mögen sich diese auch, wie im

[175]) Ebenso Reimer-Schade-Schippel S. 432 unter 2.
[176]) BAnz Nr. 237, auch abgedr. GRUR 1961 S. 24.
[1]) Ebenso Kent Bd. I S. 29 Nr. 15.
[2]) Vgl. oben S. 1 ff.
[3]) Isay S. 357, Busse S. 192.
[4]) Klauer-Möhring S. 208, Busse S. 147.

Fall der sog. „Innengesellschaft“[5]), nach außen durch einen einzelnen vertreten lassen. Noch viel weniger gehören „Gemeinschaften“ hierher, die lediglich in schuldrechtlichen Beziehungen zwischen dem (alleinigen) Inhaber der Erfindung oder des Schutzrechts und einem anderen bestehen und daher keine Gemeinschaften im Rechtssinne, sondern nur im wirtschaftlichen Sinne sind, wie beispielsweise Lizenzaustauschverträge, Abreden über die Mitbenutzung des einem anderen gehörenden Patents usw.[6]).

2. Die Frage, wann im gegebenen Fall unter den Beteiligten eine Gesellschaft und wann eine bloße Gemeinschaft besteht, wird gleich unten[7]) erörtert werden. Der Unterschied der beiden Rechtsbegriffe, d. h. der gesetzlichen Regelung der Gesellschaft (§§ 705 ff. BGB) und ihrer handelsrechtlichen Erscheinungsformen (OHG und KG, vgl. §§ 105 Abs. 2, 161 Abs. 2 HGB) einerseits und der Gemeinschaft (§§ 741 ff. BGB) andererseits ist, wie sich nachstehend im einzelnen zeigen wird, sehr erheblich[8]).

Nachstehend sei auf einige grundsätzliche Unterschiede zwischen einer Gesellschaft und einer Gemeinschaft hingewiesen.

So haben beide zwar gemeinsam, daß der einzelne Beteiligte nicht ohne Zustimmung der anderen über das gemeinsame Recht im ganzen verfügen kann, eine solche Verfügung vielmehr von allen gemeinschaftlich vorgenommen werden muß (§§ 718 Abs. 1, 747 S. 2 BGB)[9]). Dagegen kann der einzelne bei der Gemeinschaft über seinen Anteil (Bruchteil) verfügen (§ 747 S. 1 BGB), ihn also veräußern oder den Gläubigern verpfänden[9a], nicht aber bei der Gesellschaft (§ 719 Abs. 1 BGB), da dies der gesamthänderischen Bindung des Gesellschaftsvermögens widersprechen würde, die aus der persönlichen Verbundenheit der Gesellschafter folgt. Auf diesen grundlegenden Unterschied zwischen der bloßen „Sachgemeinschaft nach Bruchteilen“ im Sinne der §§ 741 ff. BGB und der in erster Linie auf persönlichen Beziehungen beruhenden „Personengemeinschaft“ im Sinne eines Gesellschaftsverhältnisses gemäß §§ 705 ff. BGB hat, für Erfindungen und gewerbliche Schutzrechte, insbesondere Kohler[10]) hingewiesen. Nimmt man den Ausdruck „Gemeinschaft“ als Oberbegriff, so ist also zwischen Bruchteils- und Gesamthandsgemeinschaften oder, anders ausgedrückt, zwischen Bruchteils- und Gesellschaftsgemeinschaften[11]) zu unterscheiden, wobei sich für erstere

---

[5]) RGR Kom. § 718 BGB Anm. 6.

[6]) Isay S. 357, 359.

[7]) Vgl. unten S. 105 ff.

[8]) Aus diesem Grunde weisen Blum-Pedrazzini Bd. II S. 307 für das Recht der Schweiz zutreffend darauf hin, daß, wenn Art. 33 II SchwzPatG vom „Eigentum mehrerer“ spricht, die Rechtsnatur des zugrundeliegenden Verhältnisses nicht erkennbar wird.

[9]) Dies schließt jedoch nicht aus, daß einem von ihnen seitens der anderen die Befugnis eingeräumt wird, sie zu vertreten; Kisch Hdb. S. 74.

[9a]) Bernhardt S. 59.

[10]) Kohler Hdb. S. 493—496.

[11]) Ausdruck bei Busse S. 312.

aus der primären Tatsache der Vermögensgemeinschaft einige persönliche Beziehungen unter den Beteiligten ergeben, wogegen bei der Gesellschaft aus der primären persönlichen Verbundenheit der Gesellschafter eine enge sachliche Bindung des gemeinschaftlichen Vermögens folgt.

Was die Gesellschafter — zum Unterschied von der bloßen Bruchteilsgemeinschaft, bei der lediglich mehrere Personen „nebeneinander" die Sachherrschaft ausüben[12]) — verbindet, ist der gemeinsame Zweck, zu dem sie sich verbunden haben. Es gehört daher zum Begriff der Gesellschaft, daß ein gemeinsamer Zweck gefördert werden soll (§ 705 BGB). Demgemäß ist Zweckerreichung ein Grund für das Erlöschen der Gesellschaft (§ 726 BGB). Dagegen besteht für die an einer bloßen Bruchteilsgemeinschaft Beteiligten keine Pflicht zu gemeinsamer Zweckförderung[13]). Andererseits ergibt sich für die Gesellschaft aus der erwähnten, „zweckdienlichen" Verbundenheit der Gesellschafter, daß die Gesellschaft nicht lediglich ein auf den Austausch von Leistung und Gegenleistung gerichtetes Schuldverhältnis ist, so daß die Vorschriften der §§ 320 ff. BGB über gegenseitige Verträge nicht unter Außerachtlassung der besonderen gesellschaftlichen Belange angewendet werden dürfen[14]). Selbstverständlich können die Gesellschafter, da Vertragsfreiheit besteht, durch Änderung des Gesellschaftsvertrages an die Stelle des ursprünglichen Gesellschaftszwecks einen anderen setzen, wobei es sich nach wie vor um die gleiche Gesellschaft handelt[15]).

Hieraus ergibt sich, daß die an einer Gemeinschaft Beteiligten eben den Umstand, daß sie einen gemeinsamen Gegenstand verwalten müssen, zum Anlaß nehmen können, eine Gesellschaft zu gründen, was entweder durch entsprechende ausdrückliche Abreden geschehen kann — die dann anstelle der §§ 752—758 BGB gelten[16]) — oder durch eine so eingehende Regelung des gemeinsamen Verhältnisses, daß man nunmehr von einer Pflicht zur Förderung eines gemeinsamen Zweckes und somit von einer Gesellschaft sprechen kann[17]).

3. Den späteren Erörterungen über die Bruchteilsgemeinschaft muß noch vorausgeschickt werden, daß die vom Gesetz in den §§ 741 ff. BGB getroffene Regelung lediglich das Innenverhältnis unter den Beteiligten betrifft[18]).

Hierzu hat unter einer großen Zahl von Kommentatoren zum gewerblichen Rechtsschutz von je Einigkeit darüber bestanden, daß der in Rede stehende Gesetzestitel (§§ 741 ff. BGB) nicht befriedigt. So ist bereits seine systematische Stellung im Schuldrecht mit der Begründung angegriffen wor-

[12]) Calé GRUR 31, 90.
[13]) RGRKom. § 744 BGB Anm. 1.
[14]) RGRKom. Vorbem. 1 vor § 705 BGB und § 705 BGB Anm. 4.
[15]) RGRKom. § 705 BGB Anm. 2.
[16]) RGRKom. § 741 BGB Anm. 2.
[17]) Ähnlich Calé GRUR 31, 92.
[18]) Kisch GRUR 52, 267; RGRKom. § 741 BGB Anm. 2.

den, daß es sich hier nicht um ein Schuldverhältnis handele[19]) und daß in diesem Titel des Gesetzes in unsicherer Terminologie eine „undeutliche Verquickung von schuld- und sachenrechtlichen Begriffen“ stattgefunden habe[20]). Der Kritik ist sicherlich zuzugeben, daß der Gesetzgeber, im letzten Drittel des vorigen Jahrhunderts und im ersten Anbeginn reichsdeutscher Patentgesetzgebung, bei Schaffung der §§ 741 ff. BGB nicht an Erfindungsgemeinschaften gedacht hat[21]) und daß die Regelung so, wie sie erfolgt ist, „nicht als Meisterstück“ angesehen werden kann[22]). Mit Recht ist in diesem Zusammenhang darauf hingewiesen worden[23]), daß sich in dem Titel die Begriffe der Verfügungsbefugnis, des Gebrauchsrechts, der Fruchtziehung bzw. Nutzung und der bloßen Verwaltung überschneiden und daß man juristisch-abstrakten, für die Praxis — jedenfalls der Erfindungsbenutzung — wenig brauchbaren Rechtssätzen offenbar den Vorzug vor einer den wirtschaftlichen Gegebenheiten Rechnung tragenden Regelung gegeben hat, soweit dem Gesetzgeber solche wirtschaftlichen Belange überhaupt zum Bewußtsein gelangt sein sollten[24]). Daraus folgt der von vielen[25]) den Beteiligten gegebene Rat, ihr Verhältnis vertraglich so zu regeln, daß die Vorschriften über die Gesellschaft (§§ 705 ff. BGB) anwendbar werden.

4. Ist aber eine solche vertragliche Regelung nicht erfolgt, bleiben also die Vorschriften über die Bruchteilsgemeinschaften (§§ 741 ff. BGB) anzuwenden, so muß dies bei Erfindungsgemeinschaften mit Einschränkung geschehen, nämlich nur so, daß man dem Wesen solcher Gemeinschaften und den sich für die Beteiligten ergebenden Interessen gerecht wird. Es kann nicht rechtens sein, in wörtlicher anstatt s i n n g e m ä ß e r Gesetzesanwendung nach Lösungen zu suchen, die offensichtlich berechtigten Belangen zuwiderlaufen. Letztere sind also stets zu beachten[26]), wobei insbesondere einer für alle Fälle starren Trennung der §§ 705 ff. und 741 ff. BGB entgegenzutreten ist. Daher können im Wege der Analogie gewisse gesellschaftsrechtliche Normen im gegebenen Fall auf die Beurteilung der Rechte und Pflichten der (Erfindungs-)Bruchteilsgemeinschaften angewendet werden[27]). Daß somit auch hier der überall im Recht anzuwendende Grundsatz

---

[19]) Isay GRUR 24, 25; Engländer GRUR 24, 53.

[20]) Calé GRUR 31, 92.

[21]) Isay a. a. O.; Reimer S. 143.

[22]) Isay a. a. O.

[23]) Kisch GRUR 52, 267.

[24]) Isay a. a. O. sowie ders. PatG S. 358, Calé a. a. O.

[25]) Vgl. d. vorstehend Zit. sowie Tetzner S. 168 und entspr. für das Urheberrecht Runge GRUR 56, 408.

[26]) H. M., vgl. Klauer-Möhring S. 127; Reimer S. 143: Anwendung der §§ 741 ff. BGB „in freier Form“; Bernhardt 58/9: „so, daß (die Anwendung) zu dem Wesen einer Erfindergemeinschaft nicht in Widerspruch tritt“.

[27]) Ähnlich Blum-Pedrazzini Bd. I S. 311 sowie im UrhR zu § 6 LUG Kleine GRUR 59, 147 in Anschluß an BGH 26. 9. 58 GRUR 59, 147.

von Treu und Glauben gilt[28]), versteht sich von selbst, und auch dies kann einem Beteiligten gelegentlich verbieten, sich auf den nackten Wortlaut einer Gesetzesstelle zu berufen.

Mit diesem unabweislichen Postulat der sinnfälligen, dem Einzelfall und den Erfordernissen von Treu und Glauben angepaßten Anwendung der §§ 741 ff. BGB auf Erfindungsgemeinschaften wird allerdings ein fruchtbarer Nährboden für Meinungsverschiedenheiten und im Ergebnis eine erhebliche Rechtsunsicherheit geschaffen[29]). Das muß jedoch für die Praxis in Kauf genommen werden und sollte daher im Geschäftsleben Anreiz dazu bieten, in Fällen von Erfindungs-Bruchteilsgemeinschaften, sofern nicht deren alsbaldige Auflösung beabsichtigt ist, vertragliche, die wesentlichen Interessen der Beteiligten berücksichtigende Abreden zu treffen. Letzteres kann, insbesondere wo demnächst eine Erfindung mehrerer, etwa eines Work-teams[30]), zu erwarten ist, bereits vorweg in Gestalt eines Vorvertrages geschehen. Es ist anerkannten Rechts, daß ein auf die Eingehung einer Gesellschaft gerichteter Vorvertrag bindend ist, wenn sein Inhalt genügend bestimmt oder doch bestimmbar ist[31]). Die Ausgestaltung derartiger Absprachen muß dem Einzelfall vorbehalten bleiben.

II. Bruchteilsgemeinschaft oder Gesellschaft?

1. Bei „freien" Erfindungsgemeinschaften

a) Die Entscheidung der Frage, ob das Innenverhältnis unter den Miterfindern eine Gesellschaft (§§ 705 ff. BGB) oder eine Gemeinschaft (Bruchteilsgemeinschaft §§ 741 ff. BGB) darstellt, ist nicht vom Patentamt zu treffen, sondern im Streitfall — ebenso wie die Frage, wer Erfinder ist und wie hoch die Anteile der Beteiligten sind — vom ordentlichen Gericht[32]). Bei dieser Frage handelt es sich um die vermögensrechtliche Seite der Erfindungsgemeinschaften.

Der Patentgesetzgeber hat die Frage nach der Rechtsnatur der Erfindungsgemeinschaften offen gelassen, vielmehr in § 3 Satz 2 PatG lediglich — juristisch farblos — erklärt, daß den Miterfindern das Recht an der Erfindung „gemeinschaftlich zustehe"[33]). Somit muß in jedem Einzelfall das unter den Miterfindern bestehende Rechtsverhältnis noch ermittelt werden[34]). Mit den nachstehenden Ausführungen soll versucht werden, wesentliche Indizien, sei

[28]) RGRKom. § 741 BGB Anm. 2.

[29]) Zutreffender Hinweis von Reimer S. 143.

[30]) S. oben S. 4.

[31]) Wobei die Festlegung der besonderen gesellschaftlichen Rechtsform — 705 ff. BGB, OHG, KG, AG, GmbH — vorbehalten bleiben kann, vgl. RGRKom. § 705 BGB Anm. 2 a. E.

[32]) Kohler Lehrb. S. 94.

[33]) Vgl. desgl. für die Schweiz Art. 3 II PatG v. 25. 6. 54.

[34]) Zutreffend Kent Bd. II S. 93 Nr. 14; Lutter S. 84.

es für das Vorliegen einer Gesellschaft, sei es für das einer (Bruchteils-)Gemeinschaft aufzuzeigen[35]).

b) Damit eine bürgerlichrechtliche Gesellschaft (§§ 705 ff. BGB) oder eine Handelsgesellschaft entsteht, ist grundsätzlich ein Vertrag erforderlich, während eine Bruchteilsgemeinschaft (§§ 741 ff. BGB) auch durch tatsächliche Ereignisse (communio incidens) entstehen könnte[36]).

Als weitere Voraussetzung eines Gesellschaftsverhältnisses ist oben[37]) erwähnt worden, daß mit ihm ein gemeinsamer Zweck gefördert werden soll. Dabei genügt nicht allein der Umstand, daß die Beteiligten jeder für sich (partiarisch) einen Vorteil erhoffen[38]). Vielmehr ist ein „gemeinsamer" Zweck zu „fördern". Ist eine Erfindung mehrerer das gemeinsame Objekt der Vereinbarungen, so kann zwar nicht sie als „der gemeinsame Zweck" angesehen werden[39]), wohl aber ihre gemeinsame Verwertung (Benutzung, Lizenzvergabe usw.), und dieser Zweck braucht nicht expressis verbis genannt zu sein, sondern kann sich aus den Umständen als „selbstverständlich gewollt" ergeben. Dies wird mit Recht[40]) als Auslegungsfrage bezeichnet. Die hiermit nicht zu verwechselnde Frage, ob schon das Sichzusammentun mehrerer zu gemeinsamer erfinderischer Tätigkeit für sich allein die Annahme eines Gesellschaftsverhältnisses unter den Beteiligten (zukünftigen Miterfindern) rechtfertigt, wird weiter unten[41]) behandelt werden.

Somit können als Indizien (Auslegungskriterien, Beweisanzeichen) für das Vorliegen eines Gesellschaftsverhältnisses im Sinne der §§ 705 ff. BGB festgehalten werden: auf die Förderung eines gemeinsamen Zwecks gerichtete und auf persönliches Vertrauen gegründete Abreden, wobei für Erfindungsgemeinschaften der gemeinsame Zweck in der Schaffung einer Erfindung oder in deren Verwertung zu bestehen pflegt. (Dabei ist hier der Ausdruck „Erfindungsgemeinschaft", obgleich er den Bestandteil „Gemeinschaft" enthält, farblos gebraucht, also unabhängig von der — in jedem Fall zu untersuchenden — Frage, ob §§ 705 ff. oder 741 ff. BGB anzuwenden sind).

c) Zur Bruchteilsgemeinschaft (§§ 741 ff. BGB) wurde bereits oben erwähnt, daß sie sowohl durch Rechtsgeschäft als auch durch tat-

---

[35]) Das ist z. B. Zeller GRUR 42, 248 nur unvollkommen gelungen.

[36]) RG 10. 10. 39 GRUR 40, 339; RGRKom. § 741 BGB Anm. 1, Kent Bd. I S. 534/5 Nr. 543, Kisch Hdb. S. 74, Lindenmaier S. 124 oben; die Fälle, in denen außervertraglich, etwa durch Eintritt einer gesetzlichen Miterbengemeinschaft, eine Erfindung mehreren Personen gehört, die nicht Miterfinder sind — vgl. Kisch Hdb. S. 144 — können hier außer Betracht bleiben, s. oben S. 3 und S. 101; über das Erfordernis rechtsgeschäftlichen Willens für die Hinzunahme Außenstehender zu einer bestehenden Erfindungsgemeinschaft s. oben S. 57 ff.

[37]) S. oben S. 102.

[38]) Zutreffend RGRKom. Vorbem. 2 a vor § 705 BGB.

[39]) Wie hier auch Blum-Pedrazzini Bd. I S. 306.

[40]) Blum-Pedrazzini a. a. O.

[41]) Vgl. unten S. 108 ff.

sächliche Ereignisse entstehen kann. Ersteres ist in der Praxis so selten[42]), daß, wo für den Fall der Miterfindung der Unterschied zwischen der Gesellschaft und der Bruchteilsgemeinschaft dargestellt wird, manche der „auf vertraglicher Grundlage" als Gesellschaft gemäß § 705 BGB entstandenen Erfindungsgemeinschaft die „ohne" solche Grundlage entstandene Bruchteilsgemeinschaft gegenüberstellen[43]). Jedenfalls herrscht Einigkeit darüber, daß unter Miterfindern beim Fehlen vertraglicher Abreden eine Gemeinschaft im Sinne der §§ 741 ff. BGB (Bruchteilsgemeinschaft) entsteht, die also in diesen Fällen durch die bloße Tatsache des — gleichzeitigen oder sukzessiven oder im Wege der Verschmelzung geschehenden[44]) — Mit-Erfindens geschaffen wird[45]). Inwieweit insbesondere bei Arbeitnehmererfindungsgemeinschaften eine vertragliche Grundlage vorhanden ist, wird gleich unten[46]) zu erörtern sein.

d) Nach dem bereits erwähnten Grundsatz der Vertragsfreiheit auf privatrechtlichem Gebiet ist es den Beteiligten einer Bruchteilsgemeinschaft (§§ 741 ff. BGB) unbenommen, diese durch entsprechende Abreden — die dann den Vorrang vor der Anwendung der (disponiblen) gesetzlichen Vorschriften haben[47]) — in ein Gesellschaftsverhältnis (§§ 705 ff. BGB) zu überführen. Das kann durch ausdrückliche, den zu fördernden gemeinsamen Zweck (§ 705 BGB) und die Art und Weise der Förderung regelnde Vereinbarung geschehen. Es genügt aber auch, wenn die Gemeinschafter über die Verwaltung und Benutzung des gemeinschaftlichen Gegenstandes Abreden treffen, die so ins einzelne gehen, daß man von einer gegenseitigen Verpflichtung zur Förderung eines gemeinsamen Zweckes und somit von einem Gesellschaftsverhältnis sprechen kann[48]). Dafür genügt allerdings nicht irgendein die Verwaltung der Erfindung (des Schutzrechts) betreffender Mehrheitsbeschluß im Sinne von § 745 Abs. 1 BGB[49]), vielmehr ist in dem soeben dargelegten Sinne ein näherer Inhalt im Hinblick auf die gemeinsame Ausbeutung der Erfindung erforderlich. Sind Verhandlungen, solche Abreden zu treffen, zwar ernsthaft eingeleitet worden, kommt aber

---

[42]) In der Regel handelt es sich darum, daß der Rechtsinhaber einen Bruchteil des Rechts auf einen anderen überträgt, vgl. Isay S. 357, Lindenmaier S. 224; diese Fälle sind hier jedoch nicht zu erörtern, s. oben A I.

[43]) Kent Bd. I S. 534/5 Nr. 543; Benkard § 3 Anm. 4; Reimer S. 143; Bernhardt 58/9; Blum-Pedrazzini Bd. I S. 311.

[44]) S. oben S. 5 ff.

[45]) RG 18. 12. 37 GRUR 38, 256 (8); 10. 10. 39 GRUR 40, 339; Isay S. 357; Spengler GRUR 38, 237; Tetzner S. 169; Benkard a. a. O.; Blum-Pedrazzini Bd. I S. 311; Riezler Urh. u. ErfR 1909 S. 56; allgemein RGRKom. § 741 BGB Anm. 1; Fall der „sukzessiven" Entstehung RG 17. 9. 27 JW 28, 333 (4) = RGZ 118, 46.

[46]) Vgl. unten S. 111 ff.

[47]) RG 10. 10. 39 „Düse für Sandstrahlgebläse" GRUR 40, 339; Lindenmaier S. 109.

[48]) Calé GRUR 31, 92; Benkard § 3 Anm. 4.

[49]) Zutreffend Gramm bei Palandt § 745 BGB Anm. 1.

die geplante Vereinbarung dann doch nicht zustande, so entsteht keine Gesellschaft, vielmehr bleibt es bei der bisher bestehenden Bruchteilsgemeinschaft[50]). Ist aber ein Gesellschaftsverhältnis wirksam entstanden und endet es später durch Kündigung, setzen die Vorschriften über die in Abwicklung befindliche Gesellschaft (§§ 730 ff. BGB) ein; nicht etwa wird aus der Gesellschaft nunmehr wieder eine Bruchteilsgemeinschaft[51]).

e) Nachstehend seien einige typische Fälle betrachtet, bei denen die Frage auftritt, ob eine Bruchteilsgemeinschaft (§§ 741 ff. BGB) oder eine Gesellschaft (§§ 705 BGB) vorliegt.

aa) Der Grund dafür, daß mehrere Personen[52]) zu Miterfindern werden, ist in der Regel ihre bewußte Zusammenarbeit. Damit sie „Miterfinder" sind und als solche eine — wie auch immer rechtlich zu fassende — Erfindungsgemeinschaft bilden, ist, wie bereits an anderer Stelle[53]) dargelegt worden ist, natürlicher Wille zur Zusammenarbeit genügend, rechtsgeschäftlicher Wille also nicht erforderlich. Diese Erkenntnis erspart allerdings nicht die Beantwortung der Frage, ob die so entstandene Gemeinschaft hinsichtlich der Befugnisse des einzelnen, der „Verwaltung" der Erfindung usw. den Vorschriften über die Bruchteilsgemeinschaft oder denen über die Gesellschaft unterliegt. Nach dem, was soeben[54]) über die Überführung einer Bruchteilsgemeinschaft in eine Gesellschaft angeführt worden ist, gehört zur Gründung einer Gesellschaft mehr als bloßes, möglicherweise lediglich auf „natürlichem" (nicht rechtsgeschäftlichem) Willen beruhendes Zusammenwirken zwecks Herbeiführung einer technischen Neuerung. Nur wenn also über dieses bewußte tatsächliche Zusammenarbeiten hinaus vertragliche Abreden vorliegen, kommt ein Gesellschaftsverhältnis in Betracht; fehlen solche Abreden, so kann nur eine Bruchteilsgemeinschaft angenommen werden[55]).

Wenn also manche[56]) das „Sichzusammentun zu gemeinsamer Zusammenarbeit" bereits als Gesellschaftsverhältnis ansehen oder, abgeschwächt, das Vorliegen einer gesellschaftsrechtlichen Bindung vermuten[57]), so macht dies

---

[50]) RG 17.9.27 RGZ 118, 46 = JW 28, 333; über die Folgen, wenn bei der Gesellschaftsgründung nicht oder nicht voll geschäftsfähige Personen mitgewirkt haben, vgl. RGRKom. § 705 BGB Anm. 2.

[51]) Letzteres nimmt, allerdings ohne eine Begründung für dieses Phänomen zu geben, Zeller GRUR 42, 248 an.

[52]) Hier sind „freie" Personen gemeint; über Arbeitnehmer als Miterfinder s. unten S. 111 ff.

[53]) Vgl. oben S. 43 ff.

[54]) S. oben bei d.

[55]) RG 17.11.23 GRUR 24, 21 = Bl. 24, 147; 17.9.27 RGZ 118, 46 = JW 28, 333; 18.12.37 GRUR 38, 256; 10.10.39 GRUR 40, 339; Kisch Hdb. S. 74, Benkard § 3 Anm. 4; Blum-Pedrazzini Bl. I S. 305; Reimer S. 143; Bernhardt S. 58/9.

[56]) So Kent Bd. I S. 164/5 Nr. 286.

[57]) Tetzner S. 169; Klauer-Möhring S. 127 sagen, in solchem Fall sei das Vorliegen einer Gesellschaft „zu erwägen".

alles im Einzelfall nicht eine Prüfung auf das Vorliegen wirklich verbindlicher Abreden entbehrlich. Erschöpft sich die Übereinkunft der Beteiligten im Zusammenarbeitenwollen, so daß jeder jederzeit ohne Rechtsnachteil seine Mitwirkung einstellen kann, liegt keine Gesellschaft vor[58]).

Begründet also der Entschluß zur Zusammenarbeit für sich allein im Zweifel noch kein Gesellschaftsverhältnis, so fragt sich, welche Abreden rechtsgeschäftlicher Art hinzutreten müssen, um von einer Gesellschaft sprechen zu können[59]).

Kann das Vorliegen eines Gesellschaftsverhältnisses bereits aus der Abrede — oder doch aus dem Vollzug derselben — abgeleitet werden, die aus der gemeinsamen Tätigkeit hervorgegangene Erfindung gemeinsam zum Patent anzumelden? Manche[60]) nehmen das in der Regel an, andere[61]) lassen die Frage offen. Der Umstand, daß die gemeinsame Patentanmeldung auf rechtsgeschäftlichem — nicht nur, wie die technische Zusammenarbeit, auf natürlichem — Willen beruhen muß, ist allerdings kein Argument, da nicht jede Vereinbarung zwischen Bruchteilsgemeinschaftern schon dann, wenn sie rechtsgeschäftlicher Natur ist, zu einem Gesellschaftsverhältnis führt: nicht die rechtsdogmatische Einordnung der Absprache, sondern ihr Inhalt ist hier entscheidend. Ferner wird man bereits daraus, daß gemeinsam die Erteilung eines Schutzrechts beantragt, also der Versuch gemacht wird, die Erfindung mit besonderem Rechtsschutz zu umkleiden — wobei es fraglich ist, ob dies gelingt —, möglicherweise auf eine Anmelder-Gemeinschaft mit gesellschaftsähnlichem Charakter schließen können, gerichtet auf tätiges Zusammenwirken bis zur endgültigen Erteilung des Patents — aber auch diese Folgerung wird in der Regel verfrüht sein, denn der bloße Entschluß, gemeinsam etwas (hier: die Herbeiführung eines Schutzrechts) in die Wege zu leiten, ist noch nicht identisch mit der Verpflichtung zum Zusammenwirken, ohne die nicht davon gesprochen werden kann, daß die Durchführung des Erteilungsverfahrens für alle Beteiligten verbindlich zum „Gesellschaftszweck" erhoben worden sei. Somit sind auch hier im Zweifel die §§ 741 BGB (Bruchteilsgemeinschaft) weiterhin anzuwenden[62]), d. h. es müßten im Innenverhältnis der Beteiligten noch besondere, auf die Förderung eines gemeinsamen Zwecks gerichtete Abreden ermittelt werden, bevor man davon sprechen könnte, daß aus der Bruchteilsgemeinschaft eine Gesellschaft geworden sei[63]).

Solche Abreden mit der Folge, daß die Vorschriften über die Gesellschaft

---

58) Zutreffend Schnabel „Reichsbahn" 1935, 939, der dies bei Zusammenarbeit von Bahnfachmann und Industrie als die Regel ansieht.

59) Verfehlt ist die Ansicht von Möller § 3 Anm. 22, der im Fall von § 3 Satz 2 PatG schlechthin Gesamthandsvermögen entstehen läßt.

60) So Blum-Pedrazzini Bd. II S. 308.

61) So Spengler GRUR 31, 232.

62) Ebenso Seligsohn S. 91, Isay S. 171, Kisch Hdb. S. 142.

63) Ebenso im Grunde Kent Bd. II S. 93 Nr. 14; über die Stellung des Patentamts zu dieser Frage s. gleich unten bei f.

anwendbar werden, betreffen in aller Regel die gemeinsame Ausbeutung der Erfindung. Ein Gesellschaftsverhältnis besteht also, sobald konkrete Vereinbarungen dieser Art verbindlich getroffen — nicht nur in Aussicht genommen — sind. Das kann, je nach Lage des Falles, bereits bei Beginn der gemeinsamen Zusammenarbeit geschehen sein, so daß bereits diese der Förderung eines Gesellschaftszwecks dient, oder kann in einem späteren Zeitpunkt zusätzlich vereinbart werden, so daß, wenn zur Zeit der Vereinbarung bereits die Erfindung gemacht war, die bis dahin bestehende Bruchteilsgemeinschaft zur Gesellschaft wird.

bb) Entsteht die Erfindungsgemeinschaft durch Verschmelzung der Arbeiten einzelner[64]), so gilt für die Frage, ob anstelle der normalerweise entstehenden Bruchteilsgemeinschaft ein Gesellschaftsverhältnis angenommen werden kann, dasselbe wie oben für die Fälle gemeinsamer Zusammenarbeit. Im Zweifel, d. h. in Ermangelung besonderer Abreden des Inhalts, daß sich die Beteiligten zur Förderung eines gemeinsamen Zwecks — insbesondere der gemeinsamen Ausbeutung der Erfindung durch Benutzung, Lizenzvergabe usw. — verpflichten, ist also lediglich eine Bruchteilsgemeinschaft anzunehmen[65]).

f) Aus den vorstehend getroffenen Feststellungen ergeben sich in Streitfällen gewisse Folgerungen für die Darlegungs- und Beweislast. Wie erwähnt, erfordert ein Gesellschaftsverhältnis unter Miterfindern mehr als das bloße gemeinschaftliche Erfundenhaben, und dieses Mehr, nämlich das Bestehen von Abreden gesellschaftsrechtlichen Inhalts, darzulegen und erforderlichenfalls zu beweisen, ist Sache desjenigen, der geltend macht, daß ein Gesellschaftsverhältnis vorliege. Das ergibt sich folgerichtig für alle, die mit der hier und wohl auch ganz überwiegend[66]) vertretenen Meinung annehmen, daß die Erfindungsgemeinschaft im Zweifel eine bloße Bruchteilsgemeinschaft im Sinne der §§ 741 ff. BGB ist.

Demgemäß unterstellt auch das Patentamt bei mehreren Mitanmeldern oder Mitinhabern eines Schutzrechts in Zweifel, daß unter ihnen eine Gemeinschaft nach Bruchteilen besteht[67]).

Nach den Erfahrungen der Praxis kann auch nicht angenommen werden — etwa mit der Folge, daß eine Vermutung besteht, durch die der an sich Beweispflichtige zunächst der Beweispflicht enthoben wäre —, daß, wo eine Erfindung oder ein Schutzrecht mehrere Inhaber (Mitinhaber) hat, zwischen letzteren ein Gesellschaftsverhältnis gegeben sei, da eine Erfindungsgemeinschaft nur in Ausnahmefällen ohne gesellschaftsrechtliche Abreden ent-

---

[64]) Vgl. oben S. 8.

[65]) Vgl. die Fälle RG 17. 10. 38 JW 39, 239 Nr. 26; 31. 1. 41 GRUR 41, 152; Blum-Pedrazzini Bd. I S. 311.

[66]) Vgl. Seligsohn S. 91, Kisch Hdb. S. 142, Lutter S. 295, Tetzner S. 167, Busse S. 312, ferner auch RGRKom. § 741 BGB Anm. 3.

[67]) PA 14. 9. 29. Bl. 29, 251; Schiedsstelle PA 1. 3. 61 Bl. 62, 17; vgl. ferner, z. T. mit weiteren Entschdgn. des PA, Kent Bd. I S. 532, Nr. 537, Tetzner S. 433, Damme-Lutter S. 291/2, Reimer S. 698 und 751/2, Busse S. 312.

stehe. Erfinderische Zusammenarbeit auf gesellschaftlicher Grundlage mag häufig[68]) sein, ist aber nicht die Regel, so daß man andererseits nicht sagen kann, Erfindungsgemeinschaften von nicht gesellschaftsrechtlicher Natur seien selten[69]). Andererseits sind die Anforderungen an die oben erwähnte „Darlegungs- und Beweislast für das Bestehen eines Gesellschaftsverhältnisses" nicht besonders hoch, da lediglich darzutun ist, durch welche Abreden die Beteiligten im einzelnen die Schaffung und Verwertung einer Erfindung zum gemeinsamen Zweck zukünftigen Verhaltens gemacht haben. Abreden solcher Art auszulegen und alsdann darüber zu befinden, ob die Beziehungen unter den Miterfindern rechtlich den Charakter einer Gesellschaft haben, ist Sache des Gerichts. Dazu sei jedoch abschließend folgendes wiederholt: In Ermangelung ausdrücklicher Abreden kann allein daraus, daß sich mehrere Personen zusammentun, um in gemeinsamer Tätigkeit eine Erfindung zu machen, nicht ohne weiteres der Schluß gezogen werden, sie hätten sich damit zugleich stillschweigend geeinigt, die Erfindung auch gemeinsam „wie Gesellschafter" zu verwerten. Dieser Auslegung steht entgegen, daß es völlig ungewiß war, ob die erhoffte Erfindung gelingen würde, und daß der Entschluß zur Zusammenarbeit lediglich einen natürlichen, dagegen die Eingehung eines Gesellschaftsverhältnisses, ja schon der Vorvertrag zu einem solchen, rechtsgeschäftlichen Willen erfordert.

2. Bei Arbeitnehmererfindungsgemeinschaften

a) Wenn Arbeitnehmer des gleichen[70]) Betriebs gemeinsam eine Diensterfindung[71]) machen, zumeist auf Grund einer entsprechenden Weisung des Arbeitgebers, wird es in der Regel an gesellschaftsrechtlichen Vereinbarungen zwischen ihnen fehlen, zumal die Erfindung, falls es überhaupt zu einer solchen kommen sollte und sie als patentfähig erscheint, der Inanspruchnahme (§ 6 ArbEG) durch den Arbeitgeber ausgesetzt ist — ein Recht, von dem er in der überwiegenden Zahl der Fälle Gebrauch machen wird. Selbst wenn also die Arbeitnehmer — was durchaus möglich ist und gelegentlich auch geschieht — eine Benutzungs- oder Verwertungs-„Gesellschaft" für die zukünftige Erfindung vereinbaren sollten, würde diese bei patentfähigen, also bei den allein im Wettbewerb wertvollen Erfindungen nur für den Ausnahmefall der Nichtinanspruchnahme oder Freigabe der Erfindung durch den Arbeitgeber von Bedeutung sein. Daher sind solche Abreden nach der Lebenserfahrung nicht als „stillschweigend gewollt" zu

---

[68]) Benkard § 3 Anm. 4.

[69]) So Kent Bd. I S. 534 Nr. 543; Kisch GRUR 52, 267; Tetzner S. 169; Riemschneider-Barth S. 82 für „freie" Erfindungen; Blum-Pedrazzini Bd. I S. 311.

[70]) Über „mehrbetriebliche" und „gemischte" Arbeitnehmererfindungsgemeinschaften s. gleich unten S. 113/6.

[71]) Für von vornherein „freie" Erfindungen, die sie machen, gilt das vorstehend unter 1 Ausgeführte; vgl. ferner für die „überraschend" freie Erfindung von Arbeitnehmern gleich unten.

vermuten. Somit muß die Gemeinschaft, welche im Augenblick des Zustandekommens einer Diensterfindung unter Arbeitnehmer-Miterfindern besteht, in der Regel als Bruchteilsgemeinschaft (§§ 741 ff. BGB), nicht dagegen als Gesellschaft (§§ 705 ff. BGB) angesehen werden[72]).

Dasselbe, nämlich bloße Bruchteilsgemeinschaft, ist folgerichtig anzunehmen, wenn aus der Zusammenarbeit der Arbeitnehmer wider Erwarten eine von vornherein „freie" Erfindung hervorgeht. Da nämlich für den erwarteten Fall der Diensterfindung nichts Besonderes (im Hinblick auf ein Gesellschaftsverhältnis) vereinbart war, kann auch für die nunmehr an der freien Erfindung bestehende Gemeinschaft nichts anderes gelten[73]). Daher sind, in Ermangelung gesellschaftlicher Abreden, auch hier grundsätzlich die §§ 741 ff. BGB anzuwenden[74]).

b) Mit der (unbeschränkten) Inanspruchnahme durch den Arbeitgeber gegenüber allen Arbeitnehmern endet jedoch die zwischen den Arbeitnehmer-Miterfindern an der Erfindung bestehende Gemeinschaft, da die Annahme, daß sie noch fortbestehe, mit dem Übergang der Erfindung auf den Arbeitgeber (§ 7 Abs. 1 ArbEG) nicht zu vereinbaren wäre[75]). Demzufolge steht jedem Arbeitnehmer nunmehr ein eigener Vergütungsanspruch gegen den Arbeitgeber zu, und zwar selbständig und unabhängig von den Vergütungsansprüchen seiner Miterfinder[76]).

c) Für den Fall des Freiwerdens der Diensterfindung (§ 8 ArbEG) sind zwei Fälle zu unterscheiden:

Zunächst der sehr seltene, daß die Erfindung nur einem der Arbeitnehmer-Miterfinder gegenüber frei wird; damit ist dann eine Rechtsgemeinschaft[77]) zwischen ihm und dem Arbeitgeber entstanden, und diese kann, falls nicht zwischen den beiden jetzt Beteiligten besondere Abreden gesellschaftsrechtlicher Art getroffen werden, nicht anders angesehen werden als eine sonstwie ohne vertragliche Abreden entstehende Rechtsgemeinschaft, nämlich als Bruchteilsgemeinschaft im Sinne der §§ 741 ff. BGB.

In dem anderen Fall, daß die Diensterfindung, etwa durch entsprechende Erklärung des Arbeitgebers, gegenüber allen Arbeitnehmer-Miterfindern frei wird, treten diese wieder in Rechtsgemeinschaft miteinander[78]). Es handelt sich, auch wenn die Erfindung vom Arbeitgeber in Anspruch genommen worden war und später wieder freigegeben wird, um die alte, wieder

[72]) Ebenso u. a. Volmer § 6 Anm. 36 m. Zit. RG 10. 10. 39 GRUR 40, 339; Riemschneider-Barth S. 82; Spengler GRUR 38, 237.

[73]) Über einen weiteren Sonderfall der „unerwarteten" Diensterfindung, nämlich bei „gemischten" Erfindungsgemeinschaften, s. unten S. 115.

[74]) So schon Kisch Hdb. S. 74.

[75]) Ebenso Riemschneider-Barth S. 83 und 170, Reimer-Schade-Schippel S. 137.

[76]) Näheres vgl. oben S. 84.

[77]) Zutreffend Reimer-Schade-Schippel S. 90/1.

[78]) Allgem. M., vgl. schon Riemschneider-Barth S. 82, ferner Volmer § 8 Anm. 24, f. d. Recht der Schweiz Blum-Pedrazzini Bd. I S. 311.

aufgelebte[79]) Rechtsgemeinschaft unter den Arbeitnehmern, nur daß sie jetzt nicht an einer Diensterfindung, sondern an einer freien Erfindung besteht[80]). Auch diese Rechtsgemeinschaft ist, falls nicht ausnahmsweise gesellschaftsrechtliche Abreden bestehen sollten, eine Bruchteilsgemeinschaft gemäß §§ 741 ff. BGB[81]).

d) Abschließend sei bemerkt, daß gemäß § 26 ArbEG die sich aus dem ArbEG ergebenden Rechte und Pflichten nicht durch die Auflösung des Arbeitsverhältnisses berührt werden. Für die Bedeutung dieser Vorschrift ist auf die einschlägigen Kommentare zu verweisen. Zum Recht der Miterfinder, das hier allein zu behandeln ist, sei lediglich darauf hingewiesen, daß das zwischen dem Arbeitgeber und dem Arbeitnehmer bestehende arbeitsrechtliche Verhältnis nicht etwa durch das Ausscheiden des Arbeitnehmers zu einem Gesellschaftsverhältnis wird[82]) — eine Erkenntnis, die für den Fall von Bedeutung wird, daß der Arbeitgeber die Diensterfindung gegenüber einem Miterfinder in Anspruch genommen, aber gegenüber dem anderen freigegeben hat und letzterer aus dem Betrieb ausgeschieden ist[83]).

3. Bei mehrbetrieblichen Arbeitnehmererfindungsgemeinschaften

Als „mehrbetrieblich" sind oben[84]) Arbeitnehmererfindungsgemeinschaften bezeichnet worden, bei denen die Miterfinder verschiedenen Betrieben angehören, wobei vorausgesetzt ist, daß die beiden Betriebe selbständig sind. Als Beispiel mag dienen, daß zwei Arbeitgeber A und B, von denen der erstere Inhaber einer chemischen Fabrik, der andere Inhaber eines Unternehmens für Apparatebau ist, gemeinsam ein chemisch-technisches Problem lösen wollen und zu diesem Zweck ein Work-team bilden, zu dem jeder aus dem Kreis seiner Arbeitnehmer geeignete Personen abstellt.

a) An einer Diensterfindung, die aus der gemeinsamen Tätigkeit dieses Teams hervorgeht, besteht zunächst, d. h. vor Inanspruchnahme durch den einen oder anderen Arbeitgeber, nach den im vorangegangenen Abschnitt[85]) gewonnenen Erkenntnissen eine Bruchteilsgemeinschaft (§§ 741 ff. BGB) unter allen beteiligten Arbeitnehmer-Miterfindern.

b) Nimmt der eine der beiden Arbeitgeber den Anteil „seiner" Arbeitnehmer an der Erfindung unbeschränkt in Anspruch (§§ 6, 7 Abs. 1 ArbEG), so besteht die Bruchteilsgemeinschaft nunmehr zwischen ihm und den Arbeitnehmer-Miterfindern des anderen Betriebs. Erklärt er nur die beschränkte

---

79) Vgl. ebenso oben S. 81 f.
80) Zu letzterem zutreffend Riemschneider-Barth S. 84.
81) Ebenso Riemschneider-Barth S. 82, Volmer a. a. O.
82) Ebenso, mit ausf. Begründung, Volmer § 26 Anm. 7/8.
83) S. oben unter c.
84) Vgl. oben S. 11.
85) Vgl. soeben unter 2.

Inanspruchnahme, so tritt er weder mit „seinen" noch mit den „fremden" Miterfindern in Rechtsgemeinschaft, sondern erwirbt lediglich gemäß § 7 Abs. 2 ArbEG ein Benutzungsrecht.

c) Nehmen beide Arbeitgeber die Diensterfindung unbeschränkt in Anspruch — d. h. jeder den an ihr bestehenden Anteil „seiner" Arbeitnehmer[86]) —, so entsteht, mangels gesellschaftsrechtlicher Vereinbarungen, die hier häufig schon bei Bildung der Work-teams getroffen werden, zwischen ihnen eine Bruchteilsgemeinschaft an der Erfindung (§§ 741 ff. BGB). Erklären beide nur die beschränkte Inanspruchnahme, so erwerben sie lediglich jeder ein Benutzungsrecht, über das hier nicht zu sprechen ist; eine Rechtsgemeinschaft „an der Erfindung" entsteht also zwischen ihnen nicht, da ihnen an dieser keine Anteile gehören.

d) Wird die Diensterfindung gegenüber dem einen der beiden Arbeitgeber frei, etwa infolge Freigabeerklärung (§ 8 Abs. 1 Nr. 1 ArbEG), so liegt der Fall analog zu den soeben unter a bzw. b dargestellten Beispielen: die Arbeitnehmer-Miterfinder des Freigebenden stehen, nunmehr selbst „frei", in Bruchteilsgemeinschaft (§§ 741 ff. BGB) mit denen des anderen Betriebs bzw. mit dessen Inhaber, wenn dieser die unbeschränkte Inanspruchnahme des Anteils „seiner" Arbeitnehmer erklärt hat.

e) Wird eine mehrbetriebliche Arbeitnehmererfindung gegenüber allen Arbeitgebern frei, so besteht an ihr unter allen beteiligten Miterfindern eine Gemeinschaft nach Bruchteilen gemäß §§ 741 ff. BGB.

4. Bei „gemischten" Erfindungsgemeinschaften

Als „gemischte" Erfindungsgemeinschaften sind oben[87]) solche bezeichnet worden, bei denen (je einer oder mehrere) Arbeitnehmer und „freie" Personen als Miterfinder beteiligt sind, etwa Angestellte eines Betriebes und ein zu den Arbeiten hinzugezogener freier Wissenschaftler oder — was in der Tat gelegentlich vorkommt — ein zur Abstellung gerügter Mängel zum Käufer einer Maschine entsandter Arbeitnehmer des Herstellers und eben der Käufer selbst, wenn sich aus dem gemeinsamen Bemühen eine Verbesserungserfindung ergibt.

a) In dem Augenblick, in dem die Erfindung zustandekommt, ist auch hier zunächst in aller Regel eine Bruchteilsgemeinschaft zwischen allen, d. h. den gebundenen (§ 4 Abs. 1 ArbEG) und den freien Miterfindern anzunehmen.

b) Im Fall der Inanspruchnahme des auf die Arbeitnehmer-Miterfinder entfallenden Anteils durch deren Arbeitgeber besteht eine Bruchteilsgemeinschaft zwischen diesem und dem oder den „freien" Miterfindern[88]), es sei denn, daß für diesen Fall Abreden gesellschaftsrechtlicher Art (§ 705

---

[86]) Vgl. oben S. 75 f.

[87]) Vgl. oben S. 11.

[88]) Riemschneider-Barth S. 85/6; Busse S. 147.

BGB) getroffen waren[89]). Letzteres wird, wenn vorauszusehen[90]) war, daß die geplanten Arbeiten zu einer Erfindung führen könnten, häufig vor Beginn der Arbeiten geschehen sein, insbesondere in Fällen, bei denen der Arbeitgeber einen „freien" Fachmann (Ingenieur, Wissenschaftler) hinzuzieht. Für derartige technische Vorhaben ist empfohlen worden, anstelle der Begründung eines Gesellschaftsverhältnisses zu vereinbaren, daß auch im Verhältnis des Arbeitgebers zu dem freien Miterfinder das ArbEG Anwendung finden soll, womit — wie weiter gefolgert wird[91]) — dem ersteren vertraglich ein Inanspruchnahmerecht eingeräumt sein soll; es dürfte jedoch hier, anstelle der Übernahme arbeitnehmererfindungsrechtlicher Begriffe in nichtarbeitsrechtliche Verhältnisse, die Auslegung vorzuziehen sein, daß Abreden der erwähnten Art dem Arbeitgeber gegenüber dem Freien eine Option auf dessen Anteil geben sollen, durch deren Ausübung ein die Übertragung des Erfinderanteils gemäß §§ 398, 413 BGB bewirkender Vertrag zustandekommt[92]).

c) Wird die „gemischte" Erfindung gegenüber dem beteiligten Arbeitgeber frei (§ 8 ArbEG), so stehen die Arbeitnehmer und der Freie nunmehr, sofern für diesen Fall unter ihnen keine gesellschaftsrechtlichen Abreden getroffen sind, in Bruchteilsgemeinschaft (§§ 741 ff. BGB).

d) Nimmt der Arbeitgeber den Erfindungsanteil seiner Arbeitnehmer nur beschränkt in Anspruch, so tritt er weder mit ihnen noch mit dem Freien in eine Rechtsgemeinschaft (da er ja lediglich ein Benutzungsrecht erhält, § 7 Abs. 2 ArbEG). Das Verhältnis der Arbeitnehmer-Miterfinder zu dem freien Miterfinder bestimmt sich in diesem Fall entsprechend den soeben unter c gemachten Ausführungen.

e) In diesem Zusammenhang ist noch ein Sonderfall zu behandeln. Es ist möglich, daß sich ein Arbeitnehmer mit einem Freien zusammentut in der Absicht, auf einem offensichtlich nicht zum Arbeitsbereich des Betriebs gehörenden Gebiet ein bestimmtes technisches Problem mit völlig betriebsfremden Mitteln zu lösen, so daß nach den ganzen Umständen anzunehmen ist, daß eine aus der Zusammenarbeit möglicherweise hervorgehende Erfindung gegenüber dem Arbeitgeber von vornherein „frei" sein würde (§ 4 ArbEG). Es sei weiter angenommen, daß der Arbeitnehmer und der Freie für ihr Zusammenwirken und die spätere gemeinsame Ausbeutung des Ergebnisses Bindungen im Sinne eines Gesellschaftsverhältnisses (§ 705 BGB) eingegangen sind. Aus ihrer Tätigkeit ergibt sich nun eine patentfähige Erfindung, die jedoch, da sich die Arbeiten in anderer Richtung als vorausgesehen entwikkelten, wider Erwarten auf Seiten des Arbeitnehmers eine Dienst-

[89]) Volmer Vorbem. 2 vor § 5, § 6 Anm. 39/40.

[90]) So keineswegs immer in den von Schnabel „Reichsbahn" 1935, 939 erwähnten Fällen der Zusammenarbeit eines Eisenbahnfachmanns mit einem Industrieunternehmen.

[91]) Volmer § 6 Anm. 39/40.

[92]) Über einen Fall — nach früherem Recht —, in dem der Dritte (Freie) sein Recht dem Arbeitnehmer überlassen hatte, s. Seligsohn S. 113.

erfindung ist, weil sie maßgeblich auf Erfahrungen oder Arbeiten beruht, die im Betrieb des Arbeitnehmers vorlagen (§ 4 Abs. 2 Ziff. 2 ArbEG). In solchem Fall ist der Erfindungsanteil des Arbeitnehmers dem Inanspruchnahmerecht des Arbeitgebers (§ 6 ArbEG) ausgesetzt, da letzteres nicht durch eine Vereinbarung des Arbeitnehmers mit einem Dritten — hier: dem freien Miterfinder — abbedungen werden konnte. Die beiden Miterfinder können dem Arbeitgeber, wenn dieser die Inanspruchnahme erklärt, auch nicht entgegenhalten, daß zwischen ihnen eine Gesellschaft bestehe, so daß der Vermögensanteil des Arbeitnehmer-Mitgesellschafters gemäß § 719 Abs. 1 BGB unübertragbar sei und folglich nicht gemäß § 7 Abs. 1 ArbEG auf den Arbeitgeber übergehen könne. Wollte man diesen Einwand beachten, käme dies auf das rechtlich unmögliche Ergebnis hinaus, daß die zwischen dem Arbeitnehmer und dem Freien getroffenen Abreden den Ausschluß des gesetzlich in § 6 ArbEG verankerten und überdies durch § 7 Abs. 3 ArbEG gegen Vorausverfügungen des Arbeitnehmers „abgesicherten" Inanspruchnahmerechts des Arbeitgebers für Diensterfindungen zur Folge hätten. Macht der Arbeitgeber nunmehr von seinem Inanspruchnahmerecht gegenüber dem Arbeitnehmer Gebrauch, entsteht infolge § 7 Abs. 1 ArbEG zwischen ihm und dem Freien eine Gemeinschaft nach Bruchteilen an der Erfindung (§§ 741 ff. BGB), wogegen die bisher zwischen dem Arbeitnehmer und dem Freien bestehende Gesellschaft erlischt, da der Gesellschaftszweck, nämlich die Ausbeutung der Erfindung durch die beiden Gesellschafter, nicht mehr erreicht werden kann (§ 726 BGB).

III. Das gemeinschaftliche Vermögen

1. Das Vermögensobjekt

Die Erfindungsgemeinschaft hat in jedem Fall — sowohl als Bruchteilsgemeinschaft (§§ 741 ff. BGB) wie als Gesellschaft (§ 705 BGB) — Vermögen. Vermögensobjekt ist die Erfindung mit den aus ihr folgenden Erfindervermögensrechten[93]) wie dem Recht auf das Patent (§ 3 Satz 2 PatG) sowie, nach erfolgter Patentanmeldung, der Anspruch auf Erteilung des Patents und schließlich, nach Patenterteilung, das Recht aus dem Patent (§ 9 PatG). Man pflegt daher — wobei man im Grunde immer die gleiche Gemeinschaft meint — in der ersten dieser Phasen von Erfindungsgemeinschaft, dann von Anmeldergemeinschaft und endlich von Patentgemeinschaft zu sprechen[94]). Lediglich wo Arbeitnehmer als Miterfinder beteiligt sind, kann die anfänglich bestehende Gemeinschaft infolge erklärter unbeschränkter Inan-

---

[93]) S. oben S. 13 f.

[94]) Vgl. Benkard § 3 Anm. 4 m. Zit.; der Umstand, daß das Vorhandensein von Vermögen keine „begriffliche Voraussetzung" einer Gesellschaft ist (RG 25. 8. 37 GRUR 39, 377, RGRKom. § 705 BGB Anm. 3), kann hier, wo Vermögen vorhanden ist, außer Betracht bleiben.

spruchnahme ihres Erfindungsanteils durch den Arbeitgeber ein jähes Ende nehmen[95]).

2. Bruchteils- und Gesamthandsvermögen

a) Alle Vermögensgemeinschaften, gleich ob sie den Vorschriften über die Gemeinschaft nach Bruchteilen (§§ 741 ff. BGB) oder denen über die Gesellschaft (§§ 705 ff. BGB) unterliegen, stimmen, wie schon ihr Name sagt, darin überein, daß das vorhandene Vermögen den Beteiligten gemeinschaftlich gehört. Das gilt selbstverständlich auch für die Erfindungsgemeinschaften[96]). Hierzu sei angemerkt, daß bei Gesellschaftsverhältnissen — bei denen übrigens auch gezogene Gewinne wie Lizenzgebühren usw. gemeinsames Vermögen werden, § 718 Abs. 2 BGB — während des Bestehens der Gesellschaft kein Anspruch des Gesellschafters auf Teilung des Vermögens (§ 719 Abs. 1 BGB), sondern nur, entsprechend den getroffenen Abreden oder bei Gesellschaften von längerer Dauer (§ 719 Abs. 2 BGB), auf Gewinnverteilung besteht[97]).

b) Entsprechend dieser Gemeinsamkeit ist die Verfügungsmacht der Beteiligten über das Vermögen beschränkt. Demgemäß kann der einzelne weder bei der Bruchteilsgemeinschaft (§ 747 Satz 2 BGB) noch bei der Gesellschaft über das gemeinschaftliche Vermögen — bei Erfindungsgemeinschaften also über die Erfindung bzw. das Schutzrecht — als Ganzes verfügen[98]).

c) Anders bei der Frage nach der Verfügungsmacht (Abtretungsbefugnis) des einzelnen über seinen Anteil an dem gemeinschaftlichen Vermögen. Diese Anteile sind zunächst keine realen Teile. Insbesondere wäre es, wenn eine Gemeinschaft an einem Patent besteht, rechtlich unmöglich, letzteres nach den einzelnen Patentansprüchen, weil der eine Miterfinder diesen, der andere jenen beigetragen hat, real aufzuteilen[99]). Der einzelne ist vielmehr, sowohl bei der Bruchteilsgemeinschaft wie bei der Gesellschaft, lediglich mit einem ideellen Anteil, einer Quote am Ganzen, beteiligt[100]). Der Unterschied der beiden Gemeinschaftsformen (§§ 741 ff. bzw. 705 ff. BGB) zeigt sich jedoch im folgenden:

---

[95]) S. oben S. 112, S. 113 und S. 114; dies scheint der Grund für die Bemerkung von Riemschneider-Barth S. 83 zu sein, daß bei Arbeitnehmererfindungen die vermögensrechtliche Erfindergemeinschaft „weitgehend aufgehoben" sei.

[96]) Kohler Hdb. S. 493, Kisch Hdb. S. 74; für das Recht auf das Patent ist dies in § 3 Satz 2 PatG ausdrücklich allgemein ausgesprochen.

[97]) RGRKom. § 719 BGB Anm. 4.

[98]) Kisch Hdb. S. 74 (unten); daß bei Gesellschaften u. U. einer die anderen mit „vertreten" kann, bestätigt lediglich den oben dargelegten Grundsatz.

[99]) RG 17. 9. 27 RGZ 118, 46: „einheitliches Ganzes" aller Ansprüche des Patents.

[100]) Reimer S. 143, Schnabel „Reichsbahn" 1935 S. 939, RGRKom. § 718 BGB Anm. 1, § 747 Anm. 1.

aa) Bei der Gemeinschaft nach Bruchteilen (§§ 741 ff. BGB) kann der einzelne über seinen Anteil an dem gemeinschaftlichen Gegenstand wirksam verfügen (§ 747 Satz 1 BGB)[101]). Gerade hierin wird, im Gegensatz zu der gleich nachstehend zu besprechenden Gesellschaft (§§ 705 ff. BGB), bei der Bruchteilsgemeinschaft das Wesen der Mitberechtigung des einzelnen gesehen (RGRKom. § 747 BGB Anm. 1).

bb) Bei der Gesellschaft (§§ 705 ff. BGB) hat das Gesetz darauf Rücksicht zu nehmen, daß die vereinbarte Förderung eines gemeinsamen Zwecks durch die Gesellschafter zwischen ihnen in gegenseitiger[102]) Verpflichtung ein persönliches Band[103]) geknüpft hat, das zu lösen dem einzelnen Gesellschafter nicht ohne weiteres gestattet sein darf. Hier tritt eben „zum dinglichen Element ein persönliches hinzu"[104]). Demgemäß bestimmt § 719 Abs. 1 BGB, daß ein Gesellschafter nicht über seinen Anteil am Gesellschaftsvermögen und an den einzelnen dauzgehörenden Gegenständen[105]) verfügen kann. Dieser sehr wesentliche Unterschied gegenüber der Bruchteilsgemeinschaft (vgl. § 747 Satz 1 BGB) darf keinesfalls übersehen werden und wird daher von vielen bei der Erörterung der Erfindungsgemeinschaften dort, wo der Unterschied der Bruchteils- und der „Gesellschaftsgemeinschaft"[106]) besprochen wird, mit Recht besonders hervorgehoben[107]), wogegen es verfehlt wäre, auch die wesentlich geringere vermögensrechtliche Bindung, wie sie bei der oben dargestellten Bruchteilsgemeinschaft besteht, als „gesamthänderisch"[108]) zu bezeichnen.

d) Was die Befugnis zur (bloßen) Verwaltung des gemeinschaftlichen Vermögens anbetrifft, auf die in den folgenden Abschnitten noch im einzelnen einzugehen ist, so spiegelt sich auch hier das der Gesellschaft im Gegensatz zur Bruchteilsgemeinschaft innewohnende persönliche Element[109]) wider, indem gemäß § 709 Abs. 2 BGB bei der Gesellschaft Mehrheit nach Köpfen (Personen), bei der Bruchteilsgemeinschaft dagegen gemäß § 745 Abs. 1 Satz 2 BGB die Mehrheit (Größe) der Anteile entscheidet. Mit Recht ist bemerkt worden, daß sich Gesellschafter miteinander betätigen, während Bruchteilsgemeinschafter die Sachherrschaft nebeneinander ausüben[110]).

---

[101]) Volmer § 8 Anm. 24.

[102]) RGRKom. § 705 BGB Anm. 5.

[103]) S. oben S. 106.

[104]) Kohler Hdb. S. 495.

[105]) Sofern ein Anteil an diesen überhaupt rechtlich konstruiert und berechnet werden kann, Gramm bei Palandt § 719 BGB Anm. 1.

[106]) Ausdruck bei Busse S. 312.

[107]) So u. a. von Kohler Hdb. S. 495; Kent Bd. I S. 533/4 Nr. 540; Kisch GRUR 52, 267; Riezler Urh. u. ErfR 1909 S. 62.

[108]) So Reimer-Schippel S. 135.

[109]) Kohler Hdb. S. 495.

[110]) Calé GRUR 31, 90.

3. Veräußerung der Erfindung (des Schutzrechts)

Nunmehr können aus den oben dargelegten Grundsätzen Folgerungen für den speziellen Fall gezogen werden, daß der Kreis der Beteiligten aus Miterfindern besteht[111]).

a) *Bei der Bruchteilsgemeinschaft*

aa) Da der einzelne bei der Bruchteilsgemeinschaft (§§ 741 ff. BGB) nicht über den gemeinschaftlichen Gegenstand als ganzen verfügen kann (§ 747 Abs. 1 Satz 2 BGB)[112]) und bei Erfindungsgemeinschaften die Erfindung — manche[113]) sprechen hier genauer von dem „Erfinderrecht im ganzen" —, in der Regel den einzigen, stets jedoch den wesentlichen Vermögensgegenstand darstellt, ist es den einzelnen Beteiligten versagt, ohne Zustimmung der anderen über die Erfindung als ganze zu verfügen[114]). Streitfragen, die in diesem Zusammenhang zum Begriff der „Verfügung" entstanden sind, werden an geeigneter Stelle zu erörtern sein[115]). Gleiches gilt, da das vom Patentamt gewährte Schutzrecht die Erfindung zum Gegenstand hat und sie lediglich mit einem Monopolschutz umkleidet, von dem Patent oder Gebrauchsmuster, das seitens der Erfindungsgemeinschaft für die Erfindung erzielt wird, sowie schon vorher von dem Recht auf Erteilung eines Patents[116]).

Betrachtet man dieses Ergebnis mit den Augen eines Außenstehenden, so ergibt sich, daß eine gegen einen der beteiligten Miterfinder gerichtete Klage mit dem Ziel, er solle die Erfindung als ganze bzw. das Schutzrecht auf den Kläger übertragen oder zu dessen Gunsten andere Verfügungen über das Ganze treffen (Verpfändung usw.), keinen Erfolg haben kann, da hier von dem beklagten Miterfinder etwas gefordert wird, was außerhalb seiner Rechtsmacht steht. Eine Klage dieses Inhalts müßte also, um schlüssig zu sein, gegen alle Beteiligten zugleich gerichtet werden[117]), zumal selbst ein gegen einen Miterfinder erzieltes Urteil dieses Inhalts keine Rechtskraft gegen die anderen ausüben würde[118]).

Der Grundsatz, daß einer nicht ohne die anderen über den gemeinschaftlichen Gegenstand der Bruchteilsgemeinschaft, hier also über die Erfindung bzw. das Schutzrecht, als ganzen Verfügungen treffen kann, wird im Sinne des erstrebten Gesetzeszwecks zutreffend dahin ausgelegt, daß auch ein die

---

[111]) Besonderheiten bei Arbeitnehmererfindungen werden unten unter c behandelt.

[112]) S. oben S. 117.

[113]) So Spengler GRUR 38, 231.

[114]) Kisch Hdb. S. 74/5 sowie GRUR 52, 267/8; auch schon Kent Bd. I S. 534 Nr. 541; Spengler a. a. O.; Reimer S. 145; Volmer § 8 Anm. 24; Bernhardt S. 59.

[115]) Vgl. z. B. betr. Lizenzerteilung unten S. 225.

[116]) Vgl. § 9 PatG; wegen des fehlenden Schutzes für „gutgläubige" Kontrahenten gilt dasselbe, was gleich unten zur Verfügungsmacht bei der Gesellschaftsgemeinschaft ausgeführt wird, vgl. unten S. 120 f.

[117]) Zutreffend Kisch Hdb. S. 143 und GRUR 52, 270.

[118]) Kisch a. a. O.

Minderheit überstimmender Mehrheitsbeschluß nicht genügt, um derartige Verfügungen wirksam vorzunehmen (RGRKom. § 745 BGB Anm. 1, § 747 BGB Anm. 2). Dies wird für Lizenzerteilungen noch ausführlich zu behandeln sein[119]). Fälle, in denen der Widerspruch des Überstimmten als bloße Schikane gemäß §§ 226, 242 BGB nicht zu beachten wäre[120]), werden sehr selten sein.

Die Frage, ob und von wem über von der Gemeinschaft gemäß der Erfindung gemeinsam hergestellte Sachen wirksam verfügt werden kann, wird an anderer Stelle[121]) zu besprechen sein. Diese Frage ist nicht identisch mit der nach dem Verfügungsrecht über die Erfindung als solche.

Die wirksame Veräußerung der Erfindung durch alle Beteiligten als Erlöschensgrund der Bruchteilsgemeinschaft wird in anderem Zusammmenhang[122]) erörtert werden.

bb) Eine besondere, für die Praxis sehr bedeutsame Frage ist die, ob die Anmeldung der Erfindung zum Patent (zum Gebrauchsmuster) eine „Verfügung über die Erfindung als ganze" darstellt, so daß sie, um rechtswirksam zu sein, von allen Beteiligten gemeinsam vorgenommen werden müßte. Darüber wird in anderem Zusammenhang ausführlich gesprochen werden[123]). Nach den oben erwähnten Rechtsgrundsätzen (§ 747 Abs. 1 Satz 2 BGB) bedarf jedenfalls die Verfügung eines Mitanmelders über die Anmeldung als ganze, um wirksam zu sein, der Zustimmung der übrigen[124]).

b) *Bei der Gesellschaftsgemeinschaft*

aa) Sollte der[125]) Fall vorliegen, daß eine Erfindungsgemeinschaft als Gesellschaft gemäß § 705 BGB besteht, so daß sie im Anschluß an Busse[126]) als „Gesellschaftsgemeinschaft" bezeichnet werden kann, gilt hinsichtlich der Frage, ob der einzelne Miterfinder ohne Zustimmung der anderen über das gemeinsame Vermögen oder einen dazugehörenden Gegenstand als ganzen verfügen kann, grundsätzlich, wie oben[127]) ausgeführt worden ist, dasselbe wie bei der Bruchteilsgemeinschaft: eine solche Verfügungsmacht ist dem einzelnen nicht eingeräumt. Demgemäß kann er weder über die gemeinsame Erfindung noch später über die Rechte aus der Patentanmeldung noch über das Schutzrecht[128]) verfügen, kann diese Rechte also

---

[119]) Vgl. unten S. 228.

[120]) Hinweis von Riezler Urh. u. ErfR 1909 S. 59.

[121]) Vgl. unten S. 198.

[122]) Vgl. unten S. 152.

[123]) Vgl. unten S. 157 ff.

[124]) PA 30. 6. 33 Mitt. 33, 250; Reimer S. 698; Busse S. 335.

[125]) gegenüber den Fällen der Bruchteilsgemeinschaft, nimmt man die Arbeitnehmererfindungsgemeinschaften hinzu, seltene, vgl. oben S. 105 ff.

[126]) Busse S. 312.

[127]) Vgl. oben S. 117.

[128]) Aufzählung bei Tetzner S. 169.

insbesondere nicht ohne Einverständnis der anderen Gesellschafter an Dritte veräußern[129]). Anders nur, wo er kraft Vertrags oder Gesetzes (vgl. § 714 BGB) berechtigt ist, die anderen mit zu vertreten, also wirksam im Namen aller[130]) oder vermöge besonderer Ermächtigung nach außen im eigenen Namen, aber im Innenverhältnis für und gegen alle zu handeln. Fehlt ihm solche Befugnis, ist die Verfügung über Rechte — solche allein stehen hier in Rede — als Verfügung eines Nichtberechtigten anzusehen mit allen sich daraus nach bürgerlichem Recht ergebenden Folgen, wobei zu Lasten des Geschäftsgegners besonders ins Gewicht fällt, daß beim Erwerb von Rechten grundsätzlich der gute Glaube des Erwerbers an die Rechtsinhaberschaft des Veräußerers nicht geschützt wird, und noch weniger der an seine Vertretungsbefugnis.

Die Frage, ob Lizenzerteilungen „Verfügungen" im Sinne der vorstehenden Ausführungen sind, wird in anderem Zusammenhang zu erörtern sein[131]).

Schließt ein Gesellschafter (Miterfinder) Geschäfte, die in den Rahmen der Gesellschaft fallen, für sich ab, so haftet er den anderen Gesellschaftern auf Schadensersatz[132]).

Über die Veräußerung der Erfindung (des Patents) durch die Gesellschafter als Endigungsgrund der Gesellschaft wird im Rahmen der Auflösungsgründe für Erfindungsgemeinschaften gesprochen werden[133]).

bb) Die Frage, ob eine für die Erfindung vorgenommene Patentanmeldung als „Verfügung" über die Erfindung anzusehen ist und somit grundsätzlich nur von allen Gesellschaftern (Miterfindern) gemeinschaftlich vorgenommen werden kann, wird unten im Rahmen anderer, das Erteilungsverfahren betreffende Probleme behandelt werden[134]).

c) *Besonderheiten bei Arbeitnehmererfindungsgemeinschaften*

Die vorstehend für die Bruchteilsgemeinschaft und die Gesellschaftsgemeinschaft dargelegten Grundsätze über die Verfügungsbefugnis des einzelnen Beteiligten gelten auch für Arbeitnehmererfindungsgemeinschaften. Eine Veräußerung der Erfindung (des Schutzrechts) kann also nur mit dem Willen aller Beteiligten geschehen. Dabei unterliegt lediglich der Kreis der „jeweils" Beteiligten der Veränderung, weil im Falle der Beteiligung von Arbeitnehmern deren Arbeitgeber bei Diensterfindungen mittels der Inanspruchnahme an ihrer Stelle Mitglied der Gemeinschaft werden kann — bei Erfindungen von Arbeitnehmern des gleichen Betriebs wird er zum Alleininhaber der

---

129) Vgl. statt vieler Kisch Hdb. S. 74 (unten) und GRUR 52, 267; Spengler GRUR 38, 231.

130) Kisch Hdb. S. 75.

131) Vgl. unten S. 225.

132) Vgl. im einzelnen RGRKom. § 708 BGB Anm. 2.

133) Vgl. unten S. 152.

134) Vgl. unten S. 162.

Erfindung, bei „mehrbetrieblichen" Arbeitnehmererfindungen[135]) zum Beteiligten neben den fremden Arbeitnehmer-Miterfindern bzw. deren Arbeitgeber und bei „gemischten"[136]) zum Teilhaber des „freien" Miterfinders[137]).

Wegen der — hier nicht darzustellenden — Folgen, die sich im Falle der Verfügung von Arbeitnehmern über eine Diensterfindung vor der Inanspruchnahme ergeben, ist auf die Kommentare zu § 7 Abs. 3 ArbEG (früher § 4 Abs. II Satz 3 DVO v. 20. 3. 43) zu verweisen. Jene Darlegungen gelten auch für Verfügungen eines Arbeitnehmers, der nicht Alleinerfinder, sondern nur Miterfinder ist[138]).

4. Abtretung des „Anteils" eines Miterfinders

a) *Bei der Bruchteilsgemeinschaft*

Der „Anteil" des an der Bruchteilsgemeinschaft beteiligten Miterfinders ist, wie bereits an anderer Stelle erwähnt wurde[139]), kein realer, sondern eine bloße (ideelle) Rechnungsgröße, eine „Quote". Dies gilt auch in den Fällen, in denen der von dem betreffenden Miterfinder geleistete Beitrag als solcher erkennbar ist, etwa indem er zum Gegenstand eines besonderen Unteranspruchs des auf die gemeinsame Erfindung angemeldeten Patentes geworden ist: da ein Patent nicht nach Ansprüchen „teilbar" ist, steht dem „Erfinder" des Unteranspruchs als „Miterfinder" ein ideeller Anteil am ganzen Patent zu[140]). Daß die Anteile der Bruchteilsgemeinschafter „im Zweifel" gleich groß sind (§ 742 BGB), ist ebenfalls bereits oben erwähnt worden[141]).

§ 747 BGB bestimmt, daß die Teilhaber der Bruchteilsgemeinschaft zwar über den gemeinschaftlichen Gegenstand im ganzen nur gemeinschaftlich verfügen können, daß aber jeder Teilhaber über seinen Anteil verfügen kann. Mit Recht wird in der Verfügungsbefugnis über den Anteil der Wesensunterschied der Bruchteilsgemeinschaft gegenüber der Gesellschaftsgemeinschaft gesehen, da das die Gesellschafter miteinander verknüpfende „persönliche" Band zerrissen würde, wollte der einzelne an seiner Stelle einen anderen zum Mitgesellschafter machen; demgemäß ist für die Gesellschaft in § 719 Abs. 1 BGB bestimmt, daß ein Gesellschafter nicht über seinen Anteil am Gesellschaftsvermögen verfügen kann[142]). Auf Erfindungsgemeinschaften angewendet, bedeutet dies, daß, wenn es sich um eine Bruchteilsgemeinschaft handelt, jeder Miterfinder seinen Anteil an der Erfindung ohne Zustimmung der anderen auf einen (bisher) Außenstehenden über-

---

[135]) Vgl. oben S. 11.

[136]) Vgl. oben S. 11.

[137]) Dies ist im einzelnen oben bei S. 111 f. dargestellt.

[138]) Ebenso Heine-Rebitzki § 7 Anm. 6.

[139]) Vgl. oben S. 62.

[140]) RG 17. 9. 27 RGZ 118, 46; Reimer S. 143; Riezler Urh. u. ErfR 1909 S. 58; Schnabel „Reichsbahn" 1935, 939; für das Recht der USA s. Scher S. 85.

[141]) Vgl. oben S. 63.

tragen kann, womit er, wenn der Übergangsakt als solcher keine rechtlichen Mängel aufweist, aus der Gemeinschaft ausscheidet und der Erwerber an seine Stelle tritt; der Eintretende erwirbt dabei allerdings nicht mehr Gemeinschaftsrechte, als sie der Ausscheidende hatte, und unterliegt allen internen Beschränkungen, denen dieser unterworfen war[143]). Da § 747 Satz 1 BGB ohne Einschränkung „Verfügungen" über den Anteil gestattet, ist der einzelne nicht nur zur Abtretung seines Anteils, sondern auch zu Verfügungen von geringerer Tragweite befugt, etwa zur Verpfändung des Anteils oder zur Bestellung eines Nießbrauchs an diesem[144]); ob und inwieweit die Bestellung einer Lizenz an dem Anteil als zulässige Verfügung in diesem Sinne anzusehen ist, wird an anderer Stelle zu erörtern sein[145]).

Auch der Verzicht eines Miterfinders auf seinen Anteil an der Bruchteilsgemeinschaft stellt eine unmittelbare Minderung seiner Rechte und folglich eine Verfügung im Rechtssinne dar. Inwieweit solcher „Verzicht" als Übertragung des Anteils auf die übrigen Teilhaber aufgefaßt werden kann, soll später in anderem Zusammenhang[146]) besprochen werden.

Im Falle der „Abtretung des Miterfinderanteils", der „Ansprüche des Abtretenden aus dem Schutzrecht", seiner „Rechte aus der Mitgliedschaft" oder wie es sonst in der Praxis formuliert sein mag, ist aber stets, erforderlichenfalls mittels Auslegung, zu klären, was im gegebenen Fall als Objekt der Abtretung gewollt gewesen ist: der Anteil an der Gemeinschaft oder nur der Anspruch des Zedenten auf den ihm anteilsmäßig zustehenden Gewinn? Im letzteren Fall wird der Zessionar nicht Mitgemeinschafter, sondern lediglich Gläubiger einer gegen alle Gemeinschafter bestehenden Forderung, etwa auf Auszahlung anteiliger Lizenzgebühreneinnahmen. Die Entscheidung hängt von den Umständen des Einzelfalles ab[147]).

Erwirbt einer der Miterfinder-Gemeinschafter auf die oben im Anschluß an § 747 Satz 1 BGB dargestellte Weise sämtliche Anteile seiner Mitgemeinschafter, kann von einer Gemeinschaft, die ja begrifflich mindestens zwei Personen voraussetzt, nicht mehr gesprochen werden. Mit Recht wird daher die Vereinigung aller Anteile in einer Hand als Auflösungsgrund für die Gemeinschaft angesehen[148]).

---

[142]) Vgl. RGRKom. § 747 BGB Anm. 1; Kohler Hdb. S. 495/6.

[143]) Kohler Hdb. S. 495.

[144]) RGRKom. § 747 BGB Anm. 1; Reimer S. 144; Kisch GRUR 52, 268; Bernhardt S. 59.

[145]) Vgl. unten S. 227.

[146]) S. unten S. 183.

[147]) Vgl. z. B. RG 25. 4. 38 GRUR 38, 846 = Mitt. 38, 275 (7); 10. 10. 39 GRUR 40, 339 (41); entsprechender Auslegung bedürfte es in dem von Isay S. 358 gebildeten Beispiel, daß ein Teilhaber seinen „Anteil" zu je $^1/_{10}$ an 10 verschiedene Personen „veräußert".

[148]) Kisch Hdb. S. 143 sowie GRUR 52, 270/1; vgl. ferner den soeben zit. Fall RG 10. 10. 39; wegen der Nichtanwendbarkeit der Gewährleistungsvorschrift § 757 BGB auf derartige Fälle s. RGRKom. § 757 BGB.

Zur Stellung des Erwerbers des Gemeinschafteranteils ist bereits oben bemerkt worden, daß sie grundsätzlich keine bessere und keine geringere ist als die des Teilhabers, dessen Anteil er erworben hat. Die Frage, inwieweit ihn vor seinem Eintritt getroffene Sonderbeschlüsse und -abreden der Gemeinschafter binden und, wenn ja, ob ihm derjenige, dessen Anteil er erworben hat, für das Nichtbestehen solcher Bindungen haftet, ist hier nicht zu erörtern[149]).

Die Einstellung des Patentamts zu „Übertragungserklärungen" von Patent-Mitanmeldern oder -Mitinhabern folgt der Regel des § 747 Satz 1 BGB, wonach jeder Gemeinschafter über seinen Anteil verfügen kann. Das Amt fordert daher nicht die Zustimmung der übrigen Anmelder bzw. Mitinhaber, nimmt also, sofern die Übertragungserklärung als solche als abgegeben nachgewiesen wird (§ 24 Abs. 2 S. 1 PatG), die Umschreibung auf den Erwerber vor[150]). Dem Mitinhaber, der über seinen Anteil verfügen will, kann eine zweite Ausfertigung der Patenturkunde erteilt werden[151]).

b) *Bei der Gesellschaftsgemeinschaft*

Stellt sich die Erfindungsgemeinschaft als Gesellschaftsverhältnis im Sinne der §§ 705 ff. BGB dar — wofür es besonderer, erforderlichenfalls von den Beteiligten darzulegender Abreden bedürfte[152]) —, besteht also unter den Miterfindern über den Umstand der Gemeinsamkeit der Erfindung als Vermögensobjekt hinaus eine persönliche Verbundenheit, wäre es verfehlt, ihre Beteiligung an der Gesellschaft rein rechnerisch aufzufassen[153]). Demgemäß ist bereits oben[154]) die Besonderheit der „gesamthänderischen Bindung" des Gesellschaftsvermögens dargelegt worden, gleich welchen Vermögensgegenstand man dabei ins Auge faßt: die Erfindung, das Recht auf das Patent, das Recht auf Erteilung eines Patents oder das Patentrecht selbst[155]). Weiter sei in Erinnerung gebracht[156]), daß ein Gesellschafter gemäß § 719 Abs. 1 BGB nicht über seinen Anteil am Gesellschaftsvermögen (und an den einzelnen dazugehörenden Gegenständen) verfügen kann. Dies ist wohl der praktisch wichtigste Unterschied gegenüber der Bruchteilsgemeinschaft (§ 747

---

149) Vgl. für Teilungsabreden RGRKom. § 752 BGB Anm. 1, für den Ausschluß des Rechts, die Aufhebung der Gemeinschaft zu verlangen, RGRKom. § 749 BGB Anm. 2; im übrigen auch Kohler Hdb. S. 495, Kent Bd. I S. 533/4 Nr. 540.

150) Busse S. 312; vgl. auch bereits Kent Bd. I S. 589 Nr. 18, Seligsohn S. 92, Damme-Lutter S. 291/2; wegen d. abw. Rspr. in Großbritannien Abel GRUR 49, 387/8.

151) PA 30. 8. 29 Bl. 29, 227.

152) S. oben S. 110.

153) Dies meint offenbar Bernhardt S. 58, wenn er erklärt, bei der Gesellschaft könnten die Anteile nicht immer in Bruchteile umgerechnet werden.

154) S. oben S. 117 f.

155) Tetzner S. 169.

156) Vgl. oben S. 118.

Satz 1 BGB). Der Miterfinder-Gesellschafter kann also nicht, durch Übertragung seines Anteils, einen anderen an seine Stelle treten lassen[157]).

Hierzu muß zugunsten desjenigen, dem entgegen § 719 Abs. 1 BGB der Anteil eines Miterfinder-Gesellschafters übertragen werden sollte, eine Einschränkung gemacht werden. Die Auslegung kann nämlich ergeben, daß anstelle einer Übertragung des Anteils selbst wenigstens dessen „abtretbare Ausflüsse" zediert sein sollten, etwa der Anspruch auf Auszahlung eines Gewinnanteils oder des Auseinandersetzungsguthabens des Zedenten, § 717 Satz 2 BGB[158]). Ob solche Auslegung möglich ist, bleibt allerdings Tatfrage.

Ist dem Patentamt bekannt, daß die mehreren Mitinhaber einer Anmeldung oder eines Schutzrechts in einem Gesellschaftsverhältnis stehen (§§ 705 ff. BGB), so fordert es in folgerichtiger Durchführung von § 719 Abs. 1 BGB, um den Anteil auf den Erwerber umzuschreiben, auch den Nachweis (§ 24 Abs. 2 S. 1 PatG), daß die anderen Mitinhaber mit der Übertragung einverstanden sind[159]).

c) *Bei Arbeitnehmererfindungsgemeinschaften*

Sind an der Erfindungsgemeinschaft Arbeitnehmer als Miterfinder beteiligt, für die die Erfindung eine Diensterfindung ist, so gilt im Innenverhältnis, nämlich zu den anderen Mitgemeinschaftern oder Mitgesellschaftern, dasselbe wie sonst: Übertragbarkeit des Anteils bei der Bruchteilsgemeinschaft, Nichtübertragbarkeit bei der Gesellschaftgemeinschaft.

Im Verhältnis zum Arbeitgeber ist jedoch, um dessen Inanspruchnahmerecht nicht auszuhöhlen, die in § 7 Abs. 3 ArbEG normierte, relative Unwirksamkeit von Vorausverfügungen des Arbeitnehmers zu beachten.

Im übrigen kann hier auf das Bezug genommen werden, was bereits an anderer Stelle[160]) über die Veräußerung der Erfindung bzw. des Schutzrechts durch den oder die Arbeitnehmer ausgeführt worden ist.

5. Ausscheiden eines Teilhabers

Die Frage, welche Folgen sich im Falle des Ausscheidens eines Teilhabers für die Erfindungsgemeinschaft ergeben, wird gleich unten[161]) in anderem Zusammenhang erörtert werden.

---

[157]) Über die Wirksamkeit einer schuldrechtlichen Verpflichtung zu einer solchen Maßnahme, die ja durch die anderen Gesellschafter genehmigt werden könnte, s. RGRKom. § 719 Anm. 3 sowie BGHZ 13, 179; die für Miterben u. a. m. bestehenden Ausnahmen vom Verfügungsverbot — vgl. Kisch GRUR 52, 267 — interessieren hier nicht, s. d. Abgrenzung des Themas oben S. 1 ff.

[158]) RGRKom. § 719 BGB Anm. 2; Gramm bei Palandt § 719 BGB Anm. 2 b m. Rspr.

[159]) Busse S. 312.

[160]) S. oben S. 121.

[161]) Vgl. unten S. 142 ff.

6. Benutzung und sonstige Auswertung der Erfindung

Auch die Benutzung der Erfindung durch die an der Erfindungsgemeinschaft Beteiligten — wobei die Benutzung durch alle gemeinsam oder seitens einzelner geschehen kann — sowie alles, was sonst durch alle oder einen zwecks technisch-wirtschaftlicher Auswertung der Erfindung geschieht, betrifft „das gemeinschaftliche Vermögen". Die sich dazu ergebenden, teilweise recht komplizierten Rechtsfragen werden weiter unten[162]) in besonderen Abschnitten behandelt werden.

7. Abtretung des Anspruchs auf Arbeitnehmer-Vergütung

Zu den vermögensrechtlichen Ansprüchen, die sich für den Arbeitnehmer-Miterfinder ergeben können, gehört auch der Anspruch auf Zahlung einer Vergütung gemäß §§ 9, 10 ArbEG. Da es sich dabei jedoch offensichtlich weder um ein den Gemeinschaftern „gemeinschaftliches" Vermögen noch um einen „Anteil" am gemeinschaftlichen Vermögen handelt, sollen Verfügungen des Arbeitnehmers über seinen Vergütungsanspruch dort besprochen werden, wo allgemein über (persönliche) Veränderungen im Rahmen von Arbeitnehmererfindungsgemeinschaften gesprochen werden wird[163]).

8. Gewinn und Verlust

Das Vermögen der Erfindungsgemeinschaft kann sich durch Gewinne — etwa: Einnahme von Lizenzgebühren, vorteilhafter Verkauf von nach der Erfindung hergestellten Gegenständen usw. — vergrößern, durch Verluste — etwa: Zahlung patentamtlicher Gebühren, Aufwendungen für die Unterhaltung der erfundenen Maschine usw. — mindern.

Daß der einzelne Teilhaber in der Lage ist, den auf ihn entfallenden Anteil auf Gewinnauszahlung an Dritte abzutreten, ist bereist wiederholt erwähnt worden. Für den Fall der Bruchteilsgemeinschaft ergibt sich dies daraus, daß ja sogar der ganze Teilhaberanteil (an der Gemeinschaft) gemäß § 747 S. 1 BGB abtretbar ist, während für die Gesellschaftsgemeinschaft § 717 S. 2 BGB ausdrücklich die Abtretbarkeit des Gewinnanteilsanspruches bestimmt, wobei hervorzuheben ist, daß während des Bestehens der Gesellschaft zwar kein Anspruch auf Teilung des Gesellschaftsvermögens (§ 719 Abs. 1 BGB), wohl aber auf Teilung des Gewinns gegeben ist[164]).

Der Anteil, zu dem jeder Teilhaber am Verlust teilzunehmen hat, entspricht rechnerisch (quotenmäßig) im Zweifel seinem Gewinnanteil. Dies ist bei Gesellschaftsverhältnissen gemäß § 722 BGB anzunehmen[165]). Auch

---

[162]) Vgl. unten Abschnitte G (S. 198 ff.) und H (S. 222 ff.).

[163]) Vgl. unten S. 147.

[164]) RGRKom. § 719 BGB Anm. 4; über die Verjährung des Gewinnanspruchs vgl. RGRKom. § 722 Anm. 1 (a. E.) m. RGZ 88, 46.

[165]) Über die Frage, ob es sich hierbei um eine Auslegungsregel oder um eine „ergänzende Vorschrift" handelt, vgl. RGRKom. § 722 BGB Anm. 1.

bei der Bruchteilsgemeinschaft hat jeder Teilhaber im Verhältnis zu den anderen „die Lasten des gemeinschaftlichen Gegenstands sowie die Kosten der Erhaltung, der Verwaltung und einer gemeinschaftlichen Benutzung nach dem Verhältnisse seines Anteils zu tragen", § 748 BGB. Auf die Frage der Lasten- und Kostentragungspflicht sowie die damit zusammenhängende, das Außenverhältnis betreffende Frage der Schuldenhaftung wird unten noch näher einzugehen sein[166]).

IV. Verwaltung, Geschäftsführung

1. Bei der Bruchteilsgemeinschaft

a) Gemäß § 744 Abs. 1 BGB steht bei der Bruchteilsgemeinschaft „die Verwaltung des gemeinschaftlichen Gegenstandes den Teilhabern gemeinschaftlich zu". Sind sich die Teilhaber nicht einig, kann durch Stimmenmehrheit — die sich nach der Größe der Anteile richtet[167]) — „eine der Beschaffenheit des gemeinschaftlichen Gegenstandes entsprechende ordnungsmäßige Verwaltung und Benutzung beschlossen werden", § 745 Abs. 1 BGB. Über die Nichtanwendbarkeit dieser Vorschrift auf Benutzungsmaßnahmen der Teilhaber und auf Lizenzerteilungen wird an anderer Stelle zu sprechen sein[168]). Wenn es sich um eine „wesentliche Veränderung" des (gemeinschaftlichen) Gegenstandes handelt, ist Einstimmigkeit erforderlich, § 745 Abs. 3 S. 1 BGB; hierunter wird man, außer Verfügungen über den gemeinschaftlichen Gegenstand als ganzen[169]), also etwa der Veräußerung der Erfindung bzw. des Schutzrechts, alles das zu verstehen haben, was nicht als eine der wirtschaftlichen Zweckbestimmung der Erfindung oder des auf sie erteilten Schutzrechts entsprechende Maßnahme anzusehen ist. So dürfte beispielsweise für den Hinzuerwerb anderer Erfindungen bzw. Patente und zur technisch-wirtschaftlichen Verschmelzung der gemeinsamen Erfindung mit diesen Einstimmigkeit erforderlich sein[170]).

Der Umstand, daß die Beteiligten die Verwaltung des gemeinschaftlichen Gegenstands — etwa: die Benutzung der Erfindung — durch Beschluß oder Vertrag regeln, macht die Bruchteilsgemeinschaft im Zweifel noch nicht zur Gesellschaft im Sinne der §§ 705 ff. BGB[171]); um das zu bewirken, müßte es sich dabei um eine in alle Einzelheiten gehende, auf längere Sicht[172]) ge-

---

166) Vgl. unten S. 139 ff.

167) Vgl. über diese oben S. 63.

168) Vgl. unten S. 213 f. und S. 228.

169) RGRKom. § 745 BGB Anm. 1, § 747 BGB Anm. 2.

170) Ähnlich bereits Kohler Hdb. S. 494.

171) Gramm bei Palandt § 745 Anm. 1.

172) Der vertragliche Ausschluß des Rechts, die Aufhebung der Gemeinschaft zu verlangen, bedeutet aber für sich allein noch nicht die Umwandlung in eine Gesellschaft, arg. § 719 Abs. 2 BGB.

troffene Regelung handeln, durch die sich die Beteiligten zu gemeinsamem Zweck vertrauensvoll miteinander verbinden[173]).

Das Gesetz gibt, wenn eine Vereinbarung oder ein Mehrheitsbeschluß — wo er zulässig ist — über die Verwaltung des gemeinschaftlichen Gegenstandes nicht zustandekommt (so wäre z. B., wenn die Gemeinschaft aus zwei hälftig beteiligten Miterfindern besteht, die sich nicht einigen, ein „Mehrheitsbeschluß" nicht möglich), dem einzelnen Teilhaber das Recht, „eine dem Interesse aller Teilhaber nach billigem Ermessen entsprechende Verwaltung und Benutzung zu verlangen" (§ 745 Abs. 2 BGB), und dies kann erforderlichenfalls durch Klage durchgesetzt werden. Diese Klage ist eine Leistungsklage, zu richten gegen jeden Teilhaber, der dem Verlangen des Klägers widerspricht, und erfordert einen bestimmten Antrag, so daß es der Kläger nicht einfach dem Gericht überlassen kann, „eine angemessene Entscheidung zu treffen"[174]). Der Kläger muß sich also bei Klageerhebung eine klare Vorstellung darüber machen, welche konkrete Verwaltungs- bzw. Benutzungsmaßnahme[175]) er als dem Interesse aller entsprechend ansieht: etwa der interessierten Firma X eine ausschließliche Lizenz an der Erfindung zu erteilen[176]) oder anderes[177]). Derartige Klagen sind übrigens auch gegen gefaßte Mehrheitsbeschlüsse zulässig, allerdings nicht mit der Begründung, daß der Beschluß „unzweckmäßig", wohl aber daß er unzulässig und daher nicht rechtswirksam sei, indem z. B. seitens einer bloßen Mehrheit eine die Einstimmigkeit gemäß § 745 Abs. 3 BGB erfordernde Maßnahme beschlossen worden sei — was die klagende Minderheit zu beweisen hätte — oder daß andere Voraussetzungen eines wirksamen Mehrheitsbeschlusses im Sinne von § 745 Abs. 1 BGB — deren Vorliegen die Mehrheit beweisen müßte — nicht vorgelegen hätten[178]). Endlich kann ein an sich wirksamer Mehrheitsbeschluß nachträglich wegen veränderter Umstände, unter denen ein solcher Beschluß nunmehr unzulässig sein würde, mit der Klage angegriffen werden[179]). Als ultima ratio bleibt dem Teilhaber schließlich das Recht, gemäß § 749 BGB die Auflösung der Gemeinschaft zu verlangen.

Wirksame Vereinbarungen und Mehrheitsbeschlüsse sowie Gerichtsurteile, welche die Verwaltung und Benutzung des gemeinschaftlichen Gegenstandes regeln, binden gemäß § 746 BGB auch den Sondernachfolger eines Teilhabers[180]). Wer also den Anteil eines Miterfinders erwirbt (§ 747 S. 1 BGB) und dadurch an dessen Stelle in die Bruchteilsgemeinschaft eintritt, ist an eine vor seinem Eintritt getroffene Vereinbarung der bisherigen Teil-

---

[173]) Vgl. oben S. 107; S. 110.

[174]) RGRKom. § 745 BGB Anm. 3.

[175]) Vgl. auch unten S. 216.

[176]) Vgl. unten S. 227.

[177]) Vgl. Kisch GRUR 52, 268.

[178]) Vgl. RGRKom. § 745 Abs. 2 BGB.

[179]) RGRKom. a. a. O.

[180]) „Dingliche" Wirkung; auch sonst „wirken Gemeinschaftspflichten dinglich auf den Bruchteil ein" (§§ 755 Abs. 2, 756 Abs. 2 BGB), vgl. Kohler Hdb. S. 494.

haber, die Erfindung durch Erteilung einer ausschließlichen Lizenz an die Firma X auszuwerten, gebunden; das gilt auch, wenn dies dem Eintretenden weder bekannt war noch bekannt sein konnte[181]).

b) Bisher wurde von Maßnahmen der „Verwaltung“ und „Benutzung“ gesprochen. Nun bestimmt jedoch § 744 Abs. 2 BGB, daß jeder Teilhaber der Bruchteilsgemeinschaft berechtigt ist, die zur Erhaltung des (gemeinschaftlichen) Gegenstandes notwendigen Maßregeln ohne Zustimmung der anderen Teilhaber zu treffen. Diese Bestimmung wirft, besonders auch bei Erfindungsgemeinschaften, zwei Fragen auf: die schwierigere, was der „Erhaltung“ dienende Maßregeln sind, und die demgegenüber einfachere, wann diese „notwendig“ sind. Nur wenn diese beiden Voraussetzungen vorliegen, setzt die erwähnte, dem einzelnen nicht gegen seinen Willen entziehbare Handlungsbefugnis ein, die insoweit zugleich Vertretungsmacht nach außen verleiht[182]). Ob sie nur ein Recht oder zugleich gegenüber den anderen Teilhabern eine Pflicht ist, bleibt Tatfrage, jedoch wird letzteres in vielen Fällen nach Treu und Glauben anzunehmen sein[183]). Handelt es sich um eine Erhaltungsmaßnahme und ist diese notwendig, kann dem Teilhaber die Befugnis, gemäß § 744 Abs. 2 BGB tätig zu werden, auch nicht mit der Begründung bestritten werden, daß — etwa im Hinblick auf den Aufwendungsersatz aus § 683 BGB — der „wirkliche oder mutmaßliche Wille“ eines anderen Teilhabers entgegenstehe[184]). Ja er kann sogar — etwa weil besondere Mittel aufgebracht werden müssen — auf Einwilligung der anderen Teilhaber zu der für notwendig erachteten Maßnahme klagen (§ 744 Abs. 2 Halbs. 2 BGB) und kann für seine Aufwendungen anteilsmäßige Vorschüsse fordern[185]).

Daß hierbei jeder handelnde Teilhaber gegenüber den anderen zu Auskunft und Rechenschaft über das, was er getan und veranlaßt hat, verpflichtet ist, versteht sich von selbst[186]).

c) Die Grenze zwischen Verwaltungs- und Erhaltungsmaßnahmen ist flüssig, besonders bei Erfindungsgemeinschaften[187]). Dies bringt wegen der

---

[181]) Also kein Schutz des guten Glaubens, vgl. RGRKom. § 746 BGB.

[182]) RGRKom. § 744 BGB Anm. 3; über Vertretungsmacht s. im übrigen unten D V.

[183]) RGRKom. a. a. O.; dies gilt aber wohl nur im Rahmen der dem betreffenden Teilhaber zur Verfügung stehenden Abhilfemöglichkeiten; vgl. dazu auch unten S. 135.

[184]) Wie hier auch RGRKom. § 744 BGB Anm. 5 mit der zutreffenden Feststellung, daß § 744 Abs. 2 BGB an sich durch die Vorschriften über die Geschäftsführung ohne Auftrag ergänzt wird.

[185]) RGRKom. § 744 BGB Anm. 3/4.

[186]) Kent Bd. I S. 535 Nr. 543; Benkard § 3 Anm. 4.

[187]) Vgl. Calé GRUR 31, 93/4; Kisch GRUR 52, 267; Tetzner S. 168; RGRKom. § 744 BGB Anm. 3 empfiehlt lediglich, den Begriff „Erhaltung“ nicht zu eng aufzufassen, wogegen § 745 Anm. 1 erklärt wird, der Begriff der ordnungsmäßigen Verwaltung sei weiter als der der bloßen „Erhaltung“.

nur für „notwendige Erhaltungsmaßnahmen" in § 744 Abs. 2 BGB normierten Alleinhandlungsbefugnis eine gewisse Rechtsunsicherheit mit sich, die auch nicht durch den Vorschlag[188]) völlig behoben wird, man solle, wo eine Maßnahme sowohl als solche der Verwaltung wie als Erhaltungsmaßnahme erscheint, den „überwiegenden Zweck" entscheiden lassen. Unter diesen Umständen verdient der Rat[189]) Beachtung, die Verhältnisse der Gemeinschaft möglichst eingehend durch Vertrag zu regeln. Nachstehend sei es unternommen, gewisse bei Erfindungsgemeinschaften erfahrungsgemäß vorkommende Maßnahmen in die eine oder andere Kategorie (Verwaltungs- bzw. Erhaltungsmaßnahme) einzuordnen.

aa) „Die Verwaltung eines Rechts umfaßt alle Handlungen, die seiner Erhaltung, seiner Veränderung, seiner wirtschaftlichen Auswertung, seiner Geltendmachung, der Wahrnehmung der mit ihm verbundenen tatsächlichen und rechtlichen Geschäfte dienen." Folgt man dieser Definition von Kisch[190]) — der hinzufügt, daß vorliegend nur die Verwaltung des gemeinschaftlichen Rechts im ganzen in Rede stehe, während es jedem Teilhaber selbstverständlich überlassen bleibe, die lediglich seinen Anteil betreffenden Verwaltungsmaßnahmen allein und unbeschränkt zu treffen, sofern sie das gemeinschaftliche Recht nicht berühren —, so ist Erhaltung nur ein Unterfall der Verwaltung. Dem wird grundsätzlich zuzustimmen sein[191]), so daß es hier nur darauf ankommt, unter den Verwaltungsmaßnahmen diejenigen herauszusuchen, die speziell Erhaltungsmaßnahmen sind. Während nämlich, wie erwähnt, Verwaltungsmaßnahmen im allgemeinen, sofern keine vertragliche Vereinbarung unter den Teilhabern zustandekommt und es sich nicht um eine (gemäß § 745 Abs. 3 BGB Einstimmigkeit erfordernde) wesentliche Veränderung des Gegenstands handelt, von der Mehrheit beschlossen werden können (§ 745 Abs. 1 BGB)[192]), setzt lediglich bei „notwendigen Erhaltungsmaßregeln" die Handlungsbefugnis des einzelnen ein (§ 744 Abs. 2 BGB). Um letztere auszuschließen, genügt es also festzustellen, daß die betreffende Maßnahme keine Erhaltungsmaßnahme ist.

Für diese Entscheidung kommt es, wie auch andere zutreffend bemerkt haben[193]), allein auf den Zweck der betreffenden Maßregel an. Dazu ergibt sich aus dem allgemeinen Sprachgebrauch, der auch für die Auslegung von Gesetzen als Ausgangspunkt zu nehmen ist, daß der Begriff der Erhaltung etwas mit dem Bestand, besser: dem Bestehenbleiben dessen zu tun hat, auf das sich die betreffende Maßregel bezieht. Somit sind bei Erfindungsgemeinschaften nur solche Verwaltungsmaßnahmen als „Erhaltungsmaßregeln" zu bezeichnen, die dem Zweck dienen, das gemeinsame Recht, nämlich vor

---

188) Tetzner a. a. O.

189) Ebenfalls Tetzner a. a. O.; Isay S. 358.

190) Kisch GRUR 52, 268.

191) Ebenso RGRKom. § 745 BGB Anm. 1.

192) Über die für die Benutzung der Erfindung und für Lizenzerteilungen zu machende Beschränkung s. unten S. 213 f. und S. 228.

193) Tetzner S. 168.

allem die Erfindung mit ihrem schutzrechtlichen Gewand und den daraus folgenden Rechten und rechtlichen Möglichkeiten, in seinem Bestand zu erhalten, also Rechtsminderungen vorzubeugen.

bb) Keine Erhaltungsmaßregel ist demnach die Regelung, wie das Recht ausgeübt werden soll, also alles, was lediglich zum Begriff der Benutzung und Auswertung gehört, wie Beschlüsse über Eigenproduktion gemäß der Erfindung oder über Lizenzvergabe[194]) und über die Einziehung und Aufteilung von Lizenzgebühren[195]). Selbst in Fällen, in denen sich die Erfindung (das Schutzrecht) „nur durch Lizenzvergabe" ausbeuten läßt, wird letztere nicht zur notwendigen Erhaltungsmaßnahme im Sinne von § 744 Abs. 2 BGB, sondern bleibt eine allgemeine Verwaltungsmaßnahme im Sinne von § 745 BGB[196]). Ob die Lizenzerteilung oder sogar bereits der Beschluß, dies zu tun, Einstimmigkeit bzw. die Mitwirkung aller Teilhaber erfordert, wird an anderer Stelle untersucht werden[197]).

cc) Zweifelhaft kann sein, ob als Erhaltungsmaßregeln Maßnahmen anzusehen sind, die dazu dienen sollen, die Ausübbarkeit des gemeinsamen Rechts (hier: der Erfindung) zu erproben, zu fördern und zu sichern. Von der in der Konzeption „fertigen" Erfindung bis zur fabrikationsreifen Ausgestaltung ist in der Praxis oft ein weiter Weg, der ohne — unter Umständen langwierige und kostspielige — Versuche nicht erfolgreich zurückgelegt werden kann. Geht dies über das bloße private „Weiter-Basteln" oder „Probieren" hinaus, erfordert es also beispielsweise die Beauftragung einer Werkstätte, den Ankauf von Apparaten, die Aufnahme von Kapital usw., fragt es sich, ob derartige Maßnahmen als „notwendige Erhaltungsmaßregeln" in der Macht des einzelnen Teilhabers stehen (§ 744 Abs. 2 BGB) oder ob sie nicht vielmehr der Beschlußfassung aller (§ 745 BGB) vorbehalten sind. Letzteres ist anzunehmen, da § 744 Abs. 2 BGB, wie die Beschränkung auf „notwendige" Maßnahmen zeigt, Fälle einer gewissen Gefahrenabwehr, nicht aber die Frage einer möglicherweise erwünschten technisch-wirtschaftlichen Weiterentwicklung der Erfindung zum Gegenstand hat.

dd) Dagegen handelt es sich, wenn die gemeinsame Erfindung durch einen Außenstehenden widerrechtlich entnommen und (worin die eigentliche Entnahme liegt) zum Patent angemeldet wird, bei dem dagegen gemäß § 4 Abs. 3 PatG einzulegenden Einspruch um eine Maßnahme zur Erhaltung der aus der Erfindung fließenden, zum Vermögen der Erfindungsgemeinschaft gehörenden Rechte. Jeder Teilhaber ist also für sich allein gemäß § 744 Abs. 2 BGB befugt, solchen Einspruch zu erheben[198]).

---

[194]) Kohler Hdb. S. 496/8; Seligsohn S. 92; Kisch GRUR 52, 268/9; entspr. für „Verpachtung" RGRKom. § 745 BGB Anm. 1.

[195]) Vgl. entsprechend zur Einziehung des Mietzinses aus e. in Miteigentum mehrerer stehenden Haus RGRKom. § 743 BGB Anm. 1.

[196]) A. M. Kohler Hdb. S. 494.

[197]) Vgl. unten S. 228.

[198]) Wohl allgem. M., vgl. Stark GRUR 1919, 90/1; Pietzcker S. 210; Kisch Hdb. S. 75, Spengler GRUR 38, 231; weitere Einzelheiten vgl. unten S. 187 f.

ee) Die Frage, ob die Anmeldung der gemeinschaftlichen Erfindung zum Patent und ob insbesondere Auslandsanmeldungen zu den „notwendigen Erhaltungsmaßnahmen" rechnen, wird unten[199]) in anderem Zusammenhang zu erörtern sein.

ff) Die Zahlung fälliger Patentgebühren dient sicherlich, denkt man an die Folgen der Nichtzahlung (§ 12 Abs. 1 Ziff. 3 PatG), der „Erhaltung" des gemeinschaftlichen Rechts. Man ist daher einig[200]), daß es sich hier um eine „notwendige Erhaltungsmaßnahme" im Sinne von § 744 Abs. 2 BGB handelt, die von jedem einzelnen Teilhaber vorgenommen werden kann (mit einem gegen die anderen gerichteten Anspruch auf anteilige Kostenerstattung gemäß § 748 BGB).

gg) Zu den Erhaltungsmaßregeln, die, wenn sie notwendig werden, bei der Bruchteilsgemeinschaft vom einzelnen Teilhaber vorgenommen werden können (§ 744 Abs. 2 BGB), gehört auch die Verteidigung des gemeinsamen Patentes gegenüber einer Nichtigkeitsklage (bei Gebrauchsmustern: Löschungsantrag §§ 7 ff. GebrMG), greift doch letztere den Bestand des Rechts an[201]). Gleiches gilt für Einlegung und Durchführung der Berufung gegenüber einem gegen das Patent ergangenen Nichtigkeitsurteil: jeder Teilhaber kann diese selbständig einlegen und kann seine Berufung auch dann weiter durchführen, wenn ein anderer Teilhaber die von ihm eingelegte Berufung zurücknimmt[202]). Auf diese Fragen wird in anderem Zusammenhang noch zurückzukommen sein[203]).

hh) Nicht so klar ist die Frage zu beantworten, ob es zu den „notwendigen Erhaltungsmaßnahmen" im Sinne von § 744 Abs. 2 BGB zählt, gegen Verletzer des gemeinsamen Patents (Gebrauchsmusters) vorzugehen. Diese Frage soll jedoch erst an späterer Stelle[204]) behandelt werden.

2. Bei der Gesellschaftsgemeinschaft

a) Einer Gesellschaft (§§ 705 ff. BGB) liegt, wie bereits wiederholt ausgeführt worden ist[205]), eine auf die Erreichung eines gemeinsamen Zwecks gerichtete Vereinbarung zugrunde. Den Beteiligten steht es frei, welchen Inhalt sie dem Gesellschaftsvertrag im einzelnen geben wollen, ja der einmal geschlossene Vertrag kann von ihnen jederzeit durch spätere Vereinbarungen beliebig, also auch hinsichtlich des Gesellschaftszwecks, abgeändert

[199]) Vgl. unten S. 160 f., 167 f.

[200]) Vgl. statt vieler Kohler Hdb. S. 494, Kisch Hdb. S. 142 u. GRUR 52, 268; Calé GRUR 31, 93/4.

[201]) Allg. M.; vgl. statt vieler Reimer S. 144 u. d. nachstehend Zit.

[202]) RG 22. 5. 11 RGZ 76, 298 m. d. zutr. Begründg., daß, wenn ein Teilhaber durch Berufungsrücknahme das gesamte Berufungsverfahren zur Erledigung bringen könnte, er damit praktisch entgegen § 747 S. 2 BGB über das gemeinsame Patent verfügen würde; vgl. ferner Calé GRUR 31, 93/4, Tetzner S. 168.

[203]) S. unten S. 191.

[204]) Vgl. unten S. 192 f.

[205]) S. oben S. 106.

werden, wozu allerdings Einstimmigkeit erforderlich ist[206]). Demgemäß finden sich — empfehlenswerterweise — häufig Vereinbarungen, durch wen und in welcher Weise die Verwaltung, nämlich die Geschäftsführung für die Gesellschaft(er), stattfindet. Ist die Geschäftsführung auf diese Weise mehreren übertragen, müssen diese zusammen handeln („alle zustimmen"), sofern nicht bestimmt ist, daß die Mehrheit (nach Köpfen) entscheiden kann, §§ 709, 710 BGB. Über das Widerspruchsrecht der anderen gegenüber dem allein zur Geschäftsführung berechtigten Gesellschafter vgl. § 711 BGB. Wenn abgestimmt werden muß, ist nach einem allgemeinen Rechtsgrundsatz derjenige, der dabei in einen Widerstreit zwischen seinen privaten Interessen und den gemeinsamen Interessen der Gesellschafter gerät, von der Abstimmung ausgeschlossen[207]).

b) Fehlen Vereinbarungen über die Geschäftsführung, so gilt folgendes: „Die Führung der Geschäfte steht den Gesellschaftern gemeinschaftlich zu; für jedes Geschäft ist die Zustimmung aller Gesellschafter erforderlich" (§ 709 Abs. 1 BGB)[208]). Eine grundlose Verweigerung der Zustimmung kann allerdings unter Umständen den anderen Gesellschaftern das Recht zur Kündigung aus wichtigem Grund geben und den Weigerer schadensersatzpflichtig machen[209]). Bei der Ausübung der gemeinschaftlichen Geschäftsführung ist zu beachten, daß die Gesellschafter grundsätzlich gleichmäßig zu behandeln sind und daß, wo der Treupflicht des Gesellschafters die Wahrnehmung berechtigter eigener Interessen gegenübersteht, in der Regel nicht gefordert werden kann, daß er letztere unter Verzicht auf die Gleichberechtigung zurückstellt[210]).

c) Wer Geschäftsführer der Gesellschaft ist, ist den anderen Gesellschaftern zu Auskunft und Rechenschaftslegung und zur Herausgabe dessen verpflichtet, was er durch die Geschäftsführung erlangt hat; dem steht sein Anspruch auf Aufwendungsersatz gegenüber, §§ 666, 667, 670, 713 BGB. Diesen Grundsatz auf Erfindungsgemeinschaften (Gesellschaftsgemeinschaften), d. h. auf die bei solchen vorkommenden Geschäfte, anzuwenden, dürfte kaum Schwierigkeiten bereiten.

In diesem Zusammenhang sei erwähnt, daß sich die einem einzelnen Gesellschafter eingeräumten Geschäftsführerbefugnisse, wenn sich die Gesellschaft auflöst, in Ermangelung anderweitiger Vereinbarung in die gemeinschaftliche Geschäftsführungsbefugnis aller Gesellschafter umwandelt, § 730 Abs. 2 S. 2 BGB[211]).

Wegen der Möglichkeit, die einem Gesellschafter eingeräumte Geschäfts-

---

[206]) RGRKom. § 705 BGB Anm. 2.

[207]) RGRKom. § 709 Ab. 3 BGB m. Rspr., unter Bezugnahme auf § 114 Abs. 5 AktG, § 47 Abs. 4 GmbHG, § 43 Abs. 3 GenG.

[208]) Über Handeln bei Gefahr im Verzug s. gleich unten bei e.

[209]) Hierzu ist auf die Kommentare zum BGB zu verweisen, vgl. u. a. RGRKom. § 709 BGB Anm. 2.

[210]) Vgl. RGRKom. Vorbem. 4 vor § 705 BGB, § 706 Anm. 1 m. Rspr.

[211]) Vgl. auch unten S. 139.

führerbefugnis nachträglich wieder zu entziehen, ist auf die Kommentare zu § 712 BGB zu verweisen.

d) Bei der Gesellschaft haben selbstverständlich auch die Nichtgeschäftsführer gewisse Pflichten. Da sind einmal die jeden Gesellschafter treffende Pflicht zur Förderung des gemeinsamen Zwecks (§ 705 BGB) und die gegenüber den anderen Gesellschaftern bestehende, bereits oben erwähnte Treupflicht. Schädigt er das Gesellschaftsvermögen, setzt er sich unter Umständen Ersatzansprüchen der anderen Gesellschafter aus[212]). Dies gilt insbesondere, wenn er ein in den Rahmen des Gesellschaftszwecks — der bei Erfindungsgemeinschaften vor allem in einer technisch-wirtschaftlich verständigen Ausbeutung der Erfindung (des Schutzrechts) zu bestehen pflegt — fallendes Geschäft für sich selbst, anstatt für die Gesellschaft, abschließt[213]). Überdies hat er unzulässige eigenmächtige Handlungen selbstverständlich zu unterlassen, insbesondere solche der Benutzung und Verwertung der Erfindung; darüber wird an anderer Stelle noch ausführlich zu sprechen sein[214]).

Die erwähnte Treupflicht, nach der grundsätzlich die gemeinsamen Interessen über denen des einzelnen stehen, gilt auch dort, wo der einzelne gegenüber den anderen eigene, an sich begründete Ansprüche geltend macht[215]). So kann z. B. der einem Gesellschafter nach näherer Bestimmung des Gesellschaftsvertrags oder gemäß § 721 Abs. 2 BGB zustehende Anspruch auf Teilung des Gewinns nur im Rahmen von Treu und Glauben erhoben werden, wonach es möglicherweise die weitere Verfolgung des Gesellschaftszwecks verbietet, das Gesellschaftsvermögen aller Barmittel zu entblößen.

e) Andererseits ist der von der Geschäftsführung ausgeschlossene Gesellschafter nicht etwa völlig machtlos. Die Möglichkeit, daß der oder die Geschäftsführer einen Fall, bei dem Gefahr in Verzug ist und „alsbald etwas geschehen muß", mit oder ohne Verschulden nicht erkennen, ist nämlich nicht auszuschließen. Oben ist, bei Behandlung der Bruchteilsgemeinschaft, darauf hingewiesen worden[216]), daß § 744 Abs. 2 BGB jedem Teilhaber eigenes Handeln gestattet, um zur Erhaltung des gemeinschaftlichen Gegenstands notwendige Maßregeln zu treffen, etwa fällige patentamtliche Gebühren zu bezahlen oder das Patent gegenüber einem Nichtigkeitskläger zu verteidigen[217]). Die für die Gesellschaft geltenden Vorschriften (§§ 705 ff. BGB) kennen eine solche Bestimmung nicht, jedoch ist nicht einzusehen, daß Maßnahmen, die zwecks Gefahrenabwendung den Teilhabern einer bloßen Bruchteilsgemeinschaft gestattet sind, nicht auch den Mitgliedern einer Gesellschaft als einer auf Vertrauen und Treue aufgebauten und auf die Verfolgung eines gemeinsamen Zwecks gerichteten Vereinigung erlaubt, ja geradezu geboten

---

212) Näheres hierzu s. RGRKom. § 705 BGB Anm. 5.
213) RGRKom. § 708 BGB Anm. 2.
214) Vgl. unten Teile G (S. 198 ff.) und H (S. 222 ff.).
215) RGRKom. Vorbem. 4 vor § 705 BGB.
216) S. oben S. 129.
217) Vgl. oben S. 132.

sein sollten. Daher bestehen gegen eine analoge Anwendung von § 744 Abs. 2 BGB, wenn notwendige Erhaltungsmaßregeln zu treffen sind, auf eine als Gesellschaft im Sinne der §§ 705 ff. BGB aufzufassende Erfindungsgemeinschaft keine Bedenken[218]). Ob und inwieweit ein von der Geschäftsführung ausgeschlossener oder nicht allein zur Geschäftsführung berechtigter Gesellschafter im übrigen Angelegenheiten der Geschäftsführung wahrnehmen darf, richtet sich nach den — hier nicht näher zu erläuternden[219]) — Regeln über die sog. Geschäftsführung ohne Auftrag (§§ 677 ff. BGB).

Zu den notwendigen Erhaltungsmaßregeln für den gemeinschaftlichen Gegenstand (die Erfindung, das Schutzrecht usw.), die jedem Gesellschafter in entsprechender Anwendung von § 744 Abs. 2 BGB gestattet sind, gehören auch hier u. a. der Einspruch gegenüber widerrechtlicher Entnahme[220]) und die Verteidigung gegenüber einer Nichtigkeitsklage[221]). Auch im übrigen gilt hier entsprechend, was oben im Rahmen der Bruchteilsgemeinschaft zum Begriff der „notwendigen Erhaltungsmaßregel" ausgeführt worden ist[222]).

Über das Recht der nicht geschäftsführenden Gesellschafter, Unterrichtung sowie Einsicht in die Bücher und Rechenschaftslegung zu verlangen, sind in den §§ 716, 721 BGB nähere Bestimmungen getroffen.

f) Abschließend sei erwähnt, daß ein Gesellschafter, solange die Gesellschaft besteht, nicht die Aufteilung des Gesellschaftsvermögens verlangen kann. Dieses Recht steht ihm erst nach Auflösung der Gesellschaft zu, § 721 Abs. 1 BGB. Dies darf nicht mit dem Anspruch auf Gewinnverteilung gleichgesetzt werden, für den zwar grundsätzlich dasselbe gilt, aber in der Regel[223]) vertraglich etwas anderes vereinbart zu sein pflegt; bei längerer Dauer der Gesellschaft hat die Gewinnverteilung gemäß § 721 Abs. 2 BGB am Schlusse jedes Geschäftsjahrs zu erfolgen.

3. Sorgfaltspflicht, Treuepflicht

Im Rahmen der Besprechung von Gemeinschafter- bzw. Gesellschafterpflichten sei noch kurz auf gewisse Unterschiede eingegangen, die hinsichtlich der von den Beteiligten zu fordernden Sorgfalts- und Treupflicht bestehen, je nachdem ob es sich um eine Bruchteilsgemeinschaft (§§ 741 ff. BGB) oder um eine Gesellschaft (§§ 705 ff. BGB) handelt, wovon die letztere oben wiederholt als „Gesellschaftsgemeinschaft" bezeichnet worden ist.

a) Eine Treupflicht, um diese Generalklausel zu gebrauchen, ergibt sich für den Gesellschafter aus dem Sinn des Gesellschaftsvertrags, der, im Gegensatz zur Bruchteilsgemeinschaft, die Pflicht zur Förderung des gemeinsamen Zwecks zum Inhalt hat (§ 157 BGB). Handelt es sich also beispielsweise um die Notwendigkeit, Erhaltungsmaßregeln für den gemeinschaft-

---

[218]) Gramm bei Palandt § 709 Anm. 1 m. Rspr., RGRKom. § 709 BGB Anm. 2.

[219]) Vgl. RGRKom. § 713 BGB Anm. 1, a. E.

[220]) Kisch Hdb. S. 75 m. weiteren Zit., Bernhardt S. 59.

[221]) Ebenso Bernhardt a. a. O.

[222]) Vgl. oben S. 129 ff.

lichen Gegenstand zu treffen, etwa zwecks Vermeidung des Erlöschens des Patents (§ 12 Abs. 1 Nr. 3 PatG) die vom Patentamt angemahnten Gebühren zu zahlen, wird es in der Regel als Vertragspflicht jedes Gesellschafters — seine wirtschaftliche Leistungsfähigkeit vorausgesetzt — anzusehen sein, hier zwecks Schadensabwendung tätig zu werden, also die Gebühr zu bezahlen. Dies gilt jedoch nicht in jedem Fall. So dann nicht, wenn die bisherige Nichtzahlung der Gebühr auf beachtliche und inzwischen nicht behobene Gründe zurückzuführen war, indem etwa den Gesellschaftern Unterlagen aus dem Stand der Technik vorgelegt worden waren, nach denen die jederzeitige Vernichtbarkeit des Patents anzunehmen ist, oder indem andere Umstände offenbar geworden waren, welche die Aufwendung weiterer Kosten für die Aufrechterhaltung des Patents wirtschaftlich sinnlos erscheinen ließen.

Bei der Bruchteilsgemeinschaft, die ja in der Regel nicht auf Grund vertraglicher Vereinbarungen entsteht[224]), kann eine Pflicht des Teilhabers, notwendige Erhaltungsmaßregeln vorzunehmen, höchstens aus dem allgemeinen Grundsatz von Treu und Glauben abgeleitet werden[225]), ihr Bestehen hängt also noch mehr, als bei der Gesellschaft, von den gegebenen Umständen ab[226]).

Mit der Treupflicht des Gesellschafters ist es jedenfalls unvereinbar, wenn er Geschäfte, die in den Rahmen des von allen Gesellschaftern zu fördernden gemeinsamen Zwecks fallen, für sich selbst abschließt[227]) oder Unterlagen, die gemeinschaftliche Herstellungs- und Geschäftsgeheimnisse betreffen, durch Kopieren oder Entwendung an sich bringt[228]). Die Frage, ob und inwieweit für Unterlassungs- und Schadensersatzansprüche, die sich aus solchem Verhalten ergeben, jeder andere Gesellschafter als einzelner klagebefugt ist, wird allerdings in den Kommentaren zum BGB verschieden beantwortet[229]).

b) Überhaupt ist die Verschuldenshaftung des Bruchteilsgemeinschafters und die des Gesellschafters verschieden geregelt. Während nämlich ein Gesellschafter, entsprechend dem unter Gesellschaftern bestehenden gegenseitigen Vertrauen, nur für Vorsatz, grobe Fahrlässigkeit und Außerachtlassung der Sorgfalt haftet, die er in eigenen Angelegenheiten anzuwenden pflegt, und folglich nicht für leichte Fahrlässigkeit (§ 708 i. Vbdg. m. § 277 BGB), haftet ein Gemeinschafter den übrigen auch für letztere. Dies zeigt, daß die Unterscheidung zwischen Bruchteils- und Gesellschaftsgemeinschaft auch in diesem Punkt von erheblicher Bedeutung sein kann. Man denke etwa daran, daß ein Beteiligter anläßlich der Vorführung des gemeinsam erfundenen Geräts dieses leicht fahrlässig beschädigt.

Die erwähnte Haftungsbeschränkung des Gesellschafters aus § 708 BGB

---

223) und zulässigerweise, Gramm bei Palandt § 721 Anm. 1.
224) S. oben S. 106.
225) RGRKom. § 744 BGB Anm. 3.
226) S. bereits oben S. 129.
227) S. soeben S. 134.
228) RGRKom. Vorbem. 4 vor § 705 BGB.
229) Vgl. darüber RGRKom. § 705 BGB Anm. 5.

setzt übrigens nur dort ein, wo er als Gesellschafter tätig wurde, entfällt dagegen, wo er als Nichtgesellschafter auftritt, etwa indem er Rohstoffe oder Geräte an die Gesellschaft verkauft[230]); in letzterem Fall ist er also von der Haftung für leichte Fahrlässigkeit nicht befreit.

4. Geheimhaltungspflichten

Ob und inwieweit für die Beteiligten eine Pflicht zur Geheimhaltung besteht, ist sowohl bei der Bruchteils- wie bei der Gesellschaftsgemeinschaft eine nach Treu und Glauben zu entscheidende Tatfrage. Was offenkundig und jedermann zugänglich ist — etwa der Inhalt der ausgelegten Patentbeschreibung —, braucht in der Regel nicht „geheimgehalten" zu werden. Anders möglicherweise bei Punkten, die noch unter Amtsgeheimnis stehen, wie der Inhalt der mit dem Patentamt gewechselten Schriftsätze vor der Bekanntmachung, oder die ihrem Wesen nach überhaupt nur gewissen Interessenten offenbart zu werden pflegen, wie bestimmte Verfahrensanweisungen und sonstiges Know-how. Haben die Beteiligten untereinander ausdrücklich oder implicite festgestellt, daß eine bestimmte Maßnahme vertraulichen Charakter haben solle und Außenstehende nichts angehe, so steht die Geheimhaltungspflicht jedes einzelnen außer Frage.

Bei Arbeitnehmererfindungen besteht, solange die Diensterfindung nicht freigeworden ist, eine Geheimhaltungspflicht des Arbeitnehmers aus § 24 Abs. 2 ArbEG. Bei „mehrbetrieblichen" und bei „gemischten" Arbeitnehmererfindungsgemeinschaften[231]) werden allerdings die nicht zum Betrieb des Arbeitnehmers gehörenden Miterfinder von vornherein an dem Geheimnis teilhaben, so daß sich das Mitteilungsverbot aus § 24 Abs. 2 ArbEG in solchen Fällen praktisch nur auf Mitteilung an weitere, der Erfindergemeinschaft nicht angehörende Personen bezieht.

V. Vertretungsbefugnis (Außenverhältnis)

Von der im vorstehenden Abschnitt besprochenen „Verwaltung" (Geschäftsführung) ist die Vertretung der Erfindungsgemeinschaft(er) zu unterscheiden. Erstere umfaßt die internen Vereinbarungen und Entschlüsse, in welcher Weise die Beteiligten den gemeinsamen Gegenstand nutzen oder benutzen oder sonstwie förderlich behandeln wollen, während, um in Verfolg dieser Absichten Geschäfte mit Außenstehenden[232]) abzuschließen, Vertretungsmacht erforderlich ist. So ist z. B. die Frage, ob das gemeinsame Schutzrecht durch Erteilung einer von der Firma X gewünschten ausschließlichen Lizenz genutzt werden soll, eine Frage der Verwaltung (Geschäftsführung).

---

[230]) RGRKom. § 708 BGB Anm. 2.

[231]) S. über diese Begriffe oben S. 11.

[232]) Auch ein Teilhaber wird, wenn zwischen ihm und der Erfindungsgemeinschaft Geschäfte abgeschlossen werden, insoweit zum „Außenstehenden", s. hier oben vor 4.

Wird dies beschlossen und soll die Lizenz erteilt werden, ist ein Vertragsschluß mit der Firma X erforderlich, der auf der einen Seite diese, auf der anderen die Erfindungsgemeinschaft, d. h. deren sämtliche Teilhaber, zu Vertragspartnern hat. Sofern nicht alle Teilhaber gemeinsam, sondern einer oder einige mit Wirksamkeit „für alle" den Vertrag mit der Firma X schließen, bedürfen sie einer entsprechenden Befugnis, die am Vertragsschluß nicht mitwirkenden Teilhaber zu vertreten.

1. Bei der Bruchteilsgemeinschaft

Die Feststellung, welche Personen bei der Bruchteilsgemeinschaft alle Teilhaber nach außen vertreten können, bereitet keine Schwierigkeiten, wenn dahingehende Vereinbarungen der Teilhaber vorliegen. Letzteres wird jedoch, jedenfalls in ausdrücklicher Form, selten der Fall sein. Die §§ 742 ff. BGB helfen nicht weiter, da sie nur das Innenverhältnis betreffen. Also gilt es, die Grundlagen des vermutlichen Willens der Teilhaber in anderen Umständen zu suchen.

Liegt eine Vereinbarung oder ein Beschluß über die Verwaltung vor (§ 745 Abs. 2 BGB), wobei einem oder mehreren Teilhabern bestimmte Verwaltungsbefugnisse eingeräumt worden sind — etwa: das Patent möglichst durch Lizenzgewährung an die Firma X zu verwerten —, so kann darin zugleich die Verleihung einer entsprechenden Vertretungsmacht nach außen zu sehen sein. Ob das der Fall ist, bleibt jedoch Tatfrage[233]). So kann der soeben als Beispiel angeführte Verwaltungsbeschluß nach den Umständen des gegebenen Falles — dies alles ist also eine Auslegungfrage — möglicherweise nur die Bedeutung gehabt haben, daß mit der Firma X unverbindliche Vertragsverhandlungen eingeleitet und bis zur Abschlußreife gebracht werden sollten, während sich die Teilhaber ihre Zustimmung zum eigentlichen Vertragsabschluß vorbehalten wollten.

Sofern der Fall gegeben ist, daß ein Teilhaber auf Grund von § 744 Abs. 2 BGB eine notwendige Erhaltungsmaßnahme vornimmt — etwa: Zahlung der fälligen Patentgebühr[234]) —, dürfte anzunehmen sein, daß das Gesetz insoweit auch Vertretungsmacht nach außen einräumen wollte[235]), andernfalls nämlich die mit § 744 Abs. 2 BGB bezweckte Möglichkeit der Gefahrenabwendung bloße Theorie bleiben würde.

Wird eine Verwaltungsmaßnahme zulässigerweise (§ 745 Abs. 1 BGB)[236]) durch die Mehrheit der Teilhaber beschlossen, so ist anzunehmen, daß der Mehrheit insoweit auch — um den Beschluß durchzuführen — Vertretungsmacht nach außen zusteht[237]).

---

[233]) Wie hier RGRKom. § 744 BGB Anm. 1; vgl. ferner ebendort § 745 Anm. 1.

[234]) S. oben S. 132.

[235]) Ebenso RGRKom. § 744 BGB Anm. 3.

[236]) Hier sind hinsichtlich der Benutzung und Lizenzierung die unten in Teil G (S. 198 ff.) und H (S. 222 ff.) aufgezeigten Schranken (kein Mehrheitsbeschluß usw.) zu beachten.

[237]) Str., vgl. RGRKom. § 745 BGB Anm. 1; die Fälle, gemäß § 745 Abs. 3 BGB Einstimmigkeit erfordern, verlangen letztere sowohl intern wie nach außen.

2. Bei der Gesellschaftsgemeinschaft

Erfüllt eine Erfindungsgemeinschaft die Voraussetzungen einer bürgerlich-rechtlichen Gesellschaft im Sinne der §§ 705 ff. BGB, gilt die in § 714 BGB aufgestellte Vermutung, daß der, dem Geschäftsführungsbefugnis[238]) eingeräumt worden ist, auch ermächtigt ist, die Gesellschafter Dritten gegenüber zu vertreten. Sofern in entsprechender Anwendung von § 744 Abs. 2 BGB[239]) dem einzelnen Gesellschafter die Befugnis zur Vornahme „notwendiger Erhaltungsmaßregeln" zuzubilligen ist, dürfte, wie bei der Bruchteilsgemeinschaft[240]), auch Vertretungsmacht anzunehmen sein.

Im Liquidationsstadium der Gesellschaft erlischt übrigens, falls keine gegenteiligen Abreden getroffen sind, die dem einzelnen eingeräumte Geschäftsführungsbefugnis, und die Geschäftsführung steht nunmehr allen Gesellschaftern gemeinschaftlich zu, § 730 Abs. 2 S. 2 BGB[241]); dasselbe hat entsprechend für die Vertretungsmacht zu gelten.

VI. Kosten, Lasten, Schuldenhaftung

Auch den Erfindungsgemeinschaften bleiben Ausgaben und andere Aufwendungen zumeist nicht erspart. Schon während der erfinderischen Tätigkeit werden in der Regel Materialien verbraucht, müssen gelegentlich Hilfskräfte bezahlt, besondere Anschaffungen gemacht werden u. a. m. Dies geht vor allem bei „freien" Erfindern zunächst zu deren Lasten. Aber auch später, nach Fertigstellung der Erfindung, entstehen Ausgaben für patentamtliche Gebühren, für den Schriftwechsel mit Interessenten, für die Kosten einer beschlossenen Eigenproduktion usw. Im Rahmen dieser Maßnahmen müssen häufig auch Verbindlichkeiten gegenüber Außenstehenden eingegangen werden, wozu beispielsweise die Kaufpreisansprüche des Rohstofflieferanten oder die Honorarforderung des Patentanwalts gehören, und hier tritt neben der Frage, wie solche „Spesen" intern zu verteilen sind, die andere auf, wer dem Gläubiger auf Bezahlung haftet.

1. Bei der Bruchteilsgemeinschaft

Für die Bruchteilsgemeinschaft bestimmt § 748 BGB, daß „jeder Teilhaber den anderen Teilhabern gegenüber verpflichtet ist, die Lasten des gemeinschaftlichen Gegenstandes sowie die Kosten der Erhaltung, der Verwaltung und einer gemeinschaftlichen Benutzung nach dem Verhältnisse seines Anteils zu tragen". Diese interne Regelung, die dem, der solche Lasten und Kosten vorgelegt hat, einen Ausgleichsanspruch[242]) gegen-

[238]) S. über diese oben S. 132 ff.

[239]) S. darüber oben S. 134.

[240]) Vgl. soeben bei 1.

[241]) S. bereits oben S. 133.

[242]) Verjährbar! s. RGRKom. § 758 BGB.

über den anderen Teilhabern gibt[243]), wird bei Erfindungsgemeinschaften vor allem hinsichtlich der patentamtlichen Gebühren von Bedeutung (Erteilung und Aufrechterhaltung des Patents), aber auch für die einer Verteidigung des Schutzrechts und des aus diesem fließenden Monopols (Nichtigkeits- und Löschungsverfahren, Verletzungsprozesse)[244]). Da die Vermögensanteile bei der Bruchteilsgemeinschaft im Zweifel gleich groß sind (§ 742 BGB), sind es im Zweifel auch die Lasten- und Kostenanteile[245]). Dabei ist jedoch als wichtige Einschränkung zu beachten, daß die erwähnte Verteilung (Ausgleichspflicht) im Sinne von § 748 BGB nur hinsichtlich solcher Kosten einsetzt, die der G e m e i n s c h a f t entstehen, nicht also für solche, die ein Teilhaber lediglich für sich persönlich aufwendet[246]).

Sofern unter den Teilhabern der Erfindungsgemeinschaft eine V e r e i n b a r u n g getroffen ist, daß einer von ihnen allein die Zahlung der Patentgebühren übernimmt, kann darin, daß er diese Zahlungen einstellt und ihre Bezahlung durch den oder die anderen Teilhaber duldet, unter Umständen ein Verzicht auf seinen Anteil gesehen werden[247]). Von bereits entstandener Kostentragungspflicht gegenüber den anderen Teilhabern kann übrigens ein solcher einseitiger Verzicht nicht befreien[248]).

Sollten die Teilhaber durch Vereinbarung die Pflicht, Lasten und Kosten zu tragen, nach anderen Quoten verteilen, als es ihren Anteilen entspricht, so dürfte hierin, wie bereits in anderem Zusammenhang erwähnt worden ist[249]), im Zweifel nicht zugleich eine Änderung der Anteilsquoten zu sehen sein[250]).

Ob und inwieweit eine V o r s c h u ß p f l i c h t der Teilhaber besteht, die entsprechend der „Umlage" (§ 748 BGB) auf sie entfallenden Lasten- oder Kostenanteile zur Verfügung zu stellen, hängt vom Einzelfall ab[251]). Sie dürfte aber in den meisten Fällen anzunehmen sein.

Zur S c h u l d e n h a f t u n g gegenüber Außenstehenden[252]) gilt folgendes: Maßgebend sind hier bei „Lasten" (z. B. Steuern) deren Rechtsnatur und möglicherweise geltende Sondergesetze und in dem praktisch weit mehr interessierenden Fall der „Kosten" die Umstände, aus denen die Kosten-

---

243) RGRKom. § 748 BGB Anm. 1; Kohler Hdb. S. 416/8; dies gilt vor allem für notwendige Auslagen zur Erhaltung i. S. von § 744 Abs. 2 BGB.

244) Kohler a. a. O.; Seligsohn S. 93; Riezler S. 60; Calé GRUR 31, 94; Kisch Hdb. S. 142 u. GRUR 52, 269/70; Reimer S. 145; Klauer-Möhring S. 128/9.

245) Isay S. 358.

246) Der gleiche Hinweis findet sich RGRKom. § 748 BGB Anm. 2.

247) Vgl. Isay S. 358 m. Zit. RG 28. 5. 30 MuW 30, 400 = JW 31, 404 Nr. 4.

248) Ebenso RGRKom. § 748 BGB Anm. 1.

249) Vgl. oben S. 66 f.

250) Ebenso RGRKom. § 742 BGB.

251) So auch RGRKom. § 748 BGB Anm. 1.

252) Auch ein Teilhaber, der als Einzelperson mit der Erfindungsgemeinschaft ein Rechtsgeschäft abschließt, z. B. Rohstoffe an sie verkauft, ist insoweit ein „Außenstehender".

pflicht gegenüber dem Gläubiger entstand. Dabei wird insbesondere § 427 BGB zu beachten sein, wonach mehrere, wenn sie sich durch Vertrag gemeinschaftlich zu einer teilbaren Leistung verpflichten, im Zweifel als Gesamtschuldner, also dem Gläubiger gegenüber jeder in voller Höhe (§ 421 BGB) haften. Dies wird z. B. in der Regel für die Honoraransprüche des beauftragten Patentanwalts zu gelten haben. Besteht dagegen die Leistung, auf die der Gläubiger einen Anspruch hat, in einer Verfügung über das gemeinsame Patent — etwa dessen Übertragung auf ihn[253]) —, so wird er zweckmäßigerweise, um sich das langwierige Sammeln von Einzelurteilen gegen sämtliche Teilhaber zu ersparen (vgl. § 747 S. 2 BGB), alle Teilhaber zusammen als Streitgenossen verklagen[254]).

2. Bei der Gesellschaftergemeinschaft

Falls sich die Erfindungsgemeinschaft als Gesellschaft im Sinne der §§ 705 ff. BGB darstellt und der Gesellschaftsvertrag keine abweichenden Bestimmungen enthält, können die geschäftsführenden Gesellschafter gemäß §§ 670, 713 BGB von den Gesellschaftern Erstattung solcher Aufwendungen verlangen, die sie den Umständen nach für erforderlich halten durften. Die Frage, wie dies während des Bestehens der Gesellschaft und im Stadium ihrer Liquidation zu geschehen hat, ist hier nicht zu erörtern[255]). Nach dem bereits an anderer Stelle erwähnten Grundsatz, daß sich Gewinnanteil und Verlustanteil der Höhe (Quote) nach entsprechen, kommt es also auch hier im Ergebnis zu einer angemessenen Verteilung von Lasten und Kosten auf alle Gesellschafter.

Soweit ein Gesellschafter selbst tätig werden durfte, etwa in entsprechender Anwendung der bei der Bruchteilsgemeinschaft für „notwendige Erhaltungsmaßregeln“ gegebenen Vorschrift § 744 Abs. 2 BGB, sind ihm dabei aufgewendete Kosten von den anderen Gesellschaftern anteilig zu erstatten[257]).

An anderer Stelle[258]) ist zum Erstattungsanspruch des Gesellschafters darauf hingewiesen worden, daß bei der Geltendmachung solcher Ansprüche, enstprechend der bestehenden Treupflicht der Gesellschafter, auf das gemeinsame Interesse aller Gesellschafter Rücksicht zu nehmen ist.

Die Schuldenhaftung gegenüber den Außenstehenden (Gläubigern) bestimmt sich in der Regel nach § 427 BGB, da gemeinschaftlich eingegangene teilbare Verpflichtungen im Zweifel — insbesondere also: mangels abweichender Vereinbarung — solidarisch zu erfüllen sind. Dabei ist es für den Gläubiger, der das Gesellschaftsvermögen in Anspruch nehmen will,

---

[253]) Wegen Lizenzerteilung s. unten Teil H (S. 222 ff.).

[254]) Ebenso Kisch GRUR 52, 270, der die Beklagten in jedem Fall für einfache, nicht für notwendige Streitgenossen (§ 62 ZPO) hält.

[255]) Vgl. dazu Gramm bei Palandt § 713 Anm. 2 g.

[256]) S. oben S. 126.

[257]) Vgl. soeben bei 1 zur Bruchteilsgemeinschaft.

[258]) S. oben S. 134.

erforderlich, sich einen gegen alle Gesellschafter gerichteten Vollstreckungstitel zu verschaffen (§ 736 ZPO). Letzteres gilt auch, wenn der Gläubiger eine Leistung zu fordern hat, die der einzelne Gesellschafter allein nicht zu erbringen vermag, etwa die Vornahme einer Verfügung über einen zum Gesellschaftsvermögen gehörenden Gegenstand (vgl. § 719 Abs. 1 BGB), wie es beispielsweise die Übertragung des zum Vermögen der Gesellschaftsgemeinschaft gehörenden Schutzrechts wäre[259]).

VII. Veränderung des beteiligten Personenkreises

Der Kreis der an der Erfindungsgemeinschaft beteiligten Personen kann sich im Laufe der Zeit ändern. Diese Möglichkeiten und ihre rechtliche Tragweite werden, getrennt für Bruchteils- und Gesellschaftsgemeinschaft und unter Betrachtung einiger Besonderheiten bei Arbeitnehmererfindungsgemeinschaften, nachstehend behandelt.

1. Ausscheiden eines Beteiligten (Anteilsübertragung, Verzicht)

a) *Bei der Bruchteilsgemeinschaft*

aa) Die Möglichkeit, daß ein Teilhaber seinen Anteil an der Bruchteilsgemeinschaft auf eine andere Person überträgt, ist bereits oben[260]) erörtert worden, so daß auf jene Ausführungen verwiesen werden kann.

bb) Dort ist auch von einem — unter Umständen stillschweigend erklärten[261]) — „Verzicht" auf den Anteil gesprochen worden. Zu letzterem ist jedoch noch die Frage zu untersuchen, wo der Anteil, auf den sich der Verzicht erstreckt, rechtlich verbleibt.

Hier sei zunächst nochmals darauf hingewiesen, daß die Verhältnisse der Bruchteilsgemeinschaft (§§ 741 ff. BGB) und nicht die der Gesellschaftsgemeinschaft (§ 705 ff. BGB) zu erörtern sind[262]). Nur bei der letzteren bestehen das wiederholt erwähnte[263]) gegenseitige Verpflichtungsverhältnis und das Vertrauensverhältnis, durch welche die Gesellschafter so miteinander verbunden sind, daß schon aus dem Wesen solcher Personenverbundenheit heraus erhebliche Bedenken bestehen, ob sich der einzelne einseitig aus der Gesamtheit lösen kann. Bei der Bruchteilsgemeinschaft, die in der Regel aus tatsächlichen Vorgängen heraus entsteht[264]), gelten derartige Bedenken nicht. Läßt man daher bei ihr die Möglichkeit zu, daß ein Teilhaber auf seinen Anteil an der Gemeinschaft „verzichtet", so kann der Anteil doch dadurch nicht — etwa analog der Dereliktion von Sachen (§§ 928, 959 BGB) — her-

---

[259]) Über Lizenzerteilungen s. unten Teil H (S. 222 ff.).

[260]) S. oben S. 124 f.

[261]) Vgl. oben S. 139 f.

[262]) Über Anteilsverzicht bei der Gesellschaft s. gleich unten S. 144.

[263]) Vgl. oben S. 106.

[264]) S. oben S. 106.

renlos werden, also rechtlich ohne jeden Inhaber sein. Manche[265]) nehmen an, daß der durch den Verzicht freigewordene Anteil automatisch den anderen Teilhabern zuwächst (anwächst), so daß sich deren Anteile im Verhältnis ihrer Größe erhöhen. Eine nähere Begründung dieser Ansicht, die sich nicht auf eine Gesetzesstelle zu stützen vermag, wird von ihren Vertretern nicht gegeben, mit Ausnahme des Kommentars von Klauer-Möhring[266]), der erklärt, ohne die erwähnte Anwachsungslehre bliebe dem, der sich aus der Gemeinschaft lösen wolle, nur die Möglichkeit, gemäß § 749 BGB deren Auflösung zu verlangen und den gemeinschaftlichen Gegenstand, nämlich die Erfindung bzw. das Schutzrecht, gemäß §§ 753, 1235 BGB zur öffentlichen Versteigerung zu bringen, und dieses Ergebnis gebe der Verwaltung des Gemeinschaftsvermögens eine ständige Unsicherheit und bringe überdies die Gefahr der Verschleuderung mit sich, so daß man billigerweise den Austritt des Teilhabers, die Anwachsung seines Anteils an die anderen und eine angemessene Entschädigung des Ausgetretenen in Geld gestatten müsse. Dem ist jedoch entgegenzuhalten[267]), daß damit der einzelne — man denke etwa an eine nur aus zwei Teilhabern bestehende Gemeinschaft — einseitig die Art der Auseinandersetzung der Gesellschaft bestimmen würde, was kaum im Sinne des Gesetzes gelegen sein dürfte. Daher ist daran festzuhalten, daß die Anteile (Bruchteile) der Gemeinschaft nicht der genannten „Anwachsungstheorie" zugänglich sind[268]). Daraus ergibt sich, weil der Anteil nicht einfach untergehen und auch nicht herrenlos werden kann, daß bei der Bruchteilsgemeinschaft ein einseitiger „Verzicht" auf den Anteil, sei es auf den an der Erfindung oder an der Patentanmeldung oder am Patent, unwirksam ist[269]).

Nun ist jedoch jede Willenserklärung, also auch ein erklärter „Verzicht", der Auslegung zugänglich (§ 133 BGB). Zu fragen ist dabei, was der Erklärende erkennbar g e w o l l t hat. Wer verzichtet, bringt jedenfalls den Willen zum Ausdruck, etwas aufgeben zu wollen, und wer dies gegenüber einer Gemeinschaft erklärt, indem er auf seinen „Anteil" verzichtet, macht deutlich, daß er ihr nicht mehr angehören möchte. Damit ist zugleich gesagt, daß er bereit ist, den ganzen rechtlichen Komplex, an dem er beteiligt war, den anderen Teilhabern zu überlassen, die, wenn sie wollen, die Gemeinschaft fortsetzen und auch den Vermögensbruchteil, der dem „Verzichtenden" gehörte, nunmehr als den ihren betrachten mögen. Somit ist, mangels entgegenstehender Erklärungen der Art, daß der Erklärende dem Erwerb seines Anteils durch die anderen Teilhaber widerspricht[270]), als Wille des

[265]) Kohler Hdb. S. 492/3, Kent Bd. I S. 533 Nr. 539, Seligsohn § 9 Anm. 4, Zeller S. 350, f. d. Schweiz Blum-Pedrazzini Bd. II S. 309.

[266]) Klauer-Möhring S. 129.

[267]) Ebenso Zeller GRUR 42, 249, wohl unbewußt von seiner oben zit. Meinung abweichend.

[268]) Vgl. auch RGRKom. § 747 BGB Anm. 1.

[269]) Ebenso Kisch Hdb. S. 234/5 und GRUR 52, 268.

[270]) Zutr. Hinweis von Busse S. 335 m. Zit. PA Bl. 1929, 251.

Verzichtenden anzunehmen, daß er den anderen Teilhabern das Angebot macht, seinen Anteil unentgeltlich zu übernehmen, und daß letztere diese Offerte nur (ausdrücklich oder durch schlüssiges Verhalten) anzunehmen brauchen, um — wiederum unter sich „anteilsmäßig" — Inhaber des Anteils des „Verzichtenden" zu werden. Dann liegt aber rechtlich kein (automatisches) Anwachsen, sondern eine Übertragung des Anteils vor[271]).

Das vorstehend erörterte Problem wird von besonderer Bedeutung, wenn einer der Teilhaber gegenüber dem Patentamt erklärt, daß er auf seinen Anteil an dem gemeinsamen Patent bzw. der gemeinsamen Anmeldung „verzichte". Mit dieser Erklärung erlischt das Patent nicht etwa gemäß § 12 Abs. 1 Nr. 1 PatG (für Gebrauchsmuster vgl. § 14 Abs. 6 GebrMG), da der einzelne nicht über das Ganze verfügen kann (§ 747 S. 2 BGB). Der Verzicht auf den „Anteil" (des Verzichtenden) ist nach der hier vertretenen Ansicht ebenfalls unwirksam, jedoch kann nach der oben vorgenommenen Auslegung in der Erklärung regelmäßig ein Übertragungsangebot an die anderen Mitinhaber gesehen werden, die das Patentamt als Bote des Offerenten an letztere weiterleiten und nach deren Erklärung, daß sie den Anteil übernehmen, das Patent entsprechend umschreiben, d. h. den Verzichtenden „löschen" und die anderen nunmehr in der Patentrolle als alleinige Mitinhaber führen kann. Lehnen diese die Übernahme des Anteils ab, ist der Verzicht unwirksam[272]). Das Einverständnis, den Anteil des Ausscheidenden zu übernehmen, kann übrigens schlüssig in der Erklärung der anderen Teilhaber gesehen werden, nunmehr sie allein als die Antragsteller auf Patenterteilung bzw. als die Inhaber des Patentes anzusehen[273]); daß die Erklärung nicht gegenüber dem „Verzichtenden", sondern gegenüber dem Patentamt abgegeben wird, nimmt ihr nicht die Wirksamkeit als Annahme eines Übertragungsangebots, da anzunehmen ist, daß der Verzichtende auf den Zugang dieser Erklärung an sich selbst ebenfalls verzichtet hatte (§ 151 S. 1 BGB).

Inwieweit eine von einem Teilhaber gegenüber dem Patentamt erklärte Zurücknahme der Patentanmeldung als „Verzicht" im vorgenannten Sinne aufgefaßt werden kann, wird später[274]) in anderem Zusammenhang erörtert werden.

Der theoretisch denkbare Fall, daß ein Teilhaber ausdrücklich nur auf seinen Anteil am Patent (oder an der Patentanmeldung) verzichtet, nicht jedoch auf seinen Anteil an der Erfindung, kann, sofern er überhaupt aus Rechtsgründen für zulässig zu halten ist, als irreal außer Betracht blei-

---

[271]) Wie hier Kisch a. a. O.; Kent Bd. I S. 735 Nr. 14 unter offenbarer Einschränkung der oben zit. Stelle Bd. I S. 533 Nr. 539; Busse S. 312 und wohl auch Tetzner S. 168 (m. Rspr.), der die Verzichtserklärung „im Zweifel" so auffaßt, daß der Anteil auf die anderen Teilhaber übergehen soll.

[272]) Zutreffend besds. Kent Bd. I S. 735 Nr. 14.

[273]) Ebenso Busse S. 335.

[274]) Vgl. unten S. 178 ff.

ben. Das Patentamt dürfte eine so formulierte Verzichtserklärung wohl als zu unbestimmt zurückweisen.

b) *Bei der Gesellschaftsgemeinschaft*

aa) Die Frage, ob ein Gesellschafter seinen Anteil an der Gesellschaft auf eine andere Person übertragen kann und welche sonstigen Auslegungsmöglichkeiten sich dazu ergeben, ist bereits an anderer Stelle[275]) behandelt worden, so daß auf jene Ausführungen verwiesen werden kann.

bb) Das Ausscheiden eines Gesellschafters mit der Wirkung, daß die Gesellschaft unter den übrigen Gesellschaftern fortbesteht, ist im Einverständnis aller — welches bereits generell im Gesellschaftsvertrag erklärt worden sein kann, vgl. § 736 BGB — möglich. In diesem Fall wächst sein Anteil am Gesellschaftsvermögen den übrigen Gesellschaftern zu (Anwachsung), § 738 Abs. 1 S. 1 BGB, und zwar automatisch, ohne daß es eines besonderen Übertragungsaktes bedarf[276]).

cc) Ein Verzicht eines Gesellschafters, etwa gegenüber dem Patentamt, auf seinen Anteil am gemeinsamen Patent wäre, wenn die Zustimmung der anderen Gesellschafter fehlt, unwirksam (§ 719 BGB)[277]). Liegt letztere jedoch vor, so daß es sich eigentlich nicht um einen Verzicht, sondern um das vertragsgemäße Ausscheiden des Gesellschafters handelt mit der Folge des Anwachsens des Anteils an die übrigen[278]), bedarf es zur Umschreibung der Patentanmeldung bzw. des Patents, da die Anwachsung von Gesetzes wegen eingetreten ist, keines Nachweises (§ 24 Abs. 2 S. 1 PatG) einer geschehenen „Übertragung" auf die restlichen Gesellschafter[279]).

Wegen des Falles, daß ein Gesellschafter dem Patentamt gegenüber erklärt, daß er die gemeinsame Patentanmeldung „zurücknehme" ist auf spätere Ausführungen zu verweisen[280]).

2. Tod eines Beteiligten

Wenn eine an einer Erfindungsgemeinschaft beteiligte Person stirbt, so geht ihre Rechtsstellung, insbesondere ihr Anteil an Vermögen der Gemeinschaft (also an der Erfindung bzw. dem Schutzrecht),

a) im Falle der Bruchteilsgemeinschaft (§§ 741 ff. BGB) auf ihre Erben über; eine Anwachsung an die anderen Teilhaber findet also nicht statt[281]),

b) während, wenn eine Gesellschaftsgemeinschaft gegeben

---

[275]) S. oben S. 126.

[276]) Über die Abfindung des Ausscheidenden vgl. § 738 BGB sowie zu diesem RGRKom. Anm. 3; wegen der Fortdauer der Parteistellung im Prozeß trotz „Ausscheiden" eines Klägers gem. § 265 Abs. 2 ZPO vgl. RGRKom. § 714 BGB Anm. 4.

[277]) Kent Bd. I S. 735 Nr. 14, Kisch Hdb. S. 234/5.

[278]) S. darüber soeben bei bb.

[279]) Zutreffend Busse S. 312.

[280]) Vgl. unten S. 178 ff.

[281]) Kohler Hdb. S. 495, Isay S. 358.

ist, (§§ 705 ff. BGB), sich diese auflöst, sofern der Gesellschaftsvertrag nichts anderes bestimmt, § 727 Abs. 1 BGB[282]).

3. Sonderfälle bei Arbeitnehmererfindungsgemeinschaften

Für Erfindungsgemeinschaften, an denen Arbeitnehmer als Miterfinder (Diensterfindung) beteiligt sind, gilt zur Frage der Veränderung des Personenkreises der Beteiligten grundsätzlich das, was vorstehend allgemein zu dieser Frage ausgeführt worden ist. Insbesondere ist also auch hier zwischen der (in der Regel vorliegenden) Bruchteils- und der (als Ausnahme vorkommenden)[283]) Gesellschaftsgemeinschaft zu unterscheiden. Im übrigen sei auf folgendes hingewiesen:

a) Wird das Arbeitsverhältnis gelöst, scheidet also ein Arbeitnehmermiterfinder aus den Diensten des Arbeitgebers, in dessen Betrieb die gemeinschaftliche Erfindung gemacht worden ist, aus, so werden dadurch, wie § 26 ArbEG ausdrücklich bestimmt, „die Rechte und Pflichten aus diesem Gesetz nicht berührt". Insbesondere bleibt also dem Arbeitgeber das Recht zur Inanspruchnahme, falls es beim Ausscheiden des Arbeitnehmers noch bestanden haben sollte[284]), und dem Arbeitnehmer sein Anspruch auf angemessene Vergütung erhalten. Das Verhältnis dieser beiden Personen ist somit, was die Diensterfindung und deren Rechtsfolgen anbetrifft, grundsätzlich das gleiche wie zuvor[285]). Damit nimmt § 26 ArbEG dem (früheren) Arbeitgeber zugleich den Einwand, daß die bisherige Regelung der Vergütung wegen wesentlicher Änderung der Umstände gemäß § 12 Abs. 6 S. 1 ArbEG durch eine andere ersetzt werden müsse[286]).

b) Ein Wechsel des Arbeitgebers (Betriebsveräußerung) stellt nur dann einen Fall der Veränderung des an der Erfindungsgemeinschaft „beteiligten" Personenkreises dar, wenn er nach erfolgter Inanspruchnahme der Diensterfindung erfolgt, da der Arbeitgeber erst durch letztere Mitglied der Erfindungsgemeinschaft wird, wobei wiederum der Fall ausscheidet, daß sämtliche Miterfinder Arbeitnehmer des gleichen Betriebs sind und die Inanspruchnahme allen gegenüber unbeschränkt erklärt worden, die Erfindung also als ganze auf den Arbeitgeber übergegangen ist (§ 7 Abs. 1 ArbEG). Man denke daher beispielsweise an eine „mehrbetriebliche"[287]) Diensterfindung, bei welcher der eine der Arbeitgeber „seinen" Arbeitnehmern gegenüber die unbeschränkte Inanspruchnahme erklärt hat und nunmehr seinen

---

[282]) Zur Anzeigepflicht des Todes durch den Erben und über die einstweilige Fortführung der Geschäfte s. § 727 Abs. 2 BGB.

[283]) Vgl. oben S. 111 f.

[284]) Vgl. § 8 Abs. 1 Nr. 3 ArbEG.

[285]) und wird nun nicht etwa zu einem Gesellschaftsverhältnis, s. oben S. 113.

[286]) Ebenso die Schiedsstelle des PA in dem von Schade Mitt. 59, 257 mitgeteilten, von den Beteiligten nicht akzeptierten Vorschlag ArbErf 26/58.

[287]) S. oben S. 11.

Betrieb an einen bisher Unbeteiligten veräußert, oder an den Fall der „gemischten"[288]) Erfindungsgemeinschaft, bei der nach erklärter Inanspruchnahme die Betriebsveräußerung durch den Arbeitgeber erfolgt. Mit dem Betrieb sind im Zweifel auch die zu diesem gehörenden wirtschaftlichen Werte, also die Rechte an und aus der in Anspruch genommenen Diensterfindung[289]), an den Erwerber veräußert. Somit liegt der oben[290]) besprochene Fall vor, daß ein an einer Erfindungsgemeinschaft Beteiligter seinen „Anteil" auf einen anderen überträgt. Jenen Ausführungen ist hier nichts hinzuzufügen.

Die völlig andere Frage, ob und gegebenenfalls welche Rechte die Arbeitnehmer des Betriebsveräußerers gegen den Betriebserwerber haben, ist keine Spezialfrage des Rechts der Erfindungsgemeinschaft. Insoweit muß daher auf die Kommentare zum ArbEG verwiesen werden[291]).

Gleiches gilt zu dem Fall, daß der Arbeitgeber zwar nicht den Betrieb, aber seinen Anteil an der Erfindung (dem Schutzrecht) veräußert: im Verhältnis zu seinem Mitgemeinschafter bzw. Mitgesellschafter stellt dies einen der an anderer Stelle[292]) besprochenen Fälle der Anteilsveräußerung dar, im Verhältnis zu den Arbeitnehmererfindern ergeben sich die Folgerungen aus dem allgemeinen Recht der Arbeitnehmererfindungen[293]).

c) Auch die Abtretung des einem Arbeitnehmer erwachsenen Vergütungsanspruchs stellt, da ein solcher Anspruch erst als Folge der Inanspruchnahme (§ 9 Abs. 1 ArbEG) entsteht, keine Maßnahme dar, welche die Erfindungsgemeinschaft, zu der ja der Vergütungsberechtigte nicht mehr gehört, berühren könnte. Ist die Inanspruchnahme nur beschränkt erklärt (§§ 7 Abs. 2, 10 ArbEG), der Arbeitnehmererfinder also Mitglied der Erfindungsgemeinschaft geblieben, so hat doch der Vergütungsanspruch als „sein" persönlicher Anspruch zu gelten, gehört also nicht zum Gemeinschaftsvermögen und kann daher, sofern er bereits hinreichend konkretisiert ist, ohne Befragen der anderen Beteiligten abgetreten oder sonst verwertet (verpfändet, gepfändet) werden[294]).

VIII. Auflösung der Erfindungsgemeinschaft, Auseinandersetzung

1. Auflösungsgründe

a) *Bei der Bruchteilsgemeinschaft*

aa) § 749 Abs. 1 BGB bestimmt, daß jeder Teilhaber einer Bruchteilsgemeinschaft jederzeit — im Gegensatz zur Gesellschaftsgemeinschaft (vgl.

[288]) S. oben S. 11.

[289]) Genauer: an den früheren Anteilen der Arbeitnehmer an dieser, vgl. oben S. 75 ff.

[290]) S. soeben S. 145 m. weiterer Verweisung auf S. 122 ff.

[291]) Vgl. z. B. Volmer § 6 Anm. 12 u. insb. § 26 Anm. 30—32.

[292]) Vgl. oben S. 122 f.

[293]) Volmer § 7 Anm. 14.

[294]) Vgl. zur Frage der Abtretbarkeit Reimer-Schade-Schippel S. 111, Volmer § 12 Anm. 85.

§ 719 Abs. 1 Halbs. 2 BGB) — die Aufhebung der Gemeinschaft verlangen kann. Dies dürfte auch für Erfindungsgemeinschaften nach Bruchteilen gelten, zumal anerkannt ist[295]), daß dieses Auflösungsverlangen, wenn sich die Teilhaber über die Verwaltung und Benutzung der Erfindung bzw. des Schutzrechts nicht einigen können und ein Mehrheitsbeschluß — so zu Benutzungs- und Lizenzierungsfragen[296]) — unzulässig ist, als „letzte Hilfe" bleibt.

Diesem „jederzeitigen" Recht, die Aufhebung zu verlangen, wird entgegengehalten[297]), daß es zu einer erheblichen Unsicherheit in der Verwaltung führe, ja wegen der bei der Auseinandersetzung notwendig werdenden Versteigerung der Erfindung bzw. des Patents eine Verschleuderung dieser Vermögenswerte zur Folge haben könne; diese Nachteile könnten jedoch vermieden werden, wenn man die Bestimmung des § 749 Abs. 1 BGB bei Erfindungsgemeinschaften dahin einschränke, daß die Aufhebung der Gemeinschaft nur bei Vorliegen eines „wichtigen Grundes" verlangt werden könne. Diese Lösung erscheint bedenklich. Sie übersieht nämlich, daß Bruchteilsgemeinschaften in der Regel nicht durch Vertrag, also nicht durch bewußtes Eingehen gegenseitiger Bindung, sondern durch tatsächliches Tun (gemeinsames oder sukzessives Mit-Erfinden) entstehen[298]), ja häufig werden mehrere Personen ohne jede Erfinderabsicht gemeinsam technisch oder chemisch tätig, gelangen wider Erwarten zu einer Erfindung und werden somit zu Teilhabern einer Erfindungsgemeinschaft. Mit welchem Recht soll die Befugnis des einzelnen, sich von dieser communio incidens alsbald wieder zu lösen, auf das Vorliegen eines „wichtigen Grundes" beschränkt sein? Der Umstand, daß die Gemeinschaft selbst dann, wenn auf die Erfindung ein Patent erteilt wird, mit dem Erlöschen des Patentschutzes spätestens nach 18 Jahren (§ 10 Abs. 1 S. 1 PatG) sowieso „ihr Ende findet"[299]), so daß eine Beschränkung des Aufhebungsrechts kein ewiges Festhalten des Teilhabers an ihr zur Folge hat, reicht zur Begründung nicht aus[300]). Und was wäre hier als wichtiger Grund anzuerkennen? Ferner darf nicht übersehen werden, daß ohnedies die Ausübung jedes Rechts nur im Rahmen von Treu und Glauben gestattet ist. So können die Teilhaber, die eine Versteigerung der Erfindung bzw. des Schutzrechts vermeiden und unter sich die Gemeinschaft fortsetzen wollen, dem, der gemäß § 749 BGB die Aufhebung der Gemeinschaft verlangt, ein Abfindungsangebot (Offerte, seinen Anteil zu übernehmen) in solcher Höhe machen, daß offenbar der bei einer Versteigerung zu erwartende Erlösanteil nicht höher sein würde, und ihm, wenn er gleichwohl weiterhin „Aufhebung und Versteigerung" verlangt, den Ein-

---

295) Schnabel „Reichsbahn" 1935 S. 940; RGRKom. § 744 BGB Anm. 1.

296) S. unten S. 213 ff. und S. 228.

297) Reimer S. 145 im Anschluß an Klauer-Möhring S. 129; Bernhardt S. 95.

298) S. oben S. 5 ff. und S. 106.

299) Klauer-Möhring a. a. O.

300) Zweifelnd mit Recht auch Calé GRUR 31, 96/7.

wand[301]) entgegensetzen, daß dies, da er durch das begehrte Verfahren nicht besser gestellt werden könnte als bei Annahme ihres Übernahmeangebots, gegen Treu und Glauben verstoße. Sollte er gleichwohl einwenden, im gegebenen Fall sei nicht vorauszusehen, ob eine Versteigerung nicht doch einen besonders hohen Erlös bringen würde, so bleibt es den anderen Teilhabern unbenommen, selbst mitzubieten, wobei sie, wenn sie im Falle des Erstehens ihre Gemeinschaft fortzusetzen entschlossen sind, nicht mehr riskieren als den auf den Ausscheidenden entfallenden Erlösanteil.

Demgegenüber ist allerdings die Möglichkeit ins Auge zu fassen, daß den Teilhabern die Mittel fehlen, um den einen oder anderen dieser Wege zu beschreiten. Dann dürften zwei Fälle zu unterscheiden sein. Ist die Gemeinschaft eben erst entstanden und liegen keine Abreden oder wirksame Beschlüsse (denen der die Aufhebung fordernde Teilhaber zugestimmt hatte) darüber vor, daß und wie man die Erfindung gemeinsam verwalten will[302]), gibt es keinen rechtlichen Grund, einen Teilhaber, der die Gemeinschaft nicht fortsetzen möchte, aber für dieses Nichtwollen keinen „wichtigen" Grund — wieder wäre dabei zu fragen, welche Gründe hier als wichtig anzusehen sind — angeben kann, an die Gemeinschaft zu binden. Anders möglicherweise, wenn das Aufhebungsbegehren in Widerspruch zu Vereinbarungen oder wirksamen Beschlüssen treten sollte, die für geraume Zeit die Verwaltung und Benutzung der Erfindung bzw. des Schutzrechts regeln. Sofern in letzteren nicht sogar ein einstweiliger Verzicht auf das Aufhebungsrecht zu sehen ist, kann es gegen Treu und Glauben verstoßen, wenn sich ein Teilhaber mit seiner Zustimmung zu solchen, auf Zeit berechneten und nur auf längere Sicht erfolgversprechenden Verwaltungs- und Benutzungsregelungen grundlos im Widerspruch setzt, indem er sich plötzlich auf das „jederzeitige" Aufhebungsrecht aus § 749 Abs. 1 BGB beruft. In diesem Zusammenhang ist andererseits mit Recht darauf hingewiesen worden[303]), daß ein Schikaneeinwand (§ 226 BGB) der restlichen Teilhaber, da er nur dann durchgreift, wenn der die Aufhebung der Gemeinschaft Fordernde „nur" den Zweck verfolgt, den anderen Teilhabern Schaden zuzufügen, sehr selten begründet sein wird, weil in der Regel auch eigene Interessen wahrgenommen werden.

Über den vertraglichen Ausschluß des Aufhebungsrechts und seine Folgen (§§ 749 Abs. 2 u. 3, 750, 751 BGB) wird gleich unten zu sprechen sein[304]).

Abschließend sei bemerkt, daß der Anspruch, die Aufhebung der Gemein-

---

[301]) Wohlgemerkt: ein Einwand (exceptio doli); die generelle Umdeutung von § 753 BGB in ein „Übernahmerecht des Teilhabers zu angemessenen Bedingungen" (so Klauer-Möhring a. a. O. und, offenbar im Anschluß daran, Bernhardt a. a. O.) läßt sich gegenüber dem Gesetz nicht begründen.

[302]) Vgl. dazu oben S. 127 f.

[303]) Calé a. a. O.

[304]) S. nachstehend unter bb (S. 151).

schaft zu verlangen, nicht der Verjährung unterliegt[305]). Der Anspruch richtet sich gegen die anderen Teilhaber und muß erforderlichenfalls im Prozeßwege durchgesetzt werden, indem beantragt wird, letztere zur Zustimmung zu verurteilen[306]).

Gemäß § 749 Abs. 2 BGB kann das Recht der Teilhaber, Aufhebung der Gemeinschaft zu verlangen, durch Vereinbarung ausgeschlossen oder von der Einhaltung einer Kündigungsfrist abhängig gemacht werden. Derartige Vereinbarungen wirken auch für und gegen den Sondernachfolger eines Teilhabers (§ 751 S. 1 BGB)[307]). Ein Ausschluß auf Zeit gilt im Zweifel, da „erfahrungsgemäß besonders drückende Wirkungen"[308]) nicht gewollt sind, nicht über den Tod eines Teilhabers hinaus (§ 750 BGB). Diese gesamte Regelung beruht auf dem Grundsatz, daß Vertrag vor Gesetz geht[309]).

Denkbar und zulässig wäre auch eine vertragliche Beschränkung des Aufhebungsanspruchs dahin, daß er nur von „wenigstens zwei Teilhabern" erhoben werden kann[310]). Wie stets, steht auch hier schlüssiges Verhalten der ausdrücklichen Vereinbarung gleich, so daß beispielsweise in der Abrede, auf gewisse Zeit zusammenzuarbeiten — sofern darin nicht gar die Begründung einer Gesellschaft (§§ 705 ff.) erblickt werden sollte —, unter Umständen ein rechtsgeschäftlicher Ausschluß des „jederzeitigen" Aufhebungsrechts aus § 749 Abs. 1 BGB gesehen werden kann. Der Umstand allein, daß die Teilhaber auf die gemeinsame Erfindung ein Patent erwirken, dürfte jedoch nicht dahin auszulegen sein[311]), daß die Gemeinschaft so lange dauern soll wie das Patent und daß das „jederzeitige" Kündigungsrecht (§ 749 Abs. 1 BGB) ausgeschlossen sein soll; dem steht entgegen, daß sich erfahrungsgemäß das erteilte Patent vom beantragten oft erheblich unterscheidet und daß eine wesentliche Änderung der allgemeinen technisch-wirtschaftlichen Verhältnisse vom Patentantrag bis zur endgültigen Patenterteilung in Rechnung zu stellen ist und gestellt zu werden pflegt.

Dieser Ausschluß und diese Beschränkungen haben jedoch eine Grenze: wenn ein wichtiger Grund vorliegt, kann der Teilhaber gleichwohl sofort die Aufhebung der Gemeinschaft verlangen (§ 749 Abs. 2 BGB). Dieses Recht ist unabdingbar (§ 749 Abs. 3 BGB). Somit erhebt sich wiederum die Frage, was als „wichtiger" Grund in diesem Sinne anzusehen ist. Hier-

---

[305]) Das gilt auch für Erfindungsgemeinschaften, vgl. Kisch Hdb. S. 143 u. GRUR 52, 270.

[306]) Einzelheiten s. RGRKom. § 749 BGB Anm. 1.

[307]) Also auch hier eine gleichsam „dingliche" Wirkung ähnlich wie die Verwaltungsregelung gemäß § 746 BGB, vgl. oben D IV, 1 bei a; wegen der für den Pfändungsgläubiger eines Teilhabers bestehenden Ausnahme s. § 751 S. 2 BGB sowie § 16 KO.

[308]) RGRKom. § 750 BGB.

[309]) Isay S. 358.

[310]) RGRKom. § 749 BGB Anm. 5.

[311]) So „im Zweifel" Isay GRUR 24, 27.

bei kommt es auf den Einzelfall an. Dazu bietet sich zwar die zu § 723 BGB (Kündigung der Gesellschaft aus wichtigem Grund) ergangene Rechtsprechung als Parallele an, aber die Fälle sind schon im Grundsätzlichen nicht immer gleichgelagert[312]), da der Gemeinschaft nach Bruchteilen die Bindung zum gemeinsamen Zweck[313]) nicht eigentümlich ist, so daß die Frage, ob sie ersprießlich fortgesetzt werden kann[314]), nicht generell unter gesellschaftsrechtlichen Gesichtspunkten zu beurteilen ist.

Selbstverständlich geben dauernde und schwere Verstöße gegen die Teilhaberpflichten den anderen Teilhabern einen wichtigen Grund, die Aufhebung der Gemeinschaft zu verlangen, etwa die unzulässige Beeinträchtigung des — unterstellt: im gegebenen Fall gestatteten — Mitgebrauchs der Erfindung bzw. des Schutzrechts, Versagung jeden rechtlichen Gehörs der Minderheit bei einem Mehrheitsbeschluß[315]) oder die Nichterfüllung der Beitragspflicht zu Lasten und Kosten[316]). Auch können sich die Umstände, unter denen die Gemeinschaft entstanden ist und bestehen bleiben sollte, so wesentlich geändert haben, daß dem einzelnen ein weiteres Beteiligtbleiben persönlich oder wirtschaftlich nicht mehr zuzumuten und ein anderer Ausweg als der der Aufhebung der Gemeinschaft nicht zu erblicken ist.

In diesem Zusammenhang erhebt sich die Frage, ob auch bei der Gemeinschaft nach Bruchteilen, obwohl eine entsprechende Bestimmung im Gesetz fehlt, trotz Vorliegens eines wichtigen Grundes das Aufhebungsbegehren (Kündigung) zur Unzeit in gleicher Weise unzulässig ist, wie im gleichen Fall bei einer Gesellschaft gemäß § 723 Abs. 2 BGB. Die Rechtsprechung beantwortet diese Frage mit Recht dahin, daß, wer trotz vereinbarten Kündigungsausschlusses „jetzt“ kündigt, nicht nur für die Kündigung überhaupt, sondern auch für deren Plötzlichkeit einen wichtigen Grund angeben muß, andernfalls die Kündigung unwirksam ist[317]).

bb) Mit dem Erlöschen des gemeinsamen Schutzrechts oder dessen rechtskräftiger Vernichtung entfällt bei Erfindungsgemeinschaften in der Regel deren Substrat, der „gemeinschaftliche Gegenstand“; daher sind die genannten Ereignisse im Zweifel als Aufhebungsgrund der Gemeinschaft anzusehen[318]). Demgegenüber kann es jedoch Fälle geben, bei denen für den der Erfindung entsprechenden Gegenstand, auch wenn das Schutzrecht entfallen ist, eine faktische Monopolstellung im Wettbewerb geblieben ist, etwa infolge besonderer, einen erheblichen Vorsprung vor den Mitbewerbern sichernder Fabrikationsgeheimnisse (know-how). Dann stellt die Erfindung im Zusammenhang mit den Herstellungsgeheimnissen „den“ Vermögensgegen-

---

312) Dies übersieht Benkard § 3 Anm. 4.
313) Vgl. oben S. 106.
314) So Gramm bei Palandt § 745 Anm. 2.
315) RGRKom. § 745 BGB Anm. 2.
316) Vgl. oben S. 139 ff.
317) Vgl. RGRKom. § 749 BGB Anm. 4 m. Rspr.
318) Ebenso Kisch Hdb. S. 143 u. GRUR 52, 271.

stand der Gemeinschaft dar, so daß diese lebensfähig geblieben und nicht aufzulösen ist.

cc) Ein Auflösungsgrund ist ferner gegeben, wenn der gemeinschaftliche Vermögensgegenstand auf andere Weise entfällt. So, wenn die Erfindung oder das Schutzrecht als Ganzes veräußert wird, sei es an einen Außenstehenden[319]), sei es an einen der Teilhaber, indem dieser die Anteile aller anderen erwirbt. So auch, wenn nur zwei Teilhaber vorhanden sind und einer von ihnen auf diese Weise „ausscheidet"[320]).

b) *Bei der Gesellschaftsgemeinschaft*

aa) Eine Erfindungsgemeinschaft, welche die Voraussetzungen der §§ 705 ff. BGB erfüllt[321]), endigt, wenn ihr vertragsgemäßer Endpunkt herbeigekommen ist. Einen solchen zu vereinbaren (als Termin, in Gestalt einer auflösenden Bedingung u. a. m.), steht den Gesellschaftern frei.

bb) Sie endigt ferner, wenn „der vereinbarte Zweck erreicht oder dessen Erreichung unmöglich geworden ist" (§ 726 BGB). Hier ist vor allem an den Fall zu denken, daß die gemeinsame Erfindung (bzw. das Schutzrecht), auf die sich der Gesellschaftszweck bezieht, veräußert wird[322]). Gleiches wird zu gelten haben, wenn das Schutzrecht erlischt oder vernichtet wird, und zwar unter denselben Einschränkungen, von denen zum gleichen Punkt soeben bei der Bruchteilsgemeinschaft gesprochen worden ist[323]).

cc) Die Kündigung der Gesellschaft durch einen Gesellschafter ist grundsätzlich jederzeit möglich, sofern die Gesellschaft nicht für eine bestimmte Zeit eingegangen oder die Einhaltung einer Kündigungsfrist vereinbart ist; auch in den beiden letztgenannten Fällen ist jedoch sofortige Kündigung zulässig, wenn ein wichtiger Grund vorliegt, wobei eine mit solchem Grund, aber zur Unzeit erfolgte Kündigung zwar wirksam ist, aber zum Schadensersatz verpflichtet (§ 723 BGB). Das Kündigungsrecht aus wichtigem Grund kann nicht ausgeschlossen oder beschränkt werden (§ 723 Abs. 3 BGB). Eine auf Lebenszeit eines Gesellschafters geschlossene oder nach dem Ablauf der bestimmten Zeit stillschweigend verlängerte Gesellschaft ist wie eine „für unbestimmte Zeit" eingegangene Gesellschaft anzusehen (§ 724 BGB). Diese Vorschriften gehen bei einer Gesellschaft, die ihre Tätigkeit begonnen hat („zur Ausführung gelangt ist"), denen über die Auflösung gegenseitiger Verträge, insbesondere dem in §§ 325, 326 BGB normierten Rücktrittsrecht, vor[324]).

Ob der Kündigende, soweit das erforderlich ist, einen wichtigen

[319]) Kisch a. a. O.

[320]) So lag es im Ergebnis bei dem Fall RG 28. 5. 30 MuW 30, 400.

[321]) S. darüber oben S. 106.

[322]) RGRKom. § 726 BGB Anm. 2; der Fall liegt also im Endergebnis ebenso wie soeben unter a, cc bei der Bruchteilsgemeinschaft.

[323]) S. soeben bei a, bb (S. 151/2).

[324]) RG 25. 8. 37 GRUR 39, 277; RGRKom. Vorbem. 1 vor § 705 BGB sowie § 705 Anm. 4; Kent Bd. I S. 164/5 Nr. 286.

G r u n d zur Kündigung hat, muß nach den Umständen des Einzelfalls entschieden werden. Es handelt sich im Grunde um die Frage, ob ihm die Fortsetzung der Gesellschaft noch zugemutet werden kann, insbesondere ob eine gedeihliche Zusammenarbeit (§ 705 BGB) mit den anderen Gesellschaftern noch zu erwarten ist[325]). Letzteres kann beispielsweise wegen fortgesetzter Vertragsverstöße oder wegen persönlicher Zwistigkeiten (Vertrauensverhältnis!) ausgeschlossen sein, etwa indem der oder die anderen Gesellschafter grundlos ihre Zustimmung zu zweckmäßigen Geschäftsführungsmaßnahmen verweigern[326]) oder die Miterfinderschaft des Kündigenden zu Unrecht bestreiten[327]). Der von manchen[328]) erwähnte Fall mangelnder Rentabilität bedarf jedoch, im Sinne einer wirtschaftlichen Unzumutbarkeit[329]), stets einer genauen Prüfung; daß der wirtschaftliche Erfolg nicht so, wie er erhofft wurde, eingetreten ist, genügt für sich allein in der Regel nicht.

Zur Frage der Unmöglichkeit weiteren gedeihlichen Zusammenarbeitens kann auch die zu Lizenzverträgen ergangene Rechtsprechung als Parallele herangezogen werden[330]), die letzten Endes ebenfalls auf das erwähnte Kriterium der Unzumutbarkeit abstellt[331]). Wegen der möglicherweise bestehenden Schadensersatzpflicht dessen, der den wichtigen Kündigungsgrund gegeben hat, ist auf die Kommentare zum BGB und die einschlägige Rechtsprechung zu verweisen[332]). Über das Kündigungsrecht des Gläubigers eines Gesellschafters verhält sich § 725 BGB.

dd) Gemäß §§ 727, 728 BGB wird die Gesellschaft ferner durch den T o d eines Gesellschafters — sofern nicht der Gesellschaftsvertrag für diesen Fall etwas anderes vorsieht — und durch die Eröffnung des K o n k u r s e s über das Vermögen eines Gesellschafters aufgelöst.

c) *Bei Arbeitnehmererfindungsgemeinschaften*

Die gleichen Auflösungs- bzw. Endigungsgründe, wie sie vorstehend allgemein für Erfindungsgemeinschaften dargestellt worden sind, gelten auch für Arbeitnehmererfindungsgemeinschaften. Diese stellen sich jedoch in der Regel nicht als Gesellschaft, sondern als Gemeinschaft nach Bruchteilen dar[333]).

Für Erfindungsgemeinschaften von Arbeitnehmern tritt als besonderer Endigungsgrund der Fall hinzu, daß der Arbeitgeber die Anteile sämtlicher Beteiligten unbeschränkt in Anspruch nimmt. Dies ist bereits oben in anderem Zusammenhang[334]) festgestellt worden.

---

325) Bernhardt S. 58.
326) Ähnlich RGRKom. § 709 BGB Anm. 2.
327) RG 10. 10. 39 GRUR 40, 339 (342).
328) So von Bernhardt a. a. O.
329) Vgl. die RGRKom. § 723 BGB Anm. 4 zit. Rspr.
330) Vgl. u. a. RG 11. 11. 33 GRZ 142, 212.
331) BGH 15. 6. 51 NJW 1951 S. 836.
332) Vgl. RGRKom. § 723 BGB Anm. 4.
333) S. oben S. 111.
334) Oben S. 112.

2. Auseinandersetzung

Hat die Erfindungsgemeinschaft, mag sie eine Bruchteils- oder Gesellschaftsgemeinschaft gewesen sein, ihr Ende gefunden[335]), so müssen sich die Beteiligten über das gemeinschaftliche Vermögen, insbesondere also über die Erfindung bzw. das Schutzrecht, auseinandersetzen. Dazu gibt das Gesetz in Ergänzung der auch hier geltenden Vertragsfreiheit[336]) einige Vorschriften[337]). Davon sollen nachstehend allerdings nur solche Fragen besprochen werden, die für Erfindungsgemeinschaften von Bedeutung sind.

a) *Bei der Bruchteilsgemeinschaft*

Die Auseinandersetzung des Vermögens der aufgelösten Gemeinschaft nach Bruchteilen kann jeder Teilhaber fordern, auch wenn sein Anteil noch so geringfügig ist[338]).

Soeben ist erwähnt worden, daß die Teilhaber über die Auseinandersetzung Vereinbarungen treffen können. Dies zu tun, liegt bei Erfindungsgemeinschaften besonders nahe, weil „der" gemeinsame Vermögensgegenstand, nämlich die Erfindung bzw. das Schutzrecht, nicht in Natur teilbar ist[339]) und folglich mangels anderweitiger Einigung der Beteiligten öffentlich versteigert und der Erlös geteilt werden müßte (§§ 753 Abs. 1 S. 1, 1235, 1273 BGB), was, in manchen Fällen neben der Möglichkeit einer Verschleuderung, die Gefahr mit sich bringt, daß ein Konkurrent als Meistbietender auftritt. Nun gestattet zwar § 753 Abs. 1 S. 2 BGB die Abrede, daß eine Veräußerung an einen Dritten (gemeint ist: einen Außenstehenden) unstatthaft sein solle[340]), und in diesem Fall hat die Versteigerung nur unter den Teilhabern stattzufinden; es kann jedoch nicht angenommen werden, daß diese Regelung — die übrigens, da jeder Teilhaber sich nach Erwerb der Erfindung (des Schutzrechts) mit einem beliebigen Dritten zusammentun kann, die oben erwähnten Gefahren nicht völlig beseitigt[341]) — stets als stillschweigend vereinbart gilt[342]). Um die erwähnten Gefahren zu vermeiden, empfiehlt es sich, anstelle der Versteigerung eine andere Art der Verwertung zu vereinbaren[343]). So kann insbesondere ausbe-

---

[335]) Das ist nicht der Fall, wo ein Beteiligter im Einverständnis mit den anderen ausscheidet, die Erfindungsgemeinschaft also unter den übrigen fortbesteht, so daß lediglich der Ausscheidende „abzufinden" ist (vgl. f. die Gesellschaft § 738 BGB).

[336]) Vgl. zur Gesellschaft § 731 S. 1 BGB, zur Bruchteilsgemeinschaft RGRKom. § 749 BGB Anm. 5, Gramm bei Palandt Vorbem. 1 vor § 749.

[337]) Im Konkurs eines Beteiligten vgl. § 16 KO.

[338]) RG 17. 7. 27 RGZ 118, 46.

[339]) Isay S. 358; Calé GRUR 31, 96/7.

[340]) Mißlingt sie, so kann sie wiederholt werden § 753 Abs. 2 BGB; vgl. dazu und zu den weiteren Folgen RGRKom. § 753 BGB Anm. 4.

[341]) Darauf hat auch Isay GRUR 24, 26/7 hingewiesen.

[342]) Wie hier auch Tetzner S. 168/9.

[343]) Teilungsabreden wirken übrigens nicht gegen den Sondernachfolger eines Teilhabers, vgl. RGRKom. § 752 BGB Anm. 1.

dungen werden, daß einer der Teilhaber die Erfindung bzw. das Schutzrecht übernimmt[344]). Wollen die Teilhaber das gemeinsame Patent nach Auflösung der Gemeinschaft jeder voll nutzen, wie wenn sie zwei parallele Patente hätten, ist empfohlen worden[345]), das Patent als solches nach außen fortbestehen zu lassen und nur eine entsprechende interne Abrede zu treffen; es ist jedoch zweifelhaft, ob dies eine Auseinandersetzung der früheren Gemeinschaft oder nicht vielmehr deren Fortsetzung unter neuen Abreden sein würde. Anders, wenn unter zwei Teilhabern vereinbart wird, daß das Patent nunmehr dem einen gehören, der andere aber noch am Gewinn teilnehmen soll: dies ist keine Gemeinschaft mehr, sondern ein besonderer partiarischer Vertrag[346]).

In diesem Zusammenhang entsteht die Frage, ob sich der eine oder andere Teilhaber für den Fall, daß bei der Auseinandersetzung ein Außenstehender das Schutzrecht erwirbt, ein Weiterbenutzungsrecht sichern kann. Ohne ein solches müßte er nämlich die bisherige Fabrikation, wenn der Erwerber dies fordert (§§ 6, 47 PatG, §§ 5, 15 GebrMG), einstellen, da er diesem gegenüber nach Treu und Glauben aus dem Umstand, daß er als Teilhaber der Erfindungsgemeinschaft und entsprechend den für die Verwaltung und Benutzung getroffenen Abreden oder gefaßten Beschlüssen die Erfindung benutzt habe, kein Vorbenutzungsrecht (§§ 7 PatG, 5 Abs. 4 GebrMG) herleiten kann[347]). Dabei ist zunächst zu beachten, daß alle Benutzungsabreden, welche die Teilhaber unter sich über den gemeinschaftlichen Gegenstand treffen, interner und schuldrechtlicher Natur sind, und zwar, wenn bei fortbestehender Gemeinschaft ein Teilhaber ausscheidet, „quasi-dinglich" seinen Nachfolger binden (§ 746 BGB), aber nicht nach Auflösung der Gemeinschaft demjenigen entgegengesetzt werden können, der den gemeinschaftlichen Gegenstand (die Erfindung bzw. das Schutzrecht) erwirbt. Abreden dieser Art gewähren also das begehrte Weiterbenutzungsrecht nicht[348]). Der einzuschlagende Weg ist vielmehr ein anderer: dem betreffenden Teilhaber muß seitens der Gemeinschaft, d. h. von allen Gemeinschaftern, nach oder für den Fall der Auflösung der Gemeinschaft[349]), aber vor Veräußerung des Schutzrechts regelrecht eine Lizenz am Patent bestellt werden, nämlich durch einen Lizenzvertrag, der von allen Gemeinschaftern (zu denen auch er gehört) einerseits und ihm andererseits abzuschließen wäre und dessen Dauer von der Auflösung der Gemeinschaft unabhängig sein müßte. Die Lizenz wirkt dann, gleich ob sie eine ausschließliche oder einfache Lizenz ist[350]), gegen den Erwerber, auch wenn er sie beim

[344]) Wobei ihm für Sach- und Rechtsmängel wie einem Käufer gehaftet wird, § 757 BGB; Kisch Hdb. S. 143 Anm. 5, RGRKom. § 757 BGB.

[345]) Kohler Hdb. S. 498.

[346]) Vgl. den Fall RG 10. 10. 39 GRUR 40, 339 (341).

[347]) Zutreffend Isay GRUR 24, 26/7; Calé GRUR 31, 96/7.

[348]) Das ist zu Tetzner S. 168/9 zu ergänzen.

[349]) So daß die unter S. 200 f. dargelegten rechtlichen Hindernisse nicht bestehen.

[350]) Vgl. die Angaben bei Lüdecke-Fischer A 25/6 und A 30.

Erwerb nicht gekannt hat. Zu bedenken ist lediglich, daß der Handelswert des Schutzrechts durch die „Belastung“ mit einer Lizenz (insbesondere mit einer ausschließlichen) herabgesetzt sein kann (nicht „muß“, da ein Weltunternehmen als Lizenznehmer bei einem mit Ausübungspflicht zu günstigen Bedingungen langfristig bestehenden Lizenzvertrag dem Schutzrecht erheblich wirtschaftlichen Wert geben kann).

Wegen der bei der Auflösung vorzunehmenden Bereinigung von Schulden (gegenüber Außenstehenden) und der Befriedigung von Forderungen, welche die Teilhaber gegeneinander hinsichtlich der Gemeinschaft haben (Aufwendungsersatz usw.), sei auf die gesetzlichen Bestimmungen (§§ 755, 756 BGB) verwiesen[351]).

Die möglicherweise erforderliche Klage „auf Auseinandersetzung“ zu erörtern, würde den Rahmen einer Darstellung der Erfindungsgemeinschaften überschreiten[352]).

b) *Bei der Gesellschaftsgemeinschaft*

Die Art und Weise, wie bei einer aufgelösten Gesellschaft (§§ 705 ff. BGB) — mithin auch in dem nicht häufigen Fall einer als Gesellschaft betriebenen Erfindungsgemeinschaft — die Auseinandersetzung (Liquidation) erfolgt, unterliegt in erster Linie der Vereinbarung der Gesellschafter (arg. § 731 S. 1 BGB). Soweit es hieran fehlt, greifen die gesetzlichen Bestimmungen der §§ 731 ff. BGB ein, die ihrerseits durch die Vorschriften über die Auseinandersetzung einer Bruchteilsgemeinschaft[353]) ergänzt werden, § 731 S. 2 BGB.

Der Gang einer dem Gesetz entsprechenden Liquidation ist der, daß vorweg[354]) jeder Teilhaber die Gegenstände zurückerhält, die er der Gesellschaft nur zur Benutzung überlassen hatte (§ 732 S. 1 BGB). So kann es vorkommen, daß ein Gesellschafter zwecks vorteilhafter Auswertung des gemeinsamen Patents den Gesellschaftern die Benutzung eines seiner eigenen Patente gestattet hatte. Diese Abrede (Erlaubnis) endet im Falle der Liquidation automatisch[355]). Nach der Berichtigung der gemeinschaftlichen Schulden und der Rückerstattung der Einlagen der Gesellschafter — wozu erforderlichenfalls das nicht in Geld bestehende Gesellschaftsvermögen in Geld umzusetzen ist — werden dann Gewinn bzw. Verlust aufgeteilt (§§ 733 bis 735 BGB).

Für die Verwertung von Vermögensgegenständen, die nicht[356]) in Natur

---

351) Vgl. auch Kisch GRUR 52, 270/1.

352) Näheres s. RGRKom. § 749 BGB Anm. 1.

353) S. über diese soeben bei a.

354) RG 3. 11. 37 GRUR 38, 335.

355) da ja ein „Rückübertragungsakt“ nicht vorgenommen zu werden braucht; vgl. RGRKom. § 732 BGB Anm. 1; RG 3. 11. 37 a. a. O.

356) Wegen des Einzugs und der Aufteilung gemeinschaftlicher Forderungen gegen Dritte — etwa auf Lizenzgebührzahlung — vgl. RGRKom. § 754 BGB Anm. 1 und 2.

teilbar sind, setzt auch hier (vgl. § 731 S. 2 BGB) die Notwendigkeit einer öffentlichen Versteigerung ein. Dazu kann, weil in diesem Punkt die Lage der Liquidationsgesellschaft[357]) die gleiche ist wie bei der Bruchteilsgemeinschaft, auf die Ausführungen verwiesen werden, die bei letzterer über die mit einer solchen Versteigerung verbundenen Gefahren und deren eventuelle Vermeidung gemacht worden sind[358]).

Wegen der Klage eines Gesellschafters auf Vornahme der Liquidation sei auf die einschlägigen Kommentare verwiesen[359]).

c) *Das Schicksal erteilter Lizenzen*

Zu der bereits oben[360]) erwähnten Frage, welches Schicksal Lizenzen, die seitens der Erfindungsgemeinschaft an dem gemeinsamen Patent erteilt worden sind, im Fall der Auseinandersetzung haben, ist allgemein folgendes zu sagen:

Hatten die Teilhaber wirksam[361]) an dem gemeinschaftlichen Schutzrecht eine Lizenz erteilt, so besteht diese in entsprechender Anwendung von § 571 Abs. 1 BGB gegenüber demjenigen fort, der das Schutzrecht bei der Auseinandersetzung erwirbt. Es handelt sich im Grunde lediglich um einen Wechsel in der Person des Lizenzgebers, indem an die Stelle der Gesamtheit der Teilhaber ein einzelner tritt (nämlich einer von ihnen oder ein außenstehender Erwerber), so daß auf die für diesen Fall in Rechtsprechung und Lehre angenommenen Rechtsfolgen verwiesen werden kann[362]).

E. DAS GEMEINSAME SCHUTZRECHT

I. Anmeldung zum Schutzrecht

1. Während das Patentgesetz vom 7. April 1891 (§ 3 Abs. 1 Satz 1) bestimmt hatte, daß „auf Erteilung des Patents derjenige Anspruch hat, welcher die Erfindung zuerst nach Maßgabe dieses Gesetzes angemeldet hat" — sog. Anmelderprinzip —, heißt es an der entsprechenden Stelle (§ 3) des Patentgesetzes vom 5. Mai 1936 und ebenso in dessen Neufassung vom 9. Mai 1961: „Das Recht auf das Patent hat der Erfinder oder sein Rechtsnachfolger" — sog. Erfinderprinzip. Erst seitdem ist die Gemeinschaff mehrerer Erfinder zum rechtlichen Problem im Anmeldeverfahren geworden[1]). Dem-

[357]) Die Auffassung von Zeller GRUR 42, 248, daß sich die aufgelöste Gesellschaft in eine Bruchteilsgemeinschaft umwandele, ist nicht zu begründen und widerspricht § 738 Abs. 2 BGB; wegen der Fortdauer von Geschäftsführungs- und Vertretungsbefugnis s. ebenfalls § 730 Abs. 2 BGB.

[358]) Vgl. soeben bei a.

[359]) Vgl. RGRKom. § 730 BGB Anm. 2.

[360]) Vgl. soeben bei a.

[361]) Wie dies zu geschehen hat, ist unten in Teil H dargestellt, vgl. insbesd. S. 224.

[362]) Vgl. u. a. Lüdecke-Fischer A 24 ff., insbesd. A 30.

[1]) Ebenso Spengler GRUR 1938, S. 231.

gemäß enthält das geltende Gesetz, ohne allerdings dadurch sämtliche Fragen zu lösen, in § 3 anschließend die Bestimmung: „Haben mehrere gemeinsam eine Erfindung gemacht, so steht ihnen das Recht auf das Patent gemeinschaftlich zu."

Hieraus folgt jedoch wenigstens, daß die Patentfähigkeit der angemeldeten Erfindung nicht davon abhängt, ob sie von einem einzelnen oder von mehreren gemacht worden ist. Entsprechend heißt es im Patentgesetz der USA von 1952 (§ 103 Satz 2): „Patentability shall not be negatived by the manner in which the invention was made" — ebenfalls ein Ausfluß des dort geltenden Erfinderprinzips[2]). Das Patentamt ist also gleichsam der Empfangsbriefkasten der Allgemeinheit, welcher der oder die Anmelder die Erfindung offenbaren, und interessiert sich nur für das erfinderische Ergebnis im Verhältnis zum bisherigen Stand der Technik, nicht dagegen für die internen Beziehungen derer, die am Zustandekommen der Erfindung beteiligt gewesen sind. Die nachstehenden Ausführungen werden zeigen, daß das Innenverhältnis mehrerer Anmelder nur für wenige besondere Rechtsfragen des Anmelde- und Erteilungsverfahrens nach außen hin von Bedeutung wird.

Zunächst soll die Frage behandelt werden, wer von den Miterfindern zur Patentanmeldung berechtigt ist und auf wessen Namen letztere zu geschehen hat. Dabei wird unterstellt, daß das Angemeldete eine „fertige" Erfindung offenbart. Es ist nämlich denkbar, daß A und B ein gemeinsames Arbeitsergebnis zum Patent anmelden, jedoch damit noch keine brauchbare Lehre zum technischen Handeln geben, während letztere erst nach der Patentanmeldung in erfinderisch wesentlichen Versuchen erarbeitet und dem Patentamt anschließend offenbart wird: dies kann infolge der erst „im Nachtrag" offenbarten brauchbaren Lösung die Priorität hinausschieben, ändert aber nichts daran, daß beide Miterfinder sind[3]). Im Endergebnis liegt also auch hier die Patentanmeldung einer Erfindung vor, die mehrere gemeinschaftliche Erfinder hat.

Daß bei den nachstehenden Erörterungen wiederum der Unterschied der Gemeinschaft (§§ 741 ff. BGB) und der Gesellschaft (§§ 705 ff. BGB) von Bedeutung werden wird, erhellt bereits aus den an anderer Stelle[4]) dargelegten Unterschieden diese Rechtsgebilde.

2. Vorweg muß festgestellt werden, welche Rechtsnatur dem Akt der Patentanmeldung zukommt (daß für Gebrauchsmusteranmeldungen jeweils dasselbe gilt, sei hier nur am Rande bemerkt). Was ihm vorausging, nämlich das gemeinschaftliche Erfinden, hatte keinen rechtsgeschäftlichen Charakter, sondern war lediglich schöpferische oder doch mitschöpferische Handlung. Durch die Patentanmeldung tritt dann das erfinderische Ergebnis in den Bereich der Öffentlichkeit. Nicht nur wird ein Verwaltungsverfahren in Gang gesetzt, sondern der dahingehende Antrag wird materiell ausge-

---

[2]) Vgl. dazu Axster GRURInt. 1952 S. 39.

[3]) Vgl. RG 10. 10. 39 GRUR 1940 S. 339 (340).

[4]) Oben im Teil D (S. 101 ff.).

füllt mit speziellen Angaben über die Erfindung selbst, wodurch das Schutzbegehren und mittelbar bereits das erhoffte „Monopol" (§ 6 PatG) gewisse Grenzen erhält. Diese materiellrechtliche Konkretisierung der erstrebten technischen Rechtsstellung rechtfertigt die Annahme, daß die Patentanmeldung rechtsgeschäftliche Natur hat, also zu ihrer rechtlichen Wirksamkeit erfordert, daß der Anmelder geschäftsfähig und, wenn er zugleich für andere handelt, vertretungsberechtigt ist[5]).

In diesem Zusammenhang entsteht die weitere Frage, welche spezielle bürgerlichrechtliche Natur — im Verhältnis zum Erfinderrecht, also bei Miterfindern zum gemeinschaftlichen Vermögensgegenstand — die rechtsgeschäftliche Seite der Schutzrechtsanmeldung hat, insbesondere ob sie, auch wenn sie vom Alleinerfinder in bezug auf seine Erfindung getätigt wird, in jeder Hinsicht eine „Verfügung" im Sinne des BGB ist. Unter einer solchen versteht man jede Willenserklärung, die ein Recht unmittelbar ändert[6]). Ob und inwieweit die Patentanmeldung als solche eine Verfügung über die Erfindung darstellt[7]), braucht jedoch vorliegend nicht erörtert zu werden.

Dagegen ist zur Problematik der Miterfinderschaft von Interesse, ob im Falle der Miterfinderschaft eine seitens eines oder nur einiger der Gemeinschafter oder Gesellschafter vorgenommene Patentanmeldung als Verfügung über das ihnen gemeinsam zustehende Recht auf Patentanmeldung anzusehen ist. Letzteres umfaßt, wie oben dargelegt worden ist, die Befugnis zu besonderer Gestaltung der Patentanmeldung und damit zur Abgrenzung des Schutzbegehrens, d. h. mittelbar zur Ausgestaltung des Schutzumfangs. Es kommt hinzu, daß nur für das, was mit der Anmeldung dem Patentamt offenbart wird, der Anmeldezeitpunkt prioritätsbegründend ist (vgl. § 2 Satz 1 PatG „zur Zeit der Anmeldung" und § 4 Abs. 2 Satz 1 PatG „spätere" Anmeldung) — kurz, die Rechtsposition der Miterfinder nach außen wird durch die Anmeldung und deren konkrete Fassung wesentlich beeinflußt. Man wird daher nicht fehlgehen, in der von einem oder einigen Mitgemeinschaftern oder -gesellschaftern vorgenommenen Schutzrechtsanmeldung eine Verfügung über die allen gemeinsam zustehende Anmeldebefugnis zu sehen. Unten wird sich zeigen, welcher Art, wenn nicht alle gemeinsam anmelden, die für den Anmeldenden erforderliche „Verfügungsmacht" sein muß und woraus er sie gegebenenfalls abzuleiten vermag. Nach

---

[5]) H. M., wenn auch z. T. mit anderer Begründung, vgl. Riezler Urh. u. ErfR 1909 S. 59; Seligsohn JW 1922 S. 1715; Isay S. 142; Kisch Hdb. S. 75 u. 100; Zeller GebrM 2. Aufl. S. 282; Tetzner PatG § 4 Anm. 3; Reimer PatG 2. Aufl. § 26 Anm. 2; Lindenmaier a. a. O. § 26 Anm. 4. Dies entspricht auch der Praxis des Patentamtes, vgl. darüber Busse PatG § 26 Anm. 2. Für die Schweiz s. Troller Der schwz. gewerbl. Rechtsschutz S. 29.

[6]) Vgl. statt vieler Danckelmann bei Palandt BGB Überbl. vor § 104 Anm. 3 d.

[7]) Bejaht z. B. von Isay S. 142, verneint z. B. von Volmer ArbEG § 7 Anm. 46; bei Lindenmaier-Lüdecke § 7 Anm. 1 jedenfalls nicht als eine „die Rechte des Arbeitgebers beeinträchtigende Verfügung" im Sinne von § 7 Abs. 3 ArbEG angesehen.

dem, was vorstehend im Teil D über den rechtlichen Unterschied der Gemeinschaft und der Gesellschaft ausgeführt worden ist, erscheint es zweckmäßig, diese Frage für beide Personenmehrheiten getrennt zu erörtern. Dabei ergibt sich eine weitere Unterteilung daraus, daß es nicht nur entscheidend darauf ankommt, wer anmeldet, sondern auch darauf, „auf wen" er die Anmeldung tätigt.

3. Die Anmeldebefugnis bei der Gemeinschaft (§§ 741 ff. BGB) muß für mehrere Varianten untersucht werden:

a) Melden alle auf den Namen aller an, entsteht kein Problem, da hier das eigentliche „gemeinschaftliche" Handeln vorliegt[8]).

b) Beschließen alle Gemeinschafter, die Anmeldung zwar gemeinsam vorzunehmen, aber auf den Namen eines von ihnen, gilt im Ergebnis dasselbe wie vorstehend zu a, da auch hier im Einverständnis aller ein gemeinschaftlicher Wille zum Ausdruck gelangt. Diese Art der Anmeldung wird übrigens von Zeller[9]) mit der Begründung empfohlen, daß man auf diese Weise die Gefahr widersprechender Anträge (und damit die Gefahr der Zurückweisung aus diesem Grunde) ausschalte.

c) Meldet ein Mitgemeinschafter mit Zustimmung aller auf den Namen aller oder auf seinen Namen an, so leitet er die Vertretungs- bzw. Verfügungsmacht aus dem Gesamtwillen ab. Gegen die rechtliche Wirksamkeit der Anmeldung bestehen in diesem Falle keine Bedenken (§§ 164 Abs. 1, 185 Abs. 1 BGB), sofern die Vollmachtgeber oder Ermächtigenden geschäftsfähig sind. Hier wird im Innenverhältnis in der Regel ein Auftrag (Geschäftsbesorgung § 675 BGB) vorliegen, dessen schuldhafte Schlechtausführung zu Schadensersatzansprüchen der anderen Teilhaber führen kann[10]).

d) Schwierig wird die Rechtslage erst, wenn ein Mitgemeinschafter ohne Zustimmung aller anderen anmeldet. Dabei sei zunächst der Fall betrachtet, daß die Anmeldung auf den Namen aller geschieht.

Die Anmeldung wäre für und gegen alle wirksam, wenn man sie als Maßnahme ansieht, die der Erhaltung des gemeinschaftlichen Gegenstands — hier: der gemeinschaftlichen Erfindung und des gemeinschaftlichen Rechts auf Anmeldung derselben — dient, da, wie bereits andernorts ausgeführt worden ist[11]), solche „Verwaltungsmaßnahmen", soweit sie notwendig sind, im Zweifel von jedem Teilhaber allein wirksam getroffen werden können, § 744 Abs. 2 BGB. Dies wird von vielen angenommen[12]) und war auch die Ansicht des Reichsgerichts[13]).

Gegen die Richtigkeit dieser Ansicht bestehen jedoch in mehrfacher Hinsicht Bedenken. Erstens fragt sich — worüber bereits oben gesprochen worden

---

[8]) Kisch Hdb. S. 75.

[9]) Zeller a. a. O. S. 284/5.

[10]) Ebenso Zeller a. a. O. S. 383.

[11]) Vgl. oben S. 129 und S. 138.

[12]) So Tetzner S. 167, Lindenmaier S. 108, Spengler GRUR 1938 S. 231, Bernhardt S. 59.

[13]) RG 30. 4. 27 RGZ 117, 47 = Bl. 27, 189.

ist —, ob die Patentanmeldung wirklich nur eine „Verwaltungsmaßnahme" oder ob sie nicht vielmehr eine „Verfügung" ist, die gemäß § 747 Satz 2 BGB durch alle Teilhaber gemeinsam erfolgen muß. Dies nehmen viele an[14]).

Selbst wenn man sich über diese Bedenken hinwegsetzt und die Schutzrechtsanmeldung als bloße „Verwaltungsmaßnahme" im Sinne von § 744 BGB ansieht, müßte sie, um von dem einzelnen Teilhaber ohne vorherige Zustimmung der anderen mit Wirkung für und gegen diese vorgenommen werden zu können, zur Erhaltung des gemeinschaftlichen Gegenstandes notwendig sein (§ 744 Abs. 2 Halbs. 1 BGB). Ja, die dem einzelnen in dieser Vorschrift sozusagen für den Notstandsfall gegebene Ermächtigung kann sogar als Ausnahme von dem Verfügungsverbot § 747 Satz 2 BGB und daher insoweit als Verleihung einer Vertretungsmacht an den einzelnen Teilhaber angesehen werden[15]). Der erwähnte „Notstand" im Sinne der Erforderlichkeit einer Schutzrechtsanmeldung für noch nicht angemeldete Erfindungen kann jedoch nicht generell unterstellt werden[16]). Es gibt nämlich erfahrungsgemäß Erfindungen, bei denen ernsthaft zu erwägen ist, ob es im Interesse der Erhaltung der durch den Erfindungsbesitz gegebenen, faktischen Monopolstellung nicht vorteilhafter ist, sie n i c h t zum Patent anzumelden. Dies gilt insbesondere bei der Erfindung von Verfahren zur Herstellung eines als solchen nicht neuen Erzeugnisses, wenn man dem Erzeugnis die Verfahrensanwendung nicht ansehen und sie auch sonst nicht aus ihm nachweisen kann. Da der Patentinhaber in solchen Fällen bei vermuteter Verletzung die Beweisvermutung § 47 Abs. 3 PatG nicht zu seinen Gunsten anführen kann, steht er häufig gegenüber Mitbewerbern, die nach der Bekanntmachung (Auslegung) der Patentanmeldung mit einem Erzeugnis gleicher Art am Markt erscheinen, vor unüberwindlichen Beweisschwierigkeiten — und stände besser, wenn er das Verfahren von vornherein als Geheimverfahren behandelt und genutzt hätte, anstatt es durch die Patentanmeldung der Allgemeinheit und so auch seinen Mitbewerbern zugänglich zu machen.

Man wird aus allen diesen Gründen denen zustimmen, die den einzelnen Teilhaber grundsätzlich nicht für befugt halten, die gemeinsame Erfindung ohne Einwilligung der anderen zum Patent anzumelden, selbst wenn er die Anmeldung auf den Namen aller tätigt[17]). Nur wenn die Umstände ein sofortiges Handeln durch den Einzelnen erfordern, wird er gemäß § 744 Abs. 2 Halbs. 1 BGB als zur Patentanmeldung (auf den Namen aller) befugt anzusehen sein. Dieser Fall ist nicht per se, sondern nur unter ganz besonderen Umständen gegeben. Es genügt nicht die Feststellung, daß ein Gemeinschafter trotz Aufforderung seine Zustimmung verweigert habe[18]). Möglicherweise beruht die Weigerung — wie oben beispielsweise für gewisse Verfahrens-

[14]) Kisch Hdb. S. 75, Isay S. 142, Starck JW 1922 S. 1714, Zeller a. a. O. bei Anm. 330 u. a., desgl. für die Schweiz Blum-Pedrazzini Bd. I S. 311.

[15]) RGRKom. § 744 BGB Anm. 3.

[16]) Wie es offenbar von Schnabel, „Reichsbahn" 1935 S. 941 geschieht.

[17]) Wie hier auch Volmer a. a. O. § 8 Anm. 24.

[18]) Was nach Scher S. 18 mit § 116 USAPatG in den USA ausreicht.

erfindungen dargelegt worden ist — auf guten Gründen. Es muß vielmehr eine gewisse Gefahr im Verzug vorliegen: Arbeit anderer auf gleichem Gebiet mit Gefahr der Voranmeldung, Ablauf der durch eigene Vorbenutzung in Lauf gesetzten Sechsmonatsfrist (§ 2 Satz 2 PatG) u. a. m.

Hat ein Teilhaber ohne Vorliegen von Umständen, die ihn gemäß § 744 Abs. 2 BGB dazu berechtigten, und ohne Zustimmung der anderen die Erfindung zum Patent (auf alle Beteiligten) angemeldet, können die anderen, wenn sie davon erfahren, ihre Zustimmung auch nachträglich erteilen und so den eigenmächtigen Vorgang für und gegen alle wirksam machen.

e) Eine wesentlich andere Beurteilung verdient der Fall, daß einer der Teilhaber die Erfindung ohne Zustimmung der anderen auf seinen Namen zur Schutzrechtserteilung anmeldet. Dazu ermächtigt ihn das Gesetz nicht. Es handelt sich hier um eine Verletzung der Gemeinschafterpflichten und um die Anmaßung einer nicht gegebenen rechtlichen Handlungsbefugnis. Die sich hieraus im Innenverhältnis — Ausgleichsanspruch der anderen Teilhaber? — und nach außen — wirksame Patentanmeldung und -erteilung, widerrechtliche Entnahme? — ergebenden Rechtsfolgen sollen an anderer Stelle dargelegt werden[19]).

f) Soweit vorstehend davon die Rede war, daß ein Teilhaber die Anmeldung vornimmt, gilt dasselbe, wenn dies durch einige der mehreren Gemeinschafter geschieht, d. h. nicht durch alle und auch nicht mit Zustimmung aller (z. B. durch nur drei der vier Teilhaber).

4. Nunmehr sind die gleichen Fragen für den weit selteneren Fall zu prüfen, daß die Erfindungsgemeinschaft eine Gesellschaft ist[20]).

a) Mangels eigener Rechtsfähigkeit kann die bürgerlichrechtliche Gesellschaft eine Schutzrechtsanmeldung nicht „auf den Namen der Gesellschaft", d. h. auf die Gesellschaft als solche tätigen[21]). Daher entspricht es dem Gesetz, wenn sämtliche Gesellschafter die Anmeldung auf den Namen aller vornehmen[22]).

b) Es bestehen auch — ebensowenig wie entsprechend bei der Gemeinschaft gemäß §§ 741 ff. BGB[23]) — keine Bedenken dagegen, daß seitens sämtlicher Gesellschafter die Anmeldung auf den Namen eines von ihnen erfolgt.

c) Unbedenklich ist es ferner, die Anmeldung mit Zustimmung aller durch einen Gesellschafter auf den Namen aller oder auf seinen Namen zu tätigen. Dies folgt daraus, daß jede Rechtshandlung zulässig sein muß, die im Grunde vom Gemeinschaftswillen aller getragen wird.

d) Eine ohne Zustimmung aller anderen seitens eines Gesellschafters auf den Namen aller erfolgende Schutzrechtsanmeldung begegnet rechtlichen Bedenken ähnlicher Art, wie sie bereits zur Gemeinschaft im Sinne der

[19]) Vgl. unten II (S. 169 ff.).
[20]) §§ 705 ff. BGB; s. darüber im einzelnen oben S. 101 ff.
[21]) Ebenso Seligsohn S. 90.
[22]) Ebenso Kisch Hdb. S. 75.
[23]) S. oben S. 160.

§§ 741 ff. BGB dargelegt worden sind[24]). Im Innenverhältnis handelt es sich um einen Fall der Geschäftsführung. Diese steht sowohl bei der Gesellschaft (§ 709 Abs. 1 BGB) wie bei der Gemeinschaft grundsätzlich nur allen Beteiligten gemeinschaftlich zu. Somit gestatten die der Gesellschaft zugrundeliegenden Innenabreden im Zweifel dem einzelnen nicht, „eigenmächtig" — nämlich ohne Zustimmung der anderen — die gemeinschaftliche Erfindung zum Schutzrecht anzumelden.

Eine Ausnahme hiervon wäre allerdings zuzulassen, wenn man die bei der gesetzlichen Regelung der Gesellschaft (§§ 705 ff. BGB) fehlende, nur für die Gemeinschaft (§§ 741 ff. BGB) getroffene Regelung in entsprechender Anwendung übernimmt, wonach der einzelne Teilhaber Handlungsbefugnis erhält, wenn zur „Erhaltung" des gemeinschaftlichen Gegenstandes (hier: der Erfindung) eine „notwendige" Maßnahme getroffen werden muß, § 744 Abs. 2 BGB. Mit Recht wird diese Analogie für zulässig gehalten[25]).

Dazu muß jedoch einschränkend auf die obenstehenden[26]) Ausführungen verwiesen werden, wonach es nicht per se in jedem Fall als „notwendige Erhaltungsmaßnahme" erscheint, eine Erfindung zum Schutzrecht anzumelden, so daß auf die besonderen Umstände des Einzelfalls abzustellen ist.

Auch hier wird, wenn die Voraussetzungen einer wirksamen „eigenmächtigen" Schutzrechtsanmeldung durch einen Gesellschafter (auf den Namen aller) nicht vorliegen, durch nachträgliche Zustimmung der Mangel geheilt.

e) Meldet ein Gesellschafter o h n e Zustimmung der anderen die gemeinschaftliche Erfindung auf s e i n e n Namen zum Schutzrecht an, ist dies nicht durch die ihm gesetzlich gegebenen Befugnisse gedeckt[27]). Es gilt also dasselbe wie zur Gemeinschaft im Sinne der §§ 741 ff. BGB[27a]).

f) Auch hier sei[28]) hinzugefügt, daß es rechtlich keinen Unterschied macht, ob die im Vorstehenden behandelten Beispiele so gebildet werden, daß e i n Gesellschafter die Anmeldung vollzieht, oder so, daß e i n i g e (nicht alle) dies tun.

5. Die gleichen Grundsätze, wie sie soeben[29]) zur Frage der Schutzrechtsanmeldung dargelegt worden sind, haben entsprechend zur Anmeldung eines Z u s a t z p a t e n t s (§ 10 Abs. 1 Satz 2 PatG) zu gelten. Sind alle Teilhaber (Gemeinschafter oder Gesellschafter) hinsichtlich der Zusatzerfindung Miterfinder, ist die Rechtslage keine andere als bei der gemeinsamen Haupterfindung, und die Frage, ob ein Zusatzpatent oder ein selbständiges Patent

---

[24]) S. oben S. 160 f.

[25]) RGRKom. § 709 BGB Anm. 2; Bernhardt S. 58; die Entscheidung RG 23. 1. 26 RGZ 112, 361 tritt der analogen Anwendung von § 744 Abs. 2 bei — Ziffer 4 der Begründung —, betrifft jedoch nicht — wie es nach der Zitierweise von Bernhardt a. a. O. den Anschein hat — den Fall einer Patentanmeldung.

[26]) Vgl. oben S. 160 f.

[27]) Vgl. auch Kisch Hdb. S. 75.

[27a]) S. oben S. 162.

[28]) Wie entsprechend oben S. 162.

[29]) Vorstehend unter 1—4.

beantragt werden soll, ist eine grundsätzlich von allen gemeinsam zu entscheidende Verwaltungsmaßnahme[30]). Stammt die zusätzliche Erfindung zum gemeinschaftlichen Patent von einem Teilhaber allein, ist er einerseits aus Rechtsgründen nicht in der Lage, sie als Zusatzerfindung „zu seinem Patentanteil" anzumelden[31]), andererseits aber auch nicht als befugt anzusehen, sie ohne Zustimmung der anderen Teilhaber als Zusatz zum gemeinschaftlichen Patent anzumelden[32]). Für die Zustimmungsbedürftigkeit gilt daher hier das gleiche wie zur Hauptanmeldung. Der Fall eines Notstandes im Sinne von § 744 Abs. 2 BGB dürfte für die Entscheidung, anstelle eines selbständigen Patents ein Zusatzpatent auf das gemeinschaftliche Patent anzumelden, praktisch ausscheiden.

Die von einem Teilhaber gemachte und von ihm zulässigerweise auf seinen Namen zum Patent angemeldete Verbesserungs- oder sonstige Zusatzerfindung kann aber von der gemeinschaftlichen Erfindung (dem gemeinschaftlichen Patent) abhängig sein, indem sie nicht ohne Mitgebrauch der gemeinschaftlichen Erfindung benutzt werden kann. Dann ist ein weiteres Einvernehmen aller Beteiligten erforderlich, was von Calé[33]) als eine „Gemeinschaft zweiten Grades" bezeichnet worden ist, womit allerdings wohl mehr das Faktum, weniger eine Rechtsgemeinschaft gekennzeichnet sein soll.

6. Dasselbe wie für die Patentanmeldung auf die gemeinsame Erfindung hat für die Anmeldung zu gelten, die nach dem Einspruch gegen eine durch einen Außenstehenden vorgenommene widerrechtliche Entnahme erfolgt (§ 4 Abs. 3 Satz 2 PatG). Auch für diese Anmeldung gilt also, daß sie grundsätzlich sowohl bei der Gemeinschaft (§§ 741 ff. BGB) wie bei der Gesellschaft (§ 705 BGB) durch alle Teilhaber gemeinsam zu erfolgen hat[34]) und daß von diesem Grundsatz nur die oben[35]) erörterten Ausnahmen zuzulassen sind. Hier wird sich jedoch wegen der im Gesetz (§ 4 Abs. 3 Satz 2 PatG) vorgesehenen Monatsfrist häufiger als sonst ein den einzelnen gemäß § 744 Abs. 2 BGB zu eigenmächtigem Handeln berechtigender Notstandsfall ergeben.

7. Zu den Formalien der Anmeldung ist folgendes zu beachten:

a) die gemeinsame Anmeldung der Erfindung zur Schutzrechtserteilung kann von den Beteiligten „gleichzeitig in einem Gesuch zu gemeinsamem Recht" vorgenommen werden[36]).

b) Die Anmelder — oder, wenn einer für alle anmeldet, dieser — haben die in § 26 Abs. 6 Satz 1 PatG vorgeschriebene Pflicht zur wahrheitsgemäßen (§ 44 PatG) Benennung aller als Erfinder beteiligten Personen[37]).

---

30) Ebenso für die Gemeinschaft Calé GRUR 1931 S. 94.

31) Zutreffend Kent Bd. I S. 703 Nr. 25.

32) Kent a. a. O. sowie Bd. I S. 534 Nr. 541.

33) Calé GRUR 31, 94.

34) Ebenso Pietzcker S. 210.

35) unter I, 3 und 4 (S. 160 f., 162 f.).

36) Kent Bd. II S. 93 Nr. 14.

37) Entsprechendes gilt übrigens z. B. in den USA, wobei allerdings irrtümlich,

c) Unbedingt zu beachten ist, daß alle Mitanmelder die gleichen Anträge stellen. Abweichungen können sich ereignen, wenn die Anmeldung nicht in gemeinsamer Urkunde oder durch einen von allen ermächtigten Teilhaber oder durch einen alle Miterfinder vertretenden Patentanwalt erfolgt[38]). Das Erfordernis der Übereinstimmung aller Anträge folgt daraus, daß eine Verwaltungsbehörde nur über bestimmte, nicht aber über in sich widerspruchsvolle Anträge entscheiden kann. Weichen die Anträge — insbesondere die Fassung der Schutzansprüche (§ 26 Abs. 1 Satz 5 PatG, § 2 Abs. 2 Satz 2 GebrMG) — voneinander ab und werden sie von den Beteiligten trotz diesbezüglichem Hinweis seitens des Patentamts nicht in einheitliche Fassung gebracht, wird die Anmeldung, entsprechend gefestigter Amtsübung, zurückgewiesen[39]).

Die Identität der Antragsfassung darf, wenn sie bei Einreichung des Antrags vorhanden war, später nicht durch voneinander abweichende Anträge im Prüfungsverfahren aufgehoben werden, da auch in diesem Fall die Gefahr der Zurückweisung der Anmeldung geschaffen wird[40]). Desgleichen müssen Rechtsnachfolger eines Teilhabers ihre Anträge und Erklärungen über die Anmeldung als ganze denen der anderen angleichen[41]).

8. Das Innenverhältnis der mehreren Anmelder bestimmt sich nach dem zwischen ihnen im übrigen bestehenden Rechtsverhältnis, so daß es auch hier wieder darauf ankommt, ob letzteres eine Gemeinschaft (§§ 741 ff. BGB) oder eine Gesellschaft (§§ 705 ff. BGB) ist[42]).

Gemeinsam ist allen Fällen, daß der Anspruch auf das Schutzrecht den Miterfindern „gemeinschaftlich" zusteht, § 3 Satz 2 PatG, § 5 Abs. 4 GebrMG.

a) Besteht zwischen den Miterfindern eine Gemeinschaft (§§ 741 ff. BGB) — davon geht das Patentamt im Zweifel aus —, wird nicht jedem ein Patent oder ein Teilpatent, sondern allen gemeinsam ein Patent erteilt[43]). Das Recht aller und jedes einzelnen an diesem regelt sich nach den an anderer Stelle[44]) dargelegten Rechtsgrundsätzen. Somit kann jeder Teilhaber über

---

nämlich „without any deception invention", geschehene unrichtige Erfindernennung das Patent in der Regel nicht ungültig macht: „shall not be invalidate", vgl. Scher a. a. O. S. 17/18 und Axster GRURInt. 1952 S. 41, woselbst jetzt § 206 durch § 256 zu ersetzen ist.

38) Vgl. Zeller S. 284/5.

39) PA 17. 10. 34 Mitt. 1934, 326; vgl. ferner Damme-Lutter 3. Aufl. S. 291, Reimer S. 698, Busse S. 335; bei Zeller zu Anm. 330 bleibt unklar, worauf er a. a. O. die „Einstimmigkeit" bezieht, ob auf den Willen zur Anmeldung oder auf deren Fassung.

40) PA a. a. O., Lutter S. 295.

41) Damme-Lutter 3. Aufl. S. 291/2; über Teilung der Anmeldung in einzelne Ansprüche s. unten S. 175.

42) Ebenso Kent Bd. II S. 93 Nr. 14.

43) Vgl. statt vieler Seligsohn S. 91 mit weiteren Zit.

44) Vgl. oben S. 116 ff.

seinen Anteil am Recht auf das Patent, auf Erteilung des Patents und am erteilten Patent verfügen, z. B. durch Abtretung[45]). Geschieht dies während des Erteilungsverfahrens, muß der Erwerber das Erfordernis der Übereinstimmung der Anträge beachten[46]).

In diesem Zusammenhang sei darauf hingewiesen, daß die Abrede der Teilhaber, die Erfindung gemeinsam zum Patent anzumelden, für sich allein das Innenverhältnis im Zweifel nicht in ein Gesellschaftsverhältnis (§§ 705 ff. BGB) umwandelt[47]).

b) Ist das Verhältnis der Miterfinder zueinander eine Gesellschaft bürgerlichen Rechts gemäß §§ 705 ff. BGB — was nur unter besonderen Voraussetzungen angenommen werden kann[48]) und daher vom Patentamt nicht unterstellt wird —, gehören das Recht auf das Patent, das Recht auf Erteilung des Patents und das allen erteilte Patent zum Gesamthandsvermögen[49]) und sind damit grundsätzlich der Verfügungsmacht des einzelnen entzogen[50]). Soweit ihm überhaupt die Befugnis zur Vornahme von Rechtshandlungen zusteht, welche diese Rechte betreffen, ist er entsprechend seinen Pflichten als Gesellschafter den anderen zu Auskunft und Rechenschaft verpflichtet[51]).

9. Für Arbeitnehmererfindungen ist davon auszugehen, daß der Arbeitgeber gemäß § 13 ArbEG verpflichtet ist, eine ihm gemeldete Diensterfindung unverzüglich nach ihrer Meldung[52]) zur Schutzrechtserteilung anzumelden. Daraus ergibt sich, was bereits zum früheren Recht der sog. „Gefolgschaftserfindung“ anerkannt war[53]), daß der Arbeitnehmer einen Anspruch auf Vornahme der Schutzrechtsanmeldung gegen den Arbeitgeber hat. Im Falle der Miterfindung steht dieser Anspruch jedem einzelnen Miterfinder zu. Bei „mehrbetrieblichen“[54]) und „gemischten“[55]) Erfindungsgemeinschaften erwächst der Anspruch jedem als Miterfinder beteiligten Arbeitnehmer gegenüber seinem Arbeitgeber.

In den letztgenannten Fällen tritt die Frage auf, wie es um den Anspruch des Arbeitnehmer-Miterfinders steht, wenn sich sein Arbeitgeber mit dem Arbeitgeber des anderen Miterfinders (bei der „mehrbetrieblichen“ Arbeitnehmererfindung) oder dem freien Miterfinder (bei der „gemischten“ Erfindungsgemeinschaft) nicht darüber einigen kann, ob und was zum Schutzrecht anzumelden ist. Hier findet der in Rede stehende Anspruch eine gewisse Grenze. Einerseits wird der Arbeitgeber, wenn die besonderen Vor-

---

[45]) Ebenso Damme-Lutter 3. Aufl. S. 291/2; vgl. ferner hier oben D III, 4.
[46]) S. oben bei 7 c (S. 165).
[47]) Vgl. oben S. 108 f.
[48]) S. oben S. 105 ff. und soeben hier bei a.
[49]) Vgl. über dieses oben S. 117 f.; wie hier Tetzner S. 169.
[50]) S. oben S. 120, 124.
[51]) Ebenso Kent Bd. I S. 535 Nr. 543.
[52]) Ebenso Volmer § 13 Anm. 22.
[53]) Riemschneider-Barth S. 83/4.
[54]) S. über diesen Begriff oben S. 11.
[55]) Vgl. oben S. 11.

aussetzungen eines Anmeldenotstands im Sinne von § 744 Abs. 2 BGB vorliegen[56]), vom eigenen Anmelderecht Gebrauch machen müssen, jedoch werden dies seltene Ausnahmefälle sein. Andererseits stehen sich zwei Rechtskreise gegenüber: die Rechtsbeziehung des Arbeitnehmer-Miterfinders zu seinem Arbeitgeber und dessen Verhältnis zu dem anderen Arbeitgeber oder dem beteiligten freien Miterfinder. Meldet der Arbeitgeber ohne Zustimmung der letztgenannten Beteiligten oder gar gegen deren Willen die Erfindung zum Schutzrecht an, verletzt er das mit diesen bestehende Rechtsverhältnis, erfüllt aber den Anmeldeanspruch seines Arbeitnehmers. Unterläßt er die Anmeldung, gilt das Umgekehrte. Man wird sich nach Treu und Glauben in der Regel für die erstgenannte Maßnahme, also für die Erfüllung des Anmeldeanspruchs des Arbeitnehmers, zu entscheiden haben, indem man den Widerspruch der sonst als Erfindungsmitinhaber Beteiligten nicht gelten läßt. Es liegt nämlich als allgemeine Rechtsgefahr im Wesen erfinderischen Zusammenwirkens mit einem Arbeitnehmer, daß die Erfindung bei diesem möglicherweise eine Diensterfindung sein kann. Alle Mitarbeiter nehmen es daher von vornherein in Kauf, daß die Erfindung als Diensterfindung der Meldepflicht gemäß § 5 ArbEG unterliegt und alsdann der Schutzrechtsanmeldepflicht des Arbeitgebers. Anders, wenn der Arbeitnehmer-Miterfinder seinen Mitarbeitern verschwiegen hatte, daß er in einem möglicherweise einschlägigen (§ 4 Abs. 2 ArbEG) Arbeitsverhältnis steht. In diesem Fall wird er sich, wenn er nach Erfindungsmeldung vom Arbeitgeber die Schutzrechtsanmeldung fordert, gegebenenfalls entgegenhalten lassen müssen, daß dieser zunächst die Zustimmung der anderen Beteiligten einholen müsse, eine Schwierigkeit, die der Arbeitnehmer-Miterfinder in diesem Fall gegen alles Erwarten seiner Mitarbeiter herbeigeführt hatte.

10. Darf der einzelne Miterfinder — nicht für sich, sondern auf den Namen aller[57]) — die gemeinsame Erfindung im Ausland zum Schutz anmelden?

a) Es besteht kein Anlaß, in dieser Frage grundsätzlich anders zu entscheiden als zur Inlandsanmeldung. Es kann daher auf die Ausführungen zu letzterer verwiesen werden[58]). Nach der dort vertretenen Ansicht bedarf es des Nachweises besonderer Umstände, wenn die Befugnis eines Teilhabers zur Auslandsanmeldung als notwendige Erhaltungsmaßnahme aus § 744 Abs. 2 BGB abgeleitet werden soll. Denen, die letzteres für Auslandsanmeldungen generell bejahen[59]), kann nicht ohne Einschränkung zugestimmt werden. Selbst wenn nach erfolgter Inlandsanmeldung die Nachanmeldefrist des Unionvertrages[60]) abzulaufen droht, ist es fraglich, ob die Anmeldung bei-

[56]) Vgl. oben S. 160, 162.

[57]) Vgl. oben S. 162, 163; es kommt hinzu, daß der Pariser Unionsvertrag Identität der Anmelder in den mehreren Staaten voraussetzt, vgl. Calé GRUR 1931, 94 und Zeller S. 264.

[58]) S. oben unter 2—4 (S. 158 ff.).

[59]) So Calé a. a. O. und Tetzner PatG S. 168.

[60]) Art. 4 C PVÜ.

spielsweise in einem Staat, in dem nach dem Patent nicht gearbeitet werden kann und auch kein Bedarf für den geschützten Artikel besteht, als „notwendige Erhaltungsmaßnahme" angesehen werden kann. Ein solcher Anmelder wird zwar, wo sich die Patentämter nicht um die internen Beziehungen des Anmelders zu anderen Personen kümmern, ein Schutzrecht erzielen — die dafür aufgewendeten Kosten wird er jedoch seinen Teilhabern nicht in Rechnung stellen können.

Zu beachten ist ferner, daß sämtliche Personen, für welche die Auslandsanmeldung getätigt wird, hinsichtlich der Verbandszugehörigkeit, des Wohn- oder Geschäftssitzes usw. die Voraussetzungen des Pariser Unionsvertrages erfüllen müssen, wenn sie dessen Vorteile in Anspruch nehmen wollen[61]).

b) Bei Arbeitnehmererfindungen gilt für das Recht des Arbeitgebers und gegebenenfalls des Arbeitnehmers § 14 ArbEG. Somit besteht ein Anmelderecht des Arbeitgebers nur nach unbeschränkter Inanspruchnahme der Diensterfindung. Im Fall der Auslandsfreigabe kann er sich dort ein — vergütungspflichtiges — nichtausschließliches Benutzungsrecht vorbehalten und kann überdies und unabhängig davon[62]) die Berücksichtigung eigener, dort schon zur Zeit der Freigabe bestehender Verpflichtungen durch den Arbeitnehmer verlangen.

Letzteres kann zu Schwierigkeiten führen bei Erfindungen mehrerer Arbeitnehmer, die verschiedenen Betrieben angehören[63]) sowie bei Erfindungen, an denen außer dem Arbeitnehmer eine „freie" Person als Miterfinder beteiligt ist[64]). Man wird annehmen müssen, daß, wenn der Arbeitgeber eine unbeschränkt in Anspruch genommene Diensterfindung, vorliegend also den in Anspruch genommenen Anteil[65]) seines Arbeitnehmers an dem „Vermögensgegenstand Erfindung", diesem für das Ausland freigibt, insoweit die infolge der Inanspruchnahme aufgelöste Gemeinschaft des Arbeitnehmers mit seinem Miterfinder[66]) wieder auflebt. Der hinsichtlich des Auslands nunmehr in den Schranken von § 14 Abs. 3 ArbEG „freie" Arbeitnehmer befindet sich also im Falle der „gemischten" (nämlich in Gemeinschaft mit einem freien Miterfinder zustandegekommenen) Erfindungsgemeinschaft hinsichtlich der Befugnis zur Auslandsanmeldung nunmehr in der gleichen Lage wie ein freier Erfinder, der mit anderen freien Miterfindern in Gemeinschaft oder Gesellschaft steht. Die Frage, wer von ihnen die Erfindung im Ausland zum Schutzrecht anmelden darf (und auf wessen Namen), beantwortet sich also hier nach den gleichen Grundsätzen wie bei einer von vornherein „freien" Erfindungsgemeinschaft. Es kann daher auf die diesbezüglichen Ausführungen verwiesen werden[67]).

---

[61]) Hinweis von Zeller S. 264 und 268.

[62]) Zutreffend Volmer § 14 Anm. 26.

[63]) Sogen. „mehrbetriebliche" Erfindungsgemeinschaften, s. oben S. 11.

[64]) Sogen. „gemischte" Erfindungsgemeinschaften, s. oben S. 11.

[65]) S. oben S. 75 f.

[66]) S. oben S. 153.

[67]) S. oben I, 2—4 (S. 158 ff.).

Wenn es sich dagegen um eine „mehrbetriebliche", mit Arbeitnehmern anderer Betriebe zustandegekommene Erfindungsgemeinschaft gehandelt hat, hängt die Frage, mit wem der nunmehr für das Ausland „freie" Arbeitnehmer insoweit in Gemeinschaft steht, davon ab, wie sich das arbeitnehmererfindungsmäßige Verhältnis der anderen Arbeitnehmer zu ihrem Arbeitgeber entwickelt hat, und dementsprechend regeln sich die Rechtsnachfolgen.

Muß nun auch der mit dem Arbeitnehmer „insoweit wiederum verbundene" Dritte das gemäß § 14 Abs. 3 ArbEG vorbehaltene Benutzungsrecht und die in dem betreffenden Auslandsstaat begründeten Pflichten des Arbeitgebers respektieren? Eine schwer zu beantwortende Frage. Wollte das Gesetz hier — hinsichtlich der in Rede stehenden Sonderfälle — eine Regelung zu Lasten Dritter treffen? Das kann nur angenommen werden, wo der Dritte sich nach Treu und Glauben dem Arbeitgeber gegenüber nicht auf seine „Freiheit" vom ArbEG und somit auch vom § 14 Abs. 3 des Gesetzes berufen kann, z. B. wenn er wußte, daß sein Mitarbeiter ein Arbeitnehmer war und die Erfindung möglicherweise „einschlägig" im Sinne von § 4 Abs. 2 ArbEG sein würde. Dann wird auch er die für letzteren gesetzlich gegebenen Bindungen zu berücksichtigen haben.

Die praktische Bedeutung der Frage ist allerdings nicht groß. Der Arbeitgeber kann nämlich bei der „mehrbetrieblichen" und der „gemischten" Erfindungsgemeinschaft stets nur den Anteil seines Arbeitnehmers gemäß § 6 ArbEG „in Anspruch nehmen"[68]. Somit kann er sich nur hinsichtlich dieses „Anteils" ein nichtausschließliches Benutzungsrecht vorbehalten — über dessen zweifelhafte Bedeutung unten in Teil G gesprochen wird — und „Verpflichtungen eingehen". Sein Verhandlungspartner für den betreffenden Auslandsstaat weiß also, daß er mit einem nur beschränkt Berechtigten verhandelt, der wirtschaftlich umfassende Abreden nicht ohne Zustimmung des „freien" Partners seiner Kontrahenten zu treffen vermag.

Dagegen kann für die erörterten Fälle der „mehrbetrieblichen" und der „gemischten" Erfindungsgemeinschaften folgendes, in Abwandlung des bisher erörterten Beispiels, festgestellt werden: Sind sich der Arbeitgeber und der Dritte (bei der „mehrbetrieblichen" Erfindungsgemeinschaft also der andere Arbeitgeber, bei der „gemischten" der freie Miterfinder) einig und gehen gemeinsame Verpflichtungen im Ausland ein, entspricht es dem Sinn von § 14 Abs. 3 ArbEG, daß der Arbeitnehmer diese nach entsprechender Auslandsfreigabe der Erfindung zu respektieren hat.

II. Widerrechtliche Entnahme der Erfindung durch einzelne Miterfinder?

1. Unter „widerrechtlicher Entnahme" versteht man den in § 4 Abs. 3 Satz 1 PatG erwähnten Fall, daß der Patentanmelder nicht Erfinder ist, sondern den (wesentlichen) Inhalt der Anmeldung den Beschrei-

---

[68]) Vgl. oben S. 75.

bungen usw. eines anderen — meist: des Erfinders — ohne dessen Einwilligung entnommen hat. Dabei besteht der Tatbestand der widerrechtlichen Entnahme nicht in der Entnahmehandlung als solcher, sondern in der Anmeldung zum Patent[69]). Gerade dies kann aber unter Miterfindern von Bedeutung werden, wenn nämlich einer oder einige von ihnen ohne Einverständnis der anderen, ja möglicherweise in absichtlicher Verheimlichung vor ihnen, die Erfindung zur Patenterteilung anmelden, und dies, anstatt auf den Namen aller, nur auf sich selbst. Daß dies im Innenverhältnis, sei es Gemeinschaft oder Gesellschaft, nicht gestattet ist, wurde bereits an anderer Stelle dargelegt[70]).

Haben nun die Übergangenen die im Falle „widerrechtlicher Entnahme" gegebene Befugnis zum Einspruch gegen die Patentanmeldung und gegebenenfalls zur eigenen Anmeldung unter Beanspruchung der sog. „Entnahmepriorität" (§ 32 Abs. 1 Satz 3 sowie § 4 Abs. 3 Satz 2 PatG)? Voraussetzung ist, daß das Verhalten des Anmelders (oder der Anmelder) als widerrechtliche Entnahme im Sinne der erwähnten gesetzlichen Vorschriften anzusehen ist.

Vorweg sind einige Fälle auszuscheiden, die das in Rede stehende Problem nicht treffen. So der Fall, daß nicht ein Miterfinder, sondern ein Außenstehender, nicht als Miterfinder Beteiligter nach „Entnahme" die Patentanmeldung vollzieht: dies ist einwandfrei ein Fall widerrechtlicher Entnahme und bedarf hier keiner Erörterung. Desgleichen scheidet der Fall aus, daß auf den Namen aller Miterfinder (Gemeinschafter, Gesellschafter) angemeldet wird[71]). Auf anderem Gebiet bewegt sich auch der Fall, daß ein Miterfinder seinen Beitrag zur Erfindung einem Außenstehenden widerrechtlich entnommen hatte — ein Fall widerrechtlicher Entnahme, der an anderer Stelle zu besprechen ist[72]). Endlich ist zu beachten: was zur Zeit der Anmeldung keine widerrechtliche Entnahme war, kann nicht rückwirkend zu einer solchen werden[73]).

2. Die Frage, ob es eine — die anderen Teilhaber zum Einspruch berechtigende — „widerrechtliche Entnahme" darstellt, wenn die gemeinsame Erfindung von einem oder einigen Teilhabern zum Patent angemeldet wird, und zwar auf den Namen des Anmelders oder der Anmelder (nicht auf den Namen aller Mitberechtigten), ist von jeher streitig gewesen. Sie wurde u. a. von Kohler, Allfeld, Damme, Isay und Kisch bejaht[74]). Andere[75]) verneinten zwar den Tatbestand widerrechtlicher Entnahme, erklärten jedoch, daß der Mangel der Zustimmung der anderen Teilhaber eine seitens des

---

[69]) Vgl. Weiss GRUR 55, 455 m. weiteren Angaben.

[70]) Oben S. 162, 163.

[71]) Lindenmaier PatG S. 108 m. Zit. RG 30. 4. 27 RGZ 117, 47.

[72]) S. unten S. 190.

[73]) Ebenso Busse S. 147 m. Zit. RG Bl. 1930, 258.

[74]) Vgl. d. Zitate bei Kent Bd. I S. 316 Nr. 92 und Seligsohn JW 1922 S. 1715, ferner Kisch Hdb. S. 123, Isay S. 178.

[75]) So Starck JW 1922 S. 1714.

Patentamts, wenn es Kenntnis vom Bestehen einer Gemeinschaft habe, „von Amts wegen zu prüfende Legitimationsfrage“ sei, wogegen[76]) mit Recht eingewendet wurde, daß das Patentamt Legitimationsfragen dieser Art nicht zu prüfen habe: „das Patentamt soll die Erfindung, nicht den Erfinder prüfen“.

Überwiegend wird jedoch das Vorliegen widerrechtlicher Entnahme für den in Rede stehenden Fall v e r n e i n t. Dies geschieht in der Literatur teils ohne nähere Begründung[77]), teils mit dem zutreffenden Hinweis, daß sich im Falle widerrechtlicher Entnahme begrifflich ein Nichtberechtigter (Anmelder) und ein Berechtigter gegenüberstehen, während der anmeldende Miterfinder ebenso mitberechtigt an der Erfindung ist wie die anderen, so daß hier der Anmelder nicht über ein „fremdes“ Recht verfügt[78]). Andere[79]) sind der Ansicht, daß die Wahrnehmung der sich bei widerrechtlicher Entnahme für den Verletzten ergebenden Rechte (Einspruch, evtl. Nichtigkeitsklage § 13 Abs. 1 Nr. 3 PatG) seitens der übergangenen Teilhaber „über den Rahmen ihrer Teilhaberschaft hinausgehen“ und „das Recht des anzumeldenden Teilhabers auf Erteilung des Patents verletzen“ würde — ob man allerdings mit einem solchen Rückschluß das Vorliegen widerrechtlicher Entnahme begrifflich ausräumen kann, erscheint zweifelhaft, so daß der erstgenannten, die Mitberechtigung der Anmeldenden an der Erfindung betonenden Begründung zuzustimmen sein dürfte.

Dieser Auffassung (Ablehnung des Vorliegens widerrechtlicher Entnahme) hatte sich auch das Reichsgericht angeschlossen[80]), ebenso das Reichspatentamt[81]).

3. Aus der Feststellung, daß die Handlungsweise des eigenmächtigen Teilhabers keinen Fall widerrechtlicher Entnahme darstellt, folgt selbstverständlich nicht, daß die anderen Teilhaber rechtlos sind. Wie sich zeigen wird, handelt es sich lediglich um die Frage, i n w e l c h e r R i c h t u n g sie ihre Rechte geltend machen müssen.

a) Da kein Fall widerrechtlicher Entnahme vorliegt, kommt ein Vorgehen beim P a t e n t a m t im Wege des Einspruchs gegen die Patentanmeldung (§ 4 Abs. 3 Satz 1 PatG) oder, nach Erteilung des Patents, im Wege der Nichtigkeitsklage n i c h t in Betracht (§ 13 Abs. 1 Ziff. 3 PatG)[82]).

---

[76]) Seligsohn a. a. O.

[77]) Seligsohn S. 104, Klauer-Möhring S. 128 m. nur mittelb. einschlägigem Zitat RGZ 76, 299, Schnabel „Reichsbahn“ 1935 S. 941, Zeller a. a. O. S. 6 und 381, Benkard § 4 Anm. 4 bei a, Möller § 4 Anm. 10, Spengler GRUR 1938 S. 231, Tetzner S. 167, Reimer 2. Aufl. S. 144.

[78]) Kent Bd. I S. 316 Nr. 92, Tetzner S. 192, Busse S. 147, vgl. auch die Ausführungen von Reichel GRUR 1943 S. 12 über „innerbetriebliche“ widerrechtliche Entnahme.

[79]) So auch Tetzner a. a. O., Lutter 10. Aufl. S. 89.

[80]) RG 30. 4. 27 RGZ 117, 47 = Bl. 27, 189; 18. 1. 30 Bl. 1930, 258.

[81]) PA 14. 1. 36 MuW 1936, 153; 17. 12. 42 Mitt. 1943, 76.

[82]) Vgl. statt vieler Lutter 10. Aufl. S. 89, Klauer-Möhring S. 128, Calé GRUR 1931 S. 92, Schnabel a. a. O., RG 30. 4. 27 RGZ 117, 47; a. M. Kisch Hdb. 123.

Die verletzten Teilhaber müssen also ihr Recht erforderlichenfalls im ordentlichen Rechtsweg suchen[83]).

b) Inhaltlich kommen folgende Ansprüche der durch die eigenmächtige und nicht auf den Namen aller Teilhaber erfolgten Patentanmeldung in ihren Rechten beeinträchtigten Teilhaber in Betracht:

aa) Wenn das Prüfungsverfahren noch läuft, die Anmeldung also noch nicht zum Patent geführt hat, haben sie gegen den Anmelder einen Anspruch darauf, als Mitanmelder beteiligt zu werden. Sie können folglich verlangen, daß er der Umschreibung der Patentanmeldung auf alle an der Erfindungsgemeinschaft Beteiligten zustimmt[84]). Ist dem Anmelder bereits das Patent erteilt worden, muß er sich mit der Umschreibung auf alle Teilhaber einverstanden erklären[85]). Dies alles folgt aus der Mitberechtigung an der Erfindung und aus den für jeden Teilhaber bestehenden gemeinschafts- oder gesellschaftsrechtlichen Bindungen, die der eigenmächtige Anmelder mißachtet hatte.

bb) Die Teilhaber einer Erfindungsgemeinschaft im Sinne der §§ 741 ff. BGB haben ferner Anspruch auf Auseinandersetzung der Gemeinschaft, und im Falle gesellschaftlicher Verbundenheit im Sinne der §§ 705 ff. BGB[86]) steht ihnen der gleiche Anspruch zu, da man die von einem Beteiligten begangene Eigenmächtigkeit in der Regel als wichtigen Kündigungsgrund (§ 723 BGB) ansehen kann, der die Bindung an entgegenstehende Abreden ausschließt[87]).

cc) Ferner können die übergangenen Beteiligten, da regelmäßig Verschulden des eigenmächtigen Annehmers vorliegt, Ersatz sonstigen Schadens fordern[88]), beispielsweise für Rechtsnachteile, die infolge verfrühter oder mangelhaft abgefaßter Patentanmeldung entstehen[89]).

dd) Endlich hat es der eigenmächtige Anmelder, der auf seinen Namen angemeldet hat und dem möglicherweise ein Patent (und vorher der einstweilige Schutz gemäß § 30 Abs. 1 Satz 2 PatG) erteilt wird, zu unterlassen, aus der dadurch erlangten Monopolstellung (§§ 6, 47 PatG) Rechte gegen die anderen Miterfinder herzuleiten. Dies würde mit seinen Gemeinschafter- oder Gesellschafterpflichten nach Treu und Glauben in unlösbarem Widerspruch stehen. Ja man kann gegebenenfalls bereits aus der Abrede, eine erfinderische Arbeitsgemeinschaft zu bilden[90]), die stillschweigend übernommene vertragliche Verpflichtung ableiten, daraus hervorgehende Rechte nicht gegen die anderen Mitarbeiter geltend zu machen. Letztere brauchen sich daher nicht erst auf ein Vorbenutzungsrecht (§ 7 PatG) zu berufen[91]).

---

[83]) Vgl. d. soeben Zit., ferner Tetzner S. 192, Reichel GRUR 1943 S. 12, PA 14. 1. 36 MuW 1936, 153.

[84]) Vgl. statt vieler Tetzner a. a. O., Klauer-Möhring a. a. O.

[85]) S. d. soeben Zit. u. RG 30. 4. 27 RGZ 117, 47.

[86]) S. über diese Unterschiede oben S. 105 ff.

[87]) Vgl. auch die vorstehend Zit.

[88]) Ebenso Spengler GRUR 1938 S. 231.

[89]) Hinweis auch bei Zeller S. 383.

[90]) S. oben S. 5 ff.

[91]) Zutreffend Isay S. 303.

Ob umgekehrt die übergangenen Teilhaber von dem Anmelder verlangen können, die Benutzung der Erfindung zu unterlassen, regelt sich nach dem gemeinschafts- oder gesellschaftsrechtlichen Innenverhältnis. Darüber wird an anderer Stelle gesprochen werden[92]).

4. Für den Fall eigenmächtiger Patentanmeldungen einzelner Teilhaber einer Arbeitnehmer-Erfindungsgemeinschaft gilt dasselbe wie vorstehend, sofern die Gemeinschaft noch besteht. Im Verhältnis zum Arbeitgeber setzen gegebenenfalls die diesem aus dem ArbEG in Verbindung mit dem Arbeitsvertrag zustehenden Rechte ein[93]).

III. Das Verfahren vor dem Patentamt

1. Das Patentamt prüft nicht sämtliche rechtlichen Verhältnisse des Anmelders. Dies zu tun, hieße die dem Amt zur Verfügung stehenden Prüfungsmöglichkeiten weit überfordern. Es weiß lediglich, daß gewisse Rechtshandlungen unerläßliche Voraussetzungen haben, und weist die Anmeldung zurück, wo diese fehlen. So — vgl. die Anmeldebestimmungen vom 16. 10. 1954 § 2 Ziff. 1 und 7 — wenn ein nicht rechtsfähiges Gebilde eine Anmeldung tätigt, etwa eine Gesellschaft bürgerlichen Rechts als solche[94]), oder wenn erkennbar wird, daß dem Anmelder die Geschäftsfähigkeit (§§ 104 ff. BGB) fehlt oder daß er in seiner Verfügungsmacht beschränkt ist[95]).

Mehrere Anmelder müssen entweder einen gemeinsamen Vertreter angeben oder einen Zustellungsbevollmächtigten benennen (Anmeldebest. § 2 Ziff. 5). Hierfür, nämlich lediglich für den Empfang von Zustellungen, kommen nicht nur natürliche, sondern auch juristische Personen in Betracht sowie Firmen, die, wie die OHG, als solche am Rechtsverkehr teilnehmen können[96]). Über das Recht der nicht zustellungsbevollmächtigten Mitanmelder auf Akteneinsicht s. unten[97]).

Ein Anmelder oder Mitberechtigter, der seinen Wohnsitz nicht im Inland hat, braucht einen Inlandsvertreter gemäß § 16 PatG.

2. Zur verfahrensmäßigen Stellung des Mitanmelders ist folgendes zu sagen:

a) Das Recht auf Akteneinsicht beim Patentamt steht jedem Mitanmelder zu, und zwar grundsätzlich auch dann, wenn er einem anderen Zustellungsvollmacht[98]) erteilt hatte[99]) oder wenn zwischen ihm und seinem Mitanmelder ein Rechtsstreit über das Recht an der Erfindung schwebt[100]).

[92]) Vgl. unten Teil G (S. 198 ff.).

[93]) Vgl. über die diesbezüglichen Streitfragen Volmer § 7 Anm. 46.

[94]) S. über diese oben S. 101 ff., 105 ff.

[95]) Tetzner S. 433, Zeller S. 282.

[96]) Arg. § 21 Abs. 2 VO üb. d. Dt. Patentamt v. 9. 5. 1961; Busse S. 335, a. M. Damme-Lutter 3. Aufl. S. 292/3.

[97]) Nachstehend Ziff. 2.

[98]) s. darüber oben zu 1.

[99]) PA 17. 10. 34 Mitt. 34, 226; Reimer S. 674/5.

[100]) PA 1. BS 26. 11. 56 Bl. 57, 183 = Mitt. 57, 76; Reimer a. a. O.

Das gleiche Recht steht dem Arbeitnehmererfinder zu, auch wenn er inzwischen aus dem Dienstverhältnis ausgeschieden ist, sofern er nicht — was im einzelnen darzutun Sache des Arbeitgebers wäre — hinsichtlich der Erfindungsvergütung bereits voll abgefunden ist[101]). Aber auch wenn letzteres vorliegt, kann ein besonderes Interesse das Recht auf Akteneinsicht — gegebenenfalls unter Ausschluß der nicht interessierenden Teile — gegeben sein, etwa wenn ihm nachträglich die Erfindereigenschaft ganz oder teilweise bestritten wird.

Es besteht kein Grund, die gleichen Rechte einem Arbeitnehmer zu versagen, der lediglich Miterfinder ist.

b) Einigkeit besteht darüber, daß die mehreren Mitanmelder im verfahrensrechtlichen Sinne notwendige Streitgenossen sind, weil über die Patentanmeldung wegen des Erfordernisses übereinstimmender Antragstellung[102]) und Entscheidung nur einheitlich verfahren und entschieden werden kann[103]). Dementsprechend genügt es, in analoger Anwendung von § 62 ZPO (§ 41 o Abs. 1 PatG), daß ein Termin von einem oder einigen wahrgenommen und daß eine fristwahrende Handlung nur von diesen vorgenommen wird. Der Einzelne steht also hier jeweils für alle.

Demgemäß ist z. B. die Beschwerdefrist (§ 36 l Abs. 2 PatG) für alle gewahrt, wenn einer rechtzeitig Beschwerde eingelegt hat[104]). Dieses Ergebnis kann übrigens auch ohne Heranziehung von § 744 Abs. 2 BGB gewonnen werden, da in der Gemeinsamkeit der Anmeldung die Ermächtigung für den einzelnen zur Wahrnehmung verfahrensmäßiger Rechte erblickt werden kann[105]). Die gleiche Konsequenz ist für Wiederherstellungs- und Verlängerungsanträge nach AHK-Gesetz Nr. 8 zu ziehen[106]) sowie allgemein für Anträge auf Wiedereinsetzung in den vorigen Stand gemäß § 43 PatG[107]), da nicht einzusehen ist, warum derjenige, der selbständig eine fristgebundene Erklärung abgeben kann, nicht in der Lage sein sollte, die Schuldlosigkeit der Fristversäumnis geltend zu machen.

c) Über die Zurücknahme der Anmeldung durch einen Mitanmelder wird gesondert zu sprechen sein[108]).

d) Für die Beanspruchung internationaler Prioritäten nach dem Pariser Unionsvertrag (PVÜ) ist erforderlich, daß alle Stammanmelder auch die Nachanmeldung tätigen[109]) und daß bei jedem die erforderlichen

---

[101]) PA 1.BS 23. 5. 58 B. 58, 190.

[102]) Vgl. oben S. 165.

[103]) Vgl. statt vieler d. Rspr. bei Kisch Hdb. S. 101, Lutter 10. Aufl. S. 295, Busse S. 335.

[104]) Unstr., s. Busse S. 335 m. Rspr.

[105]) Für Österreich vgl. Kassler-Koch S. 579.

[106]) PA 13. 5. 54 Bl. 1954, 229.

[107]) Ebenso Seligsohn S. 92, Zeller S. 201; in der Schweiz offenbar str., Blum-Pedrazzini Bd. II S. 668.

[108]) S. unten IV (S. 178 ff.).

[109]) Zeller S. 264, 288.

persönlichen Voraussetzungen gegeben sind (Verbandszugehörigkeit, Wohnsitz, Betriebssitz usw.). Wegen der Einzelheiten sei auf den Pariser Unionsvertrag (Pariser Verbandsübereinkunft) und die Erläuterungsbücher verwiesen.

e) Sonderfragen des Kosten- und Gebührenrechts werden an anderer Stelle behandelt[110]). Hier sei jedoch schon folgendes bemerkt:

Werden Gebührenstundung oder die Gewährung von Armenrecht beantragt (§§ 11 Abs. 4 bis 7, 46 a ff. PatG, § 12 Abs. 2 GebrMG), müssen die erforderlichen Voraussetzungen bei allen vorliegen, vgl. § 46 b Abs. 3 PatG. Ist eine solche Vergünstigung nur einem der Mitanmelder gewährt worden, wirkt dies nicht automatisch zugunsten der anderen[111]).

3. Die vom Patentamt zu prüfenden sachlich-rechtlichen Erfordernisse sind bei einer Mehrheit von Anmeldern die gleichen wie bei der Anmeldung durch einen Anmelder. Jedoch sei auf folgende Besonderheiten hingewiesen:

a) Oben[112]) ist auf die Notwendigkeit übereinstimmender Anträge hingewiesen worden. Der Umstand, daß die mehreren Teile einer gemeinsamen Anmeldung verschiedene Erfinder haben, stellt zwar als solcher nicht die Einheitlichkeit der Erfindung im Sinne von § 26 Abs. 1 Satz 2 PatG in Frage[113]), aber im Einverständnis der Anmelder ist eine Teilung in mehrere selbständige Anmeldungen möglich, sofern einer der Schutzansprüche als selbständige Erfindung eines Mitanmelders herausgelöst werden kann[114]).

b) Daß bei Prüfung der Neuheit (§ 2 PatG, § 1 Abs. 2 GebrMG) die angemeldete Erfindung als ganze, nicht etwa der Beitrag des einzelnen Miterfinders, dem Stand der Technik gegenüberzustellen ist, ergibt sich aus den zur Frage der Miterfinderschaft gemachten Ausführungen[115]).

Nicht ganz unzweifelhaft ist die Neuheitsfrage im Falle der öffentlichen Vorbeschreibung oder offenkundigen Vorbenutzung durch einen Miterfinder, da es fraglich erscheint, ob in diesem Fall die Schonfrist einsetzt, derzufolge eine solche Tatsache nicht neuheitsschädlich ist, sofern innerhalb von sechs Monaten nach ihrem Stattfinden die Anmeldung vollzogen wird, § 2 Satz 2 PatG, § 1 Abs. 2 Satz 2 GebrMG). Die Frage beantwortet sich daraus, daß die Schonfrist von der Allgemeinheit in jedem Fall in Rechnung gestellt werden muß, während es lediglich im Verhältnis des Anmelders (oder eines Rechtsnachfolgers) zum Patentamt, also für das Patenterteilungsverfahren oder bei Gebrauchsmustern für deren spätere Beachtlichkeit darauf ankommt, daß die Beschreibung oder Benutzung auf ihrer Erfindung

---

[110]) S. unten VI (184 ff.).

[111]) Ebenso Kent Bd. I S. 727 Nr. 31, Damme-Lutter 3. Aufl. S. 347/8.

[112]) S. oben S. 165.

[113]) Ebenso Redies GRUR 1937 S. 416; über den Begriff „Einheitlichkeit" und die Folgen der Uneinheitlichkeit vgl. Busse § 26 Anm. 6.

[114]) S. auch PA 29. 6. 43 Mitt. 1943 S. 181; vgl. auch hier oben S. 46.

[115]) S. oben S. 21 f.

beruhte, d. h. nicht auf der eines Dritten. Es würde eine den Umständen nicht entsprechende und rechtlich kaum durchzuführende Spaltung sein, wollte man bei offenkundiger Vorbenutzung der Erfindung durch einen Miterfinder die Schonfrist nur hinsichtlich seines Erfindungsanteils einsetzen lassen, während es andererseits nicht zu rechtfertigen wäre, sie nur im Falle einer durch alle Miterfinder geschehenen Vorbenutzung (oder Vorbeschreibung) zu gewähren[116]). Es würde aber wohl zu weit gehen, die Vorbenutzung durch einen Miterfinder überhaupt nicht für neuheitsschädlich und daher die Einhaltung der Sechsmonatsfrist für entbehrlich zu halten mit der Begründung, daß der Vorbenutzer seine im Verhältnis zu den anderen Miterfindern bestehende Treue- und Geheimhaltungspflicht verletzt habe[117]). Diese Ansicht übersieht, daß auch eine unter Bruch der Geheimhaltungspflicht erfolgte Vorbenutzung neuheitsschädlich ist[118]) und daß es für die Frage der Neuheitsschädlichkeit nicht darauf ankommt, was an Mitteilungen gegenüber der Allgemeinheit hätte geschehen dürfen, sondern allein darauf, was geschehen ist.

c) Aus der Gemeinsamkeit der Rechtsinhaberschaft folgt, daß nicht jedem der Mitanmelder, sondern a l l e n z u s a m m e n das Patent zu erteilen ist[119]).

d) Bilden die mehreren Anmelder eine Gemeinschaft im Sinne der §§ 741 ff. BGB[120]), so daß jeder ohne Zustimmung der anderen über seinen Anteil verfügen darf[121]), kann vom Zedenten des Anteils die Umschreibung der Patentanmeldung oder des erteilten Patents insoweit auf den Erwerber beantragt werden. Da das Patentamt, wie bereits an anderer Stelle erwähnt worden ist[122]), im Zweifel das Vorliegen einer Bruchteilsgemeinschaft annimmt, fordert es den die „Umschreibung infolge erfolgter Anteilsabtretung" Beantragenden nicht auf, die Zustimmung der anderen Mitanmelder nachzuweisen, sondern vollzieht die Umschreibung, sofern die Förmlichkeiten des Antrags erfüllt sind[123]) und beim Antragsteller nach Kenntnis des Amts keine sonstigen Rechtshindernisse vorliegen wie mangelnde Geschäftsfähigkeit u. a. m.[124]).

Ist jedoch amtsbekannt, daß das Innenverhältnis der Mitanmelder (Mitinhaber) gesellschaftsrechtlicher Art ist, bedarf das Ausscheiden eines Gesell-

---

116) Wie hier auch Busse § 2 Anm. 16 zu a.

117) So Zeller 2. Aufl. S. 182.

118) Heute wohl allgem. M. sowie Auffassung des PA, vgl. PA 29. 9. 52 GRUR 1953, S. 220 und zuvor RG 7. 10. 41 RGZ 167, 339 sowie Lit. bei Zeller GRUR 1942 S. 65.

119) Vgl. u. a. Isay S. 171, Seligsohn S. 91, Reimer S. 823.

120) Bruchteilsgemeinschaft, vgl. oben S. 101 ff.

121) S. oben S. 122 f.

122) Vgl. oben S. 110.

123) S. dazu Seligsohn S. 92, Damme-Lutter 3. Aufl. S. 291/2, Kisch GRUR 1952 S. 262, Tetzner S. 433, Busse S. 312; PA 15. 10. 10 Bl. 1911 S. 195.

124) Tetzner a. a. O.

schafters und der Eintritt eines anderen an seiner Stelle des Nachweises der Zustimmung aller[125]).

Es ist darauf zu achten, daß der Anteilserwerber und nunmehrige Mitgemeinschafter keine Anträge stellt, die von den Anträgen der anderen Teilhaber abweichen, andernfalls sich die oben[126]) erwähnten Schwierigkeiten ergeben würden.

4. Das Erfordernis der Benennung der Erfinder gegenüber dem Patentamt folgt aus § 26 Abs. 6 PatG. Nur natürliche Personen können als Erfinder benannt werden, also weder juristische Personen noch eine Gesellschaft als solche oder bei Arbeitnehmererfindungen „der Betrieb ..."[127]).

Beantragt von zwei als Miterfinder benannten Personen die eine, nach außen nicht als Erfinder genannt zu werden (§ 36 Abs. 1 Satz 3 PatG), so ist die andere gleichwohl nur als „Miterfinder" zu bezeichnen. Diese und ähnliche Fragen sind bereits an anderer Stelle[128]) erörtert worden. Dort ist auch über die Rechtsnatur des Anspruchs auf Erfindernennung sowie darüber gesprochen worden, ob zu den einzelnen Patentansprüchen verschiedene Personen als Erfinder genannt werden können. In diesem Zusammenhang sei nochmals darauf hingewiesen, daß es nicht Sache des Patentamts ist, Ermittlungen zur Feststellung des Erfinders anzustellen[129]).

Eine gänzlich andere Frage ist es, ob sich aus dem Ergebnis des patentamtlichen Prüfungsverfahrens (was von dem, was angemeldet worden war, wurde gestrichen, was „ging durch"?) Rückschlüsse darauf ziehen lassen, welche Personen als die eigentlichen Miterfinder in Betracht kommen und welche auszuscheiden haben. Dies ist die primäre Frage nach der Erfinderqualität und nicht lediglich die formale Frage der Erfinderbenennung (§ 26 Abs. 6 PatG) und Erfindernennung (§ 36 Abs. 1 PatG).

Über die Erfinderbenennung und -nennung bei Arbeitnehmererfindungen ist bereits an anderer Stelle gesprochen worden[130]).

5. In der Patentrolle (§ 24 PatG) oder Gebrauchsmusterrolle (§ 3 GebrMG) werden alle Mitanmelder, die zur Zeit der (rechtskräftigen) Schutzrechtserteilung noch beteiligt sind, als Inhaber vermerkt, nicht dagegen die Größe ihrer Anteile, da letzteres das Innenverhältnis der Beteiligten betrifft[131]).

Dem einzelnen Mitinhaber kann auf Antrag für seinen Gebrauch, etwa bei Übertragung seines Anteils[132]), eine Ausfertigung der Patenturkunde (§ 35 Abs. 1 PatG) erteilt werden[133]).

---

[125]) Vgl. oben S. 124 sowie Busse S. 312.

[126]) S. oben S. 165.

[127]) PA 6. 8. 51 Bl. 51, 294 = GRUR 1951, 577; Dersin GRUR 1951, 481.

[128]) Vgl. oben S. 49 ff.

[129]) Über die Möglichkeit der Berichtigung irrtümlicher Erfindernennung in den USA s. Axster GRURInt. 1952 S. 41; der dort genannte § 206 ist jetzt § 256.

[130]) S. oben S. 51 ff., 54 ff.

[131]) Ebenso Lutter § 24 Anm. 2; a. M. Reimer S. 648.

[132]) S. oben S. 122 f.

[133]) PA 30. 8. 29 Bl. 29, 227.

6. Die Umschreibung eines Anteils auf den Erwerber ist bereits oben behandelt worden[134]).

7. Handelt es sich ganz oder teilweise[135]) um eine Arbeitnehmererfindung, kann hinsichtlich der Frage der Erfinderbenennung und -nennung auf die dazu an anderer Stelle gemachten Ausführungen[136]) verwiesen werden. Treten nach erfolgter Anmeldung rechtliche Veränderungen ein, etwa durch Inanspruchnahme als Diensterfindung seitens des Arbeitgebers oder durch Freigabe, empfiehlt sich alsbaldige Mitteilung an das Patentamt mit dem Antrag auf entsprechende Umschreibung, damit die nunmehr Berechtigten auch dem Amt gegenüber als „Beteiligte" anzusehen sind.

IV. Zurücknahme der Anmeldung

1. Die Erklärung der Zurücknahme der Schutzrechtsanmeldung ist nicht zu verwechseln mit dem — nachstehend unter V behandelten — Verzicht auf das (erteilte) Schutzrecht. Die Erklärung braucht nicht ausdrücklich zu geschehen. Es genügt, wenn der Wille, die Anmeldung fallenlassen und nicht weiter „verfolgen"[137]) zu wollen, in dem sonstigen Verhalten des Anmelders gegenüber dem Patentamt erkennbar und unzweideutig als gewollt zum Ausdruck kommt (sog. „schlüssiges" Verhalten).

2. Nehmen alle Mitanmelder durch gemeinsame oder durch übereinstimmende Erklärungen gegenüber dem Patentamt die Anmeldung zurück, ist das Erteilungsverfahren beendet[138]).

3. Erklärt von mehreren Anmeldern nur einer, daß er „die Anmeldung zurücknehme" oder „die Anmeldung fallen lasse", so ist zunächst zu fragen, ob er die Anmeldung als ganze oder nur seinen „Anteil" an ihr zurücknehmen will. Der Unterschied wird noch deutlicher, wenn man fragt: hat er erklären wollen, die gemeinsame Anmeldung solle überhaupt nicht mehr weiterbearbeitet werden, oder hat er lediglich zum Ausdruck bringen wollen, er lege keinen Wert mehr auf Weiterbearbeitung des Antrags, wogegen er nichts dagegen einwenden wolle, wenn das Verfahren für die anderen Mitanmelder fortgeführt werde?

Da nach der Lebenserfahrung nicht zu vermuten ist, daß jemand über mehr verfügen zu wollen erklärt, als seiner Verfügungsmacht unterliegt, und er nach Treu und Glauben den „üblichen" Sinn seiner Erklärung gelten lassen muß, ist im Zweifel anzunehmen, daß er nur zu seinem Teil, nicht aber auch für die anderen, die Anmeldung zurücknehmen will[139]). Für eine solche Auslegung ist allerdings dort kein Raum, wo das Gegenteil expressis verbis erklärt wird, etwa: „ich nehme hiermit die Anmeldung für

[134]) S. oben bei 3 zu d (S. 176).

[135]) Vgl. oben S. 11.

[136]) S. oben S. 51 ff., 54 ff.

[137]) PA Bl. 1951, 192.

[138]) Einzelheiten bei Busse § 29 Anm. 5 zu 2.

[139]) Wie hier Damme-Lutter 3. Aufl. S. 292, Seligsohn S. 91, Isay S. 172.

mich und meine Mitanmelder zurück". Dies ist offenbar nur als Totalrücknahme „für alle" zu verstehen und einer anderen Auslegung nicht zugänglich. Nachstehend seien daher beide Fälle, die Total- und die Teilrücknahme, auf ihre Wirksamkeit untersucht.

a) Steht fest, daß ein Mitanmelder die ganze Anmeldung, also den Anmeldungsantrag „für alle" zurücknehmen wollte, so entstehen keine Schwierigkeiten, wenn er die Zustimmung der anderen dazu besitzt und erforderlichenfalls nachzuweisen vermag[140]). Wie aber, wenn er eigenmächtig und womöglich gegen den Willen der anderen handelte? Es ist dies, weil das durch die Anmeldung begründete Recht auf Erteilung eines Schutzrechts vermögensrechtlicher Natur ist, eine Frage der Verfügungsmacht. Eine solche steht dem einzelnen Mitanmelder in diesem Umfang nicht zu. Daraus folgt, daß „die" (ganze) Anmeldung nicht wirksam zurückgenommen ist[141]).

So viel zur materiellrechtlichen Seite einer, wie hier nach wie vor unterstellt sei, eindeutig[142]) auf die ganze Anmeldung bezogenen, aber nur durch einen der Mitanmelder ohne Zustimmung der anderen erklärten Zurücknahme. Nunmehr tritt die verfahrensmäßige Frage auf, in welcher Weise das Patentamt, dem ja der Nachweis einer (nicht vorhandenen) Zustimmung der Mitanmelder nicht vorliegt, zu reagieren hat. Dazu ist die Ansicht vertreten worden[143]), es liege zwar — wie oben dargelegt worden ist — keine wirksame Zurücknahme der Anmeldung vor, aber es fehle nunmehr an einem „einheitlichen Antrag" der mehreren Anmelder[144]), so daß die ganze Anmeldung zurückzuweisen sei. Dieser Ansicht kann jedoch nicht beigetreten werden, da sie zu einem rechtswidrigen Ergebnis führt: der einzelne, dem im unterstellten Fall die Verfügungsmacht fehlte, erreicht durch eine eigenmächtige Maßnahme, daß das Recht der Mitanmelder vernichtet, nämlich die Anmeldung zurückgewiesen wird und damit für die Zukunft auch die Priorität verlorengeht. Das richtige Verfahren ergibt sich zwanglos, wenn man sich den Fall vorstellt, von mehreren Anmeldern ändere einer seinen Antrag ab, so daß die Anträge aller nicht mehr übereinstimmen: in diesem Fall würde das Patentamt den Anmeldern zunächst mittels eines Zwischenbescheids Gelegenheit geben, ihre Anträge wieder übereinstimmend zu machen, bevor es den Zurückweisungsbeschluß erläßt. Warum nicht auch hier? Die durch die Zurücknahmeerklärung „überfahrenen" Mit-

[140]) Die Rechtslage ist hier dieselbe wie soeben bei 2.

[141]) H. M., vgl. u. a. Kent Bd. II S. 75 Nr. 42 und 103/4 Nr. 42; Starck GRUR 1919 S. 89/90; Isay a. a. O., Krausse 3. Aufl. S. 368; Zeller S. 282; Benkard § 29 Anm. 2; Busse § 26 Anm. 2 bei B; Seligsohn hat seine abweichende Ansicht, 3. Aufl. § 3 Anm. 12, in späteren Auflagen aufgegeben, vgl. 7. Aufl. § 3 Anm. 12.

[142]) Deutet man, wie Isay a. a. O., die für das Ganze erklärte Zurücknahme generell in eine Anteilsrücknahme um, so gelangt man zu den sich bei letzterer ergebenden, nachstehend unter b dargestellten Rechtsfolgen.

[143]) Damme-Lutter 3. Aufl. S. 292.

[144]) S. über dieses Erfordernis oben S. 165.

anmelder werden alsdann entweder den Eigenmächtigen veranlassen, die Zurücknahme seiner (sowieso materiellrechtlich unwirksamen) Zurücknahmeerklärung zu erklären, oder sie werden dem Patentamt mitteilen, daß sie ihre Anträge aufrecht erhalten, aber bitten, den Antrag dessen, der die Zurücknahme erklärt hat, aus Rechtsgründen lediglich als Zurücknahme seines Antragsanteils aufzufassen und die — sogleich unten darzustellende — Folgerungen zu ziehen, welche in der patentamtlichen Praxis eintreten, wenn ein Mitanmelder lediglich seinen eigenen Anteil an der Anmeldung zurücknimmt. Das Patentamt wird, wenn diese Antwort eingeht, in einem weiteren Zwischenbescheid den Mitanmelder, der die Totalrücknahme erklärt hatte, vom Vorbringen und vom Antrag der anderen Mitanmelder in Kenntnis setzen und ihm, selbstverständlich unter Fristsetzung, Gelegenheit geben, entweder zu erklären, seine Zurücknahmeerklärung möge (wegen materiellrechtlicher Unwirksamkeit) als nicht abgegeben behandelt und somit das Verfahren also für alle fortgesetzt werden, oder die dem Wunsch seiner Mitanmelder entsprechende Erklärung abzugeben, die seinerzeit erklärte Zurücknahme solle sich nur auf seinen Anmeldungsanteil beziehen, d. h. er scheide aus der Anmeldergemeinschaft aus. Im ersten Fall ist das Erteilungsverfahren für alle, im zweiten für die verbliebenen Mitanmelder fortzusetzen. Schweigt der Zurücknehmer auf den Zwischenbescheid, kann die letztgenannte Variante als gegeben unterstellt werden, was zweckmäßig im Zwischenbescheid in Aussicht zu stellen ist.

b) Andere Schwierigkeiten bietet der Fall, daß ein Mitanmelder erklärt, er nehme die Anmeldung zurück, soweit e r beteiligt sei (Zurücknahme lediglich des eigenen Anteils an der Anmeldung). Zunächst ist materiellrechtlich zu fragen, was eine derartige Erklärung im Verhältnis des Erklärenden zum Recht (an der Erfindung, auf Schutzrechtserteilung) und zur Gemeinschaft (Gesellschaft) bedeutet.

Hier kommt es in erster Linie darauf an, ob die Erklärung im E i n v e r s t ä n d n i s mit den anderen Beteiligten abgegeben worden ist. In solchem Fall sind alle Teilhaber (Gesellschafter) darüber einig, daß der Erklärende ausscheidet, ja letzteres ist in der Regel bereits infolge entsprechender Abreden vollzogen. Damit ist der Anteil (bei der Bruchteilsgemeinschaft) auf die anderen Teilhaber übertragen[145]) oder (bei der Gesellschaft) diesen gemäß § 738 Abs. 1 Satz 1 BGB angewachsen. Es bestehen daher weder materiellrechtlich noch verfahrensrechtlich Bedenken, die Schutzrechtsanmeldung nunmehr für die restlichen Teilhaber weiterzubehandeln.

Wie nun, wenn die auf den Anteil beschränkte Zurücknahmeerklärung o h n e Zustimmung der anderen Mitanmelder erklärt wird? Zunächst ist davon auszugehen, daß es sich um eine in einem Verwaltungsverfahren gegenüber einer Behörde (Patentamt) abgegebene Erklärung handelt, die das Verfahren betrifft. Die Beantwortung der Frage, auf welche Art die

---

[145]) Über die Frage, ob Anwachsung oder Übertragung stattfindet, s. im übrigen auch oben S. 142.

Behörde darauf zu reagieren hat, hängt an sich davon ab, welche materiellrechtliche Bedeutung man der Erklärung beimißt. Patentamtspraxis und Rechtslehre sind zwar darüber einig, daß das Verfahren für die verbliebenen Mitanmelder fortgesetzt wird[146]), man muß aber dazu fragen, mit welcher Begründung dies zu rechtfertigen ist. Da der Erklärende, wie hier zu unterstellen ist, seiner Erklärung keine Einschränkungen hinzugefügt hat und er sie so, wie sie vom Unbefangenen verstanden wird, gegen sich gelten lassen muß (§ 133 BGB), kann als erklärter Wille angenommen werden, daß das beantragte Schutzrecht nunmehr allein den anderen Mitanmeldern erteilt werden möge. Da es nicht Sache des Patentamts ist, die internen Rechtsbeziehungen der Beteiligten aufzuklären und zu würdigen[147]), darf es[148]) dem Sinn der Erklärung folgen und die Anmeldung nunmehr für die nicht aus dem Erteilungsverfahren Ausgeschiedenen weiterbehandeln. Diese Befugnis (und demnach auch Pflicht) des Amts braucht also nicht, wie es allgemein geschieht[149]), mit erfolgter Anteilsanwachsung an die anderen Teilhaber[150]) begründet zu werden.

Anders aber, wenn der Zurücknehmende seiner Erklärung hinzugefügt hat, er sei nicht damit einverstanden, daß das Schutzrecht den anderen Mitanmeldern erteilt werde[151]) oder, mit anderen Worten, daß die Anmeldung für die anderen weiterbehandelt werde. Dann liegt eine den Anträgen der anderen widersprechende „Zurücknahmeerklärung" vor, deren Wirksamkeit der Zurücknehmende an eine Bedingung geknüpft hat. Damit ist die Erklärung jedoch schlechthin unbeachtlich, weil einseitige, rechtsgestaltende Willenserklärungen im Interesse der Rechtssicherheit nicht die Hinzufügung von Bedingungen vertragen[152]). Die Anmeldung wird daher für alle Beteiligten weiterbehandelt[153]). Wenn der Zurücknehmer glaubt, von den anderen verlangen zu können, daß auch diese die Anmeldung zurücknehmen, mag er dies vor dem ordentlichen Gericht im Klageweg durchsetzen[154]).

---

[146]) Vgl. — mit weiteren Angaben — Starck GRUR 1919 S. 89/90, Damme-Lutter 3. Aufl. S. 292, Kisch Hdb. S. 101 a. E. sowie d. nachstehend Zit.

[147]) Dies ist bereits oben S. 157 festgestellt worden.

[148]) Sofern nicht gegenteilige Erklärungen der verbliebenen Mitanmelder vorliegen, s. gleich unten.

[149]) Kent Bd. II S. 103/4 Nr. 42; Seligsohn S. 91; Krausse 3. Aufl. S. 368; Klauer-Möhring S. 340; Reimer 2. Aufl. § 26 Anm. 41; Busse § 26 Anm. 2 zu B; ferner die von diesen zit. PA-Entscheidungen.

[150]) Ohne deren Willen, ja gegen diesen?; vgl. auch hier oben S. 142 f.

[151]) So im Falle PA 14. 9. 29 Bl. 29, 251 = Mitt. 29, 333; die in manchen Kommentaren — so Krausse a. a. O., Busse a. a. O. — anzutreffende Wiedergabe, der Zurücknehmende habe „dem Anwachsen" widersprochen, entspricht nicht dem Wortlaut des zit. PA-Sachverhalts und dürfte mit diesen Worten kaum in der Praxis anzutreffen sein.

[152]) PA 14. 9. 29 a. a. O.

[153]) Wie hier PA a. a. O., Krausse a. a. O., Klauer-Möhring a. a. O., Reimer 2. Aufl. S. 698, Busse a. a. O.

[154]) Ebenso Reimer a. a. O.

Hat ein Mitanmelder seinen Anmeldungsanteil ohne Hinzufügung, also bedingungslos zurückgenommen, wogegen der oder die anderen Mitanmelder nach wie vor — etwa: nach Erhalt der Amtsmitteilung von der Zurücknahmeerklärung — beantragen, das Schutzrecht nicht ihnen allein, sondern allen einschließlich des „Zurücknehmers“ zu erteilen, ist eine sachliche Entscheidung des Amts wegen des Widerspruchs der Anträge nicht möglich, so daß die Anmeldung zurückzuweisen ist[155]).

V. Verzicht auf das Schutzrecht

1. Die folgenden Ausführungen gründen sich auf einen anderen Sachverhalt als den, der im vorigen Abschnitt behandelt worden ist. Während dort das Erteilungsverfahren noch lief und durch eine Zurücknahmeerklärung beendet oder doch beeinflußt werden sollte, ist nunmehr, bei einer Mehrheit von Schutzrechtsinhabern, wie sie sich aus Erfindungsgemeinschaften ergeben kann, die Frage zu untersuchen, welche Bedeutung dem von allen, einem oder einigen erklärten Verzicht auf das e r t e i l t e Schutzrecht zukommt.

Im Gesetz findet sich lediglich die Bestimmung, daß „das Patent erlischt, wenn der Patentinhaber darauf durch schriftliche Erklärung an das Patentamt verzichtet“ (§ 12 Abs. 1 Ziff. 1 PatG). Dasselbe gilt für Gebrauchsmuster (§ 14 Abs. 6 GebrMG). Somit sind die Rechtsfolgen, nämlich die Wirkung des Erlöschens der Schutzrechte, bei einer Mehrheit von Schutzrechtsinhabern nicht zweifelhaft, wenn alle oder, mit Vollmacht für alle, einer den Verzicht an das Patentamt erklärt.

Hier sei angemerkt[156]), daß sich der von e i n e m der mehreren Schutzrechtsinhaber erklärte Verzicht, sofern nicht ausdrücklich etwas anderes erklärt wird, im Zweifel nicht auf das Schutzrecht als ganzes — das ja nicht ihm allein gehört —, sondern nur auf seinen A n t e i l am Schutzrecht bezieht. Dabei ist zu unterscheiden, ob das Verhältnis der Mitinhaber zueinander eine Gemeinschaft (§§ 741 ff. BGB) oder — ausnahmsweise[157]) — eine Gesellschaft (§§ 705 ff. BGB) ist. Erklärungsgegner sind hier in jedem Falle die anderen Mitinhaber. Wird der Verzicht auf den Anteil nur an das Patentamt gerichtet, so hat dieses, wenn es die anderen Mitinhaber[158]) davon benachrichtigt, insoweit Botenfunktion.

a) Für den Fall der Gemeinschaft (§§ 741 ff. BGB) ist die streitige Frage, ob ein von einem Teilhaber erklärter Verzicht auf seinen Anteil am Schutzrecht als solcher das „Anwachsen“ des Anteils an die anderen Mitberechtigten zur Folge hat, bereits an anderer Stelle[159]) verneint, aber die Umdeu-

---

155) Ebenso Lutter 10. Aufl. S. 295.

156) Vgl. entsprechend zur Zurücknahmeerklärung oben S. 178.

157) S. oben S. 110.

158) Oder den Zustellungsbevollmächtigten aller, § 2 Ziff. 5 PatAnmBest.

159) S. oben S. 142.

tung in eine Übertragungsofferte für möglich gehalten worden[160]). Da beim Anteilsverzicht die Nichtigkeitsfolge aus § 12 Abs. 1 Ziff. 1 PatG, wie erwähnt, nicht einsetzt, kann er auch durch schlüssiges Verhalten erklärt werden, etwa durch die Anweisung an den die Schutzrechtsinhaber vertretenden Patentanwalt, die Jahresgebühren nicht mehr zu zahlen[161]).

b) Bei der Gesellschaft (§§ 705 ff. BGB) ist[162]) der einseitige Verzicht eines Gesellschafters auf seinen „Anteil am Schutzrecht" rechtsunwirksam, da es bei Gesamthandsverhältnissen einen Anteil an konkreten Vermögensgegenständen nicht gibt[163]). Die soeben erwähnte Verzichtserklärung mittels in dieser Richtung „schlüssigen" Verhaltens ist auch hier möglich und wäre, wenn erklärt, als Angebot zu vertraglichen Verhandlungen an die Mitgesellschafter aufzufassen.

Als Ergebnis ist jedenfalls festzuhalten: soll das gemeinschaftliche Schutzrecht als Ganzes durch Verzicht zum Erlöschen gebracht werden, ist eine Verzichtserklärung aller Mitinhaber erforderlich, und zwar in den Formen der Bestimmung § 12 Abs. 1 Ziff. 1 PatG[164]).

2. Nachstehend sind die Rechtswirkungen zu untersuchen, die eintreten, wenn einer der Mitinhaber, ohne zugleich von diesen bevollmächtigt zu sein, gegenüber dem Patentamt erklärt, daß er auf das Schutzrecht oder seinen Anteil daran verzichte.

a) Oben[165]) ist festgestellt worden, daß ein von einem Mitinhaber (Teilhaber einer Gemeinschaft, Gesellschafter) erklärter „Verzicht auf das Schutzrecht", auf „den Patentschutz" u. a. m. im Zweifel lediglich als Verzicht auf seinen Anteil daran aufzufassen ist. Es ist jedoch denkbar, daß sich der Verzicht expressis verbis auf das ganze Schutzrecht beziehen soll. Dann kann die Erklärung, da sie eindeutig und somit einer anderweitigen Auslegung nicht zugänglich ist, nicht in dem ersteren, beschränkten Sinne verstanden werden. Es bedarf keiner näheren Begründung, daß ein solcher, ohne Zustimmung oder gar gegen den Willen der anderen Mitinhaber erklärter Verzicht mangels entsprechender Verfügungsbefugnis des Erklärenden unwirksam ist[166]).

Geht eine derartige Erklärung beim Patentamt ein, kann dies nicht mehr

---

160) Vgl. insbesd. RG 28. 5. 30 MuW 30, 400 = JW 31, 404 Nr. 4 mit Anm. Engländer, der die möglichen Rechtskonstruktionen darlegt und einseitige Rechtsaufgabe mit anschließendem einseitigen Rechtserwerb durch die anderen Teilhaber für möglich hält; ferner PA 31. 5. 54 Bl. 1954 S. 262.

161) RG a. a. O., Calé GRUR 1931 S. 93, Tetzner S. 168.

162) Vgl. dazu auch oben S. 142.

163) S. oben S. 117 f.; in Ermangelung eines derartigen Anteils versteht es sich von selbst, daß das Ausscheiden eines Gesellschafters „natürlich" — Kisch Hdb. S. 234/5 — nicht den Verzicht auf den Patentanteil bedeuten kann.

164) Vgl. statt vieler Klauer-Möhring S. 251, Zeller S. 350, Busse S. 230.

165) Soeben bei 1.

166) Vgl. d. oben bei 1 zum Schluß Zit. sowie Kent Bd. I S. 534 Nr. 541, Kisch GRUR 1952 S. 268, Seligsohn § 9 Anm. 4.

tun als den Einsender darauf hinweisen, daß er, um das Erlöschen des Schutzrechts zu erreichen, die Zustimmung der anderen Mitinhaber, erforderlichenfalls im Prozeßwege, herbeiführen muß[167]).

b) Erklärt ein Mitinhaber dem Patentamt, daß er lediglich auf seinen Anteil am Schutzrecht[168]), also „für seine Person auf Patentschutz" verzichte, so gilt folgendes: Die das Innenverhältnis der Beteiligten betreffende Frage, ob der Anteil des Verzichtenden den anderen automatisch zuwächst oder nur dann zuwächst, wenn er den Verzicht „zu ihren Gunsten" erklärt, oder ob sein Anteil nur im Wege der Übertragung, also bei ausdrücklich oder stillschweigend erklärtem Empfangswillen der anderen auf diese übergeht[169]), ist nach der hier vertretenen Ansicht[170]) im letztgenannten Sinne zu entscheiden[171]). Die Umschreibung in der Rolle des Patentamts setzt also voraus, daß das Einverständnis der anderen vorliegt und die Umschreibung beantragt wird.

VI. Gebühren und Kosten

Die Frage, wer bei einer Anmelde- oder Schutzrechtsgemeinschaft Gebühren und Kosten zahlen kann oder muß, ist verschieden zu beantworten, je nachdem ob man das Innenverhältnis der Beteiligten oder das Verhältnis zum Patentamt betrachtet.

1. Das Patentamt hält sich während des Anmeldeverfahrens (Erteilungsverfahrens) an die Personen, die als Mitanmelder aktenkenntlich sind, und nach erfolgter Schutzrechtserteilung an die in der Rolle eingetragenen[172]). Zahlungen, die von einem Mitberechtigten geleistet werden, hat es stets entgegenzunehmen. Solche Zahlungen sind Erfüllung der Zahlungspflicht aller und verbleiben daher dem Staat auch dann, wenn sich später herausstellt, daß die Zahlungspflicht intern, d. h. innerhalb der Gemeinschaft oder Gesellschaft, anders geregelt, der Zahlende also seinen Teilhabern gegenüber nicht verpflichtet war, die Zahlung zu leisten[173]).

---

[167]) Ebenso Damme-Lutter 3. Aufl. S. 413/4.

[168]) Gemeint ist stets nur der Anteil, den der Verzichtende am Ganzen hat; ein Verzicht eines Teilhabers auf einen Teil des gemeinsamen Schutzgegenstandes, etwa einen von mehreren Schutzansprüchen, ist wegen der Unteilbarkeit des Schutzrechts nicht möglich. Vgl. auch f. d. Schweiz Art. 24 PatG, Blum-Pedrazzini Bd. II S. 85.

[169]) Vgl. insbesd. PA 1. BS 31. 5. 1954 Bl. 54 S. 262.

[170]) S. oben S. 142 f., 145, sowie hier oben zu 1.

[171]) Man kann diese Frage nicht dadurch lösen, daß man erklärt, bei Verzicht auf das Patent wachse dieses „unter Umständen" den anderen Mitberechtigten an, ohne zu sagen, welches diese Umstände sind; so Zeller S. 46/7.

[172]) Vgl. dazu auch § 24 Abs. 2 Satz 3 PatG, § 3 Abs. 4 Satz 3 GebrMG; wegen weiterer Einzelheiten s. Kisch GRUR 1952 S. 269/70.

[173]) Vgl. auch d. von Reimer § 11 Anm. 12 zit. Entscheidg. PA 24. 1. 12 Bl. 1912 S. 218.

Gebührenstundung (§ 11 PatG, § 14 GebrMG) setzt entsprechende Mittellosigkeit des Antragstellers, bei Stundung für alle Mitberechtigten also Mittellosigkeit aller voraus[174]). Die einem Beteiligten gewährte Stundung begünstigt nicht automatisch die anderen. Entsprechendes gilt für die Gewährung des Armenrechts. Über die Wiedereinsetzung in den vorigen Stand ist bereits an anderer Stelle gesprochen worden[175]).

2. Im Innenverhältnis ist sowohl bei der Gemeinschaft im Sinne der §§ 741 ff. BGB wie bei der selteneren[176]) Gesellschaft (§§ 705 ff. BGB) jeder Beteiligte berechtigt, die Kosten bzw. Gebühren zu zahlen, die zur Aufrechterhaltung der durch die Schutzrechtsanmeldung und -erteilung begründeten Rechte gezahlt werden müssen, und hat, wenn nichts anderes vereinbart ist, einen entsprechenden Erstattungsanspruch gegen die anderen[177]). Jeder kann auch schon vorher verlangen, daß die anderen die erforderlichen Mittel — z. B. zur Zahlung der Jahresgebühren — zur Verfügung stellen. Im einzelnen ist wegen dieser Fragen auf die Kommentare zum BGB (bei § 748 — Gemeinschaft — und § 713 — Gesellschaft) zu verweisen.

F. VERTEIDIGUNG DER ERFINDUNG UND DES SCHUTZRECHTS

I. Interne und externe Streitigkeiten

Bei Erfindungsgemeinschaften kann ein Streit über die Erfindung oder das auf diese erteilte Schutzrecht sowohl intern unter den Mitgliedern ausbrechen wie auch extern mit Außenstehenden. Intern kann beispielsweise streitig sein, ob einem Beteiligten Miterfinderqualität zukommt und, bejahendenfalls, wie hoch sein Anteil zu bewerten ist, ob und in welchem Umfang er zur Benutzung berechtigt ist u. a. m. Im Verhältnis zu einem Außenstehenden können insbesondere Streitigkeiten wegen unbefugter Benutzung (Verletzungsstreitigkeiten) entstehen, wie denn auch umgekehrt Außenstehende den Gemeinschaftern das Recht an Erfindung und Schutzrecht streitig machen oder gegen das Bestehen des letzteren Einwendungen im Rechtsweg (Löschungsverfahren, Nichtigkeitsklage) erheben können.

Während sich die Beurteilung interner Streitfragen aus den die Miterfinderschaft, die Befugnisse der Beteiligten zu Geschäftsführung und Vertretung sowie zur Benutzung[1]) behandelnden Abschnitten ergibt, soll nachstehend das Verhältnis zu Außenstehenden erörtert werden, soweit sich aus der Tatsache, daß die Erfindung oder das Schutzrecht einer Mehrheit von

---

[174]) Dies ist bereits oben festgestellt worden, s. oben S. 175; wegen weiterer Einzelheiten s. Busse § 11 Anm. 9—18.

[175]) S. oben S. 173.

[176]) S. oben S. 110.

[177]) Kohler Hdb. S. 498; Riezler S. 60; Seligsohn S. 93; Isay S. 358; Calé GRUR 1931 S. 93/4; Klauer-Möhring S. 128/9; Reimer 2. Aufl. S. 145; Kisch Hdb. S. 142 sowie GRUR 1952 S. 268 ff.

[1]) S. darüber unten Teil G (S. 198 ff.).

Personen (Gemeinschaft, Gesellschaft) gehört, Besonderheiten ergeben. Im übrigen wird auf die Erläuterungsbücher zum Patent- und zum Gebrauchsmustergesetz Bezug genommen.

Besondere Berücksichtigung verdient dabei die Frage, inwieweit, sei es allgemein, sei es in besonderen Fällen, dem einzelnen Mitglied der Gemeinschaft (Gesellschaft) das Recht zusteht, zur Verteidigung von Erfindung und Schutzrecht gegen Außenstehende vorzugehen.

II. Einspruch gegen jüngere Patentanmeldungen

1. Gemäß § 32 PatG kann jedermann gegen eine bekanntgemachte Patentanmeldung innerhalb der vorgesehenen Frist Einspruch erheben mit der Begründung, daß der Gegenstand, dessen Schutz das Patentamt in Aussicht gestellt hat, nicht patentfähig sei. Die überwiegende Zahl solcher Einsprüche wird auf die Behauptung gestützt, daß es am Erfordernis der Neuheit fehle. Ein weiterer Einspruchsgrund ist, daß der Anmelder den wesentlichen Inhalt der Anmeldung dem Einsprechenden widerrechtlich entnommen habe (§ 4 Abs. 3 PatG); davon wird weiter unten[2]) gesprochen werden. Endlich kann geltend gemacht werden, daß die gleiche Erfindung bereits früher angemeldet und auf sie ein Patent erteilt worden sei, wobei der Zeitpunkt der Bekanntmachung der früheren Anmeldung nach dem Anmeldetag der jüngeren Anmeldung gelegen war, so daß die Bekanntmachungsschrift zum letztgenannten Zeitpunkt noch nicht vorlag und demgemäß der Einspruch nicht auf mangelnde Neuheit (§ 2 PatG) gegründet werden kann. Man sagt in diesen Fällen, der Einspruch sei auf ein „älteres Recht" gestützt (§ 4 Abs. 2 PatG). Mit dem Einspruch soll die Doppelpatentierung derselben Erfindung verhindert werden.

2. Als ein solches „älteres" Recht kommt auch die Patentanmeldung in Betracht, die auf die der Erfindungsgemeinschaft gehörende Erfindung getätigt worden ist. Dann erheben sich zwei Fragen: erstens, ob jeder einzelne Gemeinschafter (und nicht nur alle zusammen) Einspruch erheben kann, und zweitens, ob, wenn er dies tut, auch die anderen am Verfahren beteiligt sind.

a) Dabei ist die erstere Frage weniger im Verhältnis zum Patentamt von Bedeutung, weil gemäß § 32 Abs. 1 Satz 1 „jeder" wegen der Gefahr der Doppelpatentierung Einspruch erheben kann, wohl aber im Innenverhältnis, weil der Einsprechende sich gegenüber dem Vorwurf gemeinschaftswidrigen Verhaltens nur salvieren und anteilsmäßigen Konstenersatz gemäß § 748 BGB nur fordern kann, wenn er im Verhältnis zu den anderen Teilhabern geltend zu machen vermag, er sei im Gemeinschaftsinteresse berechtigt, ja möglicherweise sogar verpflichtet gewesen, den Einspruch zu erheben.

Ist die Erfindergemeinschaft eine Gemeinschaft nach Bruchteilen gemäß § 741 ff. BGB, geht die allgemeine Meinung dahin, daß jeder Teil-

[2]) Vgl. unten unter III.

haber einspruchsberechtigt ist[3]). Das Recht hierzu folgt aus § 744 Abs. 2 BGB, da es sich — bei verhältnismäßig kurzer Frist — um die Vermeidung einer Rechtsbeeinträchtigung (Doppelpatentierung) handelt, also im Sinne des Gesetzes um eine „zur Erhaltung des (gemeinschaftlichen) Gegenstandes notwendige Maßregel"[4]).

Für den wesentlich selteneren[5]) Fall, daß die Erfindungsgemeinschaft als Gesellschaft (§§ 705 ff. BGB) anzusehen ist, folgt die gleiche Befugnis des einzelnen Gesellschafters entweder aus seiner Geschäftsführungsbefugnis oder aus entsprechender Anwendung der oben erwähnten Vorschrift § 744 Abs. 2 BGB oder aus den Regeln über die sog. Geschäftsführung ohne Auftrag[6]).

Bei Arbeitnehmererfindungsgemeinschaften entsteht die Frage, ob der Einspruch des einzelnen gemeinschaftsgemäß oder gemeinschaftswidrig erfolgte, nur dann, wenn der Einsprechende zur Zeit der Einspruchserhebung Mitglied der Gemeinschaft war. Erhebt also ein Arbeitnehmer-Miterfinder nach unbeschränkter Inanspruchnahme der Diensterfindung durch den Arbeitgeber Einspruch gegen die jüngere Anmeldung eines Außenstehenden aus § 4 Abs. 2 PatG, so tut er dies nicht als Teilhaber einer Gemeinschaft, sondern als Privatmann („jeder", vgl. § 32 Abs. 1 Satz 1 BGB). Infolge der Inanspruchnahme wurde nämlich die Gemeinschaft der Arbeitnehmer-Miterfinder aufgelöst[7]), und auch bei der „mehrbetrieblichen" Arbeitnehmererfindungsgemeinschaft, deren Miterfinder verschiedenen Betrieben als Arbeitnehmer angehören, ist er durch die seitens seines Arbeitgebers erklärte Inanspruchnahme aus der Gemeinschaft ausgeschieden[8]); letzteres gilt auch für „gemischte", nämlich aus Arbeitnehmern und freien Erfindern gebildete Erfindungsgemeinschaften, da die Teilhaberschaft der als Arbeitnehmererfinder Beteiligten auch hier infolge der Inanspruchnahme endet[9]).

b) Der von einem Einzelnen, also nicht von den Teilhabern gemeinsam erhobene Einspruch ist, im Verhältnis zur Erteilungsbehörde, dessen Einspruch. Folglich ist, wenn er zurückgewiesen wird, auch die gegen die Zurückweisung erhobene Beschwerde seine Beschwerde. Die anderen sind am Verfahren nicht beteiligt.

III. Vorgehen gegen widerrechtliche Entnahme

1. Es kann sich der Fall ereignen, daß der Gegenstand einer Patentanmeldung, die von einer nicht der Erfindungsgemeinschaft angehörenden Per-

---

[3]) Vgl. statt vieler Reimer 2. Aufl. S. 144; Bernhardt S. 59.

[4]) Vgl. dazu RGRKom. § 744 BGB Anm. 3, wonach der Begriff „Erhaltung" a. a. O. nicht eng aufzufassen ist.

[5]) S. oben S. 110.

[6]) S. im einzelnen oben S. 132 ff.

[7]) S. oben S. 112.

[8]) S. oben S. 113.

[9]) S. oben S. 114.

son[10]) getätigt wird, den Beschreibungen oder sonstigen Unterlagen und Mitteilungen der Miterfinder ohne ihre Einwilligung entnommen worden ist. Der Anmelder ist somit dem Einspruch wegen widerrechtlicher Entnahme (§ 4 Abs. 3 PatG) ausgesetzt, der jedoch nur von dem „Verletzten“ erhoben werden kann, § 32 Abs. 1 S. 1 PatG. Da alle Miterfinder gemeinschaftlich im Erfindungsbesitz sind[11]), ist jeder als (mit-)verletzt anzusehen.

2. Neben dieser materiellen Einspruchsbefugnis besteht die formale, welche sich intern als Recht zu „notwendigen Erhaltungsmaßnahmen“[12]) für den einzelnen in gleicher Weise aus § 744 Abs. 2 BGB herleitet wie oben[13]) für den Einspruch aus „älterem Recht“ und sowohl für die Gemeinschaft (§§ 741 ff. BGB) wie für die Gesellschaft (§§ 705 ff. BGB) anzunehmen ist[14]).

a) Für die Frage, wie der Einspruch patentamtlich zu behandeln ist, kommt es darauf an, ob das Patentamt davon erfährt, daß der Einsprechende mit anderen in Rechtsgemeinschaft steht. Bleibt ihm dies ausnahmsweise verborgen, so handelt es sich, da das Amt nicht allwissend ist, für dieses um den Einspruch eben nur „dieses“ Einsprechenden. Das Amt kann und braucht nicht zu prüfen, ob — um dieses Beispiel aus § 4 Abs. 3 Satz 1 PatG zu nehmen — an der Beschreibung, aus welcher der Anmelder den Gegenstand der Anmeldung abgeleitet hatte, neben dem Einsprechenden noch andere Personen erfinderisch beteiligt waren — dies klarzustellen, ist ein Internum der Erfindergemeinschaft und muß erforderlichenfalls im ordentlichen Rechtsweg erfolgen. Nimmt der Anmelder infolge des Einspruchs die Anmeldung zurück oder führt der Einspruch zu ihrer Zurückweisung und meldet nunmehr der Einsprechende unter Berufung auf § 4 Abs. 3 Satz 2 PatG seinerseits die Erfindung zum Patent an, so nimmt das Amt, dem unterstelltermaßen die Mitberechtigung Dritter nicht bekannt ist, die Anmeldung für diesen Anmelder in Bearbeitung. Sein Verhältnis zu den Mitberechtigten — nach der hier vertretenen Ansicht[15]) ist die Neuanmeldung im Verhältnis zu diesen kein Fall der widerrechtlichen Entnahme — ist außerhalb des patentamtlichen Verfahrens erforderlichenfalls vor dem ordentlichen Gericht zu klären[16]).

b) Anders, wenn der Einspruch, sei es von allen Mitberechtigten gemeinsam, sei es durch einen von ihnen für alle erhoben wird. Dann kann die Neuanmeldung ebenfalls nur „für alle“ erfolgen, da der einsprechende „Ver-

---

[10]) Nicht: einem der Miterfinder, da dies keinen Fall widerrechtlicher Entnahme darstellt, s. oben S. 169 ff.

[11]) Ebenso Benkard § 3 Anm. 4.

[12]) Darauf ist bereits oben S. 131 hingewiesen worden.

[13]) Vgl. oben II, 2 a (S. 186).

[14]) Wohl h. M., vgl. Pietzcker S. 210, Starck GRUR 1919 S. 90/1, Kisch Hdb. S. 75, Spengler GRUR 1938, S. 231, Busse S. 147, Bernhardt S. 59.

[15]) S. oben S. 170.

[16]) Vgl. im einzelnen oben S. 164 i. Vbdg. mit S. 160 ff.

letzte" im Sinne von § 32 Abs. 1 Satz 1 PatG, vorliegend sämtliche Miterfinder, mit dem, der mit der Neuanmeldung die sog. Einspruchspriorität in Anspruch nimmt, identisch sein muß[17]). Jedenfalls müßte das Patentamt, wenn nach einem für eine Erfindungsgemeinschaft erhobenen Einspruch wegen widerrechtlicher Entnahme ein Miterfinder ein Patent für sich selbst anmeldet, die Nachweisung verlangen, daß er inzwischen Alleininhaber der Erfinderrechte geworden ist.

c) Wenn bei einem durch oder für alle erhobenen Einspruch einer den Einspruch zurücknimmt, wird das Einspruchsverfahren für die anderen fortgesetzt[18]). Dies folgt aus den oben[19]) für den Fall der (anteiligen) Zurücknahme einer auf den Namen aller getätigten Patentanmeldung durch einen Mitanmelder getroffenen Feststellungen. Die noch im Einspruchsverfahren befindlichen Einsprechenden können später die Erfindung gemeinsam auf ihren Namen anmelden. So jedenfalls patentamtlich. Die Frage, ob der, welcher seinen Einspruch zurückgezogen hatte, auch materiellrechtlich aus der Gemeinschaft ausgeschieden war oder, weil er noch ihr Teilhaber ist, seine Hinzufügung zur Anmeldergemeinschaft[20]) fordern kann, ist nicht vom Patentamt, sondern erforderlichenfalls vom ordentlichen Gericht zu entscheiden. Das Patentamt wird in diesem Fall möglicherweise das Erteilungsverfahren über die Neuanmeldung aussetzen, nicht aber kann der vermeintlich bei der Neuanmeldung Übergangene — weil nach der hier vertretenen Ansicht insoweit nicht durch widerrechtliche Entnahme verletzt[21]) — die Patenterteilung seinerseits durch Einspruch hindern[22]).

IV. Einspruchs-, Nichtigkeits- und Löschungsverfahren

1. Wenn nachstehend von einem Einspruch die Rede ist, so handelt es sich um einen solchen, der von einem Außenstehenden gegen die Patentanmeldung der Erfindungsgemeinschaft (Anmeldergemeinschaft) erhoben worden ist. Wohlgemerkt: von einem Außenstehenden, denn der Fall, daß ein Teilhaber die Erfindung ohne Zustimmung der anderen zum Patent anmeldet, stellt im Verhältnis zu ihnen keine widerrechtliche Entnahme dar, gibt ihnen also kein Einspruchsrecht aus §§ 4 Abs. 3, 32 PatG; die den anderen Teilhabern in solchem Fall zustehenden Rechte sind bereits an anderer Stelle dargelegt worden[23]). Sich durch einen Zurückweisungsantrag und dessen Begründung dem seitens eines Außenstehenden erhobenen Einspruch ent-

---

[17]) Ebenso, wenn auch ohne Begründung, Pietzcker S. 210 und wohl auch Busse S. 147.

[18]) Ebenso Pietzcker a. a. O., Starck 1919 S. 90/1.

[19]) S. oben S. 178 ff.

[20]) Vgl. oben S. 172.

[21]) S. oben S. 170.

[22]) A. M. Pietzcker a. a. O.

[23]) Vgl. zu allem oben S. 169 ff.

gegenzustellen, ist nicht nur der Anmeldergemeinschaft, sondern auch dem einzelnen Teilhaber gemäß § 744 Abs. 2 BGB gestattet[24]).

Schwierigkeiten bereitet möglicherweise der Fall, daß einem Mitanmelder durch einen Außenstehenden der Vorwurf widerrechtlicher Entnahme gemacht wird (Einspruch gemäß §§ 4 Abs. 3, 32 PatG). Hier ist zu unterscheiden:

a) Hat der Mitanmelder die ganze Erfindung einem Dritten entnommen und sie dann gemeinsam mit anderen zum Patent angemeldet, so ist die Anmeldergemeinschaft nicht aus einer Erfindungsgemeinschaft hervorgegangen, der Fall scheidet also vorliegend überhaupt aus[24a]).

b) Besteht die Anmeldergemeinschaft aus einer Person, welche die (ganze) Erfindung gemacht hat, und einer anderen, welche die gleiche (ganze) Erfindung einem Dritten entnommen hatte, so wird die Ansicht vertreten[25]), das Patentamt könne, wenn der Dritte Einspruch erhebt, das Patent nicht erteilen, da es nur beiden Anmeldern einheitlich erteilt werden könne. Jedoch scheidet dieser Fall vorliegend ebenfalls aus, da auch hier die Anmeldergemeinschaft nicht auf einer Gemeinschaft von Mit-Erfindern beruht. Gleiches gilt von dem[26]) Fall, daß der eine Mitanmelder die Erfindung gemacht und sie dem anderen mitgeteilt, letzterer sie aber überdies einem Dritten entnommen hatte (wobei die Kausalität der Entnahme für die Entstehung der Anmelderrechte zweifelhaft sein kann).

c) Von Bedeutung für das Problem der Erfindungsgemeinschaft und damit für die Anmeldergemeinschaft wird der Fall, daß ein Mitanmelder seinen Beitrag (zur gemeinsamen Erfindung) einem Dritten entnommen, also gleichsam fremdes Gut in die Gemeinschaft eingebracht hatte. Es sei weiter unterstellt, daß die sonstigen Voraussetzungen erfüllt sind, unter denen der Dritte Einspruch wegen widerrechtlicher Entnahme erheben kann, daß also insbesondere der in der erwähnten Weise eingebrachte Beitrag als solcher neu und erfinderisch war — was zwar nach der hier vertretenen Ansicht nicht zur Begründung von Miterfindereigenschaft erforderlich ist[27]), wohl aber zur Begründung des Einspruchsrechts, da nur unter dieser Voraussetzung davon gesprochen werden kann, daß der Beitrag zum „wesentlichen" (§ 4 Abs. 3 Satz 1 PatG) Inhalt der Patentanmeldung gehört. Erhebt nun der Dritte Einspruch gemäß §§ 4 Abs. 3, 32 PatG, so überschneiden sich zwei Interessenkreise: einerseits das Interesse des Einsprechenden, sich dagegen zu wenden, daß andere die Früchte seiner technischen Geistestätigkeit ernten, und ande-

---

[24]) Mit entspr. Anwendung auch im Fall d. Gesellschaft gem. § 705 ff. BGB; Isay S. 142 bei Ziff. 22 ist nicht recht verständlich, da nicht klar wird, wer dort eigentlich „verfügt" — doch wohl nicht der, der sich gegenüber dem Einspruch eines Dritten verteidigt?

[24a]) Vgl. die Abgrenzung des Themas oben S. 1 ff.

[25]) Pietzcker S. 210 m. Zit. PA MuW XII, 362.

[26]) Ebenfalls von Pietzcker a. a. O. erwähnt.

[27]) S. oben S. 21 f.

rerseits das Interesse der neben dem Entnehmer vorhandenen Mitanmelder, daß wenigstens ihr eigenes Gedankengut zur Schutzrechtserteilung führt. Dabei dürfte es Treu und Glauben entsprechen, auch dem erstgenannten Interesse Geltung zu verschaffen. Keinesfalls kann der Einspruch mit der Begründung zurückgewiesen werden, „die“ Anmelder seien nicht „der“ Entnehmer und somit für das Einspruchsverfahren nicht passiv legitimiert. Der Einspruch ist daher zuzulassen[28]). Die — hier nicht zu erörternde — Entscheidung hängt davon ab, ob der dem Einsprechenden entnommene Teil ohne Schwierigkeiten abgetrennt und auf den Rest ein Patent erteilt werden kann[29]).

2. Weiter ist der Fall zu erwähnen, daß das gemeinsame Schutzrecht auf Veranlassung Außenstehender vernichtet werden soll (Nichtigkeitsantrag gegen das Patent §§ 13, 37 PatG, Löschungsantrag gegen das Gebrauchsmuster §§ 7, 8 GebrMG). Der Antrag ist gegen alle Mitinhaber des Schutzrechts zu richten, nur sie zusammen sind passiv legitimiert[30]). Jeder einzelne von ihnen darf das Schutzrecht verteidigen (§ 744 Abs. 2 BGB); darauf ist bereits an anderer Stelle[31]) hingewiesen worden. Gibt er die Verteidigung auf, können die anderen sie fortsetzen; die Entscheidung wirkt auch in solchem Fall für und gegen alle[32]). Dies alles ist bereits in anderem Zusammenhang erwähnt worden[33]).

Die Mitinhaber sind notwendige Streitgenossen im Sinne von § 62 ZPO, da über den Bestand des Schutzrechts nur einheitlich entschieden werden kann. Das bedeutet insbesondere, daß ein von einem eingelegtes Rechtsmittel für alle wirkt und daß, wenn das Rechtsmittel von allen eingelegt ist und einer es zurücknimmt, das Rechstmittelverfahren gleichwohl von den anderen fortgesetzt werden kann, also lediglich der Zurücknehmer auf Antrag des Rechtsmittels für verlustig erklärt wird[34]).

---

[28]) Ebenso Zeller S. 282.

[29]) Vgl. Lindenmaier § 4 Anm. 12 a. E., Reimer S. 175; entsprechende Überlegungen sind in solchen Fällen zur Patentvindikation § 5 PatG anzustellen, s. d. Kommentare zu § 5.

[30]) Allgem. M., vgl. Bernhardt S. 59, Kisch Hdb. S. 143 und GRUR 1952 S. 270, Calé GRUR 31 S. 93/94, Zeller S. 501, Reimer S. 144, Klauer-Möhring S. 128, Tetzner 168. Der Antrag eines Mitinhabers auf Vernichtung des gemeinsamen Schutzrechts würde übrigens gegen Treu und Glauben verstoßen, so daß die anderen Teilhaber fordern könnten, den Antrag als grob gemeinschaftswidrig (bei gesellschaftlichem Verhältnis: exceptio pacti) zurückzuweisen; ebenso Kent Bd. I S. 744 Nr. 17.

[31]) Vgl. oben S. 132.

[32]) Ebenso Reimer a. a. O., s. dazu auch Busse § 9 GebrMG Anm. 2 a. E.

[33]) S. oben S. 132.

[34]) Allg. M., vgl. RG 22. 5. 11 RGZ 76, 298; Kent Bd. II S. 301 Nr. 56/7, S. 327 Nr. 7; Seligsohn S. 92 u. 410; Kisch GRUR 1952 S. 270; Krausse 3. Aufl. S. 434 u. 454; Reimer S. 144, Lindenmaier S. 479; Tetzner S. 168; Busse S. 446.

V. Zwangslizenzverfahren

Der Antrag auf Erteilung einer Zwangslizenz (§§ 15, 41 PatG) ist gegen sämtliche Mitinhaber des Patents zu richten. Auch im übrigen gilt Entsprechendes wie vorstehend zur Verteidigung gegenüber sonstigen „Angriffen" auf das Patent[35]). Die Mitinhaber sind auch hier notwendige Streitgenossen mit den sich daraus ergebenden Folgen[36]).

VI. Verletzungsstreitigkeiten

1. Der Umstand, daß bei einem aus einer Erfindungsgemeinschaft hervorgegangenen Schutzrecht (Patent, Gebrauchsmuster) mehrere Berechtigte vorhanden sind, weil sich in der Regel die Erfindungsgemeinschaft zur Anmeldergemeinschaft und diese wiederum zur Schutzrechtsgemeinschaft entwickelt, wirft einige besondere Fragen für den Fall der Schutzrechtsverletzung auf, und zwar in verschiedener Richtung je nachdem, wer der Verletzte zu sein behauptet. So ist es denkbar, daß die Teilhaber gegenüber einem von ihnen geltend machen, er benutze abredewidrig oder sonstwie rechtswidrig das gemeinsame Schutzrecht, oder daß es ein Außenstehender ist, der das Schutzrecht verletzt, oder schließlich, daß ein Außenstehender aus angeblich besserem Recht gegen die Gemeinschaft und deren Mitglieder wegen Schutzrechtsverletzung vorgehen will.

2. Die Frage, inwieweit der einzelne, an einer Erfindungsgemeinschaft (Schutzrechtsgemeinschaft) Beteiligte die geschützte Erfindung benutzen darf, wird unten in einem besonderen Abschnitt behandelt werden[37]). Hier sei unterstellt, daß die Teilhaber bestimmte Abreden getroffen haben, die einen von ihnen ganz oder teilweise von der Benutzung des Erfindungsgegenstandes ausschließen und denen er zuwiderhandelt. Würde es sich nicht um eine Gemeinschaft oder Gesellschaft, sondern darum handeln, daß der Lizenznehmer B des Patentinhabers A die Schranken des eingeräumten Benutzungsrechts überschreitet (z. B. die Grenzen einer Bezirkslizenz), könnte B von A sowohl wegen Vertrags- als auch wegen Patentverletzung belangt werden. Liegt es in dem Fall abredewidriger Benutzung durch einen an einer Gemeinschaft (Gesellschaft) Beteiligten ebenso?

Dazu ist klar, daß er schuldrechtlich haftbar ist, weil er die getroffenen Abreden verletzt. Sein Verhalten ist, mit anderen Worten, gemeinschaftswidrig. Würden aber seine Mitgemeinschafter zugleich gesetzliche Ansprüche wegen Schutzrechtsverletzung erheben, so würde er voraussichtlich entgegnen, daß er ihnen schutzrechtlich nicht schlechthin als Nichtberechtigter gegenüberstehe, da er ja Mitinhaber des Schutzrechts sei. Dieser Einwand ist be-

---

35) S. oben S. 189 f., 191 sowie Kisch Hdb. S. 143 und GRUR 1952 S. 270.

36) S. für die Rechtsmittelinstanz vorstehend vor V (zu 2 a. E).

37) S. unten Teil G (S. 198 ff.).

gründet, weil eine Patentverletzung, wie an anderer Stelle[38]) näher dargelegt werden wird, begrifflich voraussetzt, daß in ein „fremdes" Schutzrecht eingegriffen wird[39]). Die anderen können also von ihm zwar die Einhaltung der ihm als Teilhaber obliegenden Pflichten fordern, wonach er eine Überschreitung der ihm im Innenverhältnis eingeräumten Benutzungsgrenzen zu unterlassen und bei Verschulden möglicherweise Schadensersatz zu leisten hat, nicht aber können sie ihm gegenüber aus § 47 PatG, § 15 GebrMG „das Monopol geltend machen"[40]).

Mit dem Ausscheiden aus der Gemeinschaft (Gesellschaft) wird aber das Schutzrecht, wenn der Ausscheidende seinen Anteil den anderen überläßt, für ihn zum „fremden" Schutzrecht, so daß er von nun an bei Benutzungshandlungen aus § 47 PatG, § 15 GebrMG haftet. Ob er sich, weil er vor seinem Beitritt zur Erfindungsgemeinschaft an dem, was er heute benutzt, Erfindungsbesitz gehabt und diesen betätigt hatte, bevor das gemeinsame Schutzrecht angemeldet wurde — z. B. wenn er einen als solchen erfinderischen Beitrag zur Gesamterfindung geleistet hatte — auf ein Vorbenutzungsrecht (§ 7 PatG, § 5 Abs. 4 GebrMG) berufen kann, ist Tatfrage. In der Regel wird dies nach Treu und Glauben zu verneinen sein, da er diesen Einwand beim Beitritt zur Gemeinschaft fallen gelassen und bei seinem Ausscheiden keinen entsprechenden Vorbehalt gemacht hatte. Aus dem letzteren Grund hat dasselbe für den Einwand zu gelten, er habe, als er noch der Gemeinschaft angehörte, gemeinsam mit den anderen die Erfindung „vorbenutzt". Hier erscheint überdies die vorauszusetzende Nichtidentität von Schutzrechtsinhaber und Vorbenutzer zweifelhaft.

3. Die Frage, ob, wenn das gemeinschaftliche Schutzrecht von einem Außenstehenden verletzt wird, nur alle Gemeinschafter (Gesellschafter) zusammen gegen diesen vorgehen können — was außer Zweifel steht — oder auch der einzelne, ist bereits in anderem Zusammenhang aufgeworfen worden, nämlich dort, wo es sich um die Geschäftsführungsbefugnisse des einzelnen handelte[41]). Hier drängt sich zwar als Parallele der Fall auf, daß der einzelne Miterfinder gegen einen Außenstehenden wegen widerrechtlicher Entnahme vorgehen will, wozu er nach dem hier vertretenen Standpunkt sowohl als Gemeinschafter wie als Gesellschafter berechtigt ist[42]), jedoch handelt es sich dort um das verletzte (Mit-)Erfinderrecht, vorliegend dagegen um die Beeinträchtigung der sich aus § 6 PatG, § 5 GebrMG ergebenden rechtlichen Ausschließlichkeitsstellung, so daß — was nachstehend

[38]) Vgl. unten S. 200 ff.

[39]) Ebenso Schnabel „Reichsbahn" 1935 S. 940.

[40]) Allgem. M., vgl. Kohler Hdb. S. 550 m. Analogie zu § 1011 BGB; Kent Bd. I S. 532 Nr. 537; Seligsohn S. 92 m. Zit. OLG Dresden GRUR 01, 167; Schnabel a. a. O. m. Zit. RG 17. 9. 27 RGZ 118, 46 (49); Kisch GRUR 1952 S. 270; BGH 27. 4. 56 GRUR 1956 S. 542.

[41]) S. oben S. 132, 134.

[42]) S. oben S. 188.

untersucht werden soll — die völlige Parallelität der beiden Fälle nicht sicher ist.

Die aufgeworfene Frage darf nicht verwechselt werden mit dem Fall, daß die Gesamtheit der Beteiligten einen ermächtigt hat, für alle, aber in eigenem Namen Verletzungsklage zu erheben. Es handelt sich alsdann um die sog. Prozeßstandschaft[43]), die für zulässig gehalten wird, wenn der Kläger einen berechtigten Grund hat, das fremde Recht im eigenen Namen geltend zu machen[44]). Dies wird im allgemeinen nicht der Fall sein. Sollte jedoch ein solches eigenes Interesse vorliegen, ist in diesem Fall die andere Frage, ob sich die Gemeinschaft als eine solche im Sinne der §§ 741 ff. BGB (Gemeinschaft nach Bruchteilen) oder der §§ 705 ff. BGB (Gesellschaft) darstellt, ohne Belang, da in beiden Fällen sein Interesse als Teilhaber gegeben ist[45]).

a) Zunächst seien die Rechtsverhältnisse bei der eigentlichen Gemeinschaft (nach Bruchteilen, §§ 741 ff. BGB) betrachtet. Ist der einzelne Teilhaber berechtigt, von sich aus gegen außenstehende Verletzer des gemeinschaftlichen Schutzrechts Unterlassungsansprüche[46]) zu erheben (§ 47 Abs. 1 PatG, § 15 Abs. 1 GebrMG)? Diese Befugnis läßt sich in doppelter Weise begründen. Man kann sie einmal aus § 744 Abs. 2 BGB herleiten, wonach der einzelne Teilhaber auch ohne Zustimmung der anderen zu „zur Erhaltung des (gemeinschaftlichen) Gegenstands notwendigen Maßregeln" berechtigt ist[47]). Eine geschehende oder doch bevorstehende Verletzung des gemeinschaftlichen Schutzrechts dürfte in aller Regel ein Vorgehen gegen den Verletzer notwendig machen, um weitere Beeinträchtigungen zu verhindern. Man kann ferner, da das verletzte Schutzrecht ein absolutes (nämlich gegen jedermann wirksames) Recht ist, auch § 1011 BGB in entsprechender Anwendung heranziehen, wonach „ein Miteigentümer Ansprüche aus dem Eigentum Dritten gegenüber in Ansehung der ganzen Sache geltend machen kann"[48]). Demgemäß ist die Befugnis des einzelnen Teilhabers, gegen Außenstehende Unterlassungsansprüche wegen Patentverletzung geltend zu machen, allgemein anerkannt[49]).

Nunmehr bleibt zu untersuchen, ob die gleiche Klagebefugnis des Einzelnen auch für Schadensersatzansprüche (gegen außenstehende Schutzrechtsverletzter) anzuerkennen ist. In der Literatur wird dies von manchen, im Anschluß an die erwähnte Befugnis zur Geltendmachung des Unterlas-

---

[43]) Von Baumbach-Lauterbach ZPO Grdzg. 4 C vor § 50 „Prozeßgeschäftsführung" genannt.

[44]) Vgl. Baumbach-Lauterbach a. a. O.

[45]) RG 3. 11. 39 GRUR 1940, 59 (61).

[46]) Über Schadensersatzanspruch s. gleich unten.

[47]) So begründet von Calé GRUR 1931 S. 39, Zeller S. 448, Reimer S. 144.

[48]) So begründet von Isay S. 358, Zeller a. a. O. sowie RG 21. 5. 27 GRUR 1927 S. 582.

[49]) Vgl. außer den bisher Zit.: Kohler Hdb. S. 496/8, Seligsohn S. 92, Kisch Hdb. S. 143, Krausse 3. Aufl. S. 483, Lindenmaier S. 545; f. d. Schweiz Blum-Pedrazzini Bd. I S. 23, Bd. II S. 308.

sungsanspruchs, ohne weitere Begründung bejaht, jedoch mit der Einschränkung, daß der Antrag auf „Zahlung an alle" zu richten sei[50]). Dies trifft jedoch in dieser allgemeinen Fassung nicht sämtliche möglichen Fälle. Zu unterscheiden ist nämlich zwischen dem allen Teilhabern gemeinsam entstandenen Schaden und solchem, der nur einem von ihnen zugefügt worden ist.

Ob der einzelne, ohne Zessionar zu sein und ohne wirksame Ermächtigung zur Prozeßstandschaft für die anderen, den gemeinsamen Schaden, wenn auch mit dem Antrag auf „Zahlung an alle" (in entsprechender Anwendung von § 432 BGB), einklagen kann, erscheint im Innenverhältnis der Teilhaber sehr zweifelhaft, da § 744 Abs. 2 BGB den einzelnen nur zu „notwendigen Erhaltungsmaßregeln" berechtigt, wozu das Einklagen der gemeinsamen Schadensersatzforderung nur in besonderen Ausnahmefällen gehört[51]). Der Beklagte muß Gewißheit haben, daß er — da ja keine Zession seitens der anderen Teilhaber an den Kläger erfolgt ist — nicht doppelt zahlen muß, und die Gemeinschaft darf sich auf dem Wege des Schadensersatzes nicht ungerechtfertigt bereichern[52]). Somit bleiben in der Regel nur folgende Wege, den der Gemeinschaft entstandenen Schaden geltend zu machen: Klage aller (gegebenenfalls mit Klageermächtigung an einen) oder Zession der Schadensersatzforderung an den einen Kläger, der im letzteren Fall Zahlung an sich selbst fordern darf.

Anders, wenn der klagende Teilhaber nur seinen Schadensanteil geltend macht. Dazu ist er zwar als legitimiert anzusehen[53]). Dies erscheint jedoch insofern nicht recht lebensnah, weil sich der „Anteil" zwar im Zweifel nach der Regel von der Gleichheit der Anteile (§ 742 BGB) als Quotient der Teilung des Gesamtschadens durch die Kopfzahl der Teilhaber darstellt, aber hier wiederum dem Beklagten nicht garantiert ist, daß die „im Zweifel" zutreffende Anteilsgröße (§ 742 BGB) vorliegend gegeben ist, so daß er entsprechende Nachweisung der Anteilsgröße des Klägers fordern kann — demgegenüber erscheint der erstgenannte Weg der Zession (oder Klageermächtigung auf Zahlung an alle) wesentlich einfacher.

Anders, wenn ein Schaden geltend gemacht wird, der nur dem klagenden Teilhaber selbst entstanden ist (was allerdings von diesem schlüssig dargelegt werden müßte). Dies ist allein seine Schadensersatzforderung, und nur er ist hier zur Klage auf Zahlung, selbstverständlich an sich selbst, legitimiert[54]).

Soweit Rechte aller geltend gemacht werden, kann der prozeßführende

---

50) Isay S. 358, Klauer-Möhring S. 128, Reimer S. 144.

51) Daher Kisch Hdb. 143 die Aktivlegitimation der einzelnen Teilhaber für die Schadensersatzklage mit Recht für „weniger sicher" hält als für die Unterlassungsklage.

52) Darauf hat bereits Kohler Hdb. S. 72 (oben) hingewiesen.

53) Kohler Hdb. S. 498, Kisch GRUR 1952 S. 270; vgl. auch RGRKom. § 741 BGB Anm. 1.

54) Vgl. auch RG 21. 5. 27 GRUR 1927 S. 582 über den „ihm" erwachsenen Schaden.

Teilhaber intern, entsprechend der Größe der Anteile, Kostenaufteilung (Erstattung) verlangen, § 748 BGB[55]).

b) Bilden die mehreren Berechtigten ausnahmsweise[56]) eine Gesellschaft (§§ 705 ff. BGB), so daß ihr Vermögen gesamthänderisch gebunden ist (§ 719 BGB)[57]), können selbstverständlich alle zusammen gegen außenstehende Verletzer auf Unterlassung und Schadensersatz klagen. Sie sind dann notwendige Streitgenosssen (§ 62 ZPO)[58]).

Ob und inwieweit hier der einzelne Gesellschafter klagen kann, ist eine Frage der Geschäftsführungsbefugnis: die Übertragung der Geschäftsführung auf einen schließt selbständige, das Gesellschaftsvermögen betreffende Klagen der anderen Gesellschafter aus[59]). Wer aber zur Geschäftsführung befugt ist, ist es im Zweifel auch zur Vertretung, also zur Unterlassungsklage und — auf Zahlung „an alle" — zur Schadensersatzklage. Der nicht geschäftsführungsberechtigte Gesellschafter kann, in entsprechender Anwendung von § 744 Abs. 2 BGB — nur in dringlichen Notfällen als klagebefugt gelten[60]), was möglicherweise für Unterlassungsansprüche, aber kaum für Schadensersatzforderungen in Betracht kommen kann. Auch hier kann übrigens die Zahlung von Schadensersatz nur „an alle" verlangt werden. Anders, wenn es sich um einen nur dem Kläger selbst entstandenen Schaden handelt.

c) Entsprechendes wie vorstehend für die Schadensersatzklagen gilt für das Verlangen von Buße gemäß § 50 PatG, § 17 GebrMG: jeder der mehreren Verletzten kann Strafantrag stellen[61]) und wegen des ihm entstandenen Schadens Buße fordern[62]).

4. Verletzungsklagen (auf Unterlassung und Schadensersatz) kommen auch in der Richtung vor, daß ein Außenstehender als Kläger auftritt, beispielsweise mit der Behauptung, die Benutzung der gemeinsamen Erfindung greife in sein (älteres) Schutzrecht ein. Hier entstehen, auf Seiten der oder des Beklagten, Fragen der Passivlegitimation und gegebenenfalls des Vorbenutzungsrechts.

a) Passiv legitimiert ist stets „der Verletzer". Das ist nicht nur die Gesamtheit, sondern es kann auch der einzelne Teilhaber sein, so daß dessen Passivlegitimation nicht von vornherein verneint werden kann, sofern nicht (was bei bloßen Verletzungklagen ausscheidet) eine nicht in seiner Macht stehende Verfügung über den gemeinsamen Gegenstand (Erfindung, Schutz-

---

55) Hinweis auch bei Reimer S. 145.

56) S. oben S. 110.

57) Näheres darüber s. oben S. 117 f.

58) RGRKom. § 714 BGB Anm. 4; s. dort auch über die Folgen, wenn ein Gesellschafter während des Prozesses aus der Gesellschaft ausscheidet.

59) Ebenso Isay S. 358.

60) S. dazu auch oben S. 134.

61) Ebenso Kent Bd. II S. 481 Nr. 90, Seligsohn S. 92.

62) Hinweise auf d. Rspr. bei Busse S. 506.

recht, hergestellte Maschine usw.) von ihm gefordert wird[63]). Praktisch empfiehlt es sich jedoch aus anderen Gründen für den (außenstehenden) Kläger, alle Teilhaber (Mitbenutzer) gemeinsam zu verklagen. Erstens äußert nämlich ein gegen einen einzelnen Teilhaber ergehendes Urteil keine Rechtskraft gegenüber den anderen Teilhabern, und zweitens kann er möglicherweise das Interesse des Klägers an einer nur gegen ihn allein gerichteten Klage mit dem Hinweis bestreiten, daß er allein, selbst wenn die Klageansprüche als solche begründet sein sollten, nicht in der Lage sei, dem gerügten Übelstand abzuhelfen[64]). Endlich kann die nachstehend erörterte Frage des Vorbenutzungsrechts auftreten.

b) Das sog. private Vorbenutzungsrecht, welches man besser als ein auf der Tatsache der vor Anmeldung des Klageschutzrechts veranstalteten Benutzung beruhendes Weiterbenutzungsrecht bezeichnen sollte, gibt dem Beklagten den Einwand, er greife nicht rechtswidrig in das Klageschutzrecht ein, da er schon vor dessen Anmeldung im Besitz der Erfindung gewesen und diese bereits damals in einer § 7 Abs. 1 PatG oder § 5 Abs. 5 GebrMG, § 7 PatG entsprechenden Weise in Benutzung genommen habe.

Sind alle Teilhaber der Gemeinschaft (genauer: der Erfindungsgemeinschaft, denn nur diese wird hier behandelt) zusammen wegen Verletzung (§ 47 PatG, § 15 GebrMG) verklagt[65]) und haben sie alle vorbenutzt, dringt der Einwand durch mit der Folge, daß sie zusammen die Benutzung „für die Bedürfnisse ihres eigenen Betriebs[66]) in eigenen oder fremden Werkstätten" fortsetzen dürfen. Nicht jedoch dürfen sie diese Befugnis dadurch vervielfältigen, daß sie im Wege der Auseinandersetzung oder auf andere Weise jedem von ihnen die Weiterbenutzung gestatten[67]). Hatte dagegen die Vorbenutzung nur in der Weise stattgefunden, daß ein Teilhaber, entsprechend seinen mit den anderen getroffenen Abreden, die gemeinsame Erfindung benutzt hatte, die anderen also dabei nur zugesehen und lediglich an den finanziellen Erträgen partizipiert hatten, steht den letzteren der Einwand aus § 7 PatG nicht zu[68]).

Für den vorstehend erörterten Vorbenutzungseinwand ist die Frage, ob die Erfindungsgemeinschaft als Gemeinschaft im Sinne der §§ 741 ff. BGB oder als Gesellschaft (§ 705 BGB) anzusehen ist, ohne rechtliche Bedeutung.

---

[63]) Zutreffender Hinweis von Kisch Hdb. S. 143.

[64]) Ebenso Kisch a. a. O.

[65]) Wohlgemerkt: von einem Außenstehenden; „unter" den Teilhabern gibt es weder eine „Verletzung" des gemeinsamen Schutzrechts — s. oben F VI, 2 — noch ein Vorbenutzungsrecht, vgl. RG 30. 4. 27 RGZ 117, 47.

[66]) S. zur weiten Auslegung des Begriffs „Betrieb" Reimer § 7 Anm. 44 m. weiteren Zit.

[67]) Näheres in den Kommentaren zum PatG, vgl. z. B. Reimer a. a. O. Anm. 43, Lindenmaier § 7 Anm. 17 m. Zit. RG 7. 11. 39 GRUR 1940, 154 = Mitt. 1940, 31; für das Verhältnis eines bestehenden Hauptbetriebs zu Teilbetrieben der Teilhaber Zeller S. 284.

[68]) Ebenso wohl Zeller a. a. O.

Über den Einwand des Vorbenutzungsrechts seitens eines Ausgeschiedenen gegenüber den verbliebenen Gemeinschaftern (Gesellschaftern) ist bereits an anderer Stelle gesprochen worden[69]).

G. DIE BENUTZUNG DER GEMEINSCHAFTLICHEN ERFINDUNG

I. Vorbemerkung

Zum Thema dieses Abschnitts ist vorweg einiges klarzustellen: einige Begriffe und einige Abgrenzungen.

1. Erörtert werden soll das Recht zur Benutzung der gemeinsamen Erfindung seitens der Teilhaber (oder Mitgesellschafter). Darunter sind die Betätigungen zu verstehen, die im Gesetz (§ 6 Satz 1 PatG) als „Benutzungshandlungen" angegeben sind: den Gegenstand der Erfindung herstellen[1]), in Verkehr bringen, feilhalten und gebrauchen. Als Benutzungshandlung gilt entsprechend gefestigter Rechtsprechung auch die sogenannte mittelbare Benutzung, nämlich unter gewissen Voraussetzungen die Lieferung von Vorrichtungen oder Stoffen, mit denen ein geschütztes Verfahren angewendet werden kann[2]).

Unter die patentrechtlichen Benutzungshandlungen kann auch die Veräußerung von Sachen fallen, die gemäß der Erfindung hergestellt sind, sofern zwischen Herstellung und Veräußerung kein Eigentumswechsel stattgefunden hat. Ein Beispiel mag dies erläutern: Wenn der Schutzrechtsinhaber in Anwendung der Maschinen-Erfindung eine Maschine herstellt, so steht diese „unter Schutz", er allein darf sie benutzen usw.; erst wenn er sie einem anderen verkauft und diesem das Eigentum an ihr überträgt, wird sie „frei", so daß der Erwerber nach Belieben über sie verfügen, sie also veräußern darf u. a. m.[3]). Dies gilt eben wohlgemerkt nur, wenn es der Berechtigte (Schutzrechtsinhaber, Lizenznehmer usw.) war, der die Veräußerung vornahm. Daraus folgt für Erfindungs-(Schutzrechts-)Gemeinschaften: das „Freiwerden" nach der Erfindung hergestellter Sachen tritt nur ein, wenn derjenige, welcher die Sache veräußerte, dazu berechtigt war[4]). Somit ist die Fage nach dem Benutzungsrecht der Teilhaber mittelbar auch für die Erwerber hergestellter Sachen (Erzeugnisse) von Bedeutung.

---

[69]) S. oben S. 193.

[1]) Für Gebrauchsmuster heißt es in § 5 Abs. 1 GebrMG: „das Muster nachzubilden"; dies ist mit dem „Herstellen" des Patentgesetzes identisch, vgl. Reimer § 5 GebrMG Anm. 13, Lutter § 5 GebrMG Anm. 1, Friedrich bei Klauer-Möhring § 5 GebrMG Anm. 2.

[2]) Näheres s. Lindenmaier § 6 Anm. 47, Klauer-Möhring § 6 Anm. 11.

[3]) Unstr., vgl. statt vieler Busse § 6 PatG Anm. 6 B a. E.

[4]) Zur Rspr. in England betr. den Verkauf patent. Gegenstände durch einen Mitinhaber des Schutzrechts vgl. Abel GRUR 49, 388.

Die Verwertung der Erfindung durch Lizenzerteilung wird in einem besonderen Abschnitt behandelt werden[5]).

Die Einbringung der Erfindung in eine Gesellschaft (damit diese sie verwertet) ist als solche keine Benutzung des „Gegenstands" der Erfindung, sondern die Überlassung oder Übertragung der Erfindung oder des dafür bestehenden Schutzrechts selbst. Solche Vorgänge sind also keine Benutzungshandlungen in dem hier zu erörternden Sinne[6]).

2. Es handelt sich vorliegend um die Benutzung der „Erfindung". Diese Ausdrucksweise entspricht dem natürlichen Empfinden und überdies dem Gesetzestext, der lediglich etwas präziser von „Gegenstand der Erfindung" spricht (§ 6 Satz 1 PatG). Man könnte nun, wo es sich um geschützte Erfindungen handelt, auch von der Benutzung des „Schutzrechts" sprechen, womit jedoch dasselbe wie die Benutzung der Erfindung gemeint wäre, denn nicht das Recht wird benutzt, sondern eine technische Lehre wird angewandt, deren Anwendung allein dem Schutzrechtsinhaber „vorbehalten" ist. Dies mußte hier zur Klarstellung bemerkt werden. Somit ist nachstehend, wenn von der Benutzung der Erfindung oder des Schutzrechts (Patents oder Gebrauchsmusters) gesprochen wird, stets das gleiche gemeint: Die Benutzung der (ungeschützten oder geschützten) Erfindung als einer Lehre zum technischen Handeln.

3. Endlich muß angemerkt werden, daß die §§ 6 Satz 1 PatG, 5 Abs. 1 GebrMG dem Schutzrechtsinhaber den gewerbsmäßigen Gebrauch der Erfindung vorbehalten. Gegensatz ist der bloße Privatgebrauch. Letzterer ist für die hier zu erörternde Frage des Benutzungsrechts der Teilhaber einer Erfindungsgemeinschaft praktisch kaum von Bedeutung[7]). Die nachstehenden Ausführungen betreffen daher nur gewerbsmäßige Benutzungshandlungen.

II. Benutzung durch die Teilhaber einer Gemeinschaft

1. Stellt sich die Erfindungsgemeinschaft, wie in der Regel anzunehmen ist[8]), als Gemeinschaft nach Bruchteilen gemäß §§ 741 ff. BGB dar, so ist bereits an anderer Stelle festgestellt worden: Der Umstand allein, daß die Teilhaber die Erfindung zur Schutzrechtserteilung anmelden und, wenn dies günstig verläuft, Mitinhaber eines Schutzrechts werden, macht aus der Gemeinschaft kein Gesellschaftsverhältnis im Sinne der §§ 705 ff. BGB[9]).

Somit stellt sich bei der Bruchteilsgemeinschaft die Frage, unter welchen Voraussetzungen und, gegebenenfalls, in welchem Umfang der einzelne Teil-

---

[5]) S. unten Teil H (S. 222 ff.).

[6]) S. auch unten S. 217.

[7]) S. jedoch über „offenkundige Vorbenutzung" durch einen Teilhaber unten S. 212.

[8]) S. oben S. 110.

[9]) Vgl. oben S. 127 ff. sowie auch S. 165 und 176.

haber berechtigt ist, die Erfindung zu benutzen, grundsätzlich in gleicher Weise, ob nun die Erfindung geschützt oder ungeschützt ist. Über die ganz andere Frage, ob das Verhältnis der Beteiligten in dieser Hinsicht ein nur schuldrechtliches oder ein „schutzrechtliches" ist (Schutzrechtsverletzung durch unbefugte Benutzung?), wird an anderer Stelle zu sprechen sein[10]).

2. Als mögliche Rechtsgrundlagen der Benutzungsbefugnis kommen in Betracht:

a) eine entsprechende Vereinbarung aller Teilhaber,

b) in Ermangelung einer solchen die — wie zu zeigen sein wird, nur beschränkt anwendbaren — gesetzlichen Bestimmungen §§ 743 Abs. 2 (Gebrauchsbefugnis der Teilhaber), 745 Abs. 1 (Mehrheitsbeschluß) und 745 Abs. 2 BGB (Zustimmungsverlangen).

3. Zu beginnen ist, vom Grundsatz der Vertragsfreiheit aus, mit der die Benutzungsbefugnis regelnden Vereinbarung. Daß es sich, bevor ein Teilhaber mit Benutzungshandlungen beginnt, dringend empfiehlt, ja unter Umständen unerläßlich ist, die Zustimmung der anderen im Wege der Vereinbarung (die man auch in einem einstimmigen „Beschluß" aller Beteiligten sehen kann) herbeizuführen, erhellt aus dem, was unten für den Fall darzulegen ist, daß es an einer solchen Vereinbarung fehlt[11]).

a) Die Rechtsnatur einer solchen Benutzungsvereinbarung kann rein schuldrechtlich, sie kann aber, wenn die Erfindung patentiert ist, auch patentrechtlich sein (für Gebrauchsmuster gilt hier stets Entsprechendes). Zu denken ist an eine Einigung, derzufolge ein Teilhaber nach der Erfindung arbeiten und die anderen am Ertrag teilnehmen lassen soll. Erschöpft sich diese Abrede rechtlich in einer internen Verwaltungsregelung der Gemeinschaft[12]) oder ist sie zugleich eine „Lizenzerteilung" an den nunmehr zur Benutzung befugten Teilhaber?

Die Beantwortung dieser Frage hängt davon ab, welche „patentrechtliche" Rechtsstellung der einzelne Teilhaber vor der Vereinbarung zu dem gemeinschaftlichen Schutzrecht gehabt hat. Diese Frage ist bereits an anderer Stelle berührt worden, als zu erörtern war, ob sich ein Teilhaber, der die Erfindung eigenmächtig auf seinen Namen zum Patent anmeldet, der widerrechtlichen Entnahme im Sinne der §§ 4 Abs. 3, 5 PatG schuldig macht. Dies ist mit der Begründung verneint worden[13]), daß er kein Nichtberechtigter, sondern Mitberechtigter an der Erfindung ist. Vorliegend handelt es sich nun nicht um die Mitinhaberschaft, sondern um das Benutzungsrecht des einzelnen Teilhabers, also um eine Befugnis, die sich nicht schlechthin bereits aus dem Umstand ergibt, daß er Mitinhaber des Patents ist. Es kommt daher auf die Frage an, ob sich der einzelne Teilhaber, wenn er die Erfindung in Benutzung nimmt, obgleich die Zustimmung der anderen nicht vorliegt und obgleich ihm das

[10]) Vgl. unten S. 200 f., 212.

[11]) Dieser Appell von Isay S. 358 ist mit Recht niemals abgeklungen.

[12]) S. darüber oben S. 127 f.

[13]) Vgl. oben S. 170.

Gesetz nicht schlechthin die Benutzungsbefugnis gibt[14]), innerhalb der einem „Patentinhaber“ gemäß § 6 Satz 1 PatG zustehenden Befugnisse hält. Nur wenn dies verneint wird, ist er genötigt, die anderen „patentrechtlich“ um Gestattung oder Benutzung, also um „Lizenzerteilung“ zu bitten, andernfalls er, weil nicht Alleininhaber des Patents, dieses „verletzen“ würde. Man kommt der Lösung noch näher, wenn man das Problem mit den Augen seiner Mitteilhaber betrachtet und fragt, ob sich diese, wenn er zu einer eigenmächtigen und weder durch Vereinbarung noch Gesetz gestatteten Benutzung schreiten würde, auf das Ausschließlichkeitsrecht des § 6 Satz 1 PatG, also auf „ihr Monopol“ berufen und dementsprechend gemäß § 47 Abs. 1 PatG Unterlassung fordern könnten.

Dies wird, wie bereits an anderer Stelle[15]) erwähnt worden ist, mit Recht verneint. Der „Eingriff“ in ein Schutzrecht und folglich die Zahlung einer „Lizenzgebühr“ für die Benutzung setzen nämlich begrifflich voraus, daß eine fremde Erfindung benutzt wird. Dies ist seitens eines Mitinhabers nicht der Fall[16]). Damit stimmt rechtssystematisch, unter dem Gesichtspunkt des mangelnden Besitzschutzes zwischen Mitbesitzern gemäß § 866 BGB, eine andere verbreitete Meinung im Ergebnis überein[17]). Darüber hinaus ist zu erwägen, ob damit, daß sich die Teilhaber zur „gemeinsamen“ Patentanmeldung entschlossen, der rechtsgeschäftliche Wille zum Ausdruck gelangt ist, gegeneinander keine Ausschließlichkeitsrechte geltend zu machen, so daß dem beklagten Teilhaber, wenn dies doch geschehen sollte, ein entsprechender Einwand zur Verfügung stehen würde[18]).

Hieraus folgt zunächst zweierlei: Erstens, daß eine Vereinbarung der Teilhaber, die einem oder einigen von ihnen die Benutzung der Erfindung gestattet, weder eine — übrigens rechtlich nicht mögliche[19]) — „Teilung der Patentinhaberschaft“ noch ein patentrechtlicher „Lizenzvertrag“ ist und daß die vom Benutzer an die anderen aus dem Erfolg der Benutzung gezahlten Beträge keine „Lizenzgebühren“ sind, sowie zweitens, daß sich unberechtigte Benutzungshandlungen eines Teilhabers nicht als Patentverletzung, sondern lediglich als Verletzung von schuldrechtlichen Gemeinschafterpflichten darstellen und nur aus dem letzteren Grund Unterlassungs- (Erfüllungs-) und Schadensersatzansprüche auslösen können.

Drittens ergibt sich als weitere Folge, daß die Schadensersatzpflicht des

---

[14]) Darüber Näheres unten bei 4 (S. 203 ff.).

[15]) Vgl. oben S. 193 ff.

[16]) Schnabel „Reichsbahn“ 1935 S. 940 m. Zit. RG 17. 9. 27 RGZ 118, 46 (49), woselbst allerdings lediglich der Entscheidung der Vorinstanz zugestimmt wird, ohne daß die von ihr angeführten Gründe mitgeteilt werden; zum gleichen Ergebnis gelangen Kent Bd. I S. 532 Nr. 537 und Calé GRUR 1931 S. 90/1.

[17]) Kohler Hdb. S. 550, Isay S. 136, Zeller Mitber. S. 5/6; vgl. auch RGRKom. § 743 BGB Anm. 2.

[18]) Auf ähnlichen Gedanken beruht in einem abweichend gelagerten Fall die Entscheidung BGH 27. 4. 56 GRUR 1956 S. 542.

[19]) Vgl. Kent Bd. I S. 595/6 Nr. 33.

Teilhabers, der die ihm in der Benutzungsvereinbarung eingeräumten Grenzen seiner Benutzungsbefugnis schuldhafterweise überschreitet, ebenfalls nicht aus § 47 Abs. 2 PatG, sondern aus Verletzung der ihm als Gemeinschafter obliegende Pflichten folgt[20]).

Eine Benutzungsvereinbarung der Teilhaber verwandelt die Bruchteilsgemeinschaft (§§ 741 ff. BGB), falls nicht weitere Umstände hinzutreten, nicht in eine Gesellschaft (§§ 705 ff. BGB). Dies folgt aus dem, was bereits an anderer Stelle zu ähnlichen Fragen festgestellt worden ist[21]).

Eine besondere, der Vereinbarung der Gemeinschafter vom Gesetz beigelegte Wirkung muß noch erwähnt werden, da sie in der Praxis, etwa für den Erben eines Teilhabers[22]), von Bedeutung ist: Die getroffenen Vereinbarungen wirken für und gegen den Rechtsnachfolger eines Teilhabers, § 746 BGB[23]). Dies gilt für die hier in Rede stehende Frage der Benutzungsbefugnis, aber auch umgekehrt für den vereinbarten Ausschluß von der Benutzung.

b) Der Inhalt einer Benutzungsvereinbarung der Teilhaber steht grundsätzlich in ihrem Belieben. Die Benutzungsbefugnis kann vertraglich „nur allen gemeinsam" oder einer Gruppe von Teilhabern oder auch nur einem einzigen[24]) zugebilligt werden.

Zum Umfang der Benutzung sind alle Einschränkungen möglich, wie sie etwa bei Lizenzerteilungen vorkommen[25]), nur daß es sich bei der Benutzungsvereinbarung unter Gemeinschaftern, die ja ihrem Wesen nach kein Lizenzvertrag ist[26]), nicht um patentrechtliche, sondern stets nur um schuldrechtliche Beschränkungen handelt. Ihre Nichteinhaltung ist also nicht Patent-, sondern lediglich Vertragsverletzung.

Denkbar sind beispielsweise folgende Einschränkungen: die Benutzungsbefugnis wird qualitativ (auf eine bestimmte Art der unter Benutzung der Erfindung herstellbaren Erzeugnisse oder möglichen Verfahrensanwendungen) oder quantitativ (der Menge nach) beschränkt, sie wird nur für bestimmte räumliche Gebiete, nur für gewisse Benutzungsarten wie Herstellen, Vertrieb u. a. m. oder nur für eine gewisse Zeit verliehen[27]).

Es empfiehlt sich — und dürfte üblich sein —, in der Benutzungsvereinbarung zugleich die Frage der Ertragsbeteiligung der nichtbenut-

---

[20]) Ebenso Schnabel a. a. O.; Seligsohn S. 92.

[21]) Vgl. oben S. 127 f.; ferner Gramm bei Palandt § 745 BGB Anm. 1.

[22]) Vgl. über dessen Eintritt in die Gemeinschaft oben S. 145.

[23]) RGRKom. § 746 BGB; Hinweis auch bei Klauer-Möhring S. 127/8.

[24]) Über die Frage, ob nur der wirklich „benutzende" Teilhaber ein Vorbenutzungsrecht gem. § 7 PatG erwirbt, s. Zeller S. 28 und 284 sowie hier unter G II, 4 zu e.

[25]) Wegen der Einzelheiten kann auf Lüdecke-Fischer D IV verwiesen werden.

[26]) S. soeben unter a.

[27]) Vgl. dazu auch Schnabel „Reichsbahn" 1935 S. 940, Kohler Hdb. S. 496/8, Kisch GRUR 1952 S. 268/9; f. d. Schweiz Blum-Pedrazzini Bd. II S. 310, f. d. USA Scher S. 85.

zenden Teilhaber zu regeln. Daß die an diese seitens des Benutzers zu leistenden Zahlungen rechtlich keine „Lizenzgebühren“ sind, ist bereits oben[28]) festgestellt worden. Es handelt sich vielmehr um eine vertraglich geregelte Nutzungsverteilung unter Gemeinschaftern[29]).

c) In diesem Zusammenhang tritt die Frage auf, inwieweit in solcher Benutzungsvereinbarung unter Gemeinschaftern möglicherweise nach dem Gesetz gegen Wettbewerbsbeschränkungen (GWB) unzulässige Wettbewerbsbeschränkungen enthalten sein können. Diese Frage ist von Lampert[30]) schon vor Erlaß des GWB eingehend untersucht worden. Er sieht in der Benutzungsaufteilung als solcher mit Recht keine Beschränkung der Wettbewerbsmöglichkeiten der Teilhaber. Anders, wenn weitere Abreden hinzutreten, etwa eine regelrechte Marktaufteilung unter mehreren die Erfindung benutzenden Teilhabern. Dem kann hinzugefügt werden, daß, wenn die Teilhaber „Unternehmer“ im Sinne des GWB sind, ausbedungene Unterlassungspflichten (über die Pflicht zur Nichtbenutzung der gemeinschaftlichen Erfindung hinaus) unter Umständen kartellrechtlichen Bedenken begegnen[31]). Unanwendbar sind vorwiegend die §§ 20, 21 GWB, da diese patentrechtliche Lizenzen betreffen, durch die der Inhaber einer rechtlichen (§ 20) oder faktischen (§ 21) Ausschließlichkeitsstellung einem anderen ein Benutzungsrecht einräumt; oben[32]) ist dargelegt worden, daß Benutzungsvereinbarungen unter den Teilhabern einer Erfindungsgemeinschaft nicht als „Lizenzverträge“ in diesem Sinne anzusehen sind. Im übrigen ist wegen der Frage, ob und wann bei Vereinbarungen dieser Art das GWB berührt wird, auf die Kommentare zum GWB zu verweisen. Diese erwähnen insbesondere, daß die §§ 20, 21 GWB nur einsetzen, wo ein Benutzungsrecht verliehen wird, und daß sie, wenn sie Anwendung finden, nur dem Lizenznehmer (nicht dem Lizenzgeber) auferlegte Beschränkungen betreffen[33]).

4. Im vorigen Abschnitt wurde unterstellt, daß die Teilhaber eine Vereinbarung über die Benutzung der Erfindung (des Schutzrechts) getroffen hatten. Wie nun, wenn dies nicht geschehen ist? Gibt es für die einzelnen Teilhaber eine gesetzliche Benutzungsbefugnis? Dies ist, wie sich trotz § 743 Abs. 2 BGB zeigen wird, eine schwierige Frage. Ursache der Schwie-

---

[28]) Vgl. oben bei a.

[29]) Calé GRUR 1931 S. 94/5 behält die gesetzliche Aufteilung in „Nutzungen“ = Oberbegriff für Früchte und Gebrauchsvorteile § 100 BGB nicht immer deutlich im Auge.

[30]) Lampert GRUR 1952 S. 466.

[31]) Vgl. dazu die in der „Bremsmotoren“-Entscheidung BGH 19. 12. 58 GRUR 1959 S. 293 = WuW/BGH 283 niedergelegten Gedankengänge.

[32]) S. oben unter a.

[33]) Vgl. statt vieler Baumbach-Hefermehl Wettbew. u. Warenzeichenrecht 8. Aufl. § 20 GWB Anm. 5 u. 8.

rigkeiten[34]) ist nicht zuletzt der Mangel einer scharfen Grenzziehung im Gesetz zwischen Verwaltung, Fruchtziehung, Gebrauch und Verfügung[35]); manche[36]) sehen einen Wesensunterschied darin, daß „Verwaltung" zum gemeinsamen Besten, der „Gebrauch" dagegen zum eigenen Vorteil geschehe. Im einzelnen gilt folgendes:

a) § 7 4 3 A b s. 2 B G B lautet:

„Jeder Teilhaber ist zum Gebrauche des gemeinschaftlichen Gegenstandes insoweit befugt, als nicht der Mitgebrauch der übrigen Teilhaber beeinträchtigt wird."

Diese Bestimmung geht davon aus, daß die A r t der Benutzung des gemeinschaftlichen Gegenstandes feststeht. Sie regelt nur das M a ß der dem einzelnen zustehenden Benutzungsbefugnis[37]).

Unter den Begriff des „gemeinschaftlichen Gegenstands" fallen auch Rechte, und zwar alle[38]) Rechte, die mehreren Personen „gemeinsam" sein können — folglich auch, bei Erfindungsgemeinschaften, das Recht an der Erfindung und das Schutzrecht[39]).

Unter dem „Gebrauch" der Erfindung wird auch nachstehend, wie bereits in den vorigen Abschnitten, nur die technische Anwendung der offenbarten erfinderischen Lehre in den bei § 6 PatG aufgezählten Benutzungsformen verstanden, nicht jedoch die Verwertung mittels Rechtsgeschäfts (Lizenzerteilung), die erst an späterer Stelle[40]) erörtert wird.

b) Wenngleich soeben festgestellt wurde, daß auch Erfindungen und Schutzrechte „gemeinschaftlicher Gegenstand" im Sinne von § 743 Abs. 2 BGB sein können, ist zu dieser Vorschrift in Zweifel gezogen worden, ob sie überhaupt auf E r f i n d u n g s - u n d S c h u t z r e c h t s g e m e i n - s c h a f t e n (Bruchteilsgemeinschaften gemäß §§ 741 ff. BGB) anwendbar ist.

aa) Letzteres wird von vielen b e j a h t , wobei allerdings die im Gesetz enthaltene Beschränkung „... insoweit, als nicht der Mitgebrauch der übrigen Teilhaber beeinträchtigt wird", für die hier in Rede stehende Erfindungsbenutzung unterschiedlich gedeutet wird. Diese Deutung geschieht häufig mit dehnbaren Begriffen, die eine einigermaßen klare Erkenntnis der Grenzen der Benutzungsbefugnis nicht gestatten. Insbesondere wird nicht

---

[34]) Das römische Recht gab bei der Gemeinschaft keine Benutzungsbefugnis gegen den Willen eines Teilhabers, l 28 D 10, 3; bei Schaffung des BGB war die Frage streitig, s. Motive z. BGB Bd. II S. 877.

[35]) Auch Kisch GRUR 1952 S. 267 weist darauf hin, daß diese Begriffe sich teilweise „überschneiden".

[36]) RGRKom. § 744 BGB Anm. 2.

[37]) RGRKom. § 743 Anm. 2; Engländer GRUR 1924 S. 56; Schnabel „Reichsbahn" 1935 S. 940.

[38]) Motive z. BGB Bd. II S. 873.

[39]) Oben bei G I, 2 ist darauf hingewiesen, daß bei den hier zu erörternden Fragen die Begriffe „Benutzung der Erfindung" und „Benutzung des Schutzrechts" gleichbehandelt werden.

[40]) Vgl. unten Teil H (S. 222 ff.).

deutlich, ob die Grenze bereits erreicht ist, die weitere Benutzung durch den Teilhaber also unzulässig sein soll, wenn die dem oder den anderen Teilhabern zur Verfügung stehenden theoretischen „Möglichkeiten" der Benutzung tangiert werden, oder nur dann, wenn eine wirklich „ausgeübte" Benutzung beeinträchtigt wird[41]). So wird die in Rede stehende Grenze etwa als überschritten angesehen, wenn die anderen Teilhaber „behindert"[42]) oder „tatsächlich behindert"[43]) werden. Andere sprechen überhaupt nur von der Ausnutzung der Erfindung „im Betrieb" des Teilhabers und wollen diese nicht gestatten, wenn dadurch den anderen Teilhabern eine „gewinnbringende" Benutzung unmöglich gemacht wird[44]). Mit dem letztgenannten Argument wird also ein die Rentabilität betreffender Gedanke ins Feld geführt. Dem halten andere[45]) entgegen, daß nicht der Wert, sondern der Mitgebrauch entscheidend sei[46]). Sie gestatten daher, wenn ein kapitalkräftiger Miterfinder die Erfindung so umfangreich benutzt, daß dem anderen keine Gewinnchancen bleiben, zwar dem ersteren die weitere Benutzung, aber nur gegen ein an den zweiten zu zahlendes Entgelt[47]). Weiter wird die Frage aufgeworfen, ob, wenn der Erfinderbeitrag eines Miterfinders bedeutend ist und dementsprechend sein Anteil entsprechend § 742 BGB (Vermögensanteil) die Anteile der anderen überragt, letztere Benutzungshandlungen vornehmen dürfen, ohne an den ersteren eine angemessene „Lizenz" zu zahlen[48]) — während es sich doch, wie oben wiederholt festgestellt worden ist[49]), nicht um patentrechtliche Lizenzfragen handelt. Wieder andere berufen sich allgemein auf „Billigkeit"[50]), auf „die die Gemeinschaft beherrschenden Grundsätze"[51]) oder darauf, daß der Gebrauch des einen „mit den Rechten des anderen verträglich sein" müsse[52]).

Diese Aufzählung zeigt bereits, in welche Schwierigkeiten diejenigen, die eine Anwendung von § 743 Abs. 2 BGB auf Erfindungs- (Schutzrechts-)Gemeinschaften für möglich halten, bei der Frage der Grenzziehung geraten, nämlich bei Bestimmung des Punktes, „bis zu dem" die Benutzungsbefugnis des einzelnen Teilhabers reichen soll.

---

41) Letzteres fordert RGRKom. § 743 BGB Anm. 2, jedoch werden dort zugleich Treu und Glauben als Maßstab genannt.

42) Kohler Hdb. S. 71/2.

43) Kent Bd. I S. 533 Nr. 539.

44) So Bernhardt S. 59.

45) Reimer § 3 PatG Anm. 11.

46) Dies bemerkt auch Tetzner S. 168, gibt aber für den Fall der „Absättigung des Marktes durch einen" keine Lösung an.

47) Reimer a. a. O.; daher gibt die uneingeschränkte Art, in der Bernhardt (a. a. O.) Reimer zitiert, dessen Standpunkt nicht genau wieder.

48) Reimer a. a. O.

49) S. oben S. 200 f.

50) Seligsohn S. 92.

51) Engländer GRUR 1924 S. 53.

52) So f. d. Schweiz Blum-Pedrazzini Art. 3 Anm. 20 S. 313.

bb) Wegen dieser Schwierigkeiten, aber auch aus anderen Gründen wird von vielen die Anwendung von § 743 Abs. 2 BGB auf die in Rede stehenden Gemeinschaftsverhältnisse abgelehnt. Soweit dies ohne nähere Begründung geschieht[53]), ist eine Stellungnahme nicht erforderlich. Zweifelhaft erscheint es, ob man die Regelung des Literatur-Urheberrechts als Parallele verwenden kann, wo der „Anteil" des Miturhebers zwar rechtlich gegeben ist, diesem aber praktisch eine Werknutzung nicht ermöglicht[54]), so daß die Nutzungsbefugnis als „ruhend" bezeichnet werden könnte[55]). Auch wird man die Benutzungsbefugnis des einzelnen, wenn sich die Teilhaber bewußt zum Zweck des Erfindens zusammengetan hatten[56]), nicht als vertraglich stillschweigend abbedungen ansehen können, da nicht anzunehmen ist, daß sich die Beteiligten ohne ausdrückliche Erklärung in dieser Weise zur Unterlassung verpflichten wollten. Eine solche Annahme dürfte auch dann nicht gerechtfertigt sein, wenn der eine Teilhaber eine einschlägige Fabrik betreibt, der andere dagegen „nur ein Ingenieur ist"[57]).

Schwerwiegender ist das Argument[58]), bei Miterfindern verbiete sich der beliebige Gebrauch durch den einzelnen (wenn auch nur im eigenen Betrieb zu eigenen Zwecken), weil dies zu einer „Vervielfältigung der Benutzung" führen würde[59]). Es ist aber nicht sicher, ob die Gesetzesanwendung bereits allein mit dieser Begründung verneint werden kann, wenngleich man sehr wohl die Meinung vertreten mag, § 743 Abs. 2 BGB setze voraus, daß die Art und daher auch der mögliche Gesamtumfang des Gebrauches feststehe, so daß es sich nur um die angemessene Aufteilung desselben unter die Teilhaber handeln könne. In der Tat wird die Anwendbarkeit von § 743 Abs. 2 BGB auf Erfindungsgemeinschaften von manchem mit der Begründung verneint, daß die Frage der Erfindungsbenutzung durch die einzelnen Teilhaber praktisch nicht nur das — allein in § 743 Abs. 2 — geregelte „Maß" der Benutzung, sondern darüber hinaus noch anderes betreffe[60]).

Um die Anwendung von § 743 Abs. 2 BGB auszuschließen, könnte man ferner argumentieren: § 747 Satz 1 BGB gestattet jedem Teilhaber, seinen Anteil zu veräußern. Damit tritt der Erwerber als Teilhaber ein, also eine Person, die den anderen in der Regel bisher unbekannt war und von ihnen nicht auf Fähigkeiten und Zuverlässigkeit geprüft worden ist. Erscheint es

---

[53]) Kohler Hdb. S. 71; Zeller GRUR 1942, 248.

[54]) BGH 26. 9. 58 GRUR 1959, 147.

[55]) So Runge GRUR 1956, 409.

[56]) Dies ist allerdings nicht der einzige Fall des Entstehens von Erfindungsgemeinschaften, s. oben S. 5 ff.

[57]) Ein in den Kommentaren gern angeführtes Beispiel.

[58]) Auf einige der nachstehend erörterten Argumente hat auch die Schiedsstelle beim Deutschen Patentamt hingewiesen, vgl. Schiedsst. 1. 3. 61 Bl. 1962 S. 17.

[59]) Klauer-Möhring § 3 Anm. 6.

[60]) So Schnabel „Reichsbahn" 1935 S. 940; Engländer GRUR 1924 S. 56; Calé GRUR 1931 S. 90/1.

unter diesen Umständen nicht unzumutbar, daß der Hinzutretende ein eigenes Benutzungsrecht haben soll, dessen Grenzen („insoweit, als nicht der Mitgebrauch der übrigen Teilhaber beeinträchtigt wird") vom Gesetz ziemlich unbestimmt gelassen wurden? — Diese Gedankengänge sind jedoch gesellschafts-, nicht gemeinschaftsrechtlicher Art. Gesellschafter finden sich bewußt zusammen und hatten zuvor Gelegenheit, ihre Vertrauenswürdigkeit zu prüfen; folgerichtig kann keiner ohne Zustimmung der übrigen einen anderen an seine Stelle setzen (arg. § 719 Abs. 1 BGB[61]). Bruchteilsgemeinschaften entstehen jedoch in der Regel ohne Vertrag, etwa auf Grund bloßer Zusammenarbeit[62]), so daß mit dem erwähnten „persönlichen Zumutbarkeitsproblem" etwas in die Gemeinschaft hineingetragen würde, was ihr begrifflich nicht innewohnt. — Jedoch spricht hier etwas anderes gegen die Anwendung von § 743 Abs. 2 BGB, nämlich die Möglichkeit, daß jeder Teilhaber über § 747 Satz 1 BGB seine technisch-wirtschaftliche Kapazität verändern könnte. So wäre, erkennt man ein Benutzungsrecht jedes Teilhabers an, ein beteiligter kleiner Handwerker jederzeit in der Lage, durch Veräußerung seines Anteils an ein Großunternehmen einen Teilhaber zu schaffen, der von vornherein mittels Eigenbenutzung die anderen faktisch vom Markt ausschließen könnte. Dies würde den der Gemeinschaft zugrundeliegenden Gleichheitsgrundsatz erschüttern. Davon wird unten[63]) näher zu sprechen sein.

Stärker als die vorerwähnten Argumente ist der Hinweis darauf, daß der benutzende Teilhaber nicht nur technische Benutzungshandlungen vornehme[64]), sondern zugleich in das allen gemeinsame Ausschließlichkeitsrecht (Monopol) eingreife. Dies zu tun, habe das Gesetz in § 743 Abs. 2, wo vom bloßen „Gebrauch" die Rede sei, dem einzelnen nicht gestatten wollen[65]). Eine gewisse rechtssystematische Schwäche dieser Begründung liegt allerdings darin, daß das Innenverhältnis der Beteiligten nicht patentrechtlich, sondern allein nach den §§ 741 ff. BGB zu beurteilen ist[66]). Andererseits erhellt jedoch folgendes: Zum Problem wird die Gebrauchsbefugnis der Teilhaber gerade deswegen, weil mit der Inhaberschaft an der Erfindung von vornherein bestimmte weitere Rechte verbunden sind, die über das Recht auf das Patent und den Anspruch auf Erteilung des Patents zum Recht aus dem Patent führen (vgl. die Zusammenstellung in § 9 Abs. 1 PatG) und damit letzten Endes die in § 6 PatG normierte Ausschließlichkeitsstellung verleihen, wonach allein der Patentinhaber befugt ist, gewerbsmäßig den Gegenstand der Erfindung herzustellen, in Verkehr zu bringen,

---

[61]) Vgl. auch hier oben S. 124.

[62]) S. oben S. 106.

[63]) Vgl. unten S. 208 ff.

[64]) Isay GRUR 1924 S. 25/6 erklärt sogar, daß der Gebrauch der Erfindung also solcher die anderen Teilhaber niemals „beeinträchtige".

[65]) Vgl. Calé GRUR 1931 S. 95, Kisch GRUR 1952 S. 268/9; s. auch die Zusammenstellung bei Volmer § 8 Anm. 24.

[66]) S. oben S. 200 f.

feilzuhalten und zu gebrauchen, kurz: das Monopol. Dies und nichts anderes soll allen Miterfindern als Mitinhabern des Schutzrechts gleichmäßig zur Verfügung stehen, keiner darf den Mitgebrauch der übrigen hieran beeinträchtigen.

Was ist nun Gebrauch oder Mitgebrauch des Monopols? Letzteres gewährt dem Schutzrechtsinhaber, wie § 47 PatG zeigt, einen geschützten Rechtskreis gegenüber anderen, also den Mitinhabern eines Patents Schutz gegenüber Außenstehenden. Intern, nämlich im Verhältnis der Teilhaber zueinander, gibt es kein solches Monopol, wie denn auch oben wiederholt festgestellt werden konnte[67]), daß die eigenmächtige unbefugte Erfindungsbenutzung eines Teilhabers nicht Patentverletzung, sondern lediglich Verletzung der schuldrechtlichen Gemeinschaftspflicht ist. Daher kann die jedem Teilhaber zustehende Befugnis, vom Ausschließlichkeitsrecht (Monopol) Gebrauch zu machen, nicht durch Maßnahmen „beeinträchtigt" werden (§ 743 Abs. 2 BGB), die sich lediglich innerhalb des gewerbsmäßigen (§ 6 PatG) Betätigungsfeldes des einzelnen Teilhabers abspielen, ohne in Beziehung zu Außenstehenden zu treten. Ein Beispiel mag dies erläutern: Ist eine neue Transportvorrichtung Gegenstand der Erfindung, so macht es einen Unterschied, ob der als Miterfinder (Teilhaber) beteiligte Kistenfabrikant eine solche Vorrichtung herstellt und sie lediglich zu Transportzwecken innerhalb seines Betriebs verwendet, oder ob er sie an einen Außenstehenden verkauft. Nur im letzteren Fall wird das tangiert, was oben aus der Literatur an Argumenten für eine generelle Unanwendbarkeit von § 743 Abs. 2 BGB unter Erfindungsgemeinschaftern angeführt worden ist, denn nur gegenüber Außenstehenden kann das gemeinsame Ausschließlichkeitsrecht (Monopol) zum Zuge kommen, kann sein Wert durch „Vervielfältigung der Benutzung" gemindert, in das anteilsmäßige Ausschließlichkeitsrecht der übrigen Teilhaber eingegriffen und der — unten noch näher zu besprechende — Grundsatz der Gleichberechtigung am Monopol beeinträchtigt werden mit der möglichen Folge, daß, vulgär gesprochen, der Kapitalist unter den Teilhabern die anderen an die Wand drückt. Dagegen erscheint der Gebrauch der Erfindung als internes Betriebsmittel eines Teilhabers nicht geeignet, das Ausschließlichkeitsrecht einzuschränken oder zu entwerten, d. h. mit den Worten des Gesetzes (§ 743 Abs. 2 BGB), den aus diesem Recht fließenden „Mitgebrauch der übrigen zu beeinträchtigen".

c) Diese Feststellung, wonach das allen gemeinsame, aber eben nur gegenüber Außenstehenden relevante Ausschließlichkeitsrecht nicht durch betriebsinterne Maßnahmen eines Teilhabers tangiert wird, müßte logischerweise dazu führen, gemäß § 743 Abs. 2 BGB dem einzelnen Teilhaber von den vier Benutzungsarten, die § 6 PatG dem Patentinhaber vorbehält, zwar das Herstellen und Gebrauchen, nicht aber das Feilhalten und Inverkehrbringen zu gestatten, da die ersten beiden einen betriebsinternen Vorgang, die anderen dagegen einen Rechtsverkehr mit Außenstehenden bedeuten. Dieses Ergeb-

[67]) Vgl. oben S. 200 f., ferner nachstehend bei e (S. 212).

nis würde sich zwar, wie geschehen, rechtstheoretisch begründen lassen, aber praktisch zu unhaltbaren technisch-wirtschaftlichen Folgerungen führen, die zu vermeiden sich aus einem weiteren, unten zu erwähnenden Rechtsgrundsatz verbietet. Zunächst die praktische Problematik:

aa) Wenn man dem einzelnen Miterfinder die Benutzung als internes Betriebsmittel gestattet bei einer Erfindung, die sich nicht als solche herstellen und vertreiben, sondern nur als Arbeitsmittel anwenden läßt — man denke etwa an Prüfmethoden, Verformungsvorrichtungen, Verbesserung von Apparaten usw. —, und der eine Miterfinder ist Inhaber der einzigen Fabrik, für die das Arbeitsmittel überhaupt praktisch in Betracht kommt, so könnten weder die übrigen Miterfinder von der Erfindung Gebrauch machen noch wären Außenstehende vorhanden, denen die Erfindung zur Auswertung angeboten werden könnte. Alleiniger Nutznießer wäre also der Fabrikant, und seine Miterfinder würden praktisch und wirtschaftlich leer ausgehen, ihnen bliebe lediglich die Rolle als Zuschauer. Soll sich der Fabrikant wirklich gemäß § 743 Abs. 2 BGB auf ein Gebrauchsrecht berufen können mit der Begründung, der Mitgebrauch der anderen werde weder faktisch, da sie ja keine einschlägige Fabrik hätten, noch im Sinne einer Auswertung des Monopols beeinträchtigt, da ja Außenstehende, denen man die Benutzung gestatten könne, nicht vorhanden seien?[68])

bb) Und wie stände es bei Verfahrenserfindungen? Wollte man hier jedem Teilhaber die betriebsinterne Anwendung gestatten, so würde dies, wo das Verfahren unmittelbar zu einem Erzeugnis führt, das gemäß § 6 Satz 2 PatG vom Patentschutz umfaßt ist, wirtschaftlich sinnlos sein, wenn gerade hierin das „gewerblich Verwertbare" (§ 1 Abs. 1 PatG) liegt, weil ein solches Erzeugnis zwar hergestellt, aber weder feilgehalten noch vertrieben werden dürfte, denn letzteres wären Maßnahmen gegenüber Außenstehenden und daher wegen „Beeinträchtigung des allen gemeinsamen Ausschließlichkeitsrechts" (Monopol) nicht gestattet. Bei einem Verfahren zur Herstellung eines Farbstoffes dürfte also der an der Erfindungsgemeinschaft beteiligte Farbenfabrikant tonnenweise solche Farben herstellen, wäre aber, wollte er nicht gegen die ihm als Gemeinschafter obliegenden Pflichten verstoßen, gehindert, auch nur ein Gramm davon zu verkaufen.

Zu noch erstaunlicheren Folgen kommt man, wenn sich unter den Teilhabern ein Fabrikant befindet, der das Verfahren nicht nur zur Herstellung eines Erzeugnisses, sondern letzteres wiederum zur Herstellung weiterer Erzeugnisse verwendet und diese auf den Markt bringt, also Waren, die keine unmittelbaren Erzeugnisse des Verfahrens und folglich nicht vom Patentschutz umfaßt sind und somit ohne „Beeinträchtigung des allen gemeinsamen

---

[68]) Auch der oben zit. Einigungsvorschlag der Schiedsstelle (v. 1. 3. 1961 Bl. 1962 S. 17) hat nicht die Befugnis des einzelnen Teilhabers zur Benutzung generell bejahen, sondern nur die Frage beantworten wollen, ob bei mehrbetrieblichen Arbeitnehmererfindungen die von dem „anderen" Arbeitgeber gezogenen Nutzungen für die Höhe der Vergütung des Arbeitnehmers von Bedeutung sind.

Ausschließlichkeitsrechts" (Monopol) in Verkehr gebracht werden dürfen. Bei dem erwähnten Farbherstellungsverfahren dürfte also ein beteiligter Textilfabrikant sowohl die Farbe herstellen und damit Stoff färben (betriebsinterne Vorgänge) als auch den Stoff in den Handel bringen, ohne gegen Gemeinschafterpflichten zu verstoßen.

Diese Fälle verbieten es, die in § 743 Abs. 2 BGB aufgestellte Regel in der Weise auf Erfindungsgemeinschaften anzuwenden, daß man dem einzelnen Teilhaber zwar ein Inbeziehungtreten zu Außenstehenden durch Feilhalten und Inverkehrbringen untersagt, ihm aber die betriebsinterne Erfindungsanwendung gestattet.

Die bei Anwendung der erwähnten Gesetzesstelle zutage tretenden Unbilligkeiten haben ihren tieferen Grund darin, daß gerade bei Erfindungsgemeinschaften ein weiterer Grundsatz zu beachten ist, der das Gemeinschaftsverhältnis beherrscht. Es ist das Verdienst von Isay[69]), erkannt zu haben, daß über die in § 743 Abs. 2 BGB erwähnte Schranke („insoweit ..., als nicht ...") hinaus eine Regel Geltung beansprucht; der alle Teilhaber unterworfen sind, weil sie jede Rechtsgemeinschaft beherrscht und auch bei der Bruchteilsgemeinschaft des BGB in Erscheinung tritt (arg. §§ 742, 747 BGB): der Grundsatz der gleichmäßigen Behandlung der Mitglieder.

Diese gewichtige Argumentation führt zu folgenden weiteren Erwägungen: Würde bei Erfindungsgemeinschaften — an die man bei Schaffung der §§ 741 ff. BGB kaum gedacht haben dürfte[70]) — die Gestattung des gewerblichen Eigengebrauchs der Erfindung durch die einzelnen Teilhaber möglicherweise infolge der stets vorhandenen Ungleichheit der den einzelnen zur Verfügung stehenden technischen und wirtschaftlichen Möglichkeiten eine sehr unterschiedliche Position herbeiführen? Also eine mit dem Grundsatz der Gleichberechtigung aller Teilhaber nicht zu vereinbarende Lage? Und dies selbst dann, wenn der Erfindungsbeitrag und folglich der Anteil an der Erfindung als Vermögensobjekt bei einem Teilhaber wesentlich größer ist als bei den anderen[71]), zumal es nicht auch der technisch-wirtschaftlich Mächtigste sein muß, der den höchsten Erfindungsbeitrag geleistet hatte? Muß dies nicht insbesondere angesichts der unüberbrückbaren Schwierigkeiten gelten, die in § 743 Abs. 2 BGB angedeutete Grenze der Benutzungsbefugnis zu ermitteln, und angesichts des Umstandes, daß es gleichen Schwierigkeiten begegnet, wollte man mit Geldzahlungen an die Nicht- oder Wenig-Benutzer einen „billigen Ausgleich" versuchen?

Aus allen diesen Gründen erscheint, insbesondere bei Erfindungsgemeinschaften, die in § 743 Abs. 2 BGB enthaltene Grenzziehung noch überlagert und verschärft durch den dominierenden Grundsatz der Gleichberechtigung aller Teilhaber. Dieser Grundsatz ist nicht nur im Verfassungsrecht verankert, sondern ist auch in § 742 BGB (im Zweifel

---

[69]) Isay GRUR 1924 S. 26/7.

[70]) Vgl. auch oben S. 103.

[71]) Vgl. aber über die Hemmnisse für eine unterschiedliche Anteilsbewertung oben S. 62 ff.

gleiche Anteile) und § 747 BGB (Verfügungsbeschränkung) sowie in § 745 Abs. 3 Satz 2 BGB (Verbot der Beschneidung gewisser Teilnehmerrechte) zum Ausdruck gelangt. Daher ist, weil dieser Grundsatz, auch wo man im Sinne von § 743 Abs. 2 BGB eine „Beeinträchtigung des Mitgebrauchs" im gegebenen Fall nicht zu sehen meint, durch den Erfindungsgebrauch seitens eines Teilhabers stets erschüttert wird, die Anwendung von § 743 Abs. 2 BGB im Sinne einer gesetzlichen Benutzungsbefugnis des einzelnen bei Erfindungsgemeinschaften nicht möglich.

Oder könnte man, wie Reimer[72]) vorgeschlagen hat, die „Gleichheit aller" durch einen Geldausgleich seitens des Benutzers an die Nichtbenutzer wiederherstellen? Zweifellos nicht, ist doch der Gleichheitsgrundsatz nicht nur dadurch beeinträchtigt, daß ein Teilhaber die Erfindung benutzt, sondern auch dadurch, wie er dies quantitativ und insbesondere qualitativ macht. Er stellt etwa mittels der Erfindung minderwertige Erzeugnisse her, auf die der Verkehr mit Mängelrügen antwortet und deren schlechter Ruf die Erfindung diskreditiert — soll er weiter produzieren können, sofern er nur bereit bleibt, von dem Erlös den anderen etwas abzugeben? Und hiervon abgesehen: soll der beteiligte Fabrikant, sich hinter den Geheimnissen seines Betriebs verschanzend, von vornherein „kraft Gesetzes" (§ 743 Abs. 2 BGB) in der Lage sein, eine irgendwie geartete Produktion aufzuziehen und die anderen, vielleicht überdies unbemittelten und rechtlich unerfahrenen Miterfinder wegen ihrer vermeintlichen „Geldansprüche im Sinne von Reimer" auf den Prozeßweg zu verweisen, für dessen Hinzögern dann Sorge getragen wird? Und welche Rechtsbehelfe sollen in derartigen Fällen, solange dies nicht durch eine spezielle Doktorarbeit rechtlich aufgedeckt ist, den Teilhabern gegenüber dem Benutzer hinsichtlich des „Wie" der Produktion und des Vertriebs (erfindungsgemäß? Ausübungspflicht? gut und brauchbar? zu angemessenem Preis? usw.) zur Verfügung stehen — oder soll dies alles in das Belieben des „unter Gewinnbeteiligung der anderen" produzierenden Teilhabers gestellt sein? Alle diese Erwägungen stehen dem von Reimer zur Anwendung von § 743 Abs. 2 BGB gemachten Vorschlag eines „Benutzungsrechts gegen angemessene Lizenzgebühr" entgegen.

d) Endlich tritt die Frage auf, ob nicht der einzelne Teilhaber wenigstens dasjenige unbeschränkt, also sowohl betriebsintern (Herstellen, Gebrauchen) wie nach außen (Feilhalten, Inverkehrbringen) benutzen darf, was er zur gemeinschaftlichen Erfindung als technischen Beitrag beigesteuert hatte. Wenn dies geschieht, muß nicht unbedingt ein Eingriff in das allen gemeinsame Monopol vorliegen, da die Miterfindereigenschaft und die Teilhaberschaft an der gemeinsamen Erfindung, wie an anderer Stelle näher ausgeführt ist, nicht voraussetzt, daß der Beitrag des einzelnen als solcher die Voraussetzungen einer schutzfähigen Erfindung erfüllt[73]). Kommt ein Eingriff in das Schutzrecht nicht in Betracht, so sind sogar Feilhalten und Inverkehr-

---

[72]) Reimer § 3 PatG Anm. 11.

[73]) Vgl. oben S. 15 ff., insbesondere dort S. 21 f.

bringen gestattet, da sie das allen gemeinsame Ausschließlichkeitsrecht gegenüber Außenstehenden nicht berühren. Wäre dagegen der Eingriff zu bejahen, so müßten diese Handlungen, sofern die anderen Teilhaber nicht zustimmen, unterlassen werden, da sie gemeinschaftsrechtlich nicht durch § 743 Abs. 2 BGB gedeckt sein würden; der Benutzer würde zwar als Mitinhaber des Schutzrechts keine Patentverletzung begehen[74]), wohl aber eine Verletzung der ihm als Gemeinschafter obliegenden Unterlassungspflichten.

Die Befugnis, den eigenen, als solchen vom Schutz des Patents umfaßten Erfindungsbeitrag im Verhältnis zu Außenstehenden durch Feilhalten oder Inverkehrbringen zu benutzen, ist überdies noch aus anderen Gründen zu versagen. Es geht nämlich nicht an, das zur gemeinsamen Erfindung Zusammengefügte wieder in seine Teile zu zerlegen, und der einzelne Teilhaber würde sich widersprechen, wenn er behaupten wollte, an der Gemeinschaft einmal als Inhaber eines ideellen Bruchteils am Ganzen[75]), zugleich aber als Benutzungsberechtigter „seines" Erfindungsbeitrages, also eines realen (nicht nur ideellen) Teils beteiligt zu sein[76]). Es kommt hinzu, daß die hier in Rede stehenden Benutzungshandlungen zugleich eine teilweise Benutzung des an der ganzen Erfindung bestehenden Ausschließlichkeitsrechts aller darstellen[77]).

e) Nach den vorstehend getroffenen Feststellungen kann der Teilhaber einer Erfindungsgemeinschaft eine ohne Zustimmung oder gar gegen den Willen der anderen gegebene Benutzungsbefugnis nicht aus dem Gesetz (§ 743 Abs. 2 BGB) ableiten, und zwar weder am Gegenstand der gemeinschaftlichen Erfindung noch an eigenen Erfindungsbeiträgen, die als solche geschützt sind. Eigenmächtige, d. h. gemeinschaftsrechtlich unbefugte Benutzungshandlungen können ihn zwar nicht wegen Patentverletzung[78]), wohl aber wegen Zuwiderhandlung gegen die Gemeinschafterpflichten schadensersatzpflichtig machen.

Allgemein gilt zu Benutzungshandlungen des einzelnen Teilhabers noch folgendes: Handelte es sich um vor der Patentanmeldung vorgenommene Benutzungshandlungen und waren diese im Inland offenkundig, so droht, wenn die Schonfrist aus § 2 Satz 2 PatG versäumt wird, die Zurückweisung der Patentanmeldung wegen mangelnder Neuheit gemäß § 2 Satz 1 PatG[79]). Das schließt allerdings die Entstehung eines Vorbenutzungsrechts des Benutzenden gegenüber einem anderen (außenstehenden) Patentanmelder (§ 7 PatG) nicht aus[80]). Dagegen kann der unbefugt benutzende Teilhaber intern,

---

[74]) S. oben S. 200 f.

[75]) Vgl. oben S. 122 ff.

[76]) Hier sei angemerkt, daß allgemein eine Aufteilung des Patents in reale Teile (Gegenstände, Ansprüche u. a. m.) und die Abtretung solcher „Patentteile" rechtlich nicht möglich ist, vgl. statt vieler Kisch Hdb. S. 213.

[77]) Vgl. als Parallele die urheberrechtliche Entscheidung BGH 3. 3. 59 GRUR 1959, 335.

[78]) S. darüber oben S. 193 ff., 200 f.

[79]) A. M. Zeller S. 182.

[80]) Ebenso Zeller S. 28 und 284.

d. h. gegenüber den anderen Teilhabern, wenn die Patentanmeldung für die gemeinsame Erfindung erst nach Inbenutzungnahme durch ihn (oder nachdem er die zur Benutzung erforderlichen Anstalten getroffen hatte, vgl. § 7 PatG) eingereicht worden ist, nicht unter Berufung auf § 7 Abs. 1 PatG ein eigenes „Benutzungsrecht" geltend machen und damit im Ergebnis § 743 Abs. 2 BGB, dessen Anwendbarkeit bei Erfindungsgemeinschaften oben verneint worden ist, zur Anwendung bringen. § 7 PatG gibt nämlich kein positives Recht zur Benutzung, sondern, wenn gegen den Benutzer Unterlassungsansprüche erhoben werden, nur einen Einwand (Rechtfertigungsgrund), und unter Miterfindern ist auch dieser in der Regel nicht anzuerkennen[81]), sofern zwischen ihnen überhaupt patentrechtliche Rechtsbeziehungen bestehen sollten[82]). Die ganz andere Frage, wie vor dem Beitritt des einzelnen zur Erfindungsgemeinschaft von ihm getätigte Benutzungshandlungen rechtlich zu werten sind, ist an anderer Stelle[83]) besprochen worden.

f) Abschließend sei für diejenigen, die entgegen der hier vertretenen Meinung den einzelnen Teilhaber gemäß § 743 Abs. 2 BGB für befugt halten, den Gegenstand der Erfindung zu benutzen, nämlich nicht „für alle", sondern „für sich selbst", noch folgendes bemerkt: Als Folge jener Ansicht tritt die Frage auf, ob dem Benutzer auch die erzielten Erträge verbleiben, insbesondere der Erlös beim Verkauf der hergestellten Erzeugnisse, so daß er den anderen Teilhabern weder Rechnung zu legen noch den Gewinn mit ihnen zu teilen braucht[84]). Dies wäre wiederum eine mit den Grundsätzen der Gemeinschaft kaum zu vereinbarende Folgerung, denn gerade wegen entsprechender Aufteilung der Nutzungen hat das Gesetz auf die Bestimmung der Anteile der Teilhaber (§ 742 BGB) und die entsprechende (§ 743 Abs. 1 BGB) und als Sonderrecht garantierte (§ 745 Abs. 3 Satz 2 BGB) Nutzungsverteilung Wert gelegt. Auch im Falle gestatteter Eigennutzung besteht somit ein Anspruch der anderen Teilhaber auf einen der Höhe ihres Gemeinschaftsanteils entsprechenden Teil des Gewinns[85]). Die den Teilhabern hiernach auszuzahlenden Beträge sind jedoch, wie hier erneut betont sei[86]), keine patentrechtlichen „Lizenzgebühren", sondern gemeinschaftlicher Nutzungsanteil.

5. Weiter ist zu fragen, ob die Benutzung der Erfindung durch Mehrheitsbeschluß der Gemeinschafter in einer die Überstimmten bindenden Weise geregelt werden kann.

a) Dazu bestimmt § 745 Abs. 1 BGB:

„Durch Stimmenmehrheit kann eine der Beschaffenheit des gemeinschaft-

---

81) RG 30. 4. 47 RGZ 117, 47; a. M. wohl Kent Bd. I S. 551 Nr. 37.

82) Vgl. oben S. 200 f.

83) Vgl. oben S. 193 ff.

84) S. in diesem Sinne Schnabel „Reichsbahn" 1935 S. 940, f. England Abel GRUR 1949 S. 387/8, f. d. USA Scher S. 85.

85) Ebenso Kent Bd. I S. 533 Nr. 539, Kisch Hdb. S. 142, Calé GRUR 1931 S. 95, Reimer S. 143/4.

86) Vgl. oben S. 202.

lichen Gegenstandes entsprechende ordnungsmäßige Verwaltung und Benutzung beschlossen werden. Die Stimmenmehrheit ist nach der Größe der Anteile zu berechnen."

Dies wird in § 746 BGB dahin ergänzt, daß die durch Mehrheitsbeschluß getroffenen Bestimmungen auch für und gegen die Sondernachfolger (der einzelnen Teilhaber) wirken.

b) Man wird zwar in diesen Fällen stets versuchen, Einstimmigkeit und damit eine „Vereinbarung" über die Benutzung zu erzielen[87]). Wie aber, wenn dies nicht gelingt? Die Rechtslage, welche sich möglicherweise ergibt, sei nachstehend für die verschiedenen Personen- und Anteilsverhältnisse betrachtet.

aa) Besteht die Gemeinschaft aus nur zwei Teilhabern mit gleich großen Anteilen — letzteres ist gemäß § 742 BGB die Regel —, gibt es keine Stimmenmehrheit, so daß § 745 Abs. 1 BGB nicht anwendbar ist. Ist der Anteil des einen Teilhabers größer als der des anderen, könnte der letztere vom ersteren stets nach Belieben „überstimmt" werden, was praktisch auf ein Alleinbestimmungsrecht hinauslaufen würde in einer Angelegenheit, bei der nicht nur kleine Grenzfragen des Maßes der Benutzung, sondern deren Art und Weise überhaupt, ja die Benutzungsbefugnis selbst zur Entscheidung anstehen. Man wird daher anzunehmen haben[88]), daß dies h i e r nicht der Sinn des § 745 Abs. 1 BGB sein kann, andernfalls man zu dem Ergebnis gelangen würde, daß mit der Verschiedenheit der Anteilshöhe jede Gleichberechtigung der Teilhaber beseitigt wäre. Somit scheidet die Vorschrift auch in diesem Fall aus.

bb) Besteht die Gemeinschaft aus mehr als zwei Teilhabern, sind zunächst die vorstehend genannten Abstimmungsverhältnisse nicht schlechthin ausgeschlossen, nämlich dann nicht, wenn bei gleicher Anteilshöhe eine ungerade Zahl von Teilhabern vorhanden ist oder wenn der Anteil eines Teilhabers größer ist als die Anteile der anderen zusammen. Man wird auch in diesem Fall, und zwar mit der oben gegebenen Begründung, einem Mehrheitsbeschluß die Wirkung zu versagen haben. Der Gleichberechtigungsgrundsatz erscheint dabei aber auch dann gefährdet, wenn man sich mehrere Teilhaber mit gleich hohen Anteilen vorstellt, also eine Übereinstimmung von Kopfzahl und Anteilen. Sollen wirklich einige von ihnen, die unter sich einig sind und die Mehrheit bilden, ständig die anderen, vielleicht aus unsachlichen Gründen, in Fragen der Erfindungsbenutzung überstimmen können mit dem Erfolg, daß letztere, weil § 745 Abs. 2 BGB nur bei Fehlen eines Mehrheitsbeschlusses einsetzt[89]), nicht einmal zu einer „dem Interesse aller Teilhaber nach billigem

[87]) S. über diese oben S. 200 ff.

[88]) Ebenso, ohne nähere Begründung, Schnabel „Reichsbahn" 1935 S. 940; zweifelnd auch Kisch GRUR 52, 268.

[89]) Der Beschluß kann von der Minderheit insbesondere nicht wegen Unzweckmäßigkeit angefochten werden, vgl. RGRKom. § 745 BGB Anm. 2; nur bei „nachträglich veränderter Sachlage" wird a. a. O. unter Umständen die Anwendung des Abs. 2 für möglich gehalten.

Ermessen entsprechenden" Benutzung die Zustimmung aller fordern können?[90]) Wie weit man solche Bedenken in allen Fällen geltend machen muß, in denen mehrere Personen auf irgendeine Weise zu Mitinhabern nach Bruchteilen an einer Erfindung oder einem Schutzrecht geworden sind, kann dahinstehen. Vorliegend handelt es sich ausschließlich[91]) um Gemeinschaften von Miterfindern, also von Teilhabern, bei denen neben dem Vermögensanteil am Gemeinschaftsobjekt das Erfinderpersönlichkeitsrecht[92]) fortbesteht, ein Umstand, der in besonderem Grad die Beachtung des Gleichheitsgrundsatzes erheischt und somit jedenfalls bei derartigen Gemeinschaften die Anwendung von Vorschriften verbietet, welche die Möglichkeit geben, den Willen einzelner in wesentlichen Fragen aus beliebigen, also auch aus unsachlichen Motiven im Wege der Abstimmung auszuschalten.

Daher dürfte § 745 Abs. 1 BGB auf Erfindungsgemeinschaften, vor oder nach Schutzrechtserteilung, nicht anwendbar sein. Sollte dagegen eingewendet werden, daß sich die Überstimmten ein „entgegen Treu und Glauben herbeigeführtes" Abstimmungsergebnis nach allgemeinen Rechtsgrundsätzen nicht entgegenhalten zu lassen brauchten, so wäre zu erwidern, daß dieses Ausweichen auf die ultima ratio der exceptio doli keine hinreichende Sicherung für die Einhaltung der Grundsätze bietet, die bei einer Erfindungsgemeinschaft der in Rede stehenden Art nicht verletzt werden dürfen. Endlich stehen der Ansicht, die Seligsohn zu dieser Frage vertreten hat[93]), wonach trotz des Wortlautes von § 745 Abs. 2 BGB dessen Anwendung „als Vertragsabsicht" möglich ist, wenn der Mehrheitsbeschluß „offenbar nicht der Billigkeit entspricht", erhebliche Umstände entgegen: der Gesetzestext selbst, der Mangel eines „Vertrags" und die Autonomie der Gemeinschaft.

Weiter unten wird ein Weg gezeigt werden, die Frage der Benutzung angemessen zu regeln, wenn eine Einigung aller nicht herbeizuführen ist. Da aber auch dieser, wie dargelegt werden wird, erhebliche Schwierigkeiten bietet, muß nach wie vor an dem seinerzeit von Isay[94]) gegebenen Rat festgehalten werden: „Bei der Unzulänglichkeit der gesetzlichen Bestimmungen kann nur geraten werden, die Verhältnisse der Gemeinschaft durch Vertrag möglichst eingehend zu regeln."

c) Selbst wenn man, entgegen der hier vertretenen Ansicht, den Stimmenmehrheitsbeschluß aus § 745 Abs. 1 BGB zuläßt, dürfen die gesetzlichen Schranken eines solchen nicht übersehen werden. Dazu bestimmt § 745 Abs. 3 BGB:

„Eine wesentliche Veränderung des Gegenstandes kann nicht beschlossen oder verlangt werden. Das Recht des einzelnen Teilhabers auf einen seinem

---

[90]) Möglicherweise ist auch dies der Grund für die Feststellung von Isay (S. 358) gewesen, daß § 745 BGB auf die hier in Rede stehenden Gemeinschaften „nicht paßt".

[91]) Vgl. die Abgrenzung des Themas oben S. 1 ff.

[92]) S. über diesen Unterschied oben S. 13 f.

[93]) Seligsohn S. 92.

[94]) Isay S. 358.

Anteil entsprechenden Bruchteil der Nutzungen kann nicht ohne seine Zustimmung beeinträchtigt werden."

Der Beschluß, die Erfindung in bestimmter Weise zu nutzen, kann nicht als „Veränderung" des gemeinschaftlichen Gegenstandes angesehen werden. Was den Anspruch auf die Nutzungsquote angeht, so sind zwei Stadien zu unterscheiden. Die eigentliche, in Satz 2 geregelte Frage ist die, ob der Teilhaber quotenmäßig einen Anspruch auf die erzielten[95]) Nutzungen hat. Dagegen ist die Vorfrage, wie die Benutzung zu gestalten ist, damit Nutzungen erzielt werden, mit dieser Gesetzesstelle nicht gemeint. Der einzelne Teilhaber kann also aus diesem Rechtssatz (§ 745 Abs. 3 Satz 2 BGB) keinen Anspruch darauf herleiten, daß Verwaltungsmaßnahmen und Benutzungsmethoden unterbleiben, als deren Folge sich eine Verminderung des Gesamtertrags und damit seines Anteils an diesem ergeben kann[96]).

6. Für den Fall, daß die Benutzung der gemeinschaftlichen Erfindung weder durch Vereinbarung noch — was entgegen der hier vertretenen Ansicht[97]) von manchem für möglich gehalten wird — durch Mehrheitsbeschluß gemäß § 745 Abs. 1 BGB geregelt ist, bietet § 745 Abs. 2 BGB, bevor als letzter Ausweg der der Auflösung der Gemeinschaft gewählt wird, folgende Möglichkeit:

„Jeder Teilhaber kann, sofern nicht die Verwaltung und Benutzung durch Vereinbarung oder durch Mehrheitsbeschluß geregelt ist, eine dem Interesse aller Teilhaber nach billigem Ermessen entsprechende Verwaltung und Benutzung verlangen."

Es handelt sich um einen Anspruch auf Zustimmung, der erforderlichenfalls im Klagewege durchgesetzt werden, d. h. durch Urteil erfolgen kann. Das Ergebnis bindet auch die Sondernachfolger gemäß § 746 BGB[98]).

Der Rahmen, in dem das Gericht entscheiden kann, ist bei billiger Berücksichtigung der Interessen aller Teilhaber grundsätzlich der gleiche wie der, welcher für eine vertragliche Einigung zur Verfügung steht, so daß auf die zu dieser gemachten Hinweise[99]) verwiesen werden kann[100]). Mit Recht ist darauf hingewiesen worden, daß die Nutzung durch Lizenzvergabe[101]) keineswegs immer als der einzige „dem Interesse aller billigerweise entsprechende" Weg in Betracht kommt, insbesondere dann nicht, wenn ein Teil-

---

[95]) § 745 Abs. 3 Satz 2 BGB gewährt keine Benutzungsbefugnis; a. M. anscheinend Engländer GRUR 1924 S. 56, der unter Bezugnahme auf diese Vorschrift erklärt, die Befugnis zur Erfindungsbenutzung im Betrieb eines Teilhabers könne nicht ausgeschlossen werden.

[96]) Ebenso im Ergebnis RGRKom. § 745 BGB Anm. 4.

[97]) Vgl. soeben bei 5 zu b (S. 214 f.).

[98]) RGRKom. § 746 BGB Anm. 1.

[99]) S. oben S. 202/3.

[100]) Vgl. auch Engländer GRUR 1924 S. 56, Calé GRUR 1931 S. 95, Kisch GRUR 1952 S. 268/9.

[101]) Über Verwertung durch Lizenzerteilung s. unten Teil H (S. 222 ff.).

haber ein (einschlägiger) Fabrikant ist[102]). Zahlungen an die nichtbenutzenden Teilhaber sollte man aber auch hier nicht als „Lizenzgebühren" bezeichnen[103]).

Die in § 745 Abs. 3 BGB gezogene Schranke gilt auch hier[104]) hinsichtlich einer Veränderung des gemeinschaftlichen Gegenstands und des Anspruches der Teilhaber auf quotenmäßigen Nutzen.

Die Entscheidung hat sich nach den Umständen des gegebenen Falles zu richten, ist stets schwierig und häufig nicht ohne sachverständigen Beistand möglich. Es ist natürlich denkbar, daß das Ergebnis des Richterspruchs das gleiche ist wie ein von der Mehrheit der Teilhaber zuvor gefaßter, nach der hier vertretenen Ansicht[105]) unzulässiger und daher unwirksamer Beschluß. Diese „Möglichkeit" rechtfertigt es jedoch nicht, Mehrheitsbeschlüsse über die Benutzungsbefugnis gemäß § 745 Abs. 1 BGB bei Erfindungsgemeinschaften zuzulassen, da man auf solche Weise, in Unvereinbarkeit mit dem die Gemeinschaft beherrschenden Gleichheitsgrundsatz[106]), die Mehrheit der Teilhaber zu Richtern in der Sache aller erheben würde.

Im Streitfall dürfte, da es sich um die Benutzung einer Erfindung handelt (obwohl nicht eigentlich patentrechtliche Ansprüche zur Entscheidung stehen)[107]), die Zuständigkeit der Patentstreitkammern gemäß § 51 PatG anzunehmen sein[108]). Die Klage bedarf eines bestimmten Antrags, so daß es nicht genügt, lediglich eine „angemessene, dem Gericht überlassene Regelung" zu fordern. Sie ist eine gegen den oder die Widerstreitenden zu richtende Leistungsklage[109]). Darüber ist bereits an anderer Stelle ausführlich gesprochen worden[110]).

III. Benutzungsbefugnis bei der Gesellschaft

1. Im vorigen Abschnitt wurde angenommen, daß unter den Miterfindern, wie es die Regel ist[111]), eine Gemeinschaft nach Bruchteilen (§§ 741 ff. BGB) besteht. Nachstehend soll erörtert werden, wie sich die Befugnis zur Benutzung der Erfindung gestaltet, wenn das Verhältnis der Beteiligten als Gesellschaft gemäß §§ 705 ff. BGB anzusehen ist. Der Begriff der „Benutzung" soll dabei der gleiche sein wie oben[112]), er beschränkt sich also auf

[102]) Engländer a. a. O., Isay GRUR 1924, 26/7.

[103]) So Isay a. a. O.; vgl. dagegen oben S. 202.

[104]) Ebenso Calé a. a.O. S. 94; Näheres s. oben S. 215.

[105]) S. soeben bei 5 zu b (S. 214 f.).

[106]) S. über diesen insbesondere oben S. 208.

[107]) S. oben S. 200 f.

[108]) Vgl. zur weiten Auslegung von § 51 PatG BGH 22. 6. 54 GRUR 1955 S. 83 = NJW 1954 S. 1568, OLG Celle GRUR 1958 S. 292, OLG Düsseldorf GRUR 1960 S. 123.

[109]) RGRKom. § 745 BGB Anm. 3.

[110]) S. oben S. 127 ff.

[111]) Vgl. D II, 1 zu f S. 110.

[112]) S. oben G I, 1 S. 198.

technisch-wirtschaftliche Benutzungshandlungen im Sinne von § 6 PatG. Lizenzverträge als —auf seiten des Lizenzgebers — „rechtliche" Verwertung der Erfindung werden also hier zunächst nicht besprochen[113]).

Für das Thema der Benutzungsbefugnis von Gesellschaftern scheiden ferner die Fälle aus, in denen die Inhaber das Patent auf einen von ihnen übertragen, damit dieser es nutzen und die anderen am Reingewinn teilnehmen lassen soll[114]). Desgleichen[115]) der Fall, daß der Alleininhaber eines Patents dieses einer auf Patentverwertung gerichteten Gesellschaft zur Verfügung stellt, wobei es bekanntlich darauf ankommt, ob der Gesellschaft das Patent nur zur Benutzung überlassen oder auf sie übertragen wird[116]).

Zu unterstellen ist also der Fall: die Miterfinder haben zu irgendeinem Zeitpunkt über ihre Rechtsbeziehungen Vereinbarungen mit so starker personeller Bindung zu gemeinsamem Zweck[117]) getroffen, daß ihr Innenverhältnis als Gesellschaft erscheint.

2. In solchen Fällen wird häufig die Frage der Befugnis zur Erfindungsbenutzung durch Vereinbarung geregelt sein. Auch hier geht, wie im Schuldrecht in der Regel, Vertrag vor Gesetz[118]). Als Vereinbarung ist auch ein einstimmiger Gesellschafterbeschluß anzusehen. Mehrheitsbeschlüsse binden nur, wenn dies im Gesellschaftsvertrag bestimmt ist, arg. § 709 Abs. 2 BGB.

Wenn in dieser Richtung keine ausdrückliche Vereinbarung getroffen ist, kann möglicherweise durch Auslegung dessen, was im übrigen vereinbart wurde, auf gewisse stillschweigende Abreden hinsichtlich der Benutzungsbefugnis geschlossen werden. Allerdings nur mit großer Vorsicht, da in Ermangelung besonderer Umstände nicht unterstellt werden kann, daß ein Gesellschafter auf seine grundsätzliche Gleichberechtigung[119]) verzichtet; auch die das Gesellschaftsverhältnis beherrschende Treupflicht der Gesellschafter[120]) erheischt einen solchen Verzicht nicht[121]). Somit ist grundsätzlich davon auszugehen, daß, wenn anderweitige Abreden fehlen, eben nur die gemeinschaftliche Nutzung der Erfindung (des Patents) gewollt ist.

In diesem Zusammenhang könnte man fragen, welcher Parteiwille anzunehmen ist, wenn einer der Gesellschafter vermöge seines Berufes und seiner technisch-wirtschaftlichen Mittel von vornherein als einziger der Beteiligten zur Erfindungsbenutzung in der Lage ist. So etwa, wenn der Inhaber einer

---

113) S. darüber unten Teil H (S. 222 ff.).

114) Vgl. den Fall RG 10. 10. 39 GRUR 1940 S. 339 (341); ferner Pietzcker S. 363.

115) Vgl. die Abgrenzung oben S. 1 ff.

116) Vgl. Busse S. 192, Reimer § 9 Anm. 97.

117) S. oben S. 102, 106.

118) Ebenso Kent Bd. I S. 534/5 Nr. 543, der a. a. O. S. 595/6 unter Nr. 33 zutreffend darauf hinweist, daß nicht die Patentinhaberschaft als solche „aufgeteilt" werden kann.

119) Vgl. über diese RGRKom. § 706 BGB Anm. 1 und RGZ 151, 121.

120) Vgl. oben S. 135 f.

121) Ebenso RGRKom. Vorbem. 4 vor § 705 BGB.

Kühlschrankfabrik und ein „freier" Ingenieur in bewußter und durch gesellschaftsrechtliche Abreden begründeter Zusammenarbeit eine speziell für Kühlschränke geplante Erfindung erarbeiten: liegt in diesem Sichzusammentun nicht bereits stillschweigend beschlossen, daß die Erfindung im Betrieb des Fabrikanten ausgewertet werden und der Ingenieur lediglich am Gewinn beteiligt sein soll? Darf der Ingenieur nach Treu und Glauben auch zur Eigenverwertung schreiten? Kann er das Einverständnis des Fabrikanten fordern, daß einer anderen, größeren und kapitalkräftigeren Kühlschrankfabrik die ausschließliche oder wenigstens eine einfache Lizenz erteilt wird? Kann er insbesondere einwenden, man habe, als man sich zusammentat, Umfang und wirtschaftliche Bedeutung der Erfindung nicht oder doch nur so ungenau voraussehen können, daß ein die Art ihrer Verwertung betreffender, stillschweigender Vertragswille nicht angenommen werden könne?

Eine schwierige Auslegungsfrage. Es ist grundsätzlich davor zu warnen, Benutzungsrechtsfragen anhand solcher „Musterbeispiele" generell so oder so zu beantworten. Die Lebensverhältnisse sind wesentlich bunter und vielgestaltiger. Da in concreto der vermutete Parteiwille zu erforschen ist, darf nichts übersehen werden, was von allen Umständen der gegebenen Situation mit diesem in Einklang oder in Widerspruch stehen könnte. Es gibt kaum einen sichereren Weg zu Unrecht und Unbilligkeit, als bei oberflächlicher Betrachtung und in flüchtiger Würdigung einem Beteiligten etwas als von ihm gewollt und stillschweigend erklärt zu unterstellen, was er, zieht man sämtliche ihm bekannte und für ihn bedeutsame und für den anderen Teil erkennbare Momente heran, weder gewollt noch gebilligt haben kann. Somit kann auch die hier aufgeworfene Frage allgemein, d. h. ohne Rücksicht auf die besonderen Umstände des jeweils gegebenen Falles, weder in dem einen noch in dem anderen Sinne beantwortet werden. Überdies darf nicht übersehen werden, daß unter Gesellschaftern grundsätzlich Gleichberechtigung herrscht, so daß, wer davon abweichende Abreden behauptet, diese im einzelnen darzulegen und, falls sie nicht durch unstreitige Umstände wahrscheinlich gemacht werden, zu beweisen hat.

Wegen des möglichen I n h a l t s von Abreden, die unter Gesellschaftern über die Benutzung der Erfindung getroffen werden, kann auf die entsprechenden, zur Bruchteilsgemeinschaft gemachten Ausführungen Bezug genommen werden[122]).

3. Wenn ausdrückliche oder stillschweigende Abreden über die Benutzung der Erfindung f e h l e n , steht dem einzelnen Gesellschafter n i c h t „kraft Gesetzes" die Befugnis zu, die gemeinschaftliche Erfindung zu benutzen. Einer solchen Annahme würde nämlich sowohl der erwähnte Gleichheitsgrundsatz entgegenstehen, weil die Benutzung, wie bereits in anderem Zusammenhang zu § 743 Abs. 2 BGB dargelegt worden ist[123]), stets die Mitberechtigung der anderen am Monopol beeinträchtigt, wie auch die unter Gesellschaftern be-

---

[122]) S. oben S. 202/3.

[123]) S. oben S. 204 ff.

stehende Treupflicht, die es dem einzelnen verbietet, ohne Einverständnis der anderen Handlungen vorzunehmen, die den eigenen Vorteil an die Stelle des Gesamtwohls zu setzen geeignet erscheinen, ja die Gefahr in sich bergen, zu einem die Mitgesellschafter schädigenden Wettbewerb zu werden[124]).

4. Eigenmächtige und daher unzulässige Benutzungshandlungen eines Gesellschafters, also eines Mit-Berechtigten, sind keine Patentverletzung. Es gilt dasselbe, was zur gleichen Frage bei der Bruchteilsgemeinschaft ausgeführt worden ist[125]), ja wegen der noch engeren Vermögensbindung in verstärktem Maße. Der Gesellschafter haftet aber den anderen hinsichtlich seiner Gesellschafterpflichten auf Erfüllung (hier: Unterlassung) und bei Verschulden auf Schadensersatz[126]). Diese Schadensersatzzahlungen sind keine „Lizenzgebühren".

IV. Besonderheiten bei Arbeitnehmererfindungen

1. Erfindungsgemeinschaften mit Arbeitnehmern im Sinne des Gesetzes über Arbeitnehmererfindungen vom 25. 7. 1957 (ArbEG) können, wie an anderer Stelle dargelegt worden ist[127]), lediglich aus Arbeitnehmern des gleichen Betriebes bestehen, aber auch „mehrbetrieblich" sein, wenn ihr Arbeitnehmer verschiedener selbständiger Betriebe angehören, oder „gemischt", wenn die Gemeinschaft aus einem oder mehreren Arbeitnehmern und einer oder mehreren „freien" Personen als Miterfindern besteht. Soweit es sich um Diensterfindungen (§ 4 Abs. 2 ArbEG) handelt, können sie vom Arbeitgeber — aber stets nur hinsichtlich des von „seinen" Arbeitnehmern geschaffenen Anteils[128]) — unbeschränkt oder beschränkt in Anspruch genommen werden; im letzteren Falle erwirbt er lediglich ein nichtausschließliches Benutzungsrecht an dem, was Diensterfindung „seiner" Arbeitnehmer ist, § 7 Abs. 2 Satz 1 ArbEG.

Arbeitnehmererfindungsgemeinschaften unterliegen in aller Regel den Vorschriften der sogenannten Bruchteilsgemeinschaft §§ 741 ff. BGB[129]).

2. Bei „mehrbetrieblichen" Arbeitnehmererfindungsgemeinschaften bestehen, wenn der oder die Arbeitgeber die unbeschränkte Inanspruchnahme des Anteils „ihrer" Arbeitnehmermiterfinder an der Diensterfindung erklären, keine Abweichungen von dem, was oben hinsichtlich der Benutzungsbefugnis der Teilhaber einer Bruchteilsgemeinschaft im allgemeinen auszuführen war[130]).

---

124) Es dürfte Mager NJW 1961 S. 147 gegen Lutz NJW 1960 S. 1883 darin zuzustimmen sein, daß solche sich aus dem Wesen der Gesellschaft ergebenden „Wettbewerbsbeschränkungen" nicht mit dem Kartellrecht in Widerspruch stehen.

125) Vgl. oben S. 212.

126) Ebenso Kent Bd. I S. 534/5 Nr. 543.

127) Vgl. oben S. 10/1.

128) S. oben S. 75 ff.

129) Vgl. oben S. 111 f.

130) S. oben S. 199 ff.

Wie nun, wenn einer der Arbeitgeber nur die beschränkte Inanspruchnahme (§ 7 Abs. 2 Satz 1 ArbEG) erklärt? Sein nichtausschließliches Benutzungsrecht erstreckt sich, wie erwähnt, nicht auf die ganze Erfindung, er tritt also weder mit den Arbeitnehmererfindern des anderen Betriebes noch, nach dessen dort erklärter unbeschränkter Inanspruchnahme, mit deren Arbeitgeber in „Rechtsgemeinschaft" an der Erfindung[131]). Ein Benutzungsrecht kann er also nicht als „Teilhaber" beanspruchen, sondern lediglich als quasi einfacher Lizenznehmer, und auch das nur am Anteil „seiner" Arbeitnehmermiterfinder. Er kann dabei keinesfalls „mehr" Benutzungsbefugnis haben, als diese bei Freigewordensein (§ 8 Abs. 1 Ziff. 1 und 3 ArbEG) als Gemeinschaftsteilhaber hätten[132]). Das ist aber nach der hier vertretenen Ansicht nur das, was ihnen von der Gesamtheit aller Teilhaber in dieser Hinsicht zugebilligt würde[133]). Ja während sie notfalls die Zustimmungsklage gemäß § 745 Abs. 2 BGB erheben könnten[134]), ist dem Arbeitgeber-Lizenznehmer, weil er nicht „Teilhaber" ist, auch dieser Weg versperrt. Sein nichtausschließliches Benutzungsrecht steht also, wenn keine besonderen Abreden mit den anderen Beteiligten vorliegen, praktisch wohl nur auf dem Papier. Ein Grund, bei Bildung mehrbetrieblicher Work-teams von vornherein entsprechende Vereinbarungen zu treffen oder sich bei dieser Art von Arbeitnehmererfindungen stets für die unbeschränkte Inanspruchnahme zu entscheiden.

3. Für „gemischte" Arbeitnehmererfindungsgemeinschaften gilt folgendes:

Bei unbeschränkter Inanspruchnahme tritt der Arbeitgeber als Bruchteilsteilhaber in Gemeinschaft mit dem oder den „freien" Miterfindern. Seine Benutzungsbefugnis bestimmt sich daher nach den für die Bruchteilsgemeinschaften geltenden, oben[135]) ausführlich dargestellten Regeln[136]).

Erklärt er nur eine beschränkte Inanspruchnahme mit der Folge, daß er gemäß § 7 Abs. 2 Satz 1 ArbEG lediglich ein nichtausschließliches Benutzungsrecht am Erfindungsanteil des Arbeitnehmers erwirbt, ohne mit dem oder den „freien" Miterfindern in eine Rechtsgemeinschaft an der Erfindung zu treten[137]), so erhält er lediglich die „Befugnis", welche im gleichen Fall einem Arbeitgeber bei der mehrbetrieblichen Arbeitnehmererfindung zusteht und die oben hinsichtlich einer eigenen Benutzungsbefugnis als prak-

---

131) Vgl. oben S. 113.

132) Über die Benutzungsbefugnis am Erfindungsbeitrag, wenn dieser als solcher nicht geschützt ist, gilt dasselbe wie bei der Bruchteilsgemeinschaft, vgl. oben S. 211.

133) Vgl. insbesondere oben S. 199 ff.

134) Vgl. zu dieser oben S. 216.

135) Vgl. oben S. 199 ff.

136) Ebenso Riemschneider-Barth S. 86, unten.

137) Vgl. oben S. 115.

tisch wertlos bezeichnet werden mußte. Es kann daher auf die diesbezüglichen Ausführungen[138]) verwiesen und der dort gegebene Rat hierher übernommen werden.

H. DIE BEGRÜNDUNG VON RECHTEN FÜR AUSSENSTEHENDE

I. Vorbemerkung

In diesem Abschnitt soll untersucht werden, inwieweit die an der Erfindungs- oder Schutzrechtsgemeinschaft Beteiligten, sei diese eine Bruchteilsgemeinschaft oder eine Gesellschaft, Außenstehenden ein Benutzungsrecht an der Erfindung einräumen können. Daß diese Frage in engem Zusamenmhang mit dem steht, was oben über die Stellung der Beteiligten zum gemeinschaftlichen Vermögen[1]), über das Verwaltungs- und Geschäftsführungsrecht[2]) und über die Befugnis zur Benutzung der Erfindung[3]) ausgeführt worden ist, liegt auf der Hand. Es ist daher darauf zu achten, ob das, was über die Möglichkeiten der Begründung von Benutzungsrechten für Außenstehende festgestellt wird, rechtssystematisch in Einklang steht mit dem, was bei Beantwortung der soeben erwähnten Fragen angenommen worden ist.

„Außenstehend" im Sinne der folgenden Untersuchungen sind übrigens nicht nur Personen, die nicht zum Kreis der Erfindungsgemeinschafter oder -gesellschafter gehören, sondern gelegentlich auch die Beteiligten selbst, sofern sie Rechte erwerben sollen, die ihnen in dieser Eigenschaft nicht per se zustehen. Für die folgenden rechtlichen Betrachtungen macht es also beispielsweise keinen Unterschied, ob ein Pfandrecht an der Erfindung dem bisher völlig unbeteiligten Inhaber einer Fabrik oder einem der an der Erfindungsgemeinschaft selbst Beteiligten eingeräumt werden soll.

II. Die Problematik der Lizenzerteilung bei Erfindungsgemeinschaften

Der Begriff „Lizenz" kann als bekannt vorausgesetzt werden, ebenso der der ausschließlichen und der einfachen (nichtausschließlichen) Lizenz. Auch ist hier nicht darüber zu sprechen, welche Rechte und Pflichten für Lizenzgeber und Lizenznehmer nach wirksamem Abschluß des Lizenzvertrages entstehen, insbesondere ob und inwieweit auf das Verhältnis zum Lizenznehmer die Vorschriften des Miet- oder Pachtrechts entsprechend anzuwenden sind[4]) usw. Vielmehr stellt sich vorliegend die demgegenüber primäre Frage, ob die Lizenz an dem gemeinschaftlichen Schutzrecht von allen Mitinhabern

[138]) S. soeben bei 2, am Ende.

[1]) Vgl. oben S. 116 ff.

[2]) Vgl. oben S. 127 ff.

[3]) Vgl. oben Teil G (S. 198 ff.).

[4]) Dies ist stets nur mit gewissen Einschränkungen möglich, vgl. BGH 5. 7. 60 GRUR 1960 S. 27.

(Miterfindern) erteilt werden muß, oder ob schon einer von ihnen oder eine Minderheit, ohne Zustimmung der anderen, rechtlich dazu in der Lage ist. Ferner interessiert vorliegend nicht, was nach rechtlich wirksam erteilter Lizenz mit den sich daraus für den oder die Lizenzgeber ergebenden Ansprüchen geschieht. Die ist ein nicht eigentlich das Problem der Erfindungsgemeinschaften berührendes Thema, zu dem etwa fraglich sein kann, ob ein Teilhaber durch Abtretung seiner „Ansprüche aus dem Schutzrecht", das einem Außenstehenden in Lizenz gegeben worden ist, über seinen Anteil am Schutzrecht selbst (§ 747 Satz 1 BGB) oder nur über seinen anteiligen Anspruch an den Lizenzgebühren verfügt[5]). Auch der Fall, daß die Teilhaber das Schutzrecht einvernehmlich auf einen von ihnen übertragen mit der Abrede, er solle es durch Lizenzerteilung auswerten, gehört nicht zu den nachstehend zu erörternden Fragen, da hier der Lizenzerteilung ein anderes Rechtsgeschäft vorangegangen ist, das den Lizenzgeber vom Mitinhaber zum — sei es auch nur treuhänderischen — Alleininhaber gemacht hatte, womit die Lizenzerteilung selbst seitens des allein Berechtigten erfolgt ist[6]).

Somit lautet die nachstehend zu erörternde Frage für Miterfindergemeinschaften: wer von ihnen kann mit rechtlicher Wirksamkeit einem Außenstehenden ein Benutzungsrecht an der gemeinsamen Erfindung — in der Regel: am gemeinsamen Schutzrecht — oder an „seinem" Anteil daran einräumen? Dazu gehört dann in den meisten Fällen die andere Frage, was mit den daraus erzielten Erträgen (Lizenzeinnahmen) zu geschehen hat. Alles dies gewinnt eine besondere Bedeutung bei Patenten, die sich nur in spezieller, den Teilhabern selbst nicht möglicher Weise anwenden lassen, so daß überhaupt nur der Weg einer Auswertung durch Lizenzerteilung zur Verfügung steht[7]).

III. Lizenzerteilung bei der Bruchteilsgemeinschaft

1. Es versteht sich von selbst, daß die Teilhaber die Befugnis zur Lizenzerteilung an dem gemeinsamen Schutzrecht durch eine von allen getroffene Vereinbarung regeln und dabei die Bedingungen festsetzen können, unter denen die Befugnis erteilt wird. Als Inhalt derartiger Abreden ist alles zulässig, was im Rahmen der Vertragsfreiheit und der diese zugunsten der Teilhaber beschränkenden Bestimmungen gestattet ist; insoweit kann auf die Ausführungen Bezug genommen werden, die oben[8]) über den möglichen Inhalt einer die Gebrauchsbefugnis betreffenden Vereinbarung gemacht worden sind. Auch hier gilt übrigens: die Bruchteilsgemeinschaft wird allein dadurch, daß solche Fragen durch Vertrag geregelt werden, nicht automatisch zu einer

[5]) In RG 25. 4. 38 GRUR 1938 S. 846 = Mitt. 1938 S. 275 (277) zutreffend als Auslegungsfrage des jeweiligen Falles bezeichnet.

[6]) Vgl. den Fall RG 10. 10. 39 GRUR 1940 S. 339.

[7]) Diese Fälle hat auch Calé GRUR 1931 S. 96 im Auge.

[8]) Vgl. oben S. 200 ff.; über die Bindung von Anteilserwerbern hieran vgl. oben S. 127 ff.

Gesellschaft im Sinne von §§ 705 ff. BGB[9]); erst der besondere Inhalt der Abreden kann im Einzelfall ergeben, daß die Verfolgung eines gemeinschaftlichen Zweckes durch Mitwirkung aller Beteiligten gewollt und damit ein gesellschaftliches Verhältnis geschaffen worden ist[10]).

Es empfiehlt sich, bei solchen Vereinbarungen auch die Frage der Ertragsverteilung zu regeln, insbesondere wenn der in § 743 Abs. 1 BGB[11]) normierte, auch für Lizenzerträge des gemeinschaftlichen Schutzrechts geltende[12]) Gleichheitsgrundsatz verlassen werden soll, was im Einverständnis der Betroffenen rechtlich zulässig ist.

2. Ein verhältnismäßig unproblematischer Fall ist der, daß alle Teilhaber gemeinsam einem Außenstehenden eine Lizenz erteilen.

Dem steht der Fall gleich, daß einer von allen ermächtigt wird, dies „für alle" zu tun[13]). Selbstverständlich bestehen gegenüber dem auf solche Weise Ermächtigten Ansprüche der anderen auf Auskunftserteilung und Rechnungslegung[14]).

Wegen der Frage der Nutzungsverteilung kann auf das verwiesen werden, was bereits oben[15]) dazu ausgeführt worden ist. Es empfiehlt sich, daß die Teilhaber die Einziehungsbefugnis für die Lizenzgebühren vertraglich regeln. Ohne solche Regelung dürfte anzunehmen sein, daß, wenn die Lizenzerteilung „durch alle" geschah, nur alle gemeinsam zur Einziehung berechtigt sind, dagegen in dem Fall, daß „einer für alle" die Lizenz erteilt hat, die Ermächtigung zur Lizenzerteilung auch die Einziehungsbefugnis umfassen sollte[16]).

3. Kann, bei der Erfindungsgemeinschaft, der einzelne Teilhaber einem Außenstehenden wirksam eine Lizenz erteilen, ohne daß die übrigen zustimmen müssen[17])? Überschreitet er damit nicht intern die Grenzen seines „Verwaltungsrechts"? Und liegt nach außen eine unberechtigte „Ver-

---

[9]) Vgl. statt vieler Gramm bei Palandt § 745 BGB Anm. 1.

[10]) S. oben S. 105 ff.

[11]) Lizenzgebühren sind „Früchte", die das Schutzrecht „vermöge eines Rechtsverhältnisses gewährt", § 99 Abs. 3 BGB; allg. M., vgl. RG 3. 10. 36 JW 1937 S. 28 Nr. 5 = Mitt. 1936 S. 361, ferner Kisch Hdb. S. 142, Benkard § 3 Anm. 4, Tetzner S. 168.

[12]) Unstr.; Kohler Hdb. S. 494, Kent Bd. I S. 533 Nr. 539, Isay S. 358, Kisch Hdb. S. 142, Reimer S. 143, Benkard a. a. O.

[13]) Lag in diesem Falle das Einverständnis aller zur Zeit der Lizenzerteilung nicht vor, kann es entsprechend den Regeln über die Geschäftsführung ohne Auftrag §§ 677 ff. BGB nachgeholt werden, vgl. RGRKom. § 713 BGB Anm. 1, am Ende.

[14]) RG 31. 1. 41 GRUR 1941 S. 152; Benkard § 3 Anm. 4.

[15]) S. soeben bei 2, am Ende.

[16]) Hier bietet die Rspr. zur Einziehung von Mietforderungen bei einem im Miteigentum mehrerer stehenden Haus gewisse Parallelen; vgl. dazu RGRKom. § 743 BGB Anm. 1.

[17]) Für die USA entnimmt Scher (S. 85) diese Befugnis aus § 262 des Patent Codification Act 1952.

fügung" vor? Wie verhält sich die Frage zu dem Grundsatz der Gleichberechtigung aller Teilhaber? Muß man dem einzelnen die Befugnis zur Lizenzerteilung vielleicht deshalb einräumen, weil andernfalls, sofern sich die Teilhaber nicht einigen können, nur der Weg der Auseinandersetzung und damit in der Regel einer Schädigung aller übrig bliebe? Alle diese Fragen sind nicht neu[18]).

Hierzu sei angemerkt, daß sich an der rechtlichen Beurteilung nichts ändert, wenn man bei Gemeinschaften von drei und mehr Teilhabern eine Lizenzerteilung seitens einer Minderheit oder seitens „nicht sämtlicher" Teilhaber unterstellt. Die soeben erwähnten Fragen kann nämlich bei zwei Teilhabern „der andere", bei mehr Teilhabern aber stets derjenige aufwerfen, dessen Zustimmung nicht eingeholt worden ist.

Die Entscheidung würde keine Schwierigkeiten bieten, wenn man annehmen wollte, daß die Befugnis des einzelnen Teilhabers zur Lizenzerteilung stillschweigend abbedungen sei. Soll also, wenn sich zwei Personen „zum Erfinden" zusammentun, in Ermangelung anderweitiger Umstände auch ohne ausdrückliche Worte als vereinbart gelten, daß keiner berechtigt sein soll, ohne Einverständnis des anderen einem Dritten eine Lizenz an der Erfindung (dem Schutzrecht) zu erteilen? Diese Frage ist bereits an anderer Stelle[19]) zum Thema „Benutzungsbefugnis des einzelnen?" gestellt und für den Zweifelsfall mit der Begründung verneint worden, es sei nicht anzunehmen, daß sich die Beteiligten in dieser Weise zur Unterlassung verpflichten wollten. Dasselbe ist auch vorliegend anzunehmen, also zur Frage der Lizenzerteilung. Entsprechendes hat selbst dann zu gelten, wenn der eine Beteiligte von vornherein kraft seiner Vorbildung (z. B. als Patentsachbearbeiter) oder seines Gewerbes (z. B. als auf dem Gebiet der erfinderischen Arbeiten tätiger Fabrikant) zu Lizenzverhandlungen geeigneter erscheint als der andere; dem letzteren von vornherein den Willen zu unterstellen, er werde sich jeder Mitwirkung bei Lizenzerteilungen enthalten, darf ohne besondere, zusätzlich auf solche Willensrichtung hindeutende Umstände nicht angenommen werden.

Den nachstehenden Ausführungen kann vorausgeschickt werden, daß die herrschende Meinung mit Recht eine Befugnis des einzelnen Teilhabers zu eigenmächtigen Lizenzerteilungen verneint.

a) Die ohne Zustimmung der anderen Teilhaber erfolgte Lizenzerteilung ist unwirksam, wenn man sie als Verfügung über den gemeinschaftlichen Gegenstand ansieht, § 747 Satz 2 BGB[20]). So jedenfalls bei Erteilung einer

---

[18]) Vgl. die Aufzählung bei Calé GRUR 1931 S. 96/7.

[19]) Vgl. oben S. 206.

[20]) Vgl. zum Verfügungsverbot im übrigen oben D III, 3 a; Calé GRUR 1931 S. 96 meint unzutreffend, die Erteilung einer Lizenz stelle keine Verfügung über den Gegenstand „im ganzen", sondern nur über das mit dem Anteil des einzelnen verknüpfte, grundsätzlich unbeschränkte Benutzungsrecht dar — vgl. dagegen hier oben S. 208 f.

ausschließlichen Lizenz[21]), aber wohl auch bei der einfachen Lizenz, seitdem anerkannt ist, daß diese — im Gegensatz zur sogenannten „negativen" Lizenzerteilung im Sinne eines bloßen Duldenwollens[22]) — ein positives, von der Veräußerung des Patents durch den Lizenzgeber unabhängiges Benutzungsrecht gewährt[23]). Selbst wenn man letzteres nicht annimmt, also die Erteilung einer einfachen Lizenz als lediglich schuldrechtliche Duldungsverpflichtung ansieht, gelangt man konsequent dazu, diese Pflicht nur inter partes anzunehmen, den Anspruch auf Duldung also nur als gegen den „erteilenden" Teilhaber (Lizenzgeber) gerichtet anzusehen mit der weiteren Folge, daß der „Lizenznehmer" dem Verbietungsrecht der übrigen Teilhaber ausgesetzt und, sofern ihm diese Folgen nicht klar sein mußten, auf Schadensersatzansprüche gegenüber „seinem" Lizenzgeber zu verweisen wäre[24]).

b) Die Befugnis zur Lizenzerteilung durch den einzelnen läßt sich auch nicht damit rechtfertigen, daß es sich im Verhältnis der Teilhaber zueinander um eine bloße Verwaltungsmaßnahme handele[25]). Auch eine solche darf nämlich nur von allen gemeinsam vorgenommen werden (§ 744 Abs. 1 BGB). Sie ist dem einzelnen gemäß § 744 Abs. 2 BGB nur gestattet, wenn es sich um eine zur „Erhaltung" des gemeinschaftlichen Gegenstandes „notwendige" Maßregel handelt[26]). Letzteres wird man von einer Lizenzerteilung kaum behaupten können, und zwar auch dann nicht, wenn im gegebenen Fall die Lizenzerteilung als einzige Möglichkeit in Betracht kommt, die Erfindung zu verwerten[27]).

c) Eine Lizenzerteilungsbefugnis des einzelnen Teilhabers ohne Zustimmung der übrigen oder gar gegen deren Willen läßt sich auch dann nicht aus dem Gesetz ableiten, wenn man annimmt, daß es sich hier um eine Spielart der Benutzung (des Gebrauchs) der Erfindung im Sinne von § 743 BGB handelt[28]). Dann gilt nämlich das, was hier an anderer Stelle[29]) dazu geführt hat, eine „ex lege" gegebene Benutzungsbefugnis des einzelnen Teilhabers zu verneinen.

Dieses Ergebnis entspricht, wie bereits erwähnt, der herrschenden Meinung[30]) und ist in manchen Staaten sogar Gesetz[31]).

---

21) Ebenso Kisch GRUR 1952 S. 269; Reimer (S. 145) ist entgegenzuhalten, daß insofern das Gesetz (§ 747 Satz 2 BGB) eben doch sagt, ob und wer Lizenzen erteilen kann.

22) S. darüber Reimer § 9 Anm. 7, am Ende.

23) Wie hier Riezler Urh. u. ErfR 1909 S. 59, ferner im Ergebnis Isay GRUR 1924, S. 25/6, Schnabel „Reichsbahn" 1935 S. 941, Seligsohn S. 92, Bernhardt S. 59.

24) So Kisch a. a. O. bei der einfachen Lizenz.

25) Vgl. Reimer S. 245, Kisch GRUR 1952 S. 268/9.

26) Vgl. dazu im einzelnen, mit Literaturangaben, oben D IV, 1 c, bb.

27) A. M. Kohler Hdb. S. 494; vgl. auch Calé GRUR 1931, S. 96.

28) So Blum-Pedrazzini Bd. II S. 309 gegen Kisch GRUR 1952 S. 267 ff.

29) Vgl. oben S. 203 ff., 208 ff.

30) Wie hier, außer den bereits Zit., Zeller GRUR 1942 S. 248, Volmer § 8 Anm. 24, Blum-Pedrazzini Bd. II S. 310.

31) So in England, s. Abel GRUR 1949 S. 387/8.

d) Auch hier wird man, wie entsprechend bei tatsächlichen Benutzungsmaßnahmen[32]), unter den Voraussetzungen von § 745 Abs. 2 BGB dem einzelnen das Recht geben, die Zustimmung der übrigen zu verlangen, wenn die beabsichtigte Lizenzerteilung dem Interesse aller Teilhaber nach billigem Ermessen entspricht, wozu notfalls die Zustimmungsklage[33]) angestrengt werden muß[34]). Daß hier ein entgegenstehender Wille der übrigen nur mit großer Vorsicht und nach genauester Prüfung der überhaupt bestehenden Verwertungsmöglichkeiten der Erfindung einerseits und der besonderen Umstände des beabsichtigten Lizenzvertrags andererseits für unbeachtlich erklärt werden darf, versteht sich angesichts des Umstandes, daß die berechtigten Belange sämtlicher Teilhaber zu berücksichtigen sind, von selbst.

e) Besteht die Möglichkeit, eine Lizenz am eigenen Erfindungsbeitrag (des Miterfinders) zu erteilen, soweit er sich überhaupt vom Ganzen trennen läßt[35]) und selbständigen Schutz genießt (was wegen des hier angenommenen „Miterfinderprivilegs" nicht notwendig der Fall zu sein braucht)[36])? Das ist aus denselben Gründen abzulehnen, aus denen bereits an anderer Stelle unter den gleichen Voraussetzungen das Benutzungsrecht des einzelnen Teilhabers verneint werden mußte; es kann daher auf jene Ausführungen verwiesen werden[37]).

f) Eine andere Frage ist es, ob der einzelne Teilhaber einem Außenstehenden an seinem Gemeinschaftsanteil (Bruchteil) eine Lizenz erteilen kann. Die Beantwortung dieser Frage wird bei denen nicht deutlich, die nicht mit voller Klarheit sagen, ob sie sich zur Lizenzerteilung an der ganzen Erfindung oder am Vermögensanteil des Teilhabers äußern wollen[38]). Auch mag dahinstehen, ob die aufgeworfene Frage praktische Bedeutung hat. Man kann das Problem zunächst rein formalrechtlich angehen, indem man argumentiert: Zum Inhalt des Gemeinschaftsanteils bei Erfindungsgemeinschaften gehört vor allem das Gebrauchsrecht des einzelnen, nur dieses bildet das Objekt des vorliegend betrachteten Lizenzvertrags, folglich kann es sich nur um ein den Anteil betreffendes Rechtsgeschäft handeln, und da jeder Teilhaber über seinen Anteil gemäß § 747 Satz 1 BGB verfügen kann, ist die Lizenzerteilung wirksam[39]).

[32]) Vgl. oben S. 216.

[33]) S. über diese oben S. 127 ff., 216.

[34]) Ebenso wohl Riemschneider-Barth S. 86; vgl. über die Ersetzung der Zustimmung durch den comptroller in England Abel a. a. O.

[35]) Calé GRUR 1931 S. 97 hat dazu darauf hingewiesen, daß in solchem Fall dem Lizenznehmer zusätzlich nicht mehr an Know-how überlassen werden dürfte, als der Lizenzgeber besitzt, also nicht das der übrigen Teilhaber.

[36]) Vgl. oben S. 21 f.

[37]) Vgl. oben S. 211; vgl. auch RG 17. 9. 27 RGZ 118, 46 = GRUR 1927 S. 880.

[38]) Diese Unklarheit besteht u. a. für das Recht der Schweiz bei Blum-Pedrazzini Art. 3 Anm. 20 Bd. 1 S. 313, für das der USA bei Scher S. 85.

[39]) So, offenbar mit derartigen Gedankengängen, Calé GRUR 1931 S. 96, Kisch Hdb. S. 142 und GRUR 1952 S. 269.

Dieser Auffassung stehen jedoch erhebliche Bedenken entgegen. Es handelt sich darum, ein Benutzungsrecht an einem quotenmäßigen Bruchteil einer Erfindung (eines Schutzrechts) zu konstruieren. Wer glaubt, einem solchen Rechtsbegriff das Wort reden zu können, ohne den Boden der Realität zu verlassen, wird weiter zu bedenken haben, daß diese Lizenz nur dann eine Lizenz wäre, wenn sie dem Lizenznehmer ein Benutzungsrecht auch gegenüber den Inhabern der anderen Quoten — wie zu unterstellen ist, ohne deren rechtsgeschäftliches Einverständnis — gewähren würde. Das hieße doch wohl, dem einzelnen, hier als „Lizenzgeber am Gemeinschaftsanteil" auftretenden Teilhaber allzu viel Rechtsmacht zu Lasten der übrigen einräumen, ganz abgesehen davon, daß, was ihm gestattet wäre, es auch den anderen sein müßte mit der Folge, daß jeder, ohne die übrigen zu fragen, nach Belieben „Anteilslizenzen" erteilen könnte, von denen eine jede im Ergebnis ein Benutzungsrecht an der ganzen Erfindung gewähren würde, andernfalls man es wegen des Verbietungsrechts der nichtbefragten Teilhaber aus § 47 Abs. 1 PatG für praktisch wertlos halten müßte. Mit Recht wird daher von anderen[40]) die Erteilung einer „Lizenz" seitens eines Teilhabers an seinem Gemeinschaftsanteil zugunsten eines Außenstehenden nicht für möglich gehalten.

g) Als Ergebnis ist somit festzustellen: Bei Erfindungsgemeinschaften im Sinne von §§ 741 ff. BGB kann der einzelne Teilhaber[41]) einem Außenstehenden ohne Zustimmung der übrigen[42]) weder an der gemeinschaftlichen Erfindung (dem gemeinschaftlichen Schutzrecht) noch an seinem Erfindungsbeitrag noch an seinem Gemeinschaftsanteil wirksam eine Lizenz bestellen. Das gilt sowohl für ausschließliche wie für einfache Lizenzen. Daraus folgt in prozessualer Hinsicht, daß, wer einen Anspruch auf Gewährung einer Lizenz am gemeinschaftlichen Schutzrecht zu haben vermeint, diesen im Klagewege gegenüber sämtlichen Teilhabern erzwingen muß, die dabei zweckmäßig als Streitgenossen zu verklagen sind[43]).

4. Kann durch Mehrheitsbeschluß wirksam eine Lizenz an der gemeinschaftlichen Erfindung bestellt werden? Der Verfasser hat an anderer Stelle[44]) im Anschluß an Reimer[45]) die Meinung vertreten, daß dies angängig sei. Diese Auffassung wird jedoch aufgegeben, da sie im Widerspruch steht sowohl mit dem Wesen der Lizenzerteilung (jedenfalls: der Erteilung ausschließlicher Lizenzen) als einer „Verfügung" über das Schutzrecht, die gemäß § 747 Satz 2 BGB dem einzelnen Teilhaber und folglich auch einer bloßen Mehrheit der Teilhaber versagt ist[46]), als auch mit dem hier

---

[40]) So Schnabel „Reichsbahn" 1935 S. 941, Klauer-Möhring S. 128.

[41]) Oder eine Minderheit, s. o.

[42]) Darüber, ob die Zustimmung der Mehrheit genügt, s. nachstehend bei 4.

[43]) Ebenso Kisch Hdb. S. 143 und GRUR 1952 S. 270.

[44]) Lüdecke-Fischer A 11, am Ende.

[45]) Reimer 1. Aufl. S. 165 = 2. Aufl. S. 145.

[46]) Vgl. dazu RGRKom. § 745 Anm. 1; f. d. Schweiz gestatten Blum-Pedrazzini Bd. I S. 312 der Mehrheit nur die „Anbahnung von Lizensierungsverhandlungen".

allgemein[47]) zur Verfügungsmacht über die Erfindung oder das Schutzrecht als den gemeinschaftlichen Gegenstand[48]) und insbesondere oben[49]) zur Benutzungsbefugnis der Teilhaber vertretenen Standpunkt, daß über diese gleichfalls nicht „gemäß §§ 745 Abs. 1, 746 BGB“ durch Mehrheitsbeschluß befunden werden kann. Die dort vorgetragenen Gründe treffen auch für Lizenzierungsfragen zu[50]).

IV. Lizenzerteilung bei der Gesellschaft

1. Bildet die Erfindungsgemeinschaft (Schutzrechtsgemeinschaft) ausnahmsweise[51]) eine Gesellschaft gemäß §§ 705 ff. BGB, so ist oben[51a]) zur Frage der Erfindungsbenutzung festgestellt worden, daß eine „gesetzliche“ Befugnis für den einzelnen nicht besteht. Da Mehrheitsbeschlüsse hier nur wirksam sind, falls man sie in den gesellschaftlichen Abreden zugelassen hat, und letztere, wenn eine ausdrückliche Vereinbarung in dieser Richtung fehlt, im Zweifel nicht als Verzicht des einzelnen auf sein Mitspracherecht aufgefaßt werden können[52]), wird Einstimmigkeit, also eine Vereinbarung sämtlicher Gesellschafter zu fordern sein. So auch für die Lizenzerteilung, §§ 709, 714 BGB[53]). Vertragspartner sind alsdann alle Gesellschafter, im Streitfall sind sie notwendige Streitgenossen gemäß § 62 ZPO.

Zur Pflicht der dabei „geschäftsführenden“ Gesellschafter zu Auskunft, Rechnungslegung und Herausgabe des Erlangten, zu ihrem Anspruch auf Aufwendungsersatz und zum Anspruch der Nichtgeschäftsführenden auf Unterrichtung und Nachprüfung kann auf die gesetzlichen Bestimmungen verwiesen werden, vgl. §§ 664—670, 713, 716 BGB. Daß der erzielte Gewinn (Lizenzgebühreinnahmen) Gesellschaftsvermögen wird und dementsprechenden Bindungen unterliegt, versteht sich gemäß § 718 Abs. 2 BGB von selbst.

2. Es wäre also grob gesellschaftswidrig, ja könnte gegenüber einem auf die Verfügungsmacht seines Geschäftspartners bauenden Lizenzsucher sogar betrügerisch sein, wollte ein Gesellschafter ohne Zustimmung aller einem Außenstehenden eine Lizenz an der Erfindung (dem Schutzrecht) erteilen. Im Innenverhältnis ergeben sich bei schuldhaftem (§ 708 BGB) eigenmäch-

[47]) Vgl. oben S. 119.

[48]) Vgl. oben a. a. O.

[49]) Vgl. oben S. 213 f.

[50]) Bei Kohler Hdb. S. 494 bleibt übrigens offen, ob die hier behandelte Frage eine solche der „ordentlichen“, durch Mehrheitsbeschluß regelbaren Benutzung oder eine „nicht ordentliche“ ist, die Einstimmigkeit erfordert; Kohler meint, wenn sich das Patent „nur so“ ausbeuten lasse, stelle die Lizenzerteilung eine „notwendige Erhaltungsmaßnahme“ im Sinne von § 744 Abs. 2 BGB dar.

[51]) S. oben S. 106, 110.

[51a]) Vgl. oben S. 217 ff.

[52]) S. über alles dies oben S. 218.

[53]) Der gleiche Standpunkt ist in Lüdecke-Fischer bei A 11 eingenommen.

tigem Verhalten Ansprüche auf Auskunftserteilung, Rechnungslegung, Gewinnabgabe und sonstigen Schadensersatz[54]).

3. Daß, wenn die gesellschaftlichen Vereinbarungen dies nicht zulassen, ein wirksamer Mehrheitsbeschluß über Lizenzerteilung nicht verbindlich gefaßt werden kann, ist bereits oben[55]) dargelegt worden.

4. Die Erteilung einer Lizenz an dem Anteil des Gesellschafters am gemeinsamen Schutzrecht kommt, selbst wenn man rechtstheoretisch von „Anteilen" an den zum Gesamthandsvermögen gehörenden Gegenständen sprechen will und sich vorstellt, das Gesellschaftsvermögen bestehe nur aus dem Schutzrecht, gemäß § 719 Abs. 1 BGB mangels Übertragbarkeit des Anteils aus Rechtsgründen nicht in Betracht.

V. Lizenzerteilung bei Arbeitnehmererfindungsgemeinschaften

Hier bieten sich gegenüber dem, was vorstehend über die Befugnis zur Lizenzerteilung an freien Erfindungen ausgeführt worden ist, keine Besonderheiten. Ein der Gemeinschaft angehörender Teilhaber unterliegt daher in dieser Hinsicht den gleichen Beschränkungen wie im Falle der „freien" Erfindungsgemeinschaft. Ist also die Vorfrage geklärt, welche Personen der Gemeinschaft angehören und inwieweit sie nicht mehr den zusätzlichen Verfügungsbeschränkungen des Gesetzes (ArbEG) bei möglicher oder nach erklärter Inanspruchnahme der Diensterfindung unterliegen, beurteilt sich die Frage der Lizenzerteilung nach denselben Grundsätzen, die in den vorangegangenen Abschnitten zur freien Erfindungsgemeinschaft dargelegt worden sind.

Über die Frage, ob bei „gemischten" Erfindungsgemeinschaften der „freie" Miterfinder den Arbeitnehmermiterfinder stillschweigend dazu ermächtigt, dem Arbeitgeber die ganze Erfindung zur Verfügung zu stellen, ist bereits an anderer Stelle gesprochen worden[56]).

VI. Bestellung sonstiger dinglicher Rechte

Nach den im vorausgegangenen Abschnitt getroffenen Feststellungen bieten sich keine Schwierigkeiten, Folgerungen für die Befugnis zur Einräumung sonstiger dinglicher Rechte an der gemeinschaftlichen Erfindung oder am Gemeinschaftsanteil des einzelnen zu ziehen.

1. Für die Bestellung eines Nießbrauchs ist zu berücksichtigen, daß dieser gemäß §§ 1030, 1068 Abs. 2 BGB ein Benutzungsrecht gewährt. Also ebenso wie die Lizenz. Daher stehen — neben dem Verfügungsverbot aus § 747 Satz 2 BGB, das im Fall einer Nießbrauchbestellung am gemeinsamen Schutzrecht zu gelten hat[57]) — der Nießbrauchbestellung am Anteil des be-

[54]) Vgl. RGRKom. § 708 BGB Anm. 2.
[55]) S. soeben unter 1.
[56]) Vgl. oben S. 99.
[57]) Ebenso Kisch GRUR 1952 S. 268.

stellenden Teilhabers hier, trotz § 747 Satz 1 BGB, die gleichen Gründe entgegen, die oben[58]) in dem Fall geltend zu machen waren, daß ein Teilhaber an seinem Gemeinschaftsanteil eine Lizenz erteilt, und die hinsichtlich der Einräumung eines Benutzungsrechts die Nießbrauchbestellung als unzulässig, jedenfalls aber als praktisch wertlos erscheinen lassen[59]).

Das gemeinsame Schutzrecht kann, wie aus der vorstehend geschehenen Erwähnung von § 747 Satz 2 BGB hervorgeht, nur von allen Teilhabern gemeinsam mit einem Nießbrauch belastet werden. Gleiches gilt bei der Gesellschaft § 719 Abs. 1 BGB[60]).

2. Für die Bestellung eines Pfandrechts ist zu unterscheiden, ob dieses am gemeinsamen Schutzrecht oder am Anteil eines Beteiligten bestellt werden soll.

a) Die Verpfändung des ganzen Schutzrechts ist, da es auch auf einen anderen übertragen werden dürfte (§ 9 PatG), rechtlich möglich, §§ 1273, 1274 Abs. 2 BGB. Sie bedarf der Mitwirkung sämtlicher Beteiligten, und zwar sowohl bei der Bruchteilsgemeinschaft (§ 747 Satz 2 BGB) wie bei der Gesellschaft (arg. § 719 Abs. 1 BGB)[61]).

b) Da der Anteil eines Teilhabers bei der Bruchteilsgemeinschaft übertragbar ist, kann er verpfändet werden, § 1274 BGB. Dazu ist der Teilhaber ohne Mitwirkung der übrigen in der Lage. Das Pfandrecht gewährt dem Pfandgläubiger aber lediglich eine Sicherung für gewisse, durch das Pfandrecht zu sichernde Forderungen, nicht jedoch ein Benutzungsrecht. Daher bestehen hier nicht die gleichen Bedenken wie soeben bei der Frage einer Nießbrauchbestellung am Anteil eines Teilhabers[62]). Der einzelne kann also seinen Anteil wirksam verpfänden[63]).

Sollte die Erfindungsgemeinschaft ausnahmsweise[64]) nach den Regeln der Gesellschaft (§§ 705 ff. BGB) zu beurteilen sein, ist es dem einzelnen ohne Zustimmung[65]) der übrigen Gesellschafter nicht gestattet, an seinem Gesellschaftsanteil ein Pfandrecht zu bestellen, § 719 Abs. 1 BGB. Dies beruht auf der Untrennbarkeit von Mitgliedschaft und Anteilsinnehabung. Anders ist es mit seinem Anspruch auf Gewinnanteil und Auseinandersetzungsguthaben: hier handelt es sich um einzelne abtretbare Ansprüche, die folglich gemäß § 1274 BGB verpfändbar sind. In der Erklärung

---

[58]) Vgl. oben S. 227.

[59]) Theoretisch hält u. a. Kent Bd. 1 S. 534 Nr. 541 unter 3 die Nießbrauchbestellung am Bruchteil des Teilhabers für möglich.

[60]) Vgl. RGRKom. § 719 BGB Anm. 2.

[61]) Vgl. statt vieler Reimer S. 145, Kisch GRUR 1952 S. 268.

[62]) S. darüber soeben bei 1.

[63]) Ebenso u. a. Kent Bd. I S. 534 Nr. 541 zu 3, Reimer S. 144, Kisch a. a. O.; vgl. im übrigen RGRKom. § 741 BGB Anm. 1.

[64]) Vgl. oben S. 107, 110.

[65]) Vgl. darüber RGRKom. § 719 BGB Anm. 2.

einer Verpfändung des „Anteils" kann im Einzelfall mittels Auslegung möglicherweise die Verpfändung dieser Ansprüche erblickt werden[66]).

VII. Pfändungsmaßnahmen

Ähnliche Schranken, wie vorstehend aufgezeigt, bestehen für den Erwerb eines Pfändungspfandrechts im Wege der Zwangsvollstreckung. Dabei kommt es darauf an, gegen wen sich der Vollstreckungstitel des Gläubigers richtet und welcher Gegenstand Objekt der Zwangsvollstreckung ist. Weiter ist, wie in der Regel, der Unterschied von Bruchteilsgemeinschaft (§§ 741 ff. BGB) und Gesellschaft (§§ 705 ff. BGB) von Bedeutung.

1. Bei der Bruchteilsgemeinschaft ist, wenn die Zwangsvollstreckung in das gemeinsame Schutzrecht, also das gemeinschaftliche Vermögen der Teilhaber, betrieben werden soll, ein nur gegen einen Teilhaber gerichteter Vollstreckungstitel — z. B. ein vollstreckbares Urteil, § 704 Abs. 1 ZPO — nicht ausreichend. Erforderlich ist ein gegen sämtliche Teilhaber gerichteter Vollstreckungstitel[67]). Die Befriedigung des Pfandgläubigers erfolgt dann — worauf hier nicht näher einzugehen ist — „nach den gewöhnlichen Grundsätzen der Vollstreckung in ein Recht"[68]).

Anders, wenn der Gläubiger eines Teilhabers in dessen Anteil am Gemeinschaftsvermögen vollstrecken will. Dies ist infolge der Übertragbarkeit (§ 747 Satz 1 BGB) des Anteils möglich. Hier genügt ein gegen den betreffenden Teilhaber gerichteter Vollstreckungstitel[69]). Der Gläubiger ist gemäß § 746 BGB an die von den Teilhabern getroffenen Verwaltungsregelungen gebunden, und zwar auch dann, wenn er sie nicht kannte[70]). Dies gilt jedoch nur beschränkt hinsichtlich einer Vereinbarung, durch welche die Teilhaber das Recht, die Aufhebung der Gemeinschaft zu verlangen, ausgeschlossen oder von der Einhaltung einer Kündigungsfrist abhängig gemacht haben: war der Vollstreckungstitel nicht nur vorläufig vollstreckbar, also beispielsweise ein rechtskräftiges Endurteil, so kann der Gläubiger nach Pfändung des Anteils die Aufhebung der Gemeinschaft ohne Rücksicht auf jene Vereinbarung verlangen, § 751 BGB. Er kann übrigens über § 857 ZPO auch den Aufhebungsanspruch des Teilhabers als solchen pfänden[71]).

2. Ist die Erfindungsgemeinschaft (Schutzrechtsgemeinschaft) ausnahmsweise[72]) als Gesellschaft (§§ 705 ff. BGB) anzusehen, so bedarf ein Gläubiger, der in das gemeinschaftliche Schutzrecht (Gesellschaftsvermögen)

---

[66]) Vgl. RGRKom. § 725 BGB Anm. 1.

[67]) Vgl. Kisch GRUR 1952 S. 268 sowie die Kommentare zur ZPO.

[68]) Kisch a. a. O.

[69]) Vgl. Kisch a. a. O., ferner RGRKom. § 747 BGB Anm. 1, Kent Bd. I S. 534 Nr. 542, Reimer S. 144.

[70]) Näheres RGRKom. § 746 BGB.

[71]) Vgl. RGRKom. § 751 BGB Anm. 2.

[72]) S. oben S. 106, 110.

vollstrecken will, eines gegen alle Gesellschafter gerichteten Vollstreckungstitels, § 736 ZPO.

Anders — als Ausnahme vom Übertragungsverbot § 719 Abs. 1 BGB —, wenn die Zwangsvollstreckung in den Anteil eines Gesellschafters am Gesellschaftsvermögen gerichtet werden soll: dazu genügt ein Vollstreckungstitel gegen diesen (§ 859 ZPO), gepfändet wird aber im Grunde nur der Gewinnanteilsanspruch oder das Auseinandersetzungsguthaben des Gesellschafters[73]), wobei für den Pfändungsgläubiger in § 725 Abs. 1 BGB bei nicht nur vorläufiger Vollstreckbarkeit des Titels das Recht zur fristlosen Kündigung der Gesellschaft statuiert ist. Durch die Pfändung wird jedoch der Gläubiger nicht selbst „Gesellschafter", § 725 Abs. 2 BGB.

---

[73]) Vgl. RGRKom. § 725 BGB Anm. 1.

SACHREGISTER

(Die Zahlen bedeuten die Seiten)

B

D

E

F

G

H

I

K

L

M

N

O

P

Q

R

S

H

I

K

L

W

Z

MIX

Papier | Fördert gute Waldnutzung

FSC® C083411

Kolibri 360 GmbH
Ferdinand-Jühlke-Straße 7
99095 Erfurt, Deutschland
produktsicherheit@kolibri360.de